I0046476

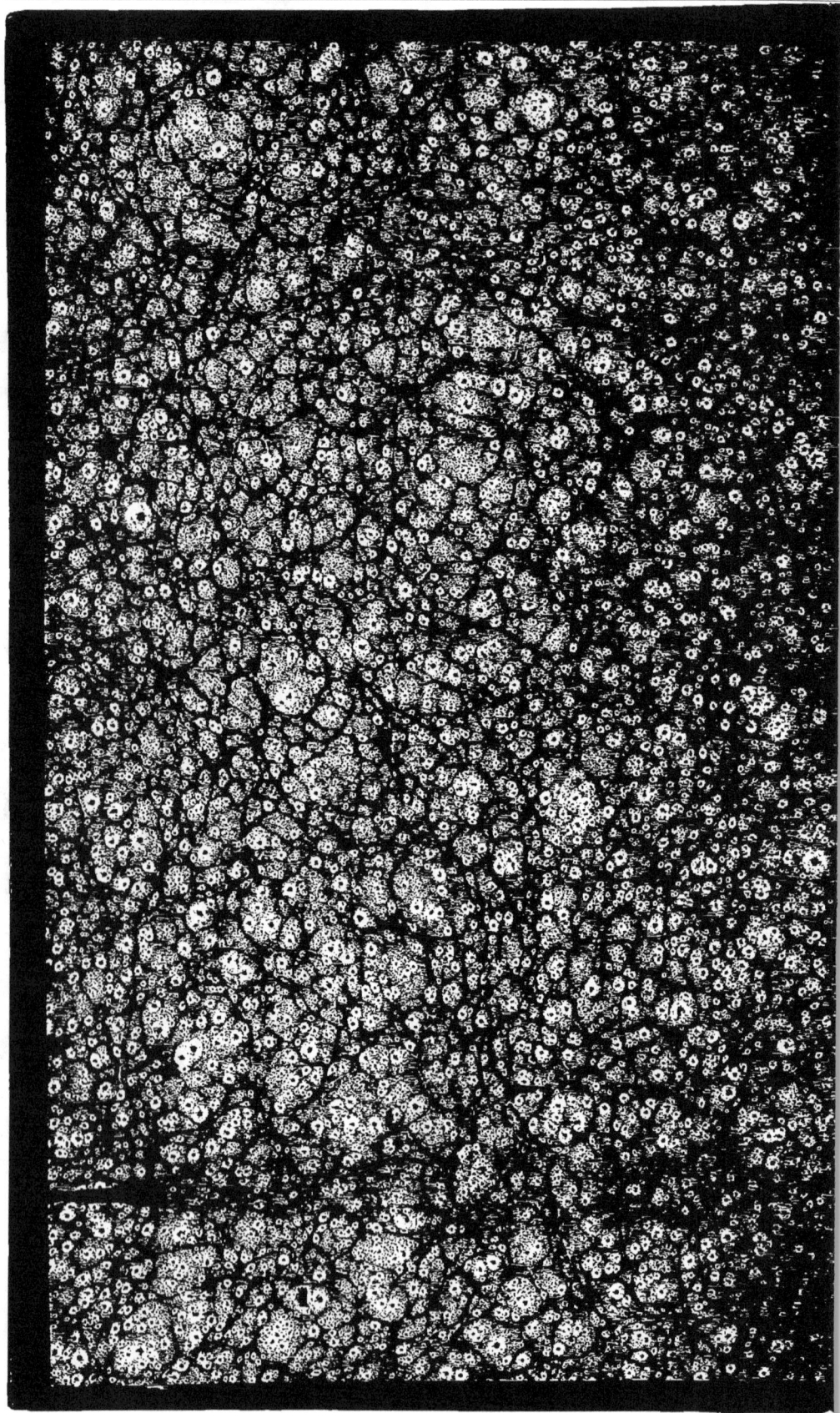

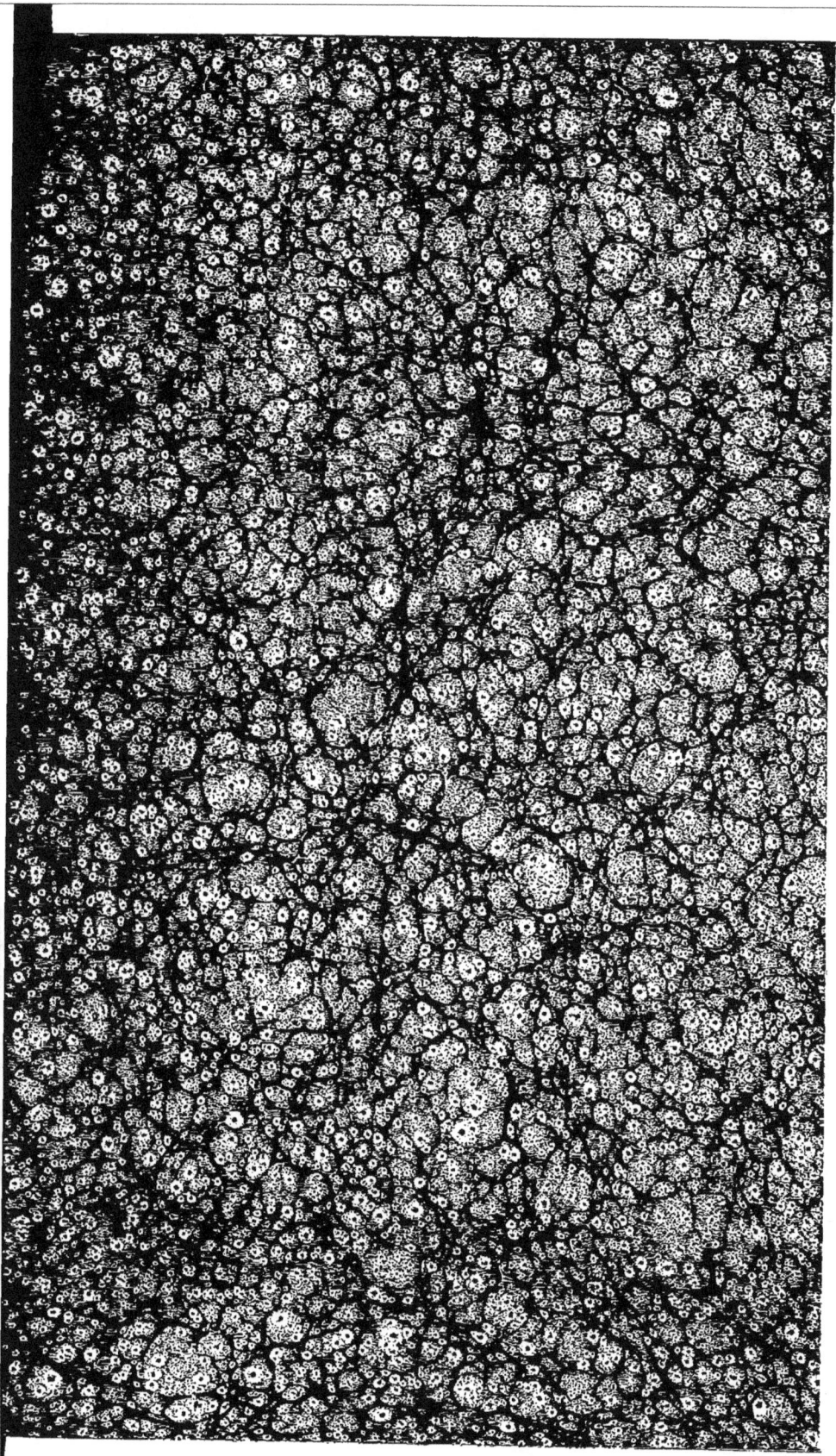

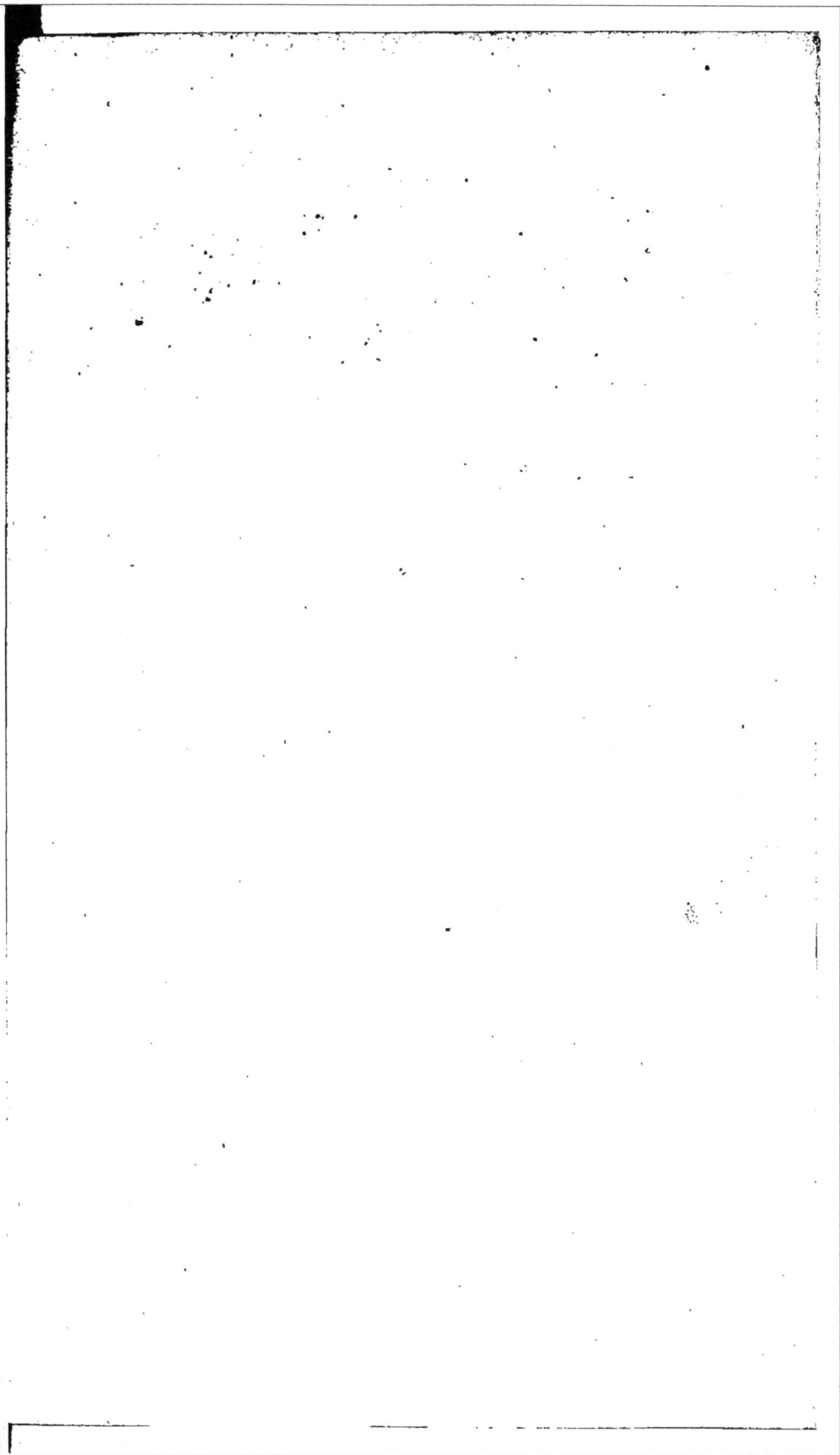

CRITIC

TROISIÈME EXAMEN

SUR

LE CODE CIVIL.

Tout exemplaire non paraphé par l'Éditeur, sera réputé contrefait.

Cet ouvrage se trouve aussi

A PARIS,

Chez ALEX-GOBELET, rue Soufflot, n.º 4.

IMPRIMERIE DE MIGNERET, RUE DU DRAGON, N.º 20.

TROISIÈME EXAMEN

SUR

LE CODE CIVIL;

CONTENANT

LES SEIZE DERNIERS TITRES DU TROISIÈME LIVRE DU CODE,
PRÉSENTÉS PAR DEMANDES ET RÉPONSES, AVEC DES DÉFI-
NITIONS, NOTES ET EXPLICATIONS TIRÉES DES MEILLEURS
AUTEURS ET COMMENTATEURS;

PAR UN AVOCAT.

PARIS,

B. WARÉE, FILS AINÉ, LIBRAIRE, AU PALAIS DE JUSTICE.

1824.

TROISIÈME EXAMEN

LE CODE CIVIL.

LIVRE III.

TITRE V.

Du Contrat de Mariage, et des Droits respectifs des Époux (1).

CHAPITRE I.er

Dispositions générales.

Demande. QU'EST-CE que le mariage ?

Réponse. Le mariage peut être défini l'union légitime de l'homme et de la femme.

(M. DELVINCOURT).

Réponse. Le mariage est l'union ou la société légitime de l'homme et de la femme, qui s'unissent pour perpétuer leur espèce, pour s'aider à supporter le poids de la vie, et pour partager leur commune destinée.

(M. TOULLIER).

---

(1) Le contrat de mariage, dans tous les temps, attira spécialement l'attention du législateur. Destiné à renfermer le vœu des deux familles qui vont s'unir, à fixer le sort de celle qui doit résulter de cette union, il a toujours été regardé comme susceptible de la plus grande faveur (M. *Delvincourt*)

3.

D. Comment est réglée cette union relativement aux biens ?

R. Elle est réglée par le contrat de mariage ou par la loi.

D. Que faut-il entendre par ces mots : *contrat de mariage* ?

R. Il faut entendre par ces mots, les conventions particulières faites, tant par les futurs époux, que par des tiers, en faveur et à l'occasion du mariage (M. *Delvincourt*).

D. Quand est-ce que la loi régit l'association conjugale ?

R. Ce n'est que lorsque les époux n'ont pas fait de conventions spéciales (1) (*Art.* 1387); ou lorsqu'ils ont simplement déclaré d'une manière générale qu'ils entendaient se marier sous le régime de la communauté, ou sous le régime dotal (2) (*Art.* 1391).

D. Quelles sont les conventions que les époux peuvent faire ?

R. Ils peuvent faire toutes les conventions qu'ils jugent à propos, pourvu qu'elles ne soient pas contraires aux bonnes mœurs, et, en outre, sous les modifications détaillées aux articles 1388, 1389 et 1390 (*Art.* 1387).

D. Les époux peuvent-ils déroger aux droits résultans de la puissance maritale sur la personne de la

---

(1) Ou bien que les conventions qu'ils ont faites sont conformes aux règles tracées par la loi. Il n'y aurait, en effet, aucune différence entre des époux mariés sans contrat, et d'autres qui, dans leur contrat, auraient copié les articles 1401 à 1496 du Code.

(2) Ou sous le régime nommé par le Code, exclusif de communauté.

femme et des enfans, ou à ceux qui appartiennent au mari comme chef de la famille ?

R. Non, les epoux ne peuvent pas déroger à ces droits; ils ne peuvent pas déroger non plus aux droits conférés au survivant des époux, par le titre *de la Puissance paternelle* et par le titre *de la Minorité, de la Tutelle et de l'Émancipation* (1), ni aux dispositions prohibitives du Code (2) (*Art.* 1388).

D. Les époux peuvent-ils déroger à l'ordre légal des successions ?

R. Non; ils ne peuvent faire aucune convention ou renonciation, dont l'objet serait de changer l'ordre légal des successions, soit par rapport à eux-mêmes dans la succession de leurs enfans ou descendans, soit par rapport à leurs enfans entre eux (3), sans préjudice des donations entre-vifs ou testamentaires qui pourront avoir lieu selon les formes, et dans les cas déterminés par le Code (*Art* 1389).

D. Les époux peuvent-ils stipuler d'une manière générale que leur association sera réglée par l'une des

---

(1) On ne peut pas stipuler que la femme ne sera pas obligée de résider avec le mari, que la mère survivante n'aura pas la puissance paternelle, ou qu'elle l'aura pendant le mariage; que le père ou la mère survivant ne seront pas tuteurs de leurs enfans, etc.

(2) On ne peut pas stipuler que les époux auront le droit de s'avantager au-delà de la quotité déterminée par la loi, que la femme n'aura pas la faculté de renoncer à la communauté (*Art.* 1453), etc. (M. *Pigeau*).

(3) On ne peut pas stipuler que l'un des enfans venant à mourir, sa succession appartiendra en entier à l'un des époux, à l'exclusion de l'autre époux ou de ses parens. On ne peut pas stipuler que les successions des enfans qui viendront à mourir, appartiendront à l'aîné (M. *Delvincourt*).

1..

coutumes, lois ou statuts locaux qui régissaient ci-
devant les diverses parties du territoire Français , et
qui sont maintenant abrogés ?

R. Non (*Art.* 1390) ; cela n'est point permis aux
époux ; si cette faculté leur eût été accordée , cette
disposition aurait eu l'inconvénient majeur de perpétuer comme lois de l'état , cette foule d'usages divers
qui couvraient le territoire Français (*Exposé des Motifs*).

D. Les époux sont-ils obligés de détailler toutes
les règles auxquelles ils veulent se soumettre , et de
prévoir tous les cas de contestation qui pourront se
présenter ?

R. Non ; les époux peuvent déclarer d'une manière
générale qu'ils entendent se marier sous le régime de
la communauté ou sous le régime dotal. Au premier
cas , et sous le régime de la communauté , les droits
des époux et de leurs héritiers sont réglés par les dispositions du chapitre II de ce titre. Au deuxième cas ,
et sous le régime dotal , leurs droits sont réglés par
les dispositions du chapitre III (*Art* 1391).

Enfin , on peut se marier sans faire de contrat de
mariage.

D. Lorsque les époux n'ont pas fait de contrat de
mariage , à quel régime sont-ils soumis ?

R. Ils sont soumis au régime de la communauté (1) ;
ce régime forme le droit commun de la France , mais

(1) Lorsque les futurs ne font aucunes conventions, la loi
suppose, à cause de l'intimité de l'union qui va régner entre eux,
que leur intention est de vivre en communauté de biens et de
dettes (M. *Pigeau*).

il est permis d'y déroger ou de le modifier (1) (*Art.* 1393).

D. La simple stipulation que la femme se constitue ou qu'il lui est constitué des biens en dot, suffit-elle pour soumettre ces biens au régime dotal ?

R. Non ; il faut qu'il y ait dans le contrat une déclaration expresse à cet égard. La soumission au régime dotal ne résulte pas non plus de la simple déclaration faite par les époux, qu'ils se marient sans communauté, ou qu'ils seront séparés de biens (2) (*Art.* 1392).

---

(1) Cet article fut, au Conseil d'Etat, le sujet d'une longue discussion. La France, avant la promulgation du Code, se divisait en pays coutumiers, régis par les coutumes, et en pays de droit écrit, où l'on suivait le droit Romain. En droit Romain, il n'y avait point de communauté légale entre le mari et la femme ; l'usage était que la femme se constituait en dot une partie de ses biens et se réservait l'autre comme paraphernale ; les pays de droit écrit avaient toujours conservé cet usage. Au contraire, la communauté entre mari et femme, établie de temps immémorial dans les pays coutumiers, y était encore suivie. La majorité du Conseil-d'État, composée de membres habitués à la communauté, voulait qu'elle devînt le droit commun de la France ; les membres qui étaient des pays de droit écrit, auraient voulu obtenir cette préférence pour le régime dotal. Les principales raisons qui déterminèrent le Conseil, furent que :

1.º La communauté est plus analogue à la situation des époux, et l'union des personnes semble entraîner celle des biens.

2.º Le régime de la communauté intéresse la femme à la prospérité du ménage ; le régime contraire l'y rend étrangère.

3.º Le régime dotal consacre deux extrêmes également vicieux, en frappant les biens dotaux d'inaliénabilité, et en laissant aux femmes la liberté de dissiper leurs biens paraphernaux. (*Voyez* M. *Maleville*, sur l'article 1393, tome 3, page 171 à 181, et la note (1) de la page 80 ci-après.)

(2) Cela est exigé principalement à cause de l'inaliénabilité de

D. Comment doivent être passées les conventions matrimoniales ?

R. Elles doivent toutes être rédigées avant le mariage ; par acte devant notaire (1) (*Art.* 1394).

D. Peuvent-elles recevoir quelque changement après la célébration du mariage ?

R. Non ; elles ne peuvent en recevoir aucun (2) (*Art.* 1395).

D. Peuvent-elles en recevoir avant la célébration ?

R. Oui ; mais pour que ces changemens soient valables , il faut qu'ils aient été constatés par acte passé dans la même forme que le contrat de mariage , et rédigés en présence et avec le consentement (3) simultané (4) de toutes les personnes qui ont été parties dans le contrat de mariage (*Art.* 1396).

---

l'immeuble dotal , qui intéresse les tiers aussi bien que les époux. Cette inaliénabilité étant exorbitante du droit commun , il faut que la clause qui la produit soit formellement et expressément stipulée (M. *Delvincourt*).

(1) Autrement on pourrait les passer après le mariage et les antidater. Il faut aussi qu'elles soient passées avec minute : si elles étaient en brevet, on pourrait supprimer le brevet, et changer par-là les conventions, puisque les époux , qui s'étaient peut-être mariés sous le régime dotal, ou sous celui de la communauté modifiée, se trouveraient, dans ce cas, régis par la communauté légale (M. *Delvincourt*).

(2) Pas même avec la présence et le consentement des futurs et autres parties. S'il en était autrement, il n'y aurait rien de certain, puisque le plus fort ou le plus adroit des époux pourrait, après le mariage, engager l'autre à changer, et que le contrat fait auparavant serait en quelque sorte inutile (M. *Pigeau*).

(3) Il ne suffirait pas qu'ils fussent appelés, ou même présens; ce ne serait pas le cas de dire : *Qui tacet, consentire videtur.*

(4) Les consentemens séparés s'obtiennent plus facilement. Tel consent seul et séparément, qui eût refusé, s'il avait été accom-

D. Quelles sont les personnes qu'on dit être *parties* au contrat de mariage ?

R. Ce sont les futurs époux, les père, mère et autres personnes dont le consentement est nécessaire au mariage, et ceux qui donnent par contrat de mariage(1) (M. *Pigeau*).

D. L'observation de ces formalités suffit-elle pour donner effet plein et entier aux changemens et contre-lettres ?

R. Non, ils sont, malgré cela, sans effet à l'égard des tiers, s'ils n'ont pas été rédigés à la suite de la minute du contrat de mariage (2) (*Art.* 1397).

D. Le notaire peut-il délivrer des grosses ou des expéditions du contrat de mariage, sans transcrire à la suite les changemens ou les contre-lettres ?

R. Non ; cela lui est défendu, à peine des dommages et intérêts des parties, et sous plus grande peine, s'il y a lieu (3) (*Art.* 1397).

D. Le mineur a-t-il, relativement à son contrat de mariage, la même capacité que le majeur ?

R. Le mineur habile à contracter mariage est habile à consentir toutes les conventions dont ce contrat est

---

pagné d'autres personnes, par qui il eût pu espérer d'être soutenu (M. *Delvincourt*).

(1) On n'a pas besoin du consentement de ceux qui n'ont signé que *honoris causâ*.

(2) Afin que l'on ne puisse tromper les tiers, comme on le pourrait, en traitant avec eux d'après un contrat de mariage qui aurait reçu des changemens qu'on n'aurait pas mis à sa suite.

(3) Mais il n'y a pas nullité de la contre-lettre. Le tiers qui traite d'après le contrat de mariage, peut ne traiter qu'après avoir vérifié chez le notaire qu'il n'y a pas de changemens à la suite de la minute (M. *Pigeau*).

susceptible, et les conventions et donations qu'il y a faites, sont valables, pourvu qu'il ait été assisté dans le contrat, des personnes dont le consentement est nécessaire pour la validité du mariage (*Art.* 1398).

CHAPITRE II.

Du Régime en Communauté.

D. Comment peut-on définir la communauté conjugale ?

R. On peut la définir : une société de biens entre époux (M. *Delvincourt*).

D. Combien de communautés distingue-t-on ?

R. On en distingue deux : la communauté légale et la communauté conventionnelle.

D. Qu'entend-t-on par communauté légale ?

R. Par communauté légale, on entend celle qui a lieu lorsque les époux n'ont point fait de contrat de mariage, ou qu'ils ont simplement déclaré se marier sous le régime de la communauté.

D. Qu'entend-t-on par communauté conventionnelle ?

R. Par communauté conventionnelle, on entend celle qui a lieu, lorsque les époux, en conservant les bases de la communauté légale, l'ont modifiée par quelques conventions particulières.

D. De quel jour commence la communauté, soit légale, soit conventionnelle ?

R. Elle commence du jour du mariage contracté devant l'officier de l'état civil ; on ne peut stipuler qu'elle commencera à une autre époque (1) (*Art.* 1399).

---

(1) La communauté ne peut commencer avant le mariage, parce

Ire PARTIE.

DE LA COMMUNAUTÉ LÉGALE.

D. Comment peut-on diviser les règles données par le Code, sur la communauté légale?

R. On peut les diviser en règles relatives :

1.º A ce qui compose la communauté activement et passivement, art. 1401 à 1421 ;

2.º A l'administration de la communauté, art. 1421 à 1441 ;

3.º A la dissolution de la communauté et à ses suites, art 1441 à 1496.

SECTION Ire

De ce qui compose la Communauté activement et passivement.

§. Ier

De l'actif de la Communauté.

D. De quoi se compose l'actif de la communauté?

R. La communauté se compose activement :

---

qu'une société semblable n'est permise qu'entre époux; elle ne peut commencer après, parce que cela faciliterait les avantages indirects. Mais on peut stipuler que tel évènement arrivant, la communauté aura existé du moment du mariage, ou que tel événement n'arrivant pas, elle n'aura jamais existé, *et vice versâ*.

Sous quel régime est censé contracté le mariage de deux Français qui se marient en pays étranger, et le mariage de deux étrangers qui se marient en France? Cette question doit se résoudre d'après l'intention apparente des parties ; elles doivent en général être présumées avoir voulu suivre le droit commun de leur pays. (*Voyez Pothier*, Traité de la Communauté, article préliminaire, numéros 12, 13, 14 et 15.)

1.º De tout le mobilier que les époux possédaient au jour de la célébration du mariage, et de tout le mobilier qui leur échoit pendant le mariage (1) à titre de succession ou même de donation (2), si le donateur n'a exprimé le contraire (3);

2.º De tous les fruits, revenus, intérêts et arrérages de quelque nature qu'ils soient, échus ou perçus (4) pendant le mariage, et provenant des biens qui appartenaient aux époux lors de sa célébration, ou de ceux qui leur sont échus pendant le mariage, à quelque titre que ce soit (5);

3.º De tous les immeubles qui sont acquis pendant le mariage (*Art.* 1401).

D. Les coupes de bois et les produits des carrières et mines, tombent-ils dans la communauté?

R. Ils n'y tombent que pour tout ce qui est considéré comme usufruit, d'après les règles expliquées au titre *de l'Usufruit, de l'Usage et de l'Habitation* (*Art.* 1403).

D. N'y a-t-il aucune exception à ces règles?

---

(1) Quelque disproportion qu'il y ait, quand même il adviendrait à l'un des époux 50,000 fr. de mobilier, et que l'autre n'en recueillerait pas du tout.

(2) Le mot *donation* est ici générique, il comprend les legs et les donations entre-vifs (M. *Pigeau*).

(3) Auquel cas ils sont propres au donataire. En effet, un donateur est libre d'apposer à sa libéralité toutes les conditions qui ne blessent pas l'ordre public (M. *Pigeau*).

(4) *Échus,* pour les fruits civils; *perçus,* pour les fruits naturels et industriels.

(5) Les bénéfices qui échoient pendant le mariage, d'un bail à ferme, d'une entreprise, d'un traité antérieur au contrat de mariage, doivent-ils tomber en communauté? M. *Merlin*, dans son Répertoire de Jurisprudence, au mot *Communauté*, après avoir traité cette question à fond, se décide pour l'affirmative.

R. Il y a deux exceptions principales :

La première est que, si des carrières et des mines sont ouvertes pendant le mariage, les produits en tombent dans la communauté, sauf récompense ou indemnité à celui des époux à qui elle pourra être due ;

La seconde est que, si les coupes de bois qui pouvaient être faites conformément aux règles de l'usufruit, durant la communauté, n'ont pas été faites, l'époux propriétaire du fonds, en doit récompense à la communauté (1) (*Art.* 1403).

D. Quels sont les immeubles réputés acquis pendant le mariage?

R. Tous les immeubles possédés par les époux, sont réputés acquêts de communauté, s'il n'est prouvé que l'un des époux en avait la propriété ou possession légale (2) antérieurement au mariage, ou qu'ils lui sont échus depuis à titre de succession ou donation (*Art.* 1402).

D. Qu'est-ce qu'on entend par le mot *acquêts?*

R. On désigne par le nom *d'acquêts* ou de *conquêts*, les immeubles acquis pendant la communauté et qui en font partie (3). On désigne tous les objets appartenant

---

(1) Si on devait faire, dans les bois de la femme ; une coupe qui eût produit à la communauté une somme de 10,000 fr. , la femme doit, à la dissolution de la communauté, 5,000 fr. à son mari pour le récompenser de la part qu'il eût eue dans la coupe, si elle eût été faite (M. *Pigeau*).

(2) Le mot *légale* est ici assez impropre ; il est employé pour désigner toute possession qui peut servir de base à la prescription (*Voyez* M. *Delvincourt*).

(3) Le mot de *conquêt* paraît mieux désigner un objet acquis en commun. Anciennement, le mot *acquêt* était employé spécialement en matière de succession pour désigner tous les objets qui

à l'un des époux, et qui ne tombent point en communauté, sous le nom de *propres de communauté*, ou simplement de *propres*.

D. Les immeubles que les époux possédaient au jour de la célébration du mariage, ou qui leur échoient pendant son cours, à titre de succession, entrent-ils en communauté?

R. Non, ils n'y entrent point : néanmoins, si l'un des époux avait acquis un immeuble depuis le contrat de mariage, contenant stipulation de communauté, et avant la célébration du mariage, l'immeuble acquis dans cet intervalle entrera dans la communauté (1), à moins que l'acquisition n'ait été faite en exécution de quelque clause du mariage, auquel cas elle sera réglée suivant la convention (2) (*Art.* 1404).

D. Les donations d'immeubles qui ne sont faites pendant le mariage qu'à l'un des deux époux, ne tombent-elles jamais en communauté?

---

n'étaient pas des propres, et l'on entendait par *propres*, les objets échus au défunt par succession *ab intestat*. Actuellement que la distinction des biens, en propres et acquêts, est entièrement abrogée en matière de succession, on peut se servir de ces deux mots indifféremment (*Voyez* M. *Delvincourt*).

(1) L'époux avait du mobilier qu'il a échangé contre cet immeuble; peut-être le mariage n'a été contracté qu'en vue de ce mobilier, qui devait entrer en communauté; c'est donc une fraude de sa part de l'avoir échangé contre un immeuble; aussi la loi, pour le punir, fait tomber l'immeuble dans la communauté. De même, si l'époux dans le même intervalle avait échangé un de ses immeubles contre du mobilier pour en faire tomber la valeur en communauté, il lui en est dû récompense; parce qu'il n'est pas plus permis d'enrichir la communauté à ses dépens, que de s'enrichir aux dépens de la communauté.

(2) Dans ce cas, il n'y a pas de fraude; il en serait de même si un immeuble avait été acquis ou aliéné à titre gratuit.

R. Ces immeubles appartiennent au donataire seul, à moins que la donation ne contienne expressément que la chose donnée appartiendra à la communauté (*Art.* 1405).

D. L'immeuble abandonné ou cédé par père, mère, ou autre ascendant, à l'un des deux époux, soit pour le remplir de ce qu'il lui doit, soit à la charge de payer les dettes du donateur à des étrangers, entre-t-il en communauté?

R. Non, il demeure à l'époux, sauf la récompense ou indemnité qui peut être due à la communauté (*Art.* 1406). La cession est présumée faite en avancement d'hoirie (1) (*M. Delvincourt*).

D. L'immeuble acquis pendant le mariage à titre d'échange contre un immeuble propre à l'un des époux, entre-t-il en communauté?

R. Non, il est subrogé au lieu et place de celui qui a été aliéné, sauf récompense à la communauté s'il y a eu soulte (2) (*Art.* 1407).

D. L'acquisition faite pendant le mariage, à titre de licitation ou autrement, de portion d'un immeuble dont l'un des époux était propriétaire par indivis, forme-t-elle un conquêt?

R. Non; elle reste propre à l'époux qui l'a faite, sauf

---

(1) Ainsi, un père devait 20,000 fr. à son fils, il le paie en un immeuble : cet immeuble n'entre pas en communauté ; mais comme les 20,000 fr., étant mobiliers, devaient y entrer, la communauté a droit à récompense de ces 20,000 fr.

(2) Ainsi, le mari a échangé une maison à lui contre une terre ; cette terre lui est propre comme la maison; mais s'il a été donné par la communauté une somme en retour, par exemple, 6,000 fr., elle a droit à récompense contre le conjoint (M. *Pigeau*).

à indemniser la communauté de la somme qu'elle a fournie pour cette acquisition (*Art* 1408).

D. Dans le cas où le mari se rend, seul et en son nom, acquéreur ou adjudicataire de portion ou de la totalité d'un immeuble appartenant par indivis à la femme, celle-ci n'a-t-elle pas un droit particulier à exercer?

R. Lors de la dissolution de la communauté, elle a le choix, ou de retirer l'immeuble en remboursant à la communauté le prix de l'acquisition (1); ou de l'abandonner à la communauté; dans ce dernier cas, la communauté devient débitrice envers la femme de la portion appartenante à celle-ci dans le prix de l'immeuble (*Art.* 1408).

§. II.

Du passif de la Communauté et des actions qui en résultent contre la Communauté.

D. De quoi se compose passivement la communauté?

R. La communauté se compose passivement :

1.º De toutes les dettes mobilières (2) dont les époux

_____

(1) Pourquoi ce droit est-il donné à la femme? C'est pour empêcher l'effet de l'abus que le mari pourrait faire de la puissance maritale, en s'opposant à ce que sa femme acquière l'immeuble, dans le dessein de l'acquérir pour lui-même et en son nom personnel. Ce motif ayant la même force pour le cas, soit d'acceptation, soit de renonciation à la communauté, la même disposition doit avoir lieu, et le même droit être accordé à la femme, qu'elle accepte ou qu'elle renonce (M. *Delvincourt*).

(2) Que faut-il entendre par dette mobilière? C'est celle dont l'objet est mobilier, *quæ tendit ad quid mobile,* et ce, quand même elle serait hypothécaire. Toutes les obligations de faire ou de ne pas faire sont mobilières, parce qu'elles se résolvent en dommages

étaient grevés au jour de la célébration de leur mariage, ou dont se trouvent chargées les successions qui leur échoient durant le mariage, sauf différentes distinctions;

2.º Des dettes, tant en capitaux qu'arrérages ou intérêts, contractées par le mari pendant la communauté, ou par la femme, du consentement du mari, sauf la récompense dans les cas où elle a lieu;

3.º Des arrérages et intérêts seulement des rentes ou dettes passives qui sont personnelles aux deux époux (1);

4.º Des réparations usufructuaires des immeubles qui n'entrent pas en communauté (2);

5.º Des alimens des époux, de l'éducation et entretien des enfans (3), et de toute autre charge du mariage (*Art.* 1409).

D. La communauté est-elle tenue indistinctement de toutes les dettes mobilières contractées par la femme avant le mariage?

R. Non; la communauté n'est pas tenue de ces dettes,

---

et intérêts, qui sont *quid mobile.* Si la dette est alternative de deux choses, l'une mobilière et l'autre immobilière, le paiement seul décide de sa nature.

(1) J'ai acheté, avant mon mariage, un immeuble de 100,000 fr. et je ne l'ai pas payé; cet immeuble m'est personnel, la dette doit aussi m'être personnelle; mais la communauté recueille les fruits de cet immeuble, elle doit payer les intérêts du prix.

(2) Elle recueille les fruits de ces immeubles, elle doit payer les réparations usufructuaires réputées charges des fruits.

(3) *Des enfans* communs. Quant aux enfans de lits précédens, s'ils ont de quoi y subvenir, la dépense doit être prise sur leurs biens; s'ils n'en ont pas, leurs alimens étant une dette mobilière de l'époux dont ils descendent, la communauté en est tenue, sans récompense (M. *Delvincourt*).

si elles ne résultent pas d'un acte authentique antérieur au mariage, ou ayant reçu avant la même époque une date certaine, soit par l'enregistrement, soit par le décès d'un ou de plusieurs signataires de l'acte (1) (*Art.* 1410).

D. Dans ce cas, quel est le droit qui reste au créancier?

R. Le créancier n'a pas d'autre droit que de poursuivre le paiement contre la femme, sur la nue propriété de ses immeubles personnels (2) (*Art.* 1410).

D. Le mari qui a payé une dette de sa femme, qui n'avait pas de date certaine avant le mariage, peut-il en demander la récompense à sa femme ou à ses héritiers?

R. Non (*Art.* 1410); on doit présumer que, puisqu'il a payé cette dette, c'est parce qu'il a reconnu la vérité de la date (*M. Delvincourt*).

D. Si des successions viennent à échoir à l'un des époux, contre qui les créanciers de ces successions peuvent-ils poursuivre leur paiement?

R. Il faut distinguer si les successions échues sont purement mobilières, ou purement immobilières, ou mobilières et immobilières tout à la fois. Mais, dans tous les cas, les créanciers de ces successions peuvent poursuivre leur paiement sur les biens, tant mobiliers qu'immobiliers, qui en proviennent.

D. A la charge de qui sont les dettes des successions

---

(1) S'il n'en était pas ainsi, la femme pourrait, par des reconnaissances antidatées, disposer de la communauté, seule et sans le concours de l'autre époux; or, ce droit est spécialement réservé au mari, comme chef.

(2) Et non sur l'usufruit de ces mêmes biens, parce qu'il appartient à la communauté.

purement mobilières échues aux époux pendant le mariage ?

R. Elles sont pour le tout à la charge de la communauté (1) (*Art.* 1411).

D. Si cependant la succession n'a été acceptée par la
femme qu'avec l'autorisation de justice, les créanciers
ont-ils le droit de poursuivre leur paiement contre la
communauté ?

R. Dans ce cas, et si de plus il y a eu inventaire des
biens de la succession (2), les créanciers après avoir
épuisé ces biens, ne peuvent poursuivre leur paiement
que sur la nue propriété des autres biens personnels de
la femme (3) (*Art.* 1417).

D. Si une succession purement immobilière échoit à
l'un des époux pendant le mariage, à la charge de qui
sont les dettes de cette succession ?

R. Pour ce qui concerne les époux, la communauté
ne profitant que du revenu des immeubles, les dettes
ne peuvent être à sa charge que pour les intérêts et
arrérages. Quant au droit des créanciers, il faut distinguer si la succession est échue au mari ou à la femme.

D. Quand la succession purement immobilière est
échue au mari, quels sont les droits des créanciers ?

---

(1) La communauté ayant tout l'actif, doit supporter tout le
passif (M. *Pigeau*).

(2) Si la succession a été confondue dans la communauté, sans
inventaire préalable, cela fait présumer que le mari ne s'est tenu
à l'écart et n'a fait autoriser sa femme par justice, que pour se
mettre à l'abri des dettes de la succession, en s'emparant néanmoins de son actif (M. *Pigeau*).

(3) Et non sur l'usufruit de ces mêmes biens, qui appartient à
la communauté. Cela est toujours fondé sur le même principe,
que la femme ne peut, même avec l'autorisation de justice, disposer des biens de la communauté (M. *Delvincourt*).

3.

R. Ils peuvent poursuivre leur paiement, soit sur tous les biens propres au mari, soit même sur ceux de la communauté, sauf, dans ce second cas, la récompense due à la femme ou à ses héritiers (*Art.* 1412).

D. Quels sont les droits des créanciers quand la succession purement immobilière est échue à la femme?

R. Si la femme a accepté la succession du consentement de son mari, les créanciers peuvent poursuivre leur paiement sur tous les biens personnels de la femme; mais si la succession n'a été acceptée par la femme que comme autorisée en justice au refus du mari, les créanciers, en cas d'insuffisance des biens de la succession, ne peuvent se pourvoir que sur la nue propriété des autres biens immobiliers de la femme (1) (*Art.* 1413).

D. Lorsque la succession échue à l'un des époux est en partie mobilière et en partie immobilière, à la charge de qui sont les dettes?

R. Les dettes dont cette succession est grevée ne sont à la charge de la communauté que jusqu'à concurrence de la portion contributoire du mobilier dans les dettes, eu égard à la valeur de ce mobilier comparée à celle des immeubles (2) (*Art.* 1414).

---

(1) On n'exige pas ici d'inventaire: il ne peut y avoir confusion des biens de la succession avec ceux de la communauté, puisqu'on suppose la succession composée entièrement et uniquement d'immeubles (M. *Delvincourt*).

(2) Ainsi, soit une succession de la valeur de 120,000 fr., dont 80,000 fr. d'immeubles, 40,000 fr. de mobilier, et 40,000 fr. de dettes. L'on dira, les meubles font le tiers de la succession; la communauté est donc tenue du tiers des dettes, c'est-à-dire, qu'elle paiera tout, et qu'il lui sera dû récompense pour les deux tiers.

Autrefois cette question divisait tous les auteurs.

D. Comment se règle cette portion contributoire ?

R. Elle se règle d'après l'inventaire auquel le mari doit faire procéder, soit de son chef, si la succession le concerne personnellement, soit comme dirigeant et autorisant les actions de sa femme, s'il s'agit d'une succession à elle échue (*Art.* 1414).

D. Si cet inventaire n'a pas eu lieu et qu'il en résulte quelque préjudice pour la femme (1), quel est le droit accordé par la loi à elle et à ses héritiers ?

R. Elle peut ou ses héritiers peuvent, à la dissolution de la communauté, poursuivre les récompenses de droit, et même faire preuve, tant par titres (2) et papiers domestiques (3) que par témoins, et au besoin par la commune renommée (4) de la consistance et valeur du mobilier non inventorié (*Art.* 1415).

_____

(1) Remarquez que le défaut d'inventaire peut préjudicier à la femme, soit que la succession soit échue à elle ou au mari. *A elle* : le mari prétend que le mobilier de la succession ne faisait que le quart de l'actif, et que, par conséquent, la communauté ne doit supporter que le quart des dettes. La femme prétend, au contraire, qu'il y avait autant de meubles que d'immeubles, et que, d'après cela, les dettes doivent être pour moitié à la charge de la communauté. *Au mari :* il prétend que la succession qui lui est échue n'était composée d'immeubles que pour un tiers seulement, et que la communauté doit, en conséquence, supporter les deux tiers des dettes. La femme, de son côté, soutient qu'il n'y a qu'un tiers en mobilier, et qu'il ne doit, par suite, y avoir qu'un tiers des dettes à la charge de la communauté. Dans ces deux cas, s'il n'y a pas eu d'inventaire, on appliquera la disposition de l'art. 1415 (M. *Delvincourt*).

(2) Comme des baux, des quittances de remboursement des capitaux.

(3) Les registres du défunt.

(4) On appelle preuve par la commune renommée, celle qui se fait par la voix publique ; moyen peu sûr, puisque les témoins

D. Le mari peut-il être admis à faire cette preuve?

R. Non, il n'y est jamais recevable. Il n'a tenu qu'à lui de se procurer la preuve exigée par la loi, en faisant inventaire.

D. Ces distinctions et cette contribution ont-elles lieu à l'égard des créanciers de la succession?

R. Non, elles n'ont lieu qu'à l'égard des époux; les créanciers de la succession conservent toujours le droit de poursuivre leur paiement total, même sur les biens de la communauté, soit que la succession soit échue au mari, soit qu'elle soit échue à la femme, si toutefois, dans ce dernier cas, elle a été acceptée du consentement du mari : le tout sauf les récompenses respectives.

Il en est de même si la succession n'a été acceptée par la femme que comme autorisée en justice, et que néanmoins le mobilier en ait été confondu dans celui de la communauté sans un inventaire préalable (*Art.* 1416).

D. Mais si la succession n'a été acceptée par la femme qu'avec autorisation de justice et qu'il y ait eu inventaire, quels sont les droits des créanciers?

R. Ils ne peuvent poursuivre leur paiement que sur les biens tant mobiliers qu'immobiliers de la succession, et, en cas d'insuffisance, sur la nue propriété des autres biens personnels de la femme (*Art.* 1417).

D. D'après quelles règles sont supportées les dettes dépendantes d'une donation?

R. Les règles que nous venons d'établir pour les

qu'on consulte ne parlent que d'après les apparences et l'opinion vulgaire, souvent sujettes à exagérer, et par conséquent trompeuses ; mais c'est au mari à s'imputer de s'être exposé à cet inconvénient en ne faisant pas faire inventaire (M. *Pigeau*).

dettes résultant d'une succession ; régissent également les dettes dépendantes d'une donation (*Art.* 1418).

D. Quels sont les droits des créanciers de la femme pour le paiement des dettes que la femme a contractées avec le consentement de son mari ?

R. Ils peuvent poursuivre ce paiement, tant sur les biens de la communauté que sur ceux du mari et de la femme (1), sauf la récompense due à la communauté, ou l'indemnité due au mari (*Art* 1419).

D. A la charge de qui sont les dettes contractées par la femme, en vertu de la procuration générale ou spéciale du mari ?

R. Elles sont à la charge de la communauté, et le créancier n'en peut poursuivre le paiement ni contre la femme ni sur ses biens personnels (2) (*Art.* 1420).

Section II.

De l'Administration de la Communauté, et de l'effet des actes de l'un ou de l'autre des Époux, relativement à la société conjugale.

D. Par qui sont administrés les biens de la communauté ?

R. Ils sont administrés par le mari ; il peut les vendre,

---

(1) Il paraît d'abord assez extraordinaire que le mari, par le seul consentement qu'il donne à l'obligation que sa femme contracte, en soit tenu tout comme elle envers le créancier ; mais cet article a pour objet de prévenir les fraudes du mari, de conserver les biens de la femme et de rendre le mari attentif, par son propre intérêt, à ce qu'elle ne les dissipe pas (M. *Maleville*).

(2) Cet article est l'application des règles générales concernant le mandat (M. *Maleville*).

aliéner et hypothéquer sans le concours de la femme (*Art.* 1421).

D. Le mari peut-il disposer entre-vifs, à titre gratuit des biens de la communauté ?

R. Il ne peut disposer entre-vifs à titre gratuit des immeubles de la communauté, ni de l'universalité ou d'une quotité du mobilier, si ce n'est pour l'établissement des enfans communs. Mais il peut disposer à titre particulier des effets mobiliers au profit de toutes personnes, pourvu qu'il ne s'en réserve pas l'usufruit (1) (*Art.* 1422).

D. Le mari peut-il disposer des biens de la communauté par donation testamentaire ?

R. Le mari ne peut donner par testament que jusqu'à concurrence de sa part dans la communauté (*Art.* 1423).

D. Si le mari a donné par testament un effet de la communauté, le donataire peut-il toujours le réclamer en nature ?

R. Il ne peut le réclamer en nature qu'autant que par l'évènement du partage l'effet tombe au lot des héritiers du mari ; si l'effet ne tombe point au lot de ces héritiers, le légataire a la récompense de la valeur totale de l'objet donné, sur la part des héritiers du mari dans la communauté et sur les biens personnels de ce dernier (2) (*Art.* 1423).

---

(1) Cette disposition a pour objet de rendre ces donations plus rares ; et en effet, on conçoit que le mari s'y porterait bien plus facilement s'il pouvait se réserver la jouissance des effets donnés (M. *Maleville*).

(2) Il ne faut donc pas appliquer ici la disposition de l'art. 1021 portant que le legs de la chose d'autrui sera nul. En effet, cet ar-

D. Les amendes encourues par le mari pour crime, n'emportant pas mort civile, peuvent-elles se poursuivre sur les biens de la communauté ?

R. Oui ; mais dans ce cas il est dû récompense à la femme (*Art.* 1424).

D. En est-il de même des amendes encourues par la femme ?

R. Non, tant que dure la communauté, les amendes encourues par la femme ne peuvent se poursuivre que sur la nue propriété de ses biens personnels (*Art.* 1424).

D. Comment peuvent être poursuivies les condamnations prononcées contre l'un ou l'autre des époux pour crime emportant mort civile ?

R. Ces condamnations ne frappent que les biens personnels de l'époux contre qui elles ont été rendues et sa part dans les biens de la communauté (1) (*Art.* 1425).

---

ticle n'a été fait que pour prévenir les procès nombreux qui s'élevaient dans l'ancienne jurisprudence sur le point de savoir si le testateur avait connu ou non que la chose ne lui appartenait pas, et ce doute ne peut avoir lieu ici. Ensuite, si l'on avait appliqué ici l'article 1021, c'eût été ouvrir une porte à la fraude; les héritiers du mari auraient pu s'entendre avec la femme, pour que la chose léguée ne tombât pas dans leur lot, et pour rendre par-là le legs inutile.

M. *Delvincourt* pense que la disposition de cet article 1423 s'appliquerait également au legs fait par la femme. Il y a parité de raison.

(1) *Quid*, si la condamnation emportant mort civile n'est prononcée que par contumace? Dans ce cas, comme le mariage, et par conséquent la communauté, continue pendant les cinq ans, la communauté est tenue de payer la totalité sauf récompense. Si cependant la femme demandait la séparation de biens, alors on appliquerait la disposition de l'article 1425 (M. *Delvincourt*).

D. Les actes faits par la femme sans le consentement de son mari, engagent-ils les biens de la communauté ?

R. Non ; lors même que la femme a obtenu l'autorisation de la justice, ces actes n'obligent les biens de la communauté que dans le cas où, étant marchande publique, elle a contracté comme telle et pour le fait de son commerce (*Art.* 1426).

D. La femme ne peut-elle pas s'obliger ou engager les biens de la communauté, lorsque c'est pour tirer son mari de prison, ou pour établir ses enfans en cas d'absence du mari ?

R. Elle ne le peut, même dans ces cas, qu'après y avoir été autorisée par justice (*Art.* 1427).

D. Par qui sont administrés les biens personnels de la femme ?

R. Ils sont tous administrés par le mari. Il peut aussi exercer seul toutes les actions mobilières et possessoires qui appartiennent à la femme ; en conséquence, il est responsable de tout dépérissement des biens personnels de la femme, causé par défaut d'actes conservatoires (1) (*Art.* 1428).

D. Le mari peut-il aliéner seul les immeubles personnels de la femme ?

R. Non, il ne peut le faire qu'avec le consentement de la femme (*Art.* 1428).

D. Si le mari a fait seul (2) des baux des biens de sa

---

(1) Si, par exemple, il n'a pas fait des réparations nécessaires, s'il n'a pas interrompu une prescription, etc.

(2) *Le mari seul* ; il fut convenu, dans la discussion au Conseil-d'État, que l'art. 1429 ne s'appliquerait pas dans le cas où les baux auraient été passés par le mari et la femme conjointement.

femme pour un temps qui excède neuf ans , en cas de dissolution de la communauté , ces baux sont-ils obligatoires à l'égard de la femme ou de ses héritiers ?

R. Ils ne sont obligatoires que pour le temps qui reste à courir , soit de la première période de neuf ans , si les parties s'y trouvent encore , soit de la seconde , et ainsi de suite , de manière que le fermier n'ait que le droit d'achever la jouissance de la période de neuf ans où il se trouve (*Art.* 1429).

D. Si le mari a fait ou renouvellé des baux de neuf ans ou au-dessous, des biens de sa femme , avant l'expiration du bail courant, ces baux sont-ils obligatoires ?

R. Quand ces baux ont été faits ou renouvellés plus de trois ans avant l'expiration du bail courant, s'il s'agit de biens ruraux , et plus de deux ans avant la même époque, s'il s'agit de maisons , ils sont sans effet , à moins que leur exécution n'ait commencé avant la dissolution de la communauté (1) (*Art* 1430).

D. Lorsque la femme s'oblige solidairement avec son mari pour les affaires de la communauté ou du mari , en quelle qualité est-elle censée engagée à l'égard du mari ?

R. Elle n'est réputée s'être engagée que comme caution , et en conséquence, elle doit être indemnisée de l'obligation qu'elle a contractée (2) (*Art.* 1431).

---

(1) Cet article suppose que les baux de neuf ans et au-dessous doivent toujours être exécutés, s'ils n'ont pas été faits par anticipation de plus de deux ou trois ans, suivant l'espèce des biens affermés (M. *Maleville*).

(2) Mais dans ce cas, elle ne peut pas se faire décharger de l'obligation qu'elle a contractée, même en renonçant à la communauté. *Voyez* le *Répertoire de Jurisprudence* de M. *Merlin*, au mot *Communauté.*

D. En est-il de même du mari qui garantit solidairement ou autrement la vente que sa femme a faite d'un immeuble personnel ?

R. Oui ; dans ce cas le mari a pareillement, s'il est inquiété, un recours contre sa femme, soit sur sa part dans la communauté, soit sur ses biens personnels (1) (*Art.* 1432).

D. S'il a été vendu un immeuble appartenant à l'un des époux, de même que si l'on s'est rédimé en argent de services fonciers, dus à des héritages propres à l'un d'eux, et que le prix en ait été versé dans la communauté, le tout sans remploi (2), quel est le droit de l'époux qui était propriétaire, soit de l'immeuble vendu, soit des services rachetés ?

R. Il a le droit de prélever à son profit sur la communauté le prix de l'immeuble vendu ou des services rachetés (3) (*Art.* 1433).

---

(1) C'est qu'alors ce n'est pas pour la communauté que le mari s'oblige (M. *Maleville*).

(2) Nous avons vu que les immeubles appartenant aux époux au moment de la célébration, ainsi que ceux qui leur échoient par succession ou donation, ne tombent point en communauté, ou, autrement, sont à leur égard *propres de communauté.* Cette qualité de *propres* n'en empêche pas l'aliénation. Mais comme le prix de cette aliénation est un objet mobilier qui, par conséquent, d'après sa nature, devrait tomber dans la communauté, on voit qu'il résulterait de là un moyen facile de porter atteinte aux conventions matrimoniales, et de frauder les dispositions de la loi relatives aux avantages entre époux. C'est pour prévenir cet inconvénient qu'a été établie la clause de remploi..... La clause de remploi est celle par l'effet de laquelle les deniers provenant de l'aliénation d'un propre de communauté, ou l'immeuble acquis avec ces deniers, sont subrogés au propre aliéné, et acquièrent, par cette subrogation, la même qualité de *propres* (M. *Delvincourt*).

(3) La femme avait un immeuble auquel était dû un droit de pas-

D. Quand est-ce que le remploi est censé fait à l'é-
gard du mari ?

R. Le remploi est censé fait à l'égard du mari , toutes les fois que , lors d'une acquisition, il a déclaré (1)
qu'elle était faite des deniers provenus de l'aliénation
de l'immeuble qui lui était personnel , et pour lui tenir lieu de remploi (2) (*Art.* 1434).

D. La déclaration du mari que l'acquisition est faite
des deniers provenus de l'immeuble vendu par la femme
et pour lui servir de remploi , suffit-elle pour que le
remploi soit censé fait à l'égard de la femme ?

R. Non ; il faut que le remploi ait été formellement
accepté par la femme (3) ; mais aussi , si elle ne l'a pas

---

sage; le fonds servant s'en est rédimé pour 5,000 fr., qui sont
entrés dans le coffre de la communauté, la femme a droit de prélever ces 5,000 fr.

(1) Il faut que la déclaration ait lieu au moment de l'acquisition, autrement elle serait inutile, l'héritage acquis serait devenu
conquêt (M. *Delvincourt*).

(2) Dès-lors, l'objet acquis lui devient propre, en remplace-
ment de l'objet qu'il avait aliéné (M. *Maleville*). Si le prix de l'immeuble acquis est inférieur à celui du propre aliéné, il est dû
récompense à l'époux pour le surplus. Si , au contraire , ce prix est
supérieur, il faut distinguer s'il excède le double du prix du propre
aliéné; alors la communauté a droit à l'immeuble acquis, et doit
payer la récompense du prix du propre aliéné; dans le cas contraire, l'immeuble acquis est propre à l'époux, qui doit alors récompense du montant de la différence des deux prix (Argument
de l'art. 866). C'est l'opinion de M. *Delvincourt*, tom. 2 , pag. 33,
note 5. *Pothier*, dans son *Traité de la Communauté*, n.º 198, a
bien émis une autre opinion, mais elle est évidemment trop rigoureuse et contraire d'ailleurs au système général du Code.

(3) Faut-il que cette acceptation ait lieu de suite, ou pourrait-
elle être postérieure à l'acquisition, pourvu qu'elle fût antérieure
à la dissolution de la communauté? Elle doit avoir lieu de suite ;

accepté , elle a simplement droit , lors de la dissolution de la communauté , à la récompense du prix de son immeuble vendu (*Art.* 1435).

D. Sur quels biens s'exerce la récompense du prix de l'immeuble appartenant au mari ?

R. Il ne s'exerce que sur la masse de la communauté (*Art.* 1436).

D. En est-il de même de la récompense du prix de l'immeuble appartenant à la femme ?

R. En cas d'insuffisance des biens de la communauté la récompense du prix de l'immeuble appartenant à la femme , s'exerce également sur les biens personnels du mari (*Art.* 1436).

D. Dans tous les cas , comment est fixé le montant de la récompense ?

R. La récompense n'a jamais lieu que sur le pied de la vente , quelque allégation qui soit faite touchant la valeur de l'immeuble aliéné (*Art.* 1436).

D. Quand est-ce qu'il est dû récompense par l'un des époux à la communauté ?

R. Toutes les fois qu'il est pris sur la communauté une somme , soit pour acquitter les dettes ou charges personnelles à l'un des époux , telles que le prix ou partie du prix d'un immeuble à lui propre , ou le rachat de services fonciers , soit pour le recouvrement, la conservation ou l'amélioration de ses biens personnels , et généralement toutes les fois que l'un des époux a tiré

---

il ne serait pas juste que la femme laissât courir à la communauté la chance de la perte ou de la dépréciation de l'immeuble, et qu'elle eût le droit de le réclamer s'il venait à éprouver une augmentation de valeur (M. *Delvincourt*).

un profit personnel des biens de la communauté, il en doit la récompense (1) (*Art.* 1437).

D. Lorsque le père et la mère ont doté conjointement l'enfant commun, pour quelle part chacun d'eux est-il censé avoir doté ?

R. S'il y a eu, dans la disposition, désignation de la part que chacun des époux a entendu donner, il faut suivre l'intention manifestée par les parties ;

Si, au contraire, le père et la mère ont doté conjointement l'enfant commun, sans exprimer la portion pour laquelle ils entendaient y contribuer, ils sont censés avoir doté chacun pour moitié (*Art.* 1438).

D. Ne faut-il pas encore distinguer si la dot a été fournie ou promise en effets de la communauté, ou si elle l'a été en biens personnels à l'un des deux époux ?

R. Non ; il en est de même dans les deux cas, sauf que dans le second, l'époux dont l'immeuble ou l'effet personnel a été constitué en dot, a, sur les biens de l'autre, une action en indemnité pour la moitié de ladite dot, eu égard à la valeur de l'effet donné, au temps de la donation (2) (*Art.* 1438).

---

(1) Remarquez que pour qu'il y ait lieu à récompense, il faut que l'époux ait gagné quelque chose et qu'il en ait coûté quelque chose à la communauté. Si l'époux n'avait rien gagné, quand même la communauté aurait fait quelque dépense, elle ne pourrait rien réclamer. Elle ne pourrait rien réclamer non plus, si l'époux s'était enrichi, mais qu'il n'en eût rien coûté à la communauté.

Du reste, l'article 1437 n'est qu'une règle générale dont on peut voir le développement dans *Pothier*, partie 4, chap. 1.er, sect. 2.

(2) Si la valeur de l'objet donné est fixée par le contrat, comme il est d'usage, je ne crois pas qu'il y ait lieu à faire d'autre estimation pour la déterminer, les deux époux étant supposés présens dans l'article (M. *Maleville*).

D. Lorsque le mari a doté seul l'enfant commun , mais en effets de la communauté, à la charge de qui est la dot ?

R. Elle est à la charge de la communauté, et dans le cas où la communauté est acceptée par la femme , celle-ci doit supporter la moitié de la dot (1), à moins que le mari n'ait déclaré expressément qu'il s'en chargeait pour le tout, ou pour une portion plus forte que la moitié (*Art.* 1439).

D. Par qui est due la garantie de la dot ?

R. Cette garantie est due par toute personne qui a constitué la dot (*Art.* 1440).

D. De quel jour courent les intérêts de la dot ?

R. Ils courent du jour du mariage, et cela encore qu'il y ait terme pour le paiement, à moins qu'on n'ait fait stipulation contraire (*Art.* 1440).

SECTION III.

De la Dissolution de la Communauté et de quelques-unes de ses suites.

D. Comment se dissout la communauté ?

R. La communauté se dissout, 1.º par la mort na-

---

(1) Parce que c'est une obligation naturelle aux père et mère de doter leurs enfans, et que le mari est le maître de la communauté.

Le Code ne parle ici que des dots constituées aux enfans communs, et non de celles que le mari ou la femme constitueraient à des enfans qu'ils auraient d'un précédent mariage; dans ce dernier cas, il n'y a pas de doute que celui qui aurait fait cette constitution en effets de la communauté, devrait récompense à l'autre (M. *Maleville* et *Pothier*, n.º 641).

turelle ; 2.º par la mort civile ; 3.º par le divorce (1) ; 4.º par la séparation de corps ; 5.º par la séparation de biens ; 6.º par l'absence prolongée (2) (*Art.* 1441).

D. Dans l'ancienne jurisprudence, la mort naturelle ou civile de l'un des époux suffisait-elle toujours pour dissoudre la communauté ?

R. Non ; quand les époux avaient des enfans mineurs qui leur étaient communs, il fallait, en outre, pour dissoudre la communauté, qu'il y eût inventaire, et que le survivant affirmât ensuite devant le juge la sincérité de l'inventaire. Si cela n'avait pas lieu, la communauté continuait au profit des enfans (3).

D. En est-il de même sous le Code ?

R. Non ; depuis le Code, le défaut d'inventaire après la mort naturelle ou civile de l'un des époux, ne donne pas lieu à la continuation de la communauté, sauf les poursuites des parties intéressées, relativement à la consistance des biens et effets communs, dont la preuve pourra être faite tant par titres que par la commune renommée (*Art.* 1442).

D. Quel est l'effet du défaut d'inventaire à l'égard de l'époux survivant, lorsqu'il y a des enfans mineurs ?

R. Le défaut d'inventaire fait perdre à l'époux survivant la jouissance de leurs revenus ; le subrogé tu-

---

(1) Loi du 8 mai 1816, *art.* 1.er : « Le divorce est aboli. »

(2) *Voyez*, pour les effets de l'absence prolongée, les art. 124 et 140, Premier Examen, pages 60 et 68 de la 3.e édition.

(3) Cette communauté, qui n'avait lieu qu'entre le survivant et les héritiers de l'époux prédécédé, se nommait *communauté simple*, par opposition à la *communauté composée,* qui était celle à laquelle le survivant avait associé des tiers. (*Voyez Pothier*, de la Communauté, partie 6.e, chap. 1.er, et les articles 240 et 241 de la Coutume de Paris.)

teur qui ne l'a point obligé à faire inventaire est tenu solidairement avec lui de toutes les condamnations qui peuvent être prononcées au profit des mineurs (*Art.* 1442).

D. Comment la séparation de biens peut-elle avoir lieu ?

R. Elle ne peut être poursuivie qu'en justice et par la femme (1) ; toute séparation volontaire est nulle (2) (*Art.* 1443).

D. Quand est-ce que la séparation de biens peut être demandée ?

R. C'est lorsque la dot de la femme est mise en péril, et que le désordre des affaires du mari donne lieu de craindre que les biens de celui-ci ne soient point suffisans pour remplir les droits et reprises de la femme (3) (*Art.* 1443).

---

(1) Elle ne peut être demandée par le mari, parce qu'elle a été établie entièrement dans l'intérêt de la femme.

(2) Par suite du principe, qu'après la célébration du mariage, les époux ne peuvent rien changer à leurs conventions matrimoniales.

(3) Des poursuites contre le mari ne suffiraient pas ; il faut qu'il y ait péril de la dot et des reprises. Mais aussi quand ce péril existe, quelle qu'en soit la cause, ne fût-ce que des malheurs arrivés au mari, sans aucune faute de sa part, la femme peut demander sa séparation (M. *Pigeau*).

L'article dit : *lorsque la dot de la femme est mise en péril ;* faut-il en conclure que si la femme n'avait rien apporté, elle ne pourrait pas demander la séparation ? La question est controversée, et il y a des arrêts pour et contre ; cependant je pense que la femme a toujours droit de demander la séparation, ne fût-ce que pour se ménager les gains futurs ; il serait trop douloureux qu'elle ne pût empêcher son mari de dissiper chaque jour le fruit de son travail. C'est d'ailleurs l'opinion de M. *Pigeau*, Procédure civile, in-4.°,

D. Suffit-il, pour que la séparation de biens ait son effet, qu'elle ait été prononcée en justice?

R. Non; cela ne suffit pas (1); il faut encore qu'elle ait été exécutée par le paiement des droits et reprises de la femme, effectué par acte authentique (2), jusqu'à concurrence des biens du mari, ou au moins par des poursuites commencées dans la quinzaine qui a suivi le jugement, et non interrompues depuis (*Art.* 1444).

D. N'y a-t-il pas quelques formalités à remplir avant de pouvoir faire exécuter la séparation de biens?

R. Oui; toute séparation de biens doit, avant son exécution, être rendue publique par l'affiche sur un tableau à ce destiné, dans la principale salle du tribunal de première instance, et de plus, si le mari est marchand, banquier ou commerçant, dans celle du tribunal de Commerce du lieu de son domicile, et ce, à peine de nullité de l'exécution (*Art.* 1445).

D. De quel jour commence la séparation de biens?

---

tome 2, page 488, et celle de M. *Delvincourt*, tome 2, page 23, note 3, *in fine;* c'était la jurisprudence du Châtelet.

La femme qui a obtenu la séparation de biens peut-elle demander ensuite à accepter la communauté? M. *Pigeau* me paraît l'avoir démontré, Procédure civile, in-4.º, tome 2, page 503, et avoir réfuté victorieusement la jurisprudence contraire suivie par le Tribunal de la Seine. C'est également l'opinion de M. *Delvincourt*, tome 3, page 28, note 1.ʳᵉ, *in medio*, et de *Pothier*, qui rapporte un acte de notoriété du Châtelet de Paris, n.º 520.

(1) Remarquez qu'il s'agit ici de la séparation de biens prononcée directement. Il en serait autrement si elle n'était que le résultat de la séparation de corps (Argument de l'art. 1463).

(2) M. *Delvincourt* pense néanmoins qu'il suffirait que l'acte eût une date certaine, et que l'authenticité n'est exigée que pour assurer la date. Il se fonde sur ce que l'on n'exige pas qu'il y ait minute.

3.   3

R. Le jugement qui prononce la séparation de biens remonte, quant à ses effets, au jour de la demande (*Art.* 1445).

D. A qui appartient le droit de demander la séparation de biens?

R. Ce droit est exclusivement attaché à la personne de la femme. Ses créanciers même ne peuvent former cette demande sans son consentement (1); quoiqu'ils puissent néanmoins, en cas de faillite ou de déconfiture du mari, exercer les droits de leur débitrice, jusqu'à concurrence de leurs créances (2) (*Art.* 1446).

D. Les créanciers du mari peuvent-ils empêcher la séparation de biens?

R. Ils peuvent intervenir dans l'instance sur la demande en séparation pour la contester; et ils peuvent se pourvoir contre elle lorsqu'elle a été prononcée et même exécutée, si elle l'a été en fraude de leurs droits (3) (*Art.* 1447).

D. Comment la femme qui a obtenu la séparation

---

(1) Parce qu'en mettant à découvert les affaires de la communauté, ils pourraient la renverser lorsqu'elle peut se rétablir, et nuire par-là à la femme et à eux-mêmes (M. *Pigeau*).

(2) Mais la femme n'en restera pas moins commune en biens pour l'avenir, et si le montant de ses droits mobiliers excédait ce qui est nécessaire pour le paiement de ses créanciers, elle ne pourrait pas se faire adjuger l'excédent, qui appartiendrait, dans ce cas, aux créanciers du mari (M. *Delvincourt*).

(3) Il importe souvent aux créanciers du mari que la femme ne se fasse pas séparer, parce qu'en exerçant ses reprises, elle partage avec eux la fortune de leur débiteur, que d'ailleurs elle prive son mari des bénéfices qu'il pourrait se procurer avec les deniers de sa femme, et du secours qu'il en tirerait pour payer ses dettes (M. *Pigeau*).

de biens, doit-elle contribuer aux frais du ménage et aux frais d'éducation des enfans communs?

R. Elle doit y contribuer proportionnellement à ses facultés et à celles de son mari; elle doit supporter ces frais en entier, s'il ne reste rien au mari (1) (*Art.* 1448).

D. Quels sont les effets du jugement de séparation à l'égard des biens de la femme?

R. La femme séparée, soit de corps et de biens, soit de biens seulement, en reprend la libre administration (2), ainsi que le droit de disposer de son mobilier et de l'aliéner (3) (*Art.* 1449).

D. La femme séparée de biens peut-elle également aliéner ses immeubles?

R. Non; elle ne peut le faire sans le consentement du mari, ou à son refus, sans être autorisée par la justice (*Art.* 1449).

D. Le mari est-il garant du défaut d'emploi ou de remploi (4) du prix de l'immeuble que la femme séparée a aliéné sous l'autorisation de la justice?

R. Non, il n'en est pas garant, à moins qu'il n'ait

---

(1) Lorsque la séparation de biens est le résultat de la séparation de corps, la femme n'est pas tenue de fournir aux frais du ménage, puisque le ménage suppose un domicile commun, et qu'alors il n'en existe pas.

(2) Ainsi, elle peut passer des baux, recevoir des remboursemens, décharger des hypothèques qui garantissaient ces remboursemens, parce que l'hypothèque n'est qu'un accessoire.

(3) Mais seulement à titre onéreux; elle ne peut jamais en disposer à titre gratuit, sous aucun régime, sans le consentement de son mari.

(4) Il y a *emploi*, quand le prix a été seulement placé; il y a *remploi*, quand il a été employé à l'acquisition d'autres immeubles (M. *Delvincourt*).

3..

concouru au contrat, ou qu'il ne soit prouvé que les deniers ont été reçus par lui ou ont tourné à son profit (*Art.* 1450).

D. Lorsque la vente a été faite en présence et du consentement du mari, de quoi est-il garant?

R. Il est garant du défaut d'emploi ou de remploi, mais il ne l'est point de l'utilité de cet emploi (1) (*Art.* 1450).

D. La dissolution de communauté opérée par le divorce (2) ou par la séparation, soit de corps et de biens, soit de biens seulement, donne-t-elle ouverture aux droits de survie de la femme?

R. Non; mais la femme conserve la faculté d'exercer ces droits lors de la mort naturelle ou civile de son mari (*Art.* 1452).

D. Comment la communauté dissoute par la séparation, soit de corps et de biens, soit de biens seulement, peut-elle être rétablie?

R. Elle ne peut être rétablie que du consentement des deux parties, par un acte passé devant notaires et avec minute (3) dont une expédition doit être affichée dans la forme de l'art. 1445 (4) (*Art.* 1451).

---

(1) On rend le mari garant du défaut d'emploi ou de remploi, parce que l'on présume, quand il n'existe aucune trace de l'emploi, qu'il n'a autorisé la vente que pour s'approprier les deniers. Mais quand il existe un emploi certain, cette présomption ne peut avoir lieu, et le mari ne peut être garant de l'utilité de l'emploi, puisque, ces deniers étant une chose mobilière, la femme a pu en disposer sans son autorisation (M. *Delvincourt*).

(2) Loi du 8 mai 1816, *art.* 1.ᵉʳ : « Le divorce est aboli. »

(3) Autrement, les époux pourraient faire paraître ou disparaître, à leur gré, l'acte de rétablissement de leur communauté, et paraître communs ou séparés suivant qu'ils auraient intérêt (M. *Delvincourt*).

(4) Il faut que les tiers soient instruits que la femme a perdu

D. Dans ce cas, de quel jour la communauté reprend-elle son effet?

R. La communauté ainsi rétablie reprend son effet du jour du mariage ; les choses sont remises au même état que s'il n'y avait jamais eu de séparation, sans préjudice néanmoins des actes faits par la femme et qu'elle avait droit de faire (*Art.* 1451).

D. Les époux peuvent-ils rétablir leur communauté sous des conditions différentes de celles qui la réglaient antérieurement?

R. Non ; toute convention par laquelle les époux rétabliraient leur communauté sous des conditions différentes de celles qui la réglaient antérieurement, est nulle (1) (*Art.* 1451).

SECTION IV.

De l'Acceptation de la Communauté, et de la Renonciation qui peut y être faite, avec les conditions qui y sont relatives.

D. Lorsque la communauté est dissoute, quels sont

---

la capacité que le jugement de séparation lui avait donnée, d'administrer son bien et de disposer de son mobilier (M. *Delvincourt*).

(1) A quoi s'applique cette nullité? A la convention qui rétablit la communauté, ou seulement aux conventions différentes. En d'autres termes, lorsque les époux ont rétabli leur communauté sous des conditions différentes, restent-ils séparés, ou bien les conditions différentes sont-elles seulement réputées non écrites, tellement, que la communauté doive être présumée rétablie purement et simplement? M. *Delvincourt*, tome 3, page 26, note 4, pense que c'est la convention de rétablissement qui est nulle; M. *Pigeau*, autant qu'on peut entrevoir son opinion, paraît d'avis contraire.

les droits des époux sur les biens qui composaient cette communauté ?

R. Ces droits varient selon que la femme accepte la communauté ou qu'elle y renonce.

D. La femme a-t-elle toujours droit d'accepter la communauté ou d'y renoncer ?

R. Oui ; après la dissolution de la communauté, la femme ou ses héritiers et ayant-cause ont le droit de l'accepter ou d'y renoncer : toute convention contraire est nulle (1) (*Art.* 1453).

D. Le mari peut-il de même renoncer à la communauté ?

R. Non (2) ; il reste (3) propriétaire pour le total, si la femme ou ses héritiers renoncent, et pour moitié, s'ils acceptent.

D. Comment se règlent cette acceptation et cette renonciation ?

R. Elles se règlent à peu près comme les acceptations et répudiations des successions. Ainsi, la femme

---

(1) Ce droit est accordé à la femme en considération de ce que le mari étant le maître de la communauté, et pouvant l'obérer à son gré, même au-delà de sa valeur, il ne paraissait pas juste que la femme, qui n'avait participé en rien à l'administration, fût tenue d'acquitter les dettes, même sur ses biens personnels. On a pensé, en outre, que, si l'on permettait à la femme de s'interdire la faculté de renoncer, cette clause deviendrait de style dans tous les contrats de mariage, et c'est pourquoi l'on a tabli que toute convention semblable serait nulle (M. *Delvincourt*).

(2) Le mari doit être nécessairement responsable de sa mauvaise administration.

(3) Il reste, parce qu'il est déjà propriétaire pour le tout ; par conséquent ce n'est pas *jure accrescendi*, mais *jure non decrescendi* ; cette remarque nous servira plus tard.

majeure qui a pris dans un acte la qualité de commune, ne peut plus y renoncer, ni se faire restituer contre cette qualité, quand même elle l'aurait prise avant d'avoir fait inventaire, à moins qu'il n'y ait eu dol de la part des héritiers du mari (*Art.* 1455). La veuve qui a diverti ou recélé (1) quelques effets de la communauté est déclarée commune, nonobstant sa renonciation : il en est de même à l'égard de ses héritiers (*Art.* 1460). La femme qui s'est immiscée (2) dans les biens de la communauté ne peut y renoncer; mais les actes purement administratifs ou conservatoires n'emportent point immixtion (*Art.* 1454).

D. Dans quel délai la femme doit-elle déclarer si elle accepte la communauté ou si elle y renonce?

R. Dans le délai de trois mois et quarante jours à compter du décès du mari, ou de la séparation de corps définitivement prononcée.

D. Si la femme n'a pas déclaré ses intentions dans ce délai, quelle est la présomption établie par la loi?

R. Cette présomption est différente selon les divers événemens qui ont donné lieu à la dissolution de la communauté.

. D. Quelle est cette présomption dans le cas où la communauté a été dissoute par la séparation de corps?

R. La femme est censée avoir renoncé à la communauté (3), à moins qu'étant encore dans le délai, elle

---

(1) *Diverti*, si elle les a dissipés, consommés ; *recélé*, si elle a omis sciemment de les faire comprendre dans l'inventaire, si elle les a fait disparaître du domicile commun (M. *Delvincourt*).

(2) A moins qu'elle ne l'ait fait en toute autre qualité que celle de commune, par exemple, si elle est exécutrice testamentaire.

(3) Parce que la communauté étant, comme nous l'avons dit toujours censée la propriété du mari, elle lui reste en totalité,

n'en ait obtenu la prorogation en justice, contradictoirement avec le mari, ou lui dûment appelé (*Art.*
1463).

D. En est-il de même quand la dissolution de la
communauté a eu lieu par le décès du mari?

R. Non; dans ce cas la présomption est pour l'acceptation. Si la femme survivante veut conserver la
faculté de renoncer à la communauté, elle doit, dans
les trois mois du jour du décès du mari, faire faire un
inventaire fidèle et exact de tous les biens de la communauté (1), contradictoirement avec les héritiers du
mari ou eux dûment appelés. Cet inventaire doit être,
par la femme, affirmé sincère et véritable lors de sa
clôture, devant l'officier public qui l'a reçu (*Art.* 1456).

D. Si après cet inventaire la femme veut renoncer,
comment doit-elle faire sa renonciation?

R. Dans les quarante jours à dater de la clôture de
l'inventaire, elle doit faire sa renonciation au greffe
du tribunal de première instance dans l'arrondissement
duquel le mari avait son domicile; cet acte doit être
inscrit sur le registre établi pour recevoir les renon-
ciations à succession (*Art.* 1457 et Code de Procédure,
art. 174).

D. Le délai ne peut-il pas recevoir une prorogation?

R. La veuve peut, suivant les circonstances, demander au tribunal de première instance une prorogation
du délai prescrit pour sa renonciation; cette prorogation est prononcée, s'il y a lieu, contradictoirement

---

jure non decrescendi, tant que la femme ne manifeste pas, par
l'acceptation, la volonté d'en prendre part (M. *Delvincourt*).

(1) *Quid*, s'il n'y a rien, aucun bien? La femme doit faire
dresser un procès-verbal qui le constate, et qu'on nomme, à cause
de cela, *procès-verbal de carence.*

avec les héritiers du mari, ou eux dûment appelés (*Art.* 1458).

D. La veuve qui n'a point fait sa renonciation dans le délai prescrit, est-elle déchue de la faculté de renoncer?

R. Non; si elle ne s'est pas immiscée et qu'elle ait fait inventaire, elle peut seulement être poursuivie comme commune jusqu'à ce qu'elle ait (1) renoncé, et elle doit les frais faits contre elle jusqu'à sa renonciation (*Art.* 1459).

D. La veuve ne peut-elle pas quelquefois être également poursuivie avant l'expiration des trois mois et quarante jours?

R. Elle peut être poursuivie après l'expiration des quarante jours depuis la clôture de l'inventaire, s'il a été clos avant les trois mois (*Art.* 1459).

D. Si la veuve meurt avant l'expiration des trois mois sans avoir fait ou terminé l'inventaire, quel est le délai qu'auront ses héritiers, pour le faire ou pour le terminer?

R. Ils auront un nouveau délai de trois mois, à compter du décès de la veuve, et de quarante jours pour délibérer, après la clôture de l'inventaire (*Art.* 1461).

D. Si la veuve meurt ayant terminé l'inventaire, quel est le délai accordé à ses héritiers?

R. Ils auront, pour délibérer, un nouveau délai de quarante jours à compter de son décès (2) (*Art.* 1461).

---

(1) Elle ne perdrait le droit d'accepter ou de renoncer que par la prescription trentenaire, conformément à l'article 789. *Voyez*, dans le Deuxième Examen, l'interprétation de cet article, pag. 42, note 1.re

(2) N'y a-t-il pas ici contradiction avec l'article 795 du Code,

D. Dans quelles formes peuvent-ils renoncer à la communauté ?

R. Ils peuvent le faire dans les mêmes formes que la veuve elle-même ; et les articles 1458 et 1459 leur sont aussi applicables (*Art.* 1461).

D. Dans le cas où la dissolution de la communauté a lieu par la mort civile du mari, quelles sont les règles à suivre ?

---

qui accorde à l'héritier trois mois et quarante jours pour prendre qualité ? En effet, il est constant que, par cela seul que l'héritier d'une veuve déclare qu'il accepte la communauté d'entre elle et son mari, ou qu'il y renonce, il fait acte d'héritier, et cependant on ne lui donne que quarante jours à compter du décès de la veuve pour faire cette déclaration ? On répond à cette question de deux manières :

1.° On dit que l'inventaire des biens de la communauté comprend celui des biens de la veuve elle-même ; que cet inventaire étant fait, les héritiers ne peuvent connaître les forces de la communauté sans connaître celles de la succession ; que, par conséquent, il est inutile de leur accorder un nouveau délai pour faire inventaire, qu'ils n'ont besoin que d'un délai de quarante jours pour délibérer tout à-la-fois sur l'acceptation de la succession et sur celle de la communauté.

Il est cependant évident que l'inventaire de la communauté ne comprend pas les biens de la veuve, quand elle a acquis des biens depuis la dissolution de la communauté, etc.? Alors, dit-on, c'est le cas d'appliquer l'article 798 au titre *des Successions*, et d'accorder une prorogation de délai. C'est l'opinion de M. *Delvincourt*, tome 3, page 29, note 2.

2.° Au contraire, M. *Pigeau* pense que le droit de la femme dans la communauté n'étant qu'une branche de sa succession, les héritiers de la femme ne pouvant rien décider relativement à ce droit, sans accepter la succession, et ayant pour toute la succession un délai de trois mois pour faire inventaire, le délai de quarante jours ne doit courir que du jour de la confection de l'inventaire de la succession, ou des trois mois pour le faire.

R. Il faut suivre les mêmes règles que dans le cas de mort naturelle; et ces règles sont applicables du moment où la mort civile a commencé (*Art.* 1462).

D. Les créanciers de la femme peuvent-ils attaquer sa renonciation à la communauté?

R. Oui; les créanciers de la femme peuvent attaquer la renonciation qui aurait été faite par elle ou par ses héritiers, en fraude de leurs créances (1), et accepter la communauté de leur chef (2) (*Art.* 1464).

D. Quels sont les droits personnels de la veuve, pendant les trois mois et quarante jours qui lui sont accordés pour faire inventaire et délibérer?

R. La veuve, soit qu'elle accepte, soit qu'elle renonce, a droit, pendant ces délais (3), de prendre sa nourriture et celle de ses domestiques sur les provisions existantes, et, à défaut, par emprunt au compte de la masse commune, à la charge d'en user modérément.

Elle ne doit aucun loyer à raison de l'habitation qu'elle a pu faire, pendant les mêmes délais, dans une maison dépendante de la communauté, ou appartenant

---

(1) En général, pour qu'il y ait fraude, il faut *consilium* et *eventus*. Mais ici les créanciers de la femme sont dispensés de prouver qu'elle a voulu frauder, toutes les fois qu'elle a renoncé à une succession évidemment avantageuse (*Voyez* M. *Delvincourt*, tome 3, page 29, note 5).

(2) A leurs risques et jusqu'à concurrence de leur intérêt seulement. Si donc, après leur paiement, il reste quelque chose de la part de la femme, cet excédant appartient au mari (Argument de l'article 788).

(3) Si la femme obtient une prorogation de délai conformément à l'article 1458, pourra-t-elle jouir de ces droits pendant cette prorogation? Non (MM. *Maleville* et *Delvincourt*). De même si elle prend qualité avant l'expiration des trois mois et quarante jours, cela ne doit pas l'empêcher de jouir pendant tout ce temps (M. *Delvincourt*).

aux héritiers du mari; et si la maison qu'habitaient les époux au jour de la dissolution de la communauté, était tenue par eux à titre de loyer, la femme ne contribuera point, pendant les mêmes délais, au paiement dudit loyer, lequel sera pris sur la masse (*Art.* 1465).

D. Dans le cas de dissolution de la communauté par la mort de la femme, quelles sont les règles à observer par ses héritiers pour renoncer à la communauté?

R. Ils doivent observer les délais et les formes que la loi prescrit à la femme survivante (*Art.* 1466).

Section V.

Du Partage de la Communauté après l'acceptation.

D. A quelle opération procède-t-on après l'acceptation de la communauté par la femme ou ses héritiers?

R. On procède au partage de l'actif et du passif de la communauté (*Art.* 1467).

§. I.er

Du Partage de l'actif.

D. De quoi se compose la masse de l'actif à partager?

R. Elle se compose de tous les objets dont la communauté était composée au jour de la dissolution, et de tous ceux que les époux doivent y rapporter.

D. Quels sont les objets que les époux doivent rapporter à la communauté?

R. Les époux ou leurs héritiers rapportent à la masse des biens existans, tout ce dont ils sont débiteurs envers la communauté à titre de récompense ou d'indemnité, d'après les règles ci-dessus prescrites, à la section II de la I.re partie du présent chapitre (*Art.* 1468). Ainsi, chaque époux ou son héritier rapporte les sommes qui ont été tirées de la communauté; ou la valeur des biens qu'il y a pris pour doter un enfant d'un autre lit, ou pour doter personnellement l'enfant commun (*Art.* 1469).

D. Lorsque la masse a été ainsi composée, quels sont les prélèvemens faits par chaque époux?

R. Chaque époux ou son héritier prélève sur cette masse :

1.º Ses biens personnels qui ne sont point entrés en communauté, s'ils existent en nature, ou ceux qui ont été acquis en remploi;

2.º Le prix de ses immeubles qui ont été aliénés pendant la communauté, et dont il n'a point été fait remploi;

3.º Les indemnités qui lui sont dues par la communauté (*Art.* 1470).

D. Le droit des deux époux est-il le même à l'égard de ces prélèvemens?

R. Non, les prélèvemens de la femme s'exercent avant ceux du mari (1) (*Art.* 1471).

D. Sur quoi s'exercent les prélèvemens de la femme pour les biens qui n'existent plus?

R. Ils s'exercent d'abord sur l'argent comptant, ensuite sur le mobilier, et subsidiairement sur les immeubles de la communauté : dans ce dernier cas, le choix des immeubles est déféré à la femme et à ses héritiers (*Art.* 1471).

D. En cas d'insuffisance des biens de la communauté, quels sont les droits des époux?

---

(1) C'est le mari qui a administré la communauté; si elle est désavantageuse, c'est à lui à se l'imputer. Il est donc juste qu'il n'exerce ses prélèvemens qu'après ceux de la femme.

R. En cas d'insuffisance de la communauté, la femme et ses héritiers exercent leurs reprises sur les biens personnels du mari (1), le mari ne peut exercer ses reprises que sur les biens de la communauté (*Art.* 1472).

D. A compter de quel jour les remplois et récompenses dus par la communauté aux époux, et les récompenses et indemnités par eux dues à la communauté, emportent-ils intérêt?

R. Ils emportent les intérêts de plein droit du jour de la dissolution de la communauté (2) (*Art.* 1473).

D. Après que tous les prélèvemens des deux époux ont été exécutés sur la masse, comment se partage le surplus?

R. Le surplus se partage par moitié entre les époux ou ceux qui les représentent (3) (*Art.* 1474).

D. Si les héritiers de la femme ne sont pas d'accord entre eux, les uns peuvent-ils accepter la communauté, tandis que les autres y renoncent?

R. Oui; si les héritiers de la femme sont divisés, chacun d'eux est libre d'accepter ou de renoncer. Dans ce cas, celui qui a accepté ne peut prendre que sa por-

(1) La femme a, dans ce cas, sur les biens personnels du mari, une hypothèque tacite qui remonte, savoir : pour le remploi des propres, au jour de l'aliénation, et pour l'indemnité des dettes qu'elle a contractées avec son mari, au jour de l'obligation (*Voy.* art. 2135).

(2) Cela a lieu, dans les deux cas, par la même raison; c'est que les époux et la communauté jouissent du revenu des objets dont ils doivent la récompense. D'ailleurs, la communauté ne peut former de demande, on ne peut en former contre elle : on a donc dû faire courir les intérêts de plein droit (M. *Deloincourt*).

(3) C'est-à-dire que l'on forme deux lots égaux, et que ces deux lots sont tirés au sort.

tion virile et héréditaire dans les biens qui échoient au lot de la femme. Le surplus reste au mari, qui demeure chargé, envers l'héritier renonçant, des droits que la femme aurait pu exercer en cas de renonciation, mais jusqu'à concurrence seulement de la portion virile héréditaire du renonçant (1) (*Art.* 1475).

D. Dans quelles formes doit être fait le partage de la communauté?

R. Le partage de la communauté pour tout ce qui concerne ses formes (2), la licitation des immeubles quand il y a lieu; les effets du partage (3), la garantie qui en résulte, et les soultes (4), est soumis à toutes les

---

(1) Il en est autrement en matière de succession (*Art.* 781 et 782). Les héritiers d'un héritier sont obligés de s'entendre pour accepter ou pour répudier la part entière de leur auteur dans l'hérédité, et dans le cas où ils ne s'accordent pas, ils sont obligés d'accepter sous bénéfice d'inventaire. La raison de cette différence tient au principe que nous avons déjà énoncé, que la communauté entière appartient au mari, *jure non decrescendi,* tant qu'elle n'est pas acceptée par la femme ou ses héritiers. Elle doit donc continuer de lui appartenir pour toutes les parts qui ne sont pas acceptées. Dans les successions, au contraire, chaque héritier est saisi de sa part entière du moment du décès. Cette part est *quid totum, quid individuum,* dans la personne de chaque héritier. On ne peut concevoir qu'il y ait, tout ensemble, renonciation et acceptation pour la même part. Il faut donc qu'en cas de décès de l'héritier, ses héritiers s'entendent pour accepter ou pour répudier toute sa part (M. *Delvincourt*).

(2) Si donc l'époux a laissé des héritiers mineurs, ou si l'époux survivant est lui-même mineur, l'on doit suivre les règles établies au titre *des Successions,* pour les partages dans lesquels des mineurs sont intéressés.

(3) Ainsi, le partage de la communauté est comme celui des successions, déclaratif et non translatif de propriété.

(4) Ainsi, les époux auront respectivement le privilége établi par l'article 2109, pour les soultes et retours de lots. De même

règles qui sont établies au titre *des Successions* pour les partages entre cohéritiers (*Art.* 1476).

D. Quelle est la peine de celui des époux qui divertit ou recèle quelques effets de la communauté?

R. Il est privé de sa part dans lesdits effets (1) (*Art.* 1477).

D. Après le partage consommé, si l'un des deux époux est créancier personnel de l'autre, comme lorsque le prix de son bien a été employé à payer une dette personnelle de l'autre époux ou pour toute autre cause, sur quels biens peut-il exercer sa créance?

R. Il exerce sa créance sur la part qui est échue à l'époux débiteur dans la communauté, ou sur ses biens personnels (*Art.* 1478).

D. Les créances personnelles que les époux ont à exercer l'un contre l'autre, portent-elles intérêt de plein droit du jour de la dissolution de la communauté?

R. Non; elles ne portent intérêt que du jour de la demande en justice (2) (*Art.* 1479).

R. Sur quels biens s'exécutent les donations que l'un des époux a pu faire à l'autre?

R. Elles ne s'exécutent que sur la part du donateur

---

que le partage des successions, le partage de la communauté pourrait être rescindé pour dol, violence et lésion de plus du quart.

(1) Mais il peut, par son repentir, éviter la peine de ses recels, en rapportant, avant que les héritiers du prédécédé en aient eu connaissance, les choses recélées, et en les ajoutant à son inventaire (*Pothier*, n.° 690).

(2) Ce sont des créances de particulier à particulier, elles rentrent dans le droit commun. D'ailleurs, l'époux créancier peut faire courir les intérêts en formant sa demande. Il n'y avait donc pas ici les mêmes motifs que dans le cas prévu à l'article 1473.

dans la communauté, et sur ses biens personnels (*Art.* 1480).

D. Quand la communauté a été dissoute par le pré-décès du mari, aux frais de qui est le deuil de la femme?

R. Il est aux frais des héritiers du mari (*Art.* 1481).

D. Comment est réglée la valeur de ce deuil?

R. Elle est réglée selon la fortune du mari (1) (*Art.* 1481).

D. Les frais de deuil sont-ils toujours dus à la femme?

R. Oui; ils sont toujours dus, même à la femme qui renonce à la communauté (*Art.* 1481).

§. II.

Du passif de la Communauté, et de la contribution aux dettes.

D. De quoi se compose à sa dissolution le passif de la communauté?

R. Il se compose des dettes des époux qui sont tom-bées à la charge de la communauté, des dettes contrac-tées par la communauté, et des frais de scellés, inven-taire, vente de mobilier, liquidation, licitation et partage (*Art.* 1482).

D. Comment ces dettes se divisent-elles entre les époux?

R. Elles sont pour moitié à la charge de chacun des époux ou de leurs héritiers (*Art.* 1482).

---

(1) On fait entrer dans les frais de deuil, le prix des robes et autres habillemens de deuil, tant de la veuve que de ses domes-tiques; on y comprend aussi, à l'égard des personnes riches et de qualité, la draperie du carrosse. Lorsque c'est la femme qui est prédécédée, le mari n'est pas reçu a demander aux héritiers de la femme les frais de son deuil, l'usage est constant; cependant, je ne vois aucune raison de différence (*Pothier*, n.° 678).

3.   4

D. La femme n'a-t-elle pas, relativement aux dettes de la communauté, un privilège particulier?

R. Lorsqu'il y a eu un bon et fidèle inventaire, si la femme (1) rend compte tant du contenu de cet inventaire que de ce qui lui est échu par le partage, elle n'est tenue des dettes de la communauté, soit à l'égard du mari, soit à l'égard des créanciers (2), que jusqu'à concurrence de son émolument (3) (*Art.* 1483).

D. Le principe de la division des dettes par moitié, n'est-il pas susceptible de quelques modifications?

R. Ce principe reçoit son application entière pour ce qui concerne les droits des époux entr'eux, mais il n'en est pas de même à l'égard des créanciers.

D. Quels sont les droits des créanciers contre le mari?

R. Il faut distinguer entre les divers créanciers : le mari est tenu, pour la totalité, des dettes de la communauté par lui contractées (4), sauf son recours contre

---

(1) La femme ou ses héritiers (*Voyez Art.* 1491).

(2) *A l'égard du mari*, c'est-à-dire, que le mari ou ses héritiers sont tenus envers les créanciers, non-seulement de leur part dans les dettes, mais encore de la portion qui excède l'émolument de la femme, tellement que si la femme a payé au-delà de cet émolument, elle a action contr'eux pour se faire restituer l'excédant. *A l'égard des créanciers*, c'est-à-dire, qu'elle peut même se dispenser de leur payer au-delà de l'émolument, en leur rendant compte (M. *Delvincourt*).

(3) Remarquez qu'il ne faut pas considérer la femme qui a fait abandon comme renonçant, elle doit plutôt être assimilée à l'héritier bénéficiaire. Malgré cet abandon, elle reste toujours commune ; ainsi, elle ne peut réclamer l'effet des clauses qui ne devaient avoir lieu qu'en cas de renonciation, telles que reprise d'apport, etc. (*Voyez* du reste, sur ce point, M. *Delvincourt,* tome 3, page 35, note 12).

(4) Les créanciers n'ont traité qu'avec lui, ils ne connaissent que lui.

sa femme ou ses héritiers, pour la moitié desdites dettes (*Art.* 1484). Mais il n'est tenu que pour moitié des dettes personnelles à la femme et qui étaient tombées à la charge de la communauté (1) (*Art.* 1485).

D. Quels sont les droits des créanciers contre la femme ?

R. Il faut encore distinguer entre les diverses espèces de créances :

La femme peut être poursuivie pour la totalité des dettes qui procèdent de son chef et qui étaient entrées dans la communauté (2), sauf son recours contre le mari ou ses héritiers, pour la moitié desdites dettes (3) (*Art.* 1486); mais quant aux dettes de communauté, la femme, même personnellement obligée, ne peut être poursuivie que pour la moitié de ces dettes, à moins que l'obligation ne soit solidaire (4) (*Art.* 1487).

D. Lorsque la femme a payé une dette de la communauté au-delà de sa moitié, peut-elle répéter l'excédant contre le créancier ?

R. Elle ne peut le faire qu'autant que la quittance

---

(1) Sauf au créancier à poursuivre la femme. Pendant la communauté il devait tout, parce qu'ayant tout l'actif mobilier de la femme, il devait par suite tout le passif mobilier ; mais le partage remettant la moitié de cet actif entre les mains de la femme, le mari ne doit plus que moitié (M. *Pigeau*).

(2) Parce qu'étant obligée personnellement à la dette pour le tout avant son mariage, la circonstance de ce mariage, qui est étrangère au créancier, ne doit pas nuire à ce créancier, en restreignant à moitié le droit qu'il avait contre la femme (M. *Pigeau*).

(3) Parce qu'ayant gardé moitié de l'actif mobilier de la femme, le mari doit moitié du passif mobilier (M. *Pigeau*).

(4) Ainsi, l'on a conservé le droit commun : la femme peut être poursuivie pour le total s'il y a solidarité, et, dans le cas contraire, seulement pour moitié.

exprime que ce qu'elle a payé était pour sa moitié (1)
(*Art.* 1488).

D. Lorsque l'un des deux époux se trouve poursuivi
par l'effet de l'hypothèque exercée sur l'immeuble à lui
échu en partage, pour la totalité d'une dette de communauté, quel droit peut-il exercer?

R. Il a de droit un recours pour la moitié de cette
dette contre l'autre époux et ses héritiers (*Art.* 1489).

D. Ne peut-on pas stipuler par le partage, que l'un
ou l'autre des copartageans sera chargé de payer une
quotité de dettes autre que la moitié, même de les acquitter entièrement?

R. Cette stipulation est permise (2); mais toutes les
fois que l'un des copartageans a payé des dettes de la
communauté au-delà de la portion dont il était tenu,

---

(1) C'est qu'alors il est prouvé que c'est par erreur qu'elle a
payé au-delà de la moitié (M. *Maleville*). Dans le cas contraire,
elle est présumée avoir payé la moitié en son nom, et le surplus
au nom et en l'acquit de son mari, ce qui peut se faire d'après
l'article 1236 (M. *Delvincourt*).

(2) Mais cette convention, qui est à l'égard des créanciers *res
inter alios acta*, ne peut préjudicier aux droits que la loi leur
donne contre chacun des époux.

Si les stipulations faites dans le partage ne peuvent préjudicier
aux créanciers, peuvent-elles leur profiter dans le sens qu'ils
puissent poursuivre directement, pour la totalité, l'époux qui s'est
obligé par le partage à payer cette même totalité? Ils le pourront
sans doute, non pas de leur chef, mais comme exerçant les droits
de l'autre époux, leur débiteur; ce qui diffère en ce que, dans ce
dernier cas, l'époux poursuivi pourra leur opposer, pour la part
qu'il ne doit pas personnellement, toutes les exceptions qu'il
pourrait opposer à l'autre époux : *putà*, si ce dernier n'a pas exé-
cuté les clauses du partage, s'il y a eu dol, violence, lésion de plus
du quart, etc. ; tandis que s'ils ne demandent que la part dont il est
tenu personnellement envers eux, il ne pourra leur opposer que
les exceptions qui leur sont personnelles (M. *Delvincourt*).

soit par la loi, soit par l'acte de partage, il y a lieu au recours de celui qui a trop payé contre l'autre (*Art.* 1490).

D. Quels sont les droits réciproques des héritiers du mari ou de la femme?

R. Tout ce que nous venons de dire à l'égard du mari ou de la femme, a lieu à l'égard des héritiers de l'un ou de l'autre; ces héritiers exercent les mêmes droits et sont soumis aux mêmes actions que le conjoint qu'ils représentent (*Art.* 1491).

Section VI.

De là Renonciation à la Communauté, et de ses effets.

D. Quels sont les effets de la renonciation de la femme à la communauté ?

R. La renonciation de la femme à la communauté a deux effets principaux :

1.º La femme qui renonce, perd toute espèce de droits sur les biens de la communauté, et même sur le mobilier qui y est entré de son chef; elle retire seulement les linges et hardes à son usage (1) (*Art.* 1492).

2.º La femme renonçante est déchargée de toute contribution aux dettes de la communauté, tant à l'égard du mari qu'à l'égard des créanciers; elle reste seule-

_____

(1) Les anciennes coutumes étaient sur ce point beaucoup moins libérales que le Code, elles ne laissaient, en général, à la femme, qu'une robe, sa robe de noce, *ne nuda abiret.* Peut-être aussi le Code a-t-il été un peu loin; au surplus, si le mari ou sa succession est en faillite, le droit de la femme est restreint aux objets nécessaires à l'usage de sa personne, d'après un état dressé par les syndics de la faillite (*Voyez* Code de Commerce, article 529).

ment tenue envers ceux-ci, lorsqu'elle s'est obligée conjointement avec le mari, ou lorsque la dette, devenue dette de la communauté, provenait originairement de son chef; le tout, sauf son recours contre le mari ou ses héritiers (1) (*Art.* 1494).

D. Quels sont les objets que la femme renonçante a le droit de reprendre?

R. La femme renonçante a le droit de reprendre:

1.º Les immeubles à elle appartenant, lorsqu'ils existent en nature, ou l'immeuble qui a été acquis en remploi;

2.º Le prix de ses immeubles aliénés dont le remploi n'a pas été fait et accepté comme il est dit ci-dessus;

3.º Toutes les indemnités qui peuvent lui être dues par la communauté (*Art.* 1493).

D. Sur quels biens la femme peut-elle exercer ces actions et reprises?

R. Elle peut les exercer, tant sur les biens de la communauté, que sur les biens personnels du mari (*Art.* 1495)..

D. Les héritiers de la femme ont-ils le même droit?

R. Les héritiers de la femme ont les mêmes droits qu'elle-même, sauf en ce qui concerne le prélèvement des linges et hardes, ainsi que le logement et la nourriture pendant le délai donné pour faire inventaire et

---

(1) C'est-à-dire, que le mari ou ses héritiers sont tenus de la totalité des dettes, même de celles qui étaient personnelles à la femme et qui sont entrées dans la communauté; et si, par suite de son obligation personnelle, elle est poursuivie par les créanciers, elle a son recours contre le mari et ses héritiers. Dès qu'elle perd tout l'actif qu'elle a mis dans la communauté, elle doit être libérée de tout le passif qui y est entré de son chef (M. *Delcincourt*).

délibérer; lesquels droits sont purement personnels à la femme (1) (*Art.* 1495).

Disposition relative à la Communauté légale, lorsque l'un des époux ou tous deux ont des enfans de précédens mariages.

D. Lorsque l'un des époux ou tous deux ont des enfans d'un précédent mariage, sont-ils soumis à des règles particulières?

R. Non, ils ne sont soumis qu'aux mêmes règles; toutefois, si la confusion du mobilier et des dettes opérait, au profit de l'un des époux, un avantage supérieur à celui qui est autorisé par l'art. 1098, au titre *des Donations entre-vifs et des Testamens*, les enfans du premier lit de l'autre époux auraient l'action en retranchement (2) (1496).

---

(1) En effet, il est aisé de voir que les motifs d'humanité et de convenance qui ont fait accorder ces droits à la femme n'existent plus pour les faire étendre à ses héritiers.

(2) Ce serait alors un avantage indirect au profit du second conjoint, et soit que ce gain excessif arrivât sans fraude ou par fraude, les enfans du premier lit pourraient toujours réclamer (M. *Maleville*). Cet avantage excessif peut avoir lieu de plusieurs manières. 1.er Exemple : je me marie ayant un enfant d'un premier mariage; j'apporte 40,000 fr. de mobilier, ma seconde femme n'en a pas; je lui donne 20,000 fr.; 2.e exemple, je n'ai aucun mobilier, mais je n'ai aucune dette; j'épouse une femme qui n'a aucun mobilier, mais qui a 40,000 fr. de dettes, elle y trouve encore un avantage de 20,000 fr. Il serait facile de donner d'autres exemples; dans tous ces cas, si à mon décès je ne pouvais donner à ma seconde femme que 15,000 fr., l'enfant de mon premier mariage pourra faire retrancher les 5,000 fr. d'excédant (*Voyez* M. *Delvincourt*, tome 2, page 108, note 3); il discute assez longuement plusieurs questions semblables.

II.ᵉ PARTIE.

DE LA COMMUNAUTÉ CONVENTIONNELLE, ET DES CONVEN-
TIONS QUI PEUVENT MODIFIER OU MÊME EXCLURE LA
COMMUNAUTÉ LÉGALE.

D. Quelles sont les principales conventions que les époux peuvent faire pour modifier la communauté légale ?

R. Les époux peuvent modifier la communauté légale par toute espèce de conventions non contraires aux articles 1387, 1388, 1389 et 1390. Mais comme il était impossible de prévoir toutes les conventions qui pouvaient être faites à ce sujet, le législateur s'est contenté d'indiquer les principales, ou celles qui sont le plus en usage ; savoir les clauses par lesquelles on stipule :

1.º Que la communauté n'embrassera que les acquêts ;

2.º Que le mobilier présent ou futur n'entrera point en communauté, ou n'y entrera que pour une partie ;

3.º Que les époux paieront séparement leurs dettes antérieures au mariage (1) ;

4.º Que l'on comprendra dans la communauté tout ou partie des immeubles présens ou futurs, par la voie de l'ameublissement ;

5.º Qu'en cas de renonciation, la femme pourra reprendre ses apports francs et quittes ;

6.º Que le survivant aura un préciput ;

7.º Que les époux auront des parts inégales ;

---

(1) Nous avons changé l'ordre dans lequel le Code a rangé ces diverses clauses, pour rapprocher les numéros 2 et 4 de l'article, dont la réunion forme la clause de communauté réduite aux acquêts.

8.º Qu'il y aura entr'eux communauté à titre universel (1) (*Art.* 1497).

SECTION I.re

De la Communauté réduite aux acquêts.

D. Lorsque les époux stipulent qu'il n'y aura entr'eux qu'une communauté d'acquêts, quel est l'effet de cette clause ?

R. C'est que les époux sont censés exclure de la communauté et les dettes de chacun d'eux, actuelles et futures, et leur mobilier respectif, présent et futur (2) (*Art.* 1498).

D. Dans ce cas, comment se fait le partage de la communauté ?

R. Chacun des époux prélève ses apports dûment justifiés, et le partage se borne aux acquêts faits par les époux ensemble ou séparément durant le mariage, et provenant tant de l'industrie commune que des économies faites sur les fruits et revenus des biens des deux époux (*Art.* 1499).

D. Dans tous les cas où l'on ne justifie pas qu'un objet n'est pas acquêt, quelle est la présomption établie par la loi ?

R. Tout objet est présumé acquêt, s'il n'est prouvé

---

(1) Il est rare de se marier sous le régime de la communauté légale sans aucune modification ; en général, on y ajoute quelques-unes de ces clauses que l'on cumule et que l'on combine.

(2) Il faut conclure de là que la communauté réduite aux acquêts n'est que la réunion de deux clauses dont nous parlerons bientôt, de la clause d'exclusion générale du mobilier, et de celle de séparation des dettes. Cela peut être utile pour résoudre certaines difficultés.

que l'un des deux époux en avait la propriété ou la possession légale au moment du mariage, ou qu'il lui est échu depuis à titre lucratif (*Art.* 1499 *et* 1402).

D. Comment doit se faire cette preuve relativement au mobilier?

R. Cette preuve, quant au mobilier, doit se faire par un inventaire ou état en bonne forme (1) (*Art.* 1499).

SECTION II.

De la Clause qui exclut de la Communauté le mobilier en tout ou partie (2).

D. Les époux peuvent-ils déroger à la règle de la communauté légale, d'après laquelle leur mobilier tombe dans la communauté?

R. Oui; les époux peuvent exclure de leur communauté tout leur mobilier présent et futur (*Art.* 1500).

---

(1) Si le mobilier échoit à la femme, on conçoit facilement que son mari peut l'empêcher de faire inventaire. Dans ce cas, doit-on appliquer à la femme la disposition de l'article 1504, et lui permettre, ainsi qu'à ses héritiers, de faire preuve de la valeur de ce mobilier, soit par titres, soit par témoins, soit par commune renommée? M. *Delvincourt* pense qu'entre époux et à l'égard du mari, l'article 1504 doit être appliqué; mais qu'à l'égard des créanciers, et pour les empêcher de poursuivre leur paiement sur le mobilier de la femme, il faut que ce mobilier soit constaté par un inventaire ou état authentique, comme il est dit à l'article 1510. En effet, il dépendrait autrement des époux de frauder les créanciers du mari, en faisant passer sous le nom de la femme le mobilier de la communauté, et même le mobilier personnel du mari.

(2) Cette clause prend aussi le nom de *clause d'apport, clause de réalisation,* ou *stipulation de propres.*

D. Cette clause est-elle toujours expresse?

R. Non; elle peut être expresse ou tacite :

Elle est expresse, quand les époux stipulent formellement l'exclusion de tout ou partie de leur mobilier;

Elle est tacite, lorsqu'ils stipulent qu'ils en mettront réciproquement dans la communauté, jusqu'à concurrence d'une somme ou d'une valeur déterminée; ils sont par cela seul censés se réserver le surplus (1) (*Art.* 1500).

D. Quel est l'effet de cette dernière clause?

R. Elle rend l'époux débiteur (2) envers la communauté, de la somme qu'il a promis d'y mettre, et l'oblige à justifier de cet apport (*Art.* 1501).

D. Comment cet apport doit-il être justifié?

R. L'apport est suffisamment justifié, quant au mari, par la déclaration portée au contrat de mariage que son mobilier est de telle valeur (3).

---

(1) Si les parties, après avoir constaté la quotité de leur mobilier respectif présent, ont déclaré qu'elles mettent dans la communauté telle somme ou telle valeur, sans rien ajouter relativement à leur mobilier futur, sont-elles censées s'être réservé seulement le surplus de leur mobilier présent, ou bien, en outre, tout leur mobilier futur? *Pothier*, n.º 319, et M. *Delvincourt*, t. 3, page 41, note 2, pensent que la clause étant de droit étroit, le mobilier futur n'y doit pas être compris, et qu'il tombera conséquemment en communauté.

L'opinion contraire nous paraît néanmoins préférable, comme étant fondée sur le sens naturel de l'article 1500, et en outre sur la raison. En effet, il n'est pas probable que lorsqu'un époux déclare qu'il veut que son mobilier ne tombe dans la communauté que pour moitié, il entende que son mobilier futur y tombe en totalité.

(2) Par conséquent, si l'apport est d'un ou de plusieurs corps certains, l'époux qui les a mis dans la communauté est tenu de l'éviction si elle a lieu (M. *Delvincourt*).

(3) C'est aux parens de la femme à voir s'il possède tout ce qu'il déclare, et, dans le cas contraire, à ne pas signer.

Il est suffisamment justifié, à l'égard de la femme, par la quittance que le mari lui donne ou à ceux qui l'ont dotée (1) (*Art.* 1502).

D. Lorsque la valeur du mobilier apporté lors du mariage par l'un des époux, ou qui lui est échu depuis, excède la mise en communauté de cet époux, quel droit peut-il exercer ?

R. Il a le droit de reprendre et de prélever, lors de la dissolution de la communauté, la valeur de cet excédant (*Art.* 1503).

D. Comment fait-on pour savoir si le mobilier apporté par chacun des époux ou qui lui est échu pendant le mariage, excède sa mise en communauté ?

R. On constate, conformément à l'article 1502, le mobilier apporté par les époux lors du mariage; et de plus, le mobilier qui échoit à chacun d'eux pendant le mariage, doit être constaté par un inventaire (*Art.* 1504).

D. Quel est l'effet du défaut d'inventaire du mobilier échu au mari ?

R. A défaut d'inventaire du mobilier échu au mari, ou d'un titre propre à justifier de sa consistance et valeur, déduction faite des dettes, le mari ne peut en exercer la reprise? (*Art.* 1504).

R. En est-il de même quand le défaut d'inventaire porte sur un mobilier échu à la femme ?

R. Non; dans ce cas, la femme ou ses héritiers sont admis à faire preuve, soit par titres, soit par témoins, soit même par commune renommée, de la valeur de ce mobilier (*Art.* 1504).

_____

(1) Mais cela peut être justifié de toute autre manière.

Section III.

De la Clause de séparation des dettes (1).

D. Qu'est-ce qu'on entend par clause de séparation des dettes?

R. La clause de *séparation des dettes* est celle par laquelle les époux stipulent que la communauté ne sera point chargée des dettes que chacun d'eux a contractées avant le mariage.
(M. Delvincourt).

R. C'est la clause par laquelle les époux stipulent qu'ils paieront chacun séparément leurs dettes personnelles.

(Art. 1510).

D. Cette clause est-elle toujours expresse?

R. Non; elle peut être expresse ou tacite.

D. Quand est-ce qu'elle est tacite?

R. C'est lorsque les époux apportent dans la communauté une somme certaine ou un corps certain. Un tel apport emporte la convention tacite qu'il n'est point grevé de dettes antérieures au mariage (2); et, s'il en existe, il doit être fait raison par l'époux débiteur, de tout ce dont l'apport promis se trouve diminué par le paiement desdites dettes (*Art.* 1511).

D. Quel est l'effet de la clause de séparation des dettes?

R. C'est d'obliger les époux à se faire, lors de la dissolution de la communauté, respectivement raison des dettes qui sont justifiées avoir été acquittées par la com-

---

(1) Nous avons changé ici l'ordre peu naturel du Code, pour rapprocher la clause de séparation des dettes, de la clause d'exclusion du mobilier, parce que, comme nous l'avons déjà dit, ces deux clauses réunies forment la communauté réduite aux acquêts.

(2) En effet, l'apport se trouverait diminué de toutes les dettes dont il serait grevé; l'époux n'apporterait donc pas à la communauté ce qu'il a promis d'y apporter (M. *Delvincourt*).

munauté, à la décharge de celui des époux qui en était débiteur (1) (*Art.* 1510).

D. Cette obligation est-elle la même, qu'il y ait eu inventaire ou non?

R. Cette obligation est toujours la même entre les époux; mais si le mobilier apporté par eux n'a pas été constaté par un inventaire ou état authentique antérieur au mariage (2), les créanciers de l'un ou de l'autre des époux peuvent, sans avoir égard à aucune des distinctions qui seraient réclamées, poursuivre leur paiement sur le mobilier non inventorié, comme sur tous les autres biens de la communauté;

Ils ont le même droit sur le mobilier qui serait échu aux époux pendant la communauté, s'il n'a pas été pareillement constaté par un inventaire ou état authentique (*Art.* 1510).

D. La clause de séparation des dettes a-t-elle également effet à l'égard des intérêts et des capitaux?

(1) Quelles sont les dettes comprises dans la clause de séparation des dettes? Ce sont toutes celles qui ont été contractées par les époux avant le mariage, quand même l'obligation serait devenue exigible, ou même ne serait née que depuis le mariage: ce qui comprend les obligations contractées sous condition, quoique la condition ne se soit accomplie que pendant le mariage; les obligations contractées à terme, échues aussi depuis le mariage; enfin les dépens ou les amendes auxquels l'époux a été condamné depuis le mariage, par suite de procès commencés auparavant (M. *Delvincourt*).

(2) On exige que l'acte soit antérieur au mariage pour empêcher la fraude. Si donc, quoique postérieur, il était de nature à exclure le soupçon de fraude, il aurait le même effet que s'il était antérieur au mariage. Ainsi, une femme se marie et apporte en mariage ses droits à une succession ouverte; le montant de son mobilier sera suffisamment constaté par le partage, quoique postérieur au mariage (M. *Delvincourt*).

R. Non ; lors même qu'il y a eu inventaire, la clause de séparation des dettes n'empêche point que la communauté ne soit chargée des intérêts et arrérages qui ont couru depuis le mariage (*Art.* 1512). Ces intérêts et arrérages sont regardés comme une charge des fruits dont jouit la communauté.

D. Lorsque la communauté est poursuivie pour les dettes de l'un des époux, antérieures au mariage, et que cet époux avait été déclaré, par le contrat, franc et quitte de toutes dettes antérieures au mariage, quels sont les droits que peut exercer le conjoint?

R. Le conjoint a droit à une indemnité qui se prend, soit sur la part de communauté revenant à l'époux débiteur, soit sur les biens personnels dudit époux ; et, en cas d'insuffisance, cette indemnité peut être poursuivie par voie de garantie contre le père, la mère, l'ascendant ou le tuteur qui auraient déclaré l'époux franc et quitte (1) (*Art.* 1513).

D. Lorsque c'est la femme qui a été déclarée franche et quitte, la garantie ne peut-elle pas être exercée avant la dissolution de la communauté?

R. Cette garantie peut être exercée par le mari durant la communauté : sauf, en ce cas, le remboursement

---

(1) On a traité ici dans un seul article la clause de *franc et quitte.* Cet article suppose que cette stipulation peut être faite tant par les époux eux-mêmes que par les parens de la femme et par ceux du mari. Cependant, les auteurs ne parlent guère que de la clause de franc et quitte stipulée par les parens, et disent même qu'elle n'est d'usage que de la part de ceux du mari, plus sujet que la femme à des dettes antérieures au mariage (M. *Maleville*).

La clause de franc et quitte est une convention par laquelle les parens de l'un des futurs conjoints, son tuteur ou tout autre se rendent garans qu'il n'a pas de dettes au moment du mariage (M. *Delvincourt*).

dû par la femme ou ses héritiers aux garans, après la dissolution de la communauté (1) (*Art.* 1513).

Section IV.

De la Clause d'ameublissement.

D. Qu'est ce qu'on entend par ameublissement?

R. Lorsque les époux, ou l'un deux, font entrer en communauté tout ou partie de leurs immeubles présens ou futurs, cette clause s'appelle *ameublissement Art.* 1505). *Ameublir* un immeuble, c'est en général lui supposer la qualité de meuble, à l'effet de lui appliquer des dispositions dont il ne serait pas susceptible comme immeuble (*M. Delvincourt*).

D. Combien distingue-t-on d'ameublissemens?

R. On distingue l'ameublissement *déterminé*, et l'ameublissement *indéterminé* (*Art.* 1506).

D. Quand est-ce que l'ameublissement est *déterminé?*

_____

(1) La clause de *franc et quitte* oblige-t-elle celui qui l'a promise, de garantir à la femme non-seulement sa dot et ses autres conventions matrimoniales, en cas d'insolvabilité du mari, mais encore le tort qui résulte pour elle, de ce que, par les dettes du mari, sa part dans la communauté se trouve diminuée? Dès que l'article dit que l'indemnité se prend sur la part de communauté revenant à l'époux déclaré franc et quitte, il suppose donc que l'indemnité peut être due même quand la communauté est avantageuse; or, il n'y a de communauté avantageuse qu'après l'acquittement de toutes les reprises de la femme; donc l'indemnité embrasse, non-seulement la perte que la femme peut essuyer sur ses reprises, mais encore la diminution que sa part dans la communauté peut éprouver à raison du paiement des dettes du mari; donc la femme doit être garantie des deux préjudices. *Renusson* et M. *Delvincourt* sont de cet avis; toutefois, l'opinion contraire est soutenue par *Lebrun, Pothier*, n.° 365, et, depuis le Code, par M. *Maleville*.

R. L'ameublissement est déterminé, quand l'époux a déclaré ameublir et mettre en communauté un tel immeuble en tout, ou jusqu'à concurrence d'une certaine somme (1) (*Art.* 1506).

D. Quand est-ce que l'ameublissement est *indéterminé?*

R. L'ameublissement est *indéterminé*, quand l'époux a simplement déclaré apporter en communauté ses immeubles, jusqu'à concurrence d'une certaine somme (2) (*Art.* 1506).

D. Quel est l'effet de l'ameublissement déterminé?

R. L'effet de l'ameublissement déterminé est de rendre l'immeuble ou les immeubles qui en sont frappés, biens de la communauté comme les meubles mêmes (*Art.* 1507).

D. Quels sont les droits du mari sur ces immeubles?

R. Il faut distinguer :

Lorsque l'immeuble ou les immeubles de la femme sont ameublis en totalité, le mari en peut disposer

---

(1) Remarquez que cette définition du Code est inexacte et incomplète. *Incomplète*, il y ameublissement déterminé lorsque j'ameublis tels immeubles, ou mes immeubles de Normandie, ou la moitié de tel immeuble ; *inexacte*, l'ameublissement est indéterminé lorsque j'ameublis un immeuble jusqu'à concurrence d'une certaine somme. Ce sont des fautes de rédaction.

(2) L'ameublissement est déterminé lorsque, par le contrat de mariage, une partie promet d'apporter en communauté tel ou tel immeuble. Au contraire, lorsqu'il est dit par le contrat de mariage que l'un des futurs conjoints apportera à la communauté ses immeubles, jusqu'à concurrence de tant, ou bien, lorsqu'il est dit que le conjoint apportera en la communauté une certaine somme à prendre sur ses immeubles, lesquels sortiront nature de conquêts; ces clauses contiennent un ameublissement indéterminé (*Pothier*, n.º 305).

3.   5

comme des autres effets de la communauté, et les aliéner en totalité.

Si l'immeuble n'est ameubli que pour une certaine somme, le mari ne peut l'aliéner qu'avec le consentement de la femme ; mais il peut l'hypothéquer sans son consentement, jusqu'à concurrence seulement de la portion ameublie (*Art.* 1507).

D. Quel est l'effet de l'ameublissement indéterminé?

R. L'ameublissement indéterminé ne rend point la communauté propriétaire des immeubles qui en sont frappés ; son effet se réduit à obliger l'époux qui l'a consenti, à comprendre dans la masse, lors de la dissolution de la communauté, quelques-uns de ses immeubles, jusqu'à concurrence de la somme par lui promise (*Art.* 1508).

D. Le mari peut-il, comme dans le cas précédent, aliéner en tout ou en partie, sans le consentement de sa femme, les immeubles sur lesquels est établi l'ameublissement indéterminé?

R. Non ; il peut seulement les hypothéquer jusqu'à concurrence de cet ameublissement (*Art.* 1508).

D. L'époux qui a ameubli un héritage, n'a-t-il pas une préférence s'il veut le reprendre lors du partage?

R. Oui ; lors du partage, l'époux qui a ameubli un héritage, a la faculté de le retenir en le précomptant sur sa part pour le prix qu'il vaut alors (1) ; et ses héritiers ont le même droit (2) (*Art.* 1509).

---

(1) Pour le prix qu'il vaut alors et non pour celui qu'il avait lors de l'ameublissement. L'immeuble a été depuis ce temps aux risques de la communauté ; il a donc dû accroître ou diminuer pour son compte. Il est bien entendu que cette faculté ne pourrait préjudicier aux droits réels qui pourraient avoir été acquis valablement par les tiers pendant la communauté (M. *Delvincourt*).

(2) Autrefois il y avait de grands débats sur la question de

SECTION V.

De la faculté accordée à la Femme de reprendre son Apport franc et quitte.

D. Qu'est-ce qu'on entend par clause de reprise d'apport?

R. La clause de reprise d'apport est celle par laquelle la femme stipule qu'elle pourra, lors de la dissolution de la communauté, et en y renonçant (1), reprendre tout ou partie de ce qu'elle y aura apporté, soit lors du mariage, soit depuis (*Art.* 1514).

D. Comment s'interprète cette stipulation ?

R. Elle s'interprète très-rigoureusement, et ne peut s'étendre au-delà des choses formellement exprimées,

---

savoir si le mineur pouvait ameublir ses héritages, et jusqu'à quelle quotité. Mais aujourd'hui il ne peut plus y avoir de doute sur l'affirmative, pourvu qu'en ameublissant, le mineur soit assisté des personnes dont le consentement est nécessaire pour la validité de son mariage (M. *Maleville*). *Voyez* l'article 1398.

(1) Remarquez que la renonciation de la femme n'est point une condition, mais une charge apposée à la faculté de reprendre l'apport. Cela est important à distinguer, parce que, si c'était une condition, le droit ne s'ouvrirait qu'après qu'elle aurait été accomplie; et, en conséquence, si la femme mourait sans avoir pris qualité, et laissait des héritiers non compris dans la clause, le droit serait éteint. Au contraire, la renonciation étant considérée comme une simple charge, le droit est ouvert par le fait seul de la dissolution de la communauté. Si donc la femme vient à mourir postérieurement à cette dissolution, mais avant de s'être expliquée sur l'acceptation et la renonciation, le droit de reprise, à charge de renonciation, se trouve dans sa succession, et passe conséquemment à tous ses héritiers et ayant-cause, quels qu'ils soient (M. *Delvincourt*).

5..

ni au profit de personnes autres que celles désignées (1).

Ainsi, la faculté de reprendre le mobilier que la femme a apporté lors du mariage, ne s'étend point à celui qui serait échu pendant le mariage (2).

Ainsi, la faculté accordée à la femme, ne s'étend point aux enfans; celle accordée à la femme et aux enfans, ne s'étend point aux héritiers ascendans ou collatéraux (3) (*Art.* 1514).

D. Dans tous les cas, ne fait-on pas avant la reprise des apports quelque réduction ?

R. Les apports ne peuvent jamais être repris que dé-

---

(1) Cette convention par laquelle la femme prend part au gain, si la communauté prospère, sans rien supporter de la perte dans le cas contraire, est tellement opposée aux règles des sociétés, qu'elle n'a été admise dans les contrats de mariage que par suite de la grande faveur attachée à ces sortes d'actes, et à raison de ce que la femme n'a aucune part à l'administration des biens communs; mais aussi elle est de droit très-strict (M. *Delvincourt*).

(2) Il est évident qu'il y a ici une faute de rédaction. En effet, pour que la faculté de reprendre le mobilier apporté lors du mariage, ne s'étendît pas au mobilier échu depuis, il n'était pas besoin d'une disposition de la loi. Mais le Code a voulu consacrer l'opinion de *Pothier*, n.º 399, que s'il est dit que la femme reprendra le mobilier qu'elle a apporté, sans autre explication, cela ne doit s'entendre que du mobilier apporté lors du mariage.

(3) Mais elle s'étend aux petits-enfans, parce qu'ils sont compris sous le nom d'enfans (L. 220, D. *de Verbor. signif.*, et *Pothier*, n.º 387). *Quid*, si la faculté est accordée *à la femme et aux siens*? Dans cette clause on n'entend, par le mot *siens*, que les descendans. *Voyez*, pour l'interprétation des différentes expressions qu'on peut employer, M. *Delvincourt*, tome 3, page 46, notes 3 et 4.

duction faite des dettes personnelles à la femme, et que la communauté aurait acquittées (1) (*Art.* 1514).

SECTION VI.

Du Préciput conventionnel.

D. Qu'est-ce qu'on entend par *préciput*, et par clause de préciput?

R. On appelle, en général, *préciput,* ce qu'un des copartageans a droit de prélever avant partage. En matière de communauté, la clause de préciput, dite *préciput conventionnel,* est celle par laquelle les époux stipulent que le survivant d'eux prélèvera, avant partage, sur la communauté, une certaine somme, ou une certaine quantité d'effets mobiliers en nature (*M. Delvincourt*).

D. La femme survivante a-t-elle toujours droit à ce prélèvement?

R. Non; elle n'y a droit qu'autant qu'elle accepte la communauté, à moins que le contrat de mariage ne lui ait réservé le préciput, même en renonçant (2) (*Art.* 1515).

D. Sur quoi s'exerce le préciput?

R. Le préciput ne s'exerce en général que sur la masse partageable; cependant, lorsque le contrat de mariage donne droit au préciput, à la femme même renonçante, alors il s'exerce aussi sur les biens personnels de l'époux prédécédé (*Art.* 1515).

---

(1) En effet, ces dettes diminuent l'apport de plein droit. *Voy.* Pothier, n.° 411.

(2) Et, dans ce cas, ce prélèvement est improprement appelé *préciput,* puisqu'il n'y a point de partage.

D. Le préciput est-il regardé comme un avantage sujet aux formalités des donations?

R. Non; il n'est regardé que comme une convention de mariage (1) (*Art.* 1516).

D. Quels sont les évènemens qui donnent ouverture au préciput?

R. La mort naturelle ou civile de l'un des conjoints, donne seule ouverture au préciput. Lorsque la dissolution de la communauté s'opère par la séparation de corps, il n'y a pas lieu à la délivrance actuelle du préciput; mais l'époux qui a obtenu la séparation de corps conserve les droits au préciput, en cas de survie (*Art.* 1517 *et* 1518).

D. Dans le cas où c'est la femme qui a obtenu la séparation de corps, à qui est remise la somme ou la chose qui constitue le préciput?

R. Elle reste toujours provisoirement au mari, à la charge de donner caution (2) (1518).

D. Les créanciers de la communauté peuvent-ils poursuivre leur paiement sur les objets compris dans le préciput?

R. Oui; les créanciers de la communauté ont tou-

_____

(1) Le préciput doit-il être regardé, quant au fond, comme un avantage? M. *Delvincourt* décide l'affirmative pour tous les cas; nous pensons au contraire qu'il faut établir plusieurs distinctions.

(2) Cette disposition ne doit pas être prise à la lettre, et d'une manière aussi générale que la rédaction de l'article paraît le faire entendre. En effet, si la femme accepte la communauté, il est évident que la convention de préciput, qui est toute dans son intérêt, ne doit pas l'empêcher de prendre sa part dans les objets qui le constituent (M. *Delvincourt*). Seulement le mari conservera, en donnant caution, la part qu'il devra avoir dans ces objets, si la femme ne lui survit pas.

jours le droit de faire vendre les effets compris dans le préciput, sauf le recours de l'époux, conformément à l'article 1515 (1) (*Art.* 1519).

SECTION VII.

Des Clauses par lesquelles on assigne à chacun des époux des parts inégales dans la Communauté.

D. Comment les époux peuvent-ils déroger au partage égal établi par la loi?

R. Ils peuvent y déroger, soit en ne donnant dans la communauté, à l'époux survivant ou à ses héritiers, qu'une part moindre que la moitié, soit en ne lui donnant qu'une somme fixe pour tout droit de communauté (2), soit en stipulant que la communauté entière, en certains cas, appartiendra à l'époux survivant, ou à l'un d'eux seulement (*Art.* 1520).

D. Lorsqu'il a été stipulé que l'époux ou ses héritiers n'auront qu'une certaine part dans la communauté, comme le tiers ou le quart, quelle sera la part que supporteront dans les dettes de la communauté l'époux ainsi réduit ou ses héritiers?

R. Ils ne supporteront dans les dettes de la communauté qu'une part proportionnée à celle qu'ils prennent dans son actif (*Art.* 1521).

---

(1) C'est-à-dire que, si le préciput a été convenu même en cas de renonciation, celui auquel il a été promis pourra avoir son recours sur les biens personnels de l'autre époux (M. *Maleville*).

(2) La clause par laquelle on stipule que l'un des époux, ou le survivant, ou les héritiers du premier mourant, seront obligés de se contenter d'une somme fixe pour tout droit de communauté, se nomme *forfait de communauté*.

D. Peut-on convenir qu'il en sera différemment?

R. Non (1); la convention est nulle (2), si elle oblige l'époux ainsi réduit ou ses héritiers à supporter une plus forte part, ou si elle les dispense de supporter une part dans les dettes, égale à celle qu'ils prennent dans l'actif (*Art.* 1521).

D. Lorsqu'il est stipulé que l'un des époux ou ses héritiers ne pourront prétendre qu'une certaine somme pour tout droit de communauté, peut-on leur opposer que la communauté est insuffisante pour payer cette somme, ou même qu'elle est onéreuse?

R. Non; dans ce cas, la clause est un forfait qui oblige l'autre époux ou ses héritiers à payer la somme convenue, soit que la communauté soit bonne ou mauvaise, suffisante ou non pour acquitter la somme (3) (*Art.* 1522).

---

(1) Le motif de la jurisprudence adoptée par cet article était, disent *Pothier* et les autres auteurs, d'empêcher les époux de s'avantager indirectement pendant le mariage. S'il était dit par le contrat que la femme n'aurait que le tiers dans l'actif, et qu'elle supporterait cependant la moitié des dettes, le mari, en faisant des acquêts dont il ne paierait pas le prix, obligerait sa femme à en acquitter la moitié, tandis qu'il profiterait des deux tiers. Je crois que le véritable motif de cet article est l'égalité qui doit régner entre associés (M. *Maleville*).

(2) Cette nullité tombe-t-elle sur la partie de la convention qui oblige l'époux à payer une part disproportionnée dans les dettes, ou bien tombe-t-elle sur la convention totale, et fait-elle rentrer les époux dans le droit commun? Cette dernière opinion nous paraît préférable, comme fondée sur l'équité et sur le texte de l'article; c'est aussi l'avis de M. *Delvincourt*, tome 3, page 48, note 1re.

(3) C'est alors un contrat aléatoire, où l'on doit pouvoir perdre dès qu'on pouvait gagner (M. *Maleville*).

D. Si la clause n'établit le forfait qu'à l'égard des héritiers de l'un des époux, et que cet époux survive, son droit est-il réduit à la part ou à la somme fixée pour ses héritiers?

R. Non; il a droit au partage légal par moitié (1) (*Art.* 1523).

D. Quel est, relativement aux dettes, l'effet de la clause par laquelle le mari ou ses héritiers retiennent la totalité de la communauté?

R. L'effet de cette clause est que le mari ou ses héritiers sont obligés d'acquitter toutes les dettes; et que les créanciers n'ont, en ce cas, aucune action contre la femme ni contre ses héritiers (2) (*Art.* 1524).

D. Lorsque c'est la femme survivante qui a, moyennant une somme convenue, le droit de retenir toute la communauté contre les héritiers du mari, peut-elle y renoncer?

R. Oui; la femme a toujours le choix ou de retenir

---

(1) La clause est anéantie par cela seul que l'époux survit à la dissolution de la communauté.

(2) Ainsi, la femme est censée renonçant, quoiqu'elle reçoive le prix de sa renonciation; elle aura donc droit de faire tous les prélèvemens qu'elle aurait droit de faire en cas de renonciation, tels que la reprise de l'apport, le préciput en renonçant, etc.

Il en serait autrement si, après la dissolution, la femme ou ses héritiers avaient reçu du mari une somme pour renoncer à la communauté. L'on devrait, dans ce cas, appliquer l'article 780, et regarder cela comme une acceptation tacite. La raison de différence, c'est que la femme ne peut accepter la communauté qu'après qu'elle est dissoute. Dans la première espèce, la convention avait été faite avant le mariage, c'est-à-dire à une époque à laquelle la communauté n'existait pas encore; on ne pouvait donc la regarder comme une acceptation; *secùs* dans la deuxième espèce (M. *Delvincourt*).

la communauté en demeurant obligée à toutes les dettes
et en payant la somme convenue aux héritiers du mari,
ou de renoncer à la communauté, et d'en abandonner
aux héritiers du mari les biens et les charges (1) (*Art.*
1524).

D. La clause par laquelle il est stipulé que la totalité
de la communauté appartiendra à l'un des époux, ou à
celui des deux qui survivra, est-elle regardée comme
un avantage sujet aux règles des donations?

R. Non; elle n'est regardée comme un avantage sujet
aux règles des donations, ni quant au fonds, ni quant
à la forme; elle est regardée seulement comme une convention de mariage et entre associés; pourvu toutefois
que le contrat renferme la faculté, au profit de l'autre
époux, ou de ses héritiers, de reprendre les apports,
ainsi que les capitaux tombés dans la communauté de
son chef (2) (*Art.* 1525).

Section VIII.

De la Communauté à titre universel.

D. Qu'est-ce qu'on entend par communauté à titre
universel?

---

(1) Ainsi la femme peut, en y renonçant, anéantir l'effet de
la clause; le mari n'a pas le même droit. La raison de différence
est que la femme doit toujours avoir la faculté de renoncer à la
communauté, et qu'elle ne peut pas, même par une convention,
s'obliger à ne pas user de ce droit (M. *Maleville*).

(2) Autrement, il est évident qu'il y aurait donation des biens
personnels de l'époux prédécédé. Mais, même avec cette clause,
cette convention, dans le cas de secondes noces, n'en serait pas
moins regardée comme un avantage réductible à la portion déterminée par l'article 1098 (M. *Delvincourt*).

R. On entend par communauté à titre universel ; la communauté que les époux ont droit d'établir par contrat de mariage de leurs biens tant meubles qu'immeubles, présens et à venir, ou de tous leurs biens présens seulement, ou de tous leurs biens à venir seulement (1) (*Art.* 1526).

Dispositions communes aux huit Sections ci-dessus.

D. Les stipulations dont est susceptible la communauté conventionnelle sont-elles limitées à celles que nous venons de détailler?

R. Non ; les époux peuvent faire toutes autres conventions, ainsi qu'il est dit à l'article 1387, et sauf les modifications portées par les articles 1388, 1389 et 1390 (*Art.* 1527).

D. N'y a-t-il pas une autre modification au principe général, dans le cas où il existe des enfans d'un précédent mariage?

R. Dans le cas où il y aurait des enfans d'un précédent mariage, toute convention qui tendrait dans ses effets à donner à l'un des époux au-delà de la portion réglée par l'article 1098, au titre *des Donations entre-vifs et des Testamens*, serait sans effet pour l'excédant de cette portion (2) (*Art.* 1527).

(1) Remarquez, sur la communauté à titre universel, que : 1.º tous les biens acquis aux époux, à quelque titre que ce soit, tombent en communauté ; 2.º si les immeubles sont ameublis, le mari peut en disposer seul et sans le consentement de sa femme ; 3.º si la femme n'a pas stipulé la reprise de ses apports et qu'elle renonce, elle perd tout droit ; 4.º les enfans du mariage ne peuvent attaquer cette convention comme étant un avantage. Il en serait autrement des enfans d'un premier mariage.

(2) *Voyez,* sur cette matière, une dissertation fort étendue de

D. Doit-on considérer comme des avantages réductibles les bénéfices et les économies des époux ?

R. Non ; les simples bénéfices résultant des travaux communs, et des économies faites sur les revenus, respectifs, quoique inégaux, des deux époux, ne sont pas considérés comme un avantage fait au préjudice des enfans du premier lit (*Art.* 1527).

D. Comment se règle la communauté conventionnelle pour les cas sur lesquels il n'a pas été statué implicitement ou explicitement dans le contrat ?

R. La communauté conventionnelle est soumise pour tous ces cas aux règles de la communauté légale (*Art.* 1528).

Section IX.

Des Conventions exclusives de la Communauté.

D. Quand est-ce qu'a lieu le régime exclusif de la communauté ?

R. Le régime exclusif de communauté a lieu dans deux cas : lorsque, sans se soumettre au régime dotal, les époux déclarent qu'ils se marient sans communauté, ou qu'ils seront séparés de biens (1) (*Art.* 1529).

M. *Delvincourt,* tome 2, page 108, note 3, dans laquelle il examine les principales questions qui peuvent s'élever de la combinaison des articles 1098, 1527, etc.

(1) Le régime exclusif de communauté est celui qui tient le milieu entre le régime en communauté et le régime dotal. Il diffère principalement de ces deux régimes, savoir : du premier, en ce qu'il n'y a entre les époux aucune communauté, soit légale, soit conventionnelle ; et du second, en ce que les immeubles dotaux, quand il en existe, peuvent être aliénés (M. *Delvincourt*).

§. I.er

De la Clause portant que les époux se marient sans Communauté.

D. La clause portant que les époux se marient sans communauté, donne-t-elle à la femme le droit d'administrer ses biens et d'en percevoir les fruits?

R. Non ; ces fruits sont censés apportés au mari pour soutenir les charges du mariage (1) (*Art.* 1530). Le mari a l'administration des biens meubles et immeubles de la femme, et par suite, le droit de percevoir tout le mobilier qu'elle apporte en dot ou qui lui échoit pendant le mariage (2); sauf la restitution qu'il en doit faire après la dissolution du mariage, ou après la séparation de biens qui serait prononcée par justice (*Art.* 1531).

D. Si dans le mobilier apporté en dot par la femme, ou qui lui échoit pendant le mariage, il y a des choses dont on ne peut faire usage sans les consommer, comment doit-on les constater?

R. Il en doit être joint un état estimatif au contrat de mariage, ou il en doit être fait inventaire lors de l'échéance (3), et le mari en doit rendre le prix d'après l'estimation (4) (*Art.* 1532).

---

(1) En conséquence, toutes les acquisitions faites pendant le mariage appartiennent au mari seul, qui est également chargé, seul, de toutes les dettes contractées par lui pendant le même temps (M. *Delvincourt*).

(2) C'est la puissance maritale, et non la communauté, qui donne au mari le droit d'administrer les revenus des biens de sa femme, et de les employer aux besoins de la famille (*Renusson*, 1.re part., chap. 9, n.o 2).

(3) *Quid*, si l'inventaire n'a pas eu lieu? Appliquez l'art. 1415. La femme peut faire constater la consistance et la valeur de ces effets, tant par titres que par témoins, et même par commune renommée (M. *Delvincourt*).

(4) Il doit en être autrement des choses qui se dégradent seu-

D. Par qui doivent être supportées, sous ce régime, les charges des biens de la femme?

R. Le mari est tenu de toutes celles de l'usufruit (*Art.* 1533).

D. Ne peut-on pas déroger au principe général que le mari perçoit les revenus des biens de la femme?

R. On peut convenir que la femme touchera annuellement, sur ses seules quittances, certaine portion de ses revenus pour son entretien et ses besoins personnels (1) (*Art.* 1534).

D. Sous le régime exclusif de communauté, les immeubles constitués en dot sont-ils inaliénables?

R. Non; la femme peut les aliéner, mais elle ne peut le faire sans le consentement du mari, et, à son refus, sans l'autorisation de la justice (*Art.* 1535).

§. II.

De la Clause de séparation de biens.

D. Quel est l'effet de la clause de séparation de biens?

R. Lorsque les époux ont stipulé par leur contrat de mariage qu'ils seraient séparés de biens, la femme conserve l'entière administration de ses biens meubles et immeubles (2), et la libre jouissance de ses revenus (*Art.* 1536).

---

lement par l'usage, comme le linge, les meubles meublans, et le mari ne doit être tenu de les rendre que dans l'état où ils se trouvent à la dissolution du mariage. La femme les a usés en effet comme lui (M. *Malcville*). *Voyez* M. *Delvincourt*, tom. 3, pag. 50, note 3.

(1) Cependant, il est rare de voir des conventions semblables dans les contrats de mariage ; elles se font communément après, et s'exécutent entre gens honnêtes, quoiqu'elles ne soient point obligatoires en justice (M. *Malcville*).

(2) Et même le droit d'aliéner ses meubles (*Art.* 1449). En

D. Dans quelle proportion sont supportées par chacun des époux les charges du mariage?

R. Elles sont supportées par chacun d'eux dans la proportion déterminée par le contrat. S'il n'existe pas de convention à cet égard, la femme contribue à ces charges jusqu'à concurrence du tiers de ses revenus (*Art.* 1537).

D. Est-il permis de stipuler que la femme pourra aliéner ses immeubles sans le consentement spécial de son mari, ou à son refus, sans être autorisée par justice?

R. Non; la femme ne peut acquérir ce droit dans aucun cas, ni à la faveur d'aucune stipulation (1); de même, toute autorisation générale d'aliéner ses immeubles donnée à la femme, soit par contrat de mariage, soit depuis, est nulle (*Art.* 1538).

D. Lorsque la femme séparée a laissé la jouissance de ses biens à son mari, comment le mari est-il tenu de rendre compte des fruits?

R. Le mari n'est tenu, soit sur la demande que sa femme pourrait lui faire, soit à la dissolution du mariage, qu'à la représentation des fruits existans, et il n'est point comptable de ceux qui ont été consommés jusqu'alors (2) (*Art.* 1539).

---

général, dans le mariage, l'administration du mobilier emporte le droit de l'aliéner.

(1) Il faut donc un consentement spécial; mais qu'entend-on par consentement spécial? Faut-il qu'il intervienne dans l'acte même d'aliénation que fait la femme? M. *Maleville* ne le pense pas. *Voyez* cet auteur, tome 3, page 262 et suivantes, et le Répertoire de M. *Merlin,* 4.e édition, tome 1.er, au mot *Autorisation maritale.*

(2) Il est censé les avoir employés, du consentement de sa femme, aux besoins du ménage, ou les lui avoir remis au fur et

CHAPITRE III.

Du Régime dotal (1).

D. Qu'est-ce qu'on entend par *dot?*

R. On entend par *dot*, sous tous les régimes, le bien que la femme apporte au mari pour supporter les charges du mariage (*Art.* 1540).

D. De quoi se constitue la dot?

R. Tout ce que la femme se constitue, ou qui lui est donné en contrat de mariage, est dotal, s'il n'y a stipulation contraire (*Art.* 1541).

D. Quel nom prennent les autres biens de la femme?

R. Les biens de la femme qui ne sont pas dotaux, soit par ce qu'il y a stipulation contraire, soit par ce qu'ils ne lui ont pas été donnés par contrat de mariage, prennent le nom de biens paraphernaux.

---

mesure. Dès que la femme a eu assez de confiance en son mari pour le laisser jouir de ses biens, l'on peut supposer qu'il a pu lui remettre ses revenus sans exiger de quittances : *res amarè non sunt tractandæ inter conjuges. Voyez* -M. *Deloincourt*, tome 3, page 51, note 4, où il établit quelques distinctions pour divers cas particuliers.

(1) Le régime dotal ne tire point son nom de ce qu'il y a une dot constituée, car le régime de la communauté admet aussi la constitution de la dot; mais de la manière particulière dont la dot se régit dans le premier système (M. *Berlier*, Exposé des Motifs). Le principal avantage du régime dotal est que l'inaliénabilité de la dot, qui forme le caractère distinctif de ce régime, est, dans le malheur, la sauve-garde des femmes et des enfans. *Voy.* au reste, sur ses autres avantages et sur les inconvéniens qu'on peut lui reprocher, M. *Maleville*, tome 3, page 171 à 181, et la note (1) page 5 ci-dessus.

SECTION I.re

De la Constitution de dot.

D. Quand est-ce que la dot doit être constituée ?

R. La dot ne peut être constituée que par contrat de mariage ; elle ne peut être ni constituée, ni augmentée pendant le mariage (1) (*Art.* 1543).

D. Quels sont les biens que peut frapper la constitution de dot ?

R. La constitution de dot peut frapper tous les biens présens et à venir de la femme, ou tous ses biens présens seulement, ou une partie de ses biens présens et à venir, ou même un objet individuel (*Art.* 1542).

D. Lorsque la femme s'est constitué simplement tous ses biens, sans autre explication, ses biens à venir sont-ils compris dans la dot ?

R. Non, les biens à venir n'y sont pas censés compris (*Art.* 1542).

D. Si les père et mère constituent conjointement une dot, sans distinguer la part de chacun, pour quelle portion est-elle censée constituée par chacun d'eux ?

R. Elle est censée constituée par portions égales (2) (*Art.* 1544).

---

(1) Autrement il pourrait en résulter un préjudice pour les tiers. En effet, lorsqu'on veut savoir si le mari a droit d'aliéner un immeuble, on s'assure, en se faisant représenter le contrat de mariage, que cet immeuble n'est pas dotal ; mais il n'y aurait aucun moyen d'acquérir cette certitude, si la femme pouvait constituer ou augmenter sa dot pendant le mariage.

(2) Cet article est très-mal placé ; il serait beaucoup mieux après l'article 1439. Au reste, remarquez que l'article 1439 sup-

3.   6

D. En est-il de même, lorsque le père constitue seul la dot, mais qu'il déclare que c'est pour droits paternels et maternels?

R. Non; lorsque la dot est constituée par le père seul, quand même il déclarerait qu'elle est constituée pour droits paternels et maternels, et quand même la mère serait présente au contrat (1), la mère ne sera point engagée, et la dot demeurera en entier à la charge du père (*Art.* 1544).

D. Si le survivant des père et mère constitue une dot pour biens paternels et maternels, sans spécifier la portion pour laquelle il entend y contribuer, sur quels biens doit se prendre cette dot?

R. La dot se prendra d'abord sur ce qui revient, à l'époux doté dans les biens du conjoint prédécédé, et le surplus seulement sur les biens du constituant (2) (*Art.* 1545).

D. La dot doit-elle être prise sur les biens des consti-

---

pose que les père et mère sont mariés sous le régime de communauté, et l'article 1544, au contraire, sous le régime dotal; que ces deux articles doivent également s'appliquer, quel que soit le régime sous lequel se marie l'époux doté.

(1) Elle est présumée n'être intervenue que pour donner son consentement au mariage. Mais comme *ne dote qui ne veut*, elle n'est censée doter qu'autant qu'elle l'a expressément déclaré (M. *Delvincourt*).

(2) Il n'en était pas de même en Droit Romain; il y avait, sur la portion pour laquelle les biens du conjoint prédécédé devaient contribuer, deux systèmes. La Novelle 21 de l'empereur Léon portait que dans le silence de la convention, ils devaient contribuer pour moitié. La loi 7 Cod. *de Dotis promiss.*, statuait au contraire que la dot devait être prise, d'abord sur les biens du constituant, et seulement en cas d'insuffisance sur les biens de l'époux décédé.

tuans , même lorsque la fille dotée par ses père et mère
a des biens à elles propres dont ils jouissent ?

R. Oui , la dot sera prise , même dans ce cas , sur les
biens des constituans , à moins qu'il n'y ait stipulation
contraire (1) (*Art.* 1546).

D. Ceux qui constituent une dot , sont-ils tenus à la
garantie des objets constitués ?

R. Oui ; ceux qui constituent une dot , sont tenus à
la garantie des objets constitués (2) (*Art.* 1547) , et aux
intérêts , à compter du jour du mariage (3) , même quand
il y aurait terme pour le paiement , à moins que le contraire ne soit formellement stipulé (*Art.* 1548).

SECTION II.

*Des Droits du mari sur les biens dotaux, et de l'Inaliéna-
bilité du Fonds dotal.*

D. A qui appartient pendant le mariage l'administration des biens dotaux ?

R. Le mari a seul l'administration des biens dotaux
pendant le mariage ; il a seul le droit d'en poursuivre

---

(1) On n'applique pas ici la maxime *nemo facilè donare præ-
sumitur,* parce que , lorsqu'on promet de donner , on promet *de
suo;* ce n'est pas donner que rendre à quelqu'un ce qui lui
appartient.

(2) Même la femme qui se dote *de suo ,* et alors elle est tenue
de la garantie sur ses paraphernaux (L. 1 , Cod. *de Jure do-
tium*).

(3) Si un fonds a été constitué en dot , et que le mariage ne
s'accomplisse pas de suite , les fruits perçus par le mari depuis le
contrat augmentent la dot et n'appartiennent pas au mari , car
il ne supportait pas encore les charges du mariage (M. *Duveyrier,*
Tribun).

les débiteurs et détenteurs, d'en percevoir les fruits et les intérêts (1), et de recevoir le remboursement des capitaux (*Art.* 1549).

D. Ne peut-on pas déroger à ce principe?

R. Il peut être convenu, par le contrat de mariage, que la femme touchera annuellement sur ses seules quittances, une partie de ses revenus pour son entretien et ses besoins personnels (2) (*Art.* 1549).

D. Le mari est-il tenu de fournir caution pour la réception de la dot?

R. Non; il n'y est tenu que lorsqu'il y a été assujetti par le contrat de mariage (*Art.* 1550).

D. Quels sont les droits et les obligations du mari relativement aux objets compris dans la dot, quand ces objets sont des corps certains?

R. Pour déterminer ces droits et ces obligations, il faut distinguer, si les objets sont meubles ou immeubles :

Si la dot ou partie de la dot consiste en objets mobiliers mis à prix par le contrat, sans déclaration que l'estimation n'en fait pas vente, le mari en devient propriétaire (3), et n'est débiteur que du prix donné au mobilier (*Art.* 1551).

Si, au contraire, les objets dotaux sont immeubles, l'estimation n'est censée faite que pour déterminer la valeur de l'objet, et le montant des dommages et in-

_____

(1) Ainsi son droit est absolument celui d'un usufruitier; aussi en a-t-il toutes les obligations, comme il est dit article 1562 (M. *Delvincourt*).

(2) *Voyez* la note (1) page 78.

(3) Par conséquent, si ces objets périssent, même par cas fortuit, ils périssent pour le mari.

térêts à payer en cas de détérioration ; et elle n'en transfère pas la propriété au mari, à moins qu'il n'y ait déclaration expresse à cet égard (1) (*Art.* 1552 *et* M. *Delvincourt*).

En général, le mari est tenu, à l'égard des biens dotaux, de toutes les obligations de l'usufruitier. Il est responsable de toutes prescriptions acquises et détériorations survenues par sa négligence (*Art.* 1562).

D. Que peut faire la femme, si la dot est mise en péril ?

R. Elle peut poursuivre la séparation de biens de la même manière que sous le régime de la communauté légale (2) (*Art.* 1563).

D. L'immeuble acquis des deniers dotaux est-il dotal ?

R. Non ; il n'est pas dotal, à moins que la condition de l'emploi n'ait été stipulée par le contrat de ma-

---

(1) Remarquez que l'estimation pourrait être contestée, sinon par la femme, sauf le cas de dol commis à son égard, du moins par ceux qui auraient, le cas arrivant, le droit de contester les avantages, tels que les enfans d'un premier lit (M. *Delvincourt*); autrement la femme aurait ainsi un moyen d'avantager indirectement son mari à leur préjudice.

(2) Mais si la dot consiste en immeubles non estimés ou en immeubles estimés, mais sans déclaration que l'estimation vaut vente, comme alors la femme ne court aucun risque, puisqu'ils ne peuvent être aliénés ni hypothéqués, pourrait-elle toujours en demander la restitution ? Oui ; d'abord parce que le mari peut les dégrader ou ne pas y faire les réparations dont il est chargé, et se trouver dans l'impossibilité de payer les indemnités convenables, et, en second lieu, ses créanciers peuvent saisir les revenus, qui se trouvent alors détournés de leur destination primitive, celle de soutenir les charges du mariage (M. *Delvincourt*).

riage (1). Il en est de même de l'immeuble donné
en paiement de la dot constituée en argent (*Art.*
1553).

D. Les immeubles constitués en dot peuvent-ils
être aliénés ou hypothéqués pendant le mariage ?

R. Non ; en règle générale, ils ne peuvent l'être,
ni par le mari, ni par la femme, ni par les deux conjointement (2) ; mais il y a quelques exceptions (*Art.*
1554).

D. Quels sont les cas d'exceptions dans lesquels
l'immeuble dotal peut être aliéné ou hypothéqué ?

R. 1.º L'immeuble dotal peut être aliéné lorsque
l'aliénation en a été permise par le contrat de mariage (3) (*Art.* 1557).

2.º La femme peut, avec l'autorisation de son mari,
ou, sur son refus, avec permission de justice (4), donner ses biens dotaux pour l'établissement des enfans
qu'elle aurait d'un mariage antérieur ; mais , si elle n'est

---

(1) Dans ce cas, faut-il que la femme ait accepté l'emploi ;
quand et comment cet emploi doit-il être accepté ? Je pense qu'il
faut d'abord que la femme accepte l'emploi ; elle ne doit pas pouvoir gagner et ne pas pouvoir perdre. Je pense ensuite que l'emploi doit être accepté dans le contrat d'acquisition ; autrement,
les tiers qui ne verraient pas dans ce contrat que l'immeuble est
dotal , seraient exposés à être trompés. *Voyez* cependant M. *Delvincourt*, page 55, note 3.

(2) Remarquez que le mot *aliénation* est pris ici *lato sensu* ;
ainsi on ne peut consentir aucune servitude sur l'immeuble
dotal.

(3) Il peut y avoir quelquefois de bonnes raisons pour cela ,
et la loi s'en remet à la sagesse des parens (M. *Maleville*).

(4) Il serait à craindre qu'un second mari ne voulût pas consentir à la donation que la femme voudrait faire à ses enfans
d'un premier lit (M. *Maleville*).

autorisée que par justice, elle doit réserver la jouissance à son mari (1) (*Art.* 1555).

3.º La femme peut, avec l'autorisation de son mari,
donner ses biens dotaux pour l'établissement de leurs
enfans communs (2) (*Art.* 1556).

4.º L'immeuble dotal peut encore être aliéné avec
permission de justice, et aux enchères, après trois
affiches,

Pour tirer de prison le mari ou la femme (3);

5.º Pour fournir des alimens à la famille dans les cas
prévus par les articles 203, 205 et 206, au titre *du
Mariage;*

6.º Pour payer les dettes de la femme et de ceux
qui ont constitué la dot, lorsque ces dettes ont une
date certaine antérieure au contrat de mariage (4);

***

(1) Le mari ne peut être privé, par le fait de sa femme, de cette
jouissance, qui lui est donnée pour soutenir les charges du mariage (M. *Delvincourt*).

(2) La loi ne dit pas qu'au refus du mari la femme pourra être
autorisée par justice, comme pour les enfans d'un premier lit;
il n'y a plus le même motif de recourir aux tribunaux. La
tendresse qu'un père est présumé avoir pour ses enfans ne permet pas de croire qu'il ait de mauvaises raisons de se refuser à la
donation que veut faire leur mère (M. *Pigeau*).

(3) Dans ce cas même qui est le plus favorable, on a dû exiger le concours du juge. Le mari pourrait s'entendre avec un
créancier vrai ou simulé, qui obtiendrait contre lui un jugement
de contrainte par corps. Il faut donc que le juge examine d'abord
si les causes de l'emprisonnement paraissent véritables et légitimes, et en second lieu, s'il n'existe pas d'autre moyen d'acquitter la dette (M. *Delvincourt*).

(4) Le fonds dotal a toujours pu être saisi par les créanciers
antérieurs au mariage; s'il n'y a pas autrement moyen de les
payer, il vaut bien mieux vendre pour éviter les frais d'une ex-

7.º Pour faire de grosses réparations indispensables pour la conservation de l'immeuble dotal ;

8.º Enfin, lorsque cet immeuble se trouve indivis avec des tiers, et qu'il est reconnu impartageable (*Art.* 1558).

D. Dans tous ces cas, que devient l'excédant du prix de la vente au-dessus des besoins reconnus ?

R. Cet excédant demeure dotal, et il en est fait emploi comme tel au profit de la femme (*Art.* 1558).

D. Le mari peut-il échanger l'immeuble dotal contre un autre immeuble (1) ?

R. L'immeuble dotal peut être échangé, mais avec le consentement de la femme, contre un autre immeuble de même valeur, pour les quatre cinquièmes au moins, en justifiant de l'utilité de l'échange, en obtenant l'autorisation en justice, et d'après une estimation par experts nommés d'office par le tribunal.

Dans ce cas, l'immeuble reçu en échange sera dotal ; l'excédant du prix, s'il y en a, le sera aussi, et il en sera fait emploi comme tel au profit de la femme (*Art.* 1559).

D. Hors ces cas d'exception, l'immeuble dotal peut-il être aliéné ?

R. Non ; hors ces cas, ni la femme, ni le mari, ni tous deux conjointement ne peuvent aliéner le fonds dotal (*Art.* 1560).

---

propriation (M. *Maleville*). *Voyez* M. *Delvincourt*, tome 3, page 55, note 10.

(1) Un individu, marié sous le régime dotal, peut avoir besoin de transférer au loin son domicile, peut-être pour remplir un emploi public ; il demandera à échanger l'immeuble dotal contre un autre immeuble plus rapproché de son nouveau domicile.

(89)

D. Si cependant une pareille aliénation a eu lieu, quels sont ceux qui ont le droit de l'attaquer?

R. La femme ou ses héritiers peuvent faire révoquer l'aliénation après la dissolution du mariage, sans qu'on puisse leur opposer aucune prescription pendant sa durée (1).

La femme a le même droit après la séparation de biens ;

Le mari lui-même peut faire révoquer l'aliénation pendant le mariage (2), en demeurant néanmoins sujet aux dommages et intérêts de l'acheteur, s'il n'a pas déclaré (3) dans le contrat que le bien vendu était dotal (4) (*Art.* 1560).

_____

(1) Parce que la femme ne pouvait pas agir, et que la prescription ne peut courir contre celui qui ne pouvait pas actionner (M. *Pigeau*).

(2) Cette nullité, tant que dure le mariage, est regardée comme d'ordre public : *interest reipublicæ mulieres dotes salvas habere.* L'on veut réserver au mari, même malgré lui, de quoi subvenir aux charges du ménage. Mais le mari n'a ce droit que pendant le mariage; le mariage une fois dissous, les motifs d'ordre public n'existent plus, au moins quant au mari.

(3) Lorsqu'il y a déclaration, l'acquéreur est complice d'une action prohibée, et, comme tel, il ne mérite pas d'indemnité. D'ailleurs, l'acquéreur peut être comparé, dans ce cas, à celui qui achète la chose d'autrui. Or, l'article 1599 n'accorde de dommages et intérêts à l'acquéreur de la chose d'autrui, que lorsqu'il a ignoré que la chose fût à autrui (M. *Delvincourt*).

(4) L'article 1560 n'ayant pas mis l'acquéreur au nombre de ceux qui peuvent demander la nullité, faut-il en conclure qu'elle ne peut jamais être demandée par lui? Je pense qu'il faut distinguer. S'il n'est pas prouvé que l'acquéreur connaissait la qualité de l'immeuble, je crois qu'il pourra demander la nullité. Mais, dans le cas contraire, il est vrai de dire qu'il a coopéré sciemment à une action prohibée par la loi dans l'intérêt public.

D. Les immeubles dotaux non déclarés aliénables par le contrat de mariage sont-ils prescriptibles pendant le mariage ?

R. Non, ils ne le sont pas, à moins que la prescription n'ait commencé auparavant (1). Mais ils deviennent prescriptibles après la séparation de biens, quelle que soit l'époque à laquelle la prescription ait commencé (*Art.* 1561).

SECTION III.

De la Restitution de la dot.

D. Quand est-ce que la dot est restituée ?

R. La dot doit être restituée après la dissolution du mariage, ou quand cette restitution est ordonnée par jugement.

D. Dans ces deux cas peut-on contraindre le mari à restituer la dot sans délai ?

R. Il faut distinguer :

Si la dot consiste en immeubles, ou en meubles non estimés par le contrat de mariage, ou bien mis à prix, mais avec déclaration que l'estimation n'en ôte pas la propriété à la femme, comme le mari n'étant pas devenu propriétaire de la dot, n'a pas dû l'aliéner, il peut être contraint, ainsi que ses héritiers, de la restituer sans délai (*Art.* 1564).

Or, *nemo ex delicto suo debet consequi actionem;* il pourra donc être repoussé *per exceptionem doli mali* (M. *Delvincourt*).

(1) Autrement les époux pourraient aliéner indirectement le fonds dotal et frauder la loi, en le laissant posséder long-temps par un tiers d'intelligence avec eux (M. *Pigeau*).

Si la dot consiste en une somme d'argent, ou en meubles mis à prix par le contrat, sans déclaration que l'estimation n'en rend pas le mari propriétaire, la restitution n'en peut être exigée qu'un an après la dissolution (1) (*Art.* 1565). Le mari étant devenu propriétaire, n'est débiteur que du prix, et il est juste de lui donner le temps nécessaire pour trouver des fonds (M. *Pigeau*).

D. Cette dernière règle ne reçoit-elle pas exception relativement aux linges et hardes à l'usage actuel de la femme?

R. Oui; dans tous les cas la femme peut retirer les linges et hardes à son usage actuel (2), sauf à précompter leur valeur lorsque ces linges et hardes auront été primitivement constitués avec estimation (*Art.* 1566).

D. Le mari est-il tenu du dépérissement arrivé sans sa faute aux meubles dont la propriété est restée à la femme?

R. Non; si les meubles dont la propriété reste à la femme ont dépéri par l'usage et sans la faute du mari, il ne sera tenu de rendre que ceux qui resteront, et dans l'état où ils se trouveront (*Art.* 1566).

D. Si la dot comprend des obligations ou constitutions de rente qui aient péri ou souffert des retranchemens, le mari en sera-t-il tenu?

R. Non; toutes les fois qu'on ne pourra les imputer

---

(1) *Après la dissolution :* de ces mots on peut conclure que le même délai n'aurait pas lieu si la restitution de la dot était ordonnée par jugement. On sent aisément la raison de la différence, il y a alors *periculum in morá* (M. *Delvincourt*).

(2) Il y a ici raison de décence et d'humanité; on ne peut la renvoyer sans vêtemens.

à la négligence du mari, il n'en sera point tenu, et il en sera quitte en restituant les contrats (1) (*Art.* 1567).

D. Si un usufruit a été constitué en dot, qu'est-ce que le mari ou ses héritiers doivent restituer?

R. Ils ne sont obligés que de restituer le droit d'usufruit, et non les fruits échus durant le mariage (2) (*Art.* 1568).

D. La femme où ses héritiers peuvent-ils répéter la dot contre le mari après la dissolution du mariage, sans être tenus de prouver qu'il a reçu cette dot?

R. Ils sont dispensés de le prouver lorsque le mariage a duré dix ans (3) depuis l'échéance des termes pris pour le paiement de la dot (4), à moins que le mari ne justifie de diligences inutilement par lui faites pour s'en procurer le paiement (5) (*Art.* 1569).

_____

(1) Il en serait autrement s'il y avait de la faute du mari, s'il avait été en demeure d'exiger le paiement et que le débiteur fût ensuite devenu insolvable, etc. (M. *Maleville*). La loi 35, D. *de Jure dot.* fait une exception notable à la règle qu'elle donne, que le mari est tenu de l'insolvabilité du débiteur de la dot, lorsqu'elle est survenue après l'échéance du terme; c'est dans le cas où c'est le père qui a constitué la dot : *neque enim propitiis auribus audietur filia dicens; cur maritus non urserit patrem ad solutionem.*

(2) Il en est de même si au nombre des objets dotaux il se trouve une rente viagère; le mari ne sera pas tenu de restituer les arrérages (*Voyez art.* 588).

(3) Cas singulier, le seul peut-être dans lequel on établisse une créance sur une présomption.

(4) *Quid* si, ce qui est assez ordinaire, la dot n'a dû être payée qu'à différens termes? Il faudra appliquer l'article séparément à tous les termes, en comptant les dix années à partir de l'échéance de chacun d'eux.

(5) Observez que cela ne préjudicie en rien aux actions que le mari peut avoir à exercer contre les débiteurs de la dot, et qui

D. Lorsqu'il y a lieu à restitution de la dot, de quel jour l'intérêt et les fruits sont-ils dus ?

R. Si c'est par la mort de la femme que le mariage est dissous, l'intérêt et les fruits de la dot à restituer courent de plein droit au profit de ses héritiers depuis le jour de la dissolution (1);

Si c'est par la mort du mari, la femme a le droit d'exiger les intérêts de sa dot pendant l'an de deuil, ou de se faire fournir des alimens pendant ledit temps aux dépens de la succession du mari (2); mais, dans les deux cas, l'habitation durant cette année, et les habits de deuil, doivent lui être fournis sur la succession, et sans imputation sur les intérêts à elle dus (*Art* 1570).

D. Comment se partagent les fruits des immeubles dotaux ?

R. Ils se partagent entre le mari et la femme ou leurs héritiers, à proportion du temps qu'a duré le mariage pendant la dernière année (*Art.* 1571).

D. A quelle époque fait-on commencer l'année ?

---

ne sont sujettes qu'à la prescription ordinaire de trente ans; car les actions dotales et tous les objets dotaux, à l'exception des immeubles, peuvent être prescrits (M. *Delvincourt*).

(1) La dot du reste doit être remise *cum omni causâ*, avec toutes les accessions, alluvions, etc. *Voyez* les Pandectes de *Pothier*, Tit. *Solut. Matrim.*, cap. 2, art. 1, et Tit. *de Impens. in dot. fact.*

(2) Dans le cas où la femme peut réclamer des intérêts et des fruits, si elle veut opter pour les alimens, faudra-t-il qu'elle renonce aux fruits et aux intérêts, ou suffira-t-il qu'elle renonce aux intérêts seulement? Je crois qu'elle n'a pas besoin de renoncer aux fruits; cependant, si les intérêts qu'elle pourrait réclamer étaient très-peu de chose relativement aux fruits, on ne devrait pas admettre l'option; le motif de l'article est d'assurer la sub-

R. L'année commence à partir du jour où le mariage a été célébré (1) (*Art.* 1571).

D. Quelles sont les sûretés que la loi donne à la femme ou à ses héritiers pour la restitution de la dot ?

R. La loi donne à la femme sur tous les biens du mari une hypothèque tacite qui remonte au jour de la célébration du mariage (*Art.* 2135), mais elle n'a pas de privilège sur les créanciers antérieurs à elle en hypothèque (*Art.* 1572).

D. La femme dotée par son père doit-elle faire à sa succession le rapport de sa dot, lors même que le

---

sistance de la femme ; dans ce cas elle n'en aurait pas besoin. *Quid*, si la femme n'a ni fruits ni intérêts à réclamer ? Elle doit toujours être nourrie ; c'était ainsi en Droit Romain, et il y a toujours même motif.

(1) Nous allons, pour mieux faire comprendre la manière de procéder, rapporter une espèce célèbre par les discussions qu'elle a occasionnées. Une femme se marie le 1.er septembre, elle apporte en dot une vigne dont la vendange a lieu le 1.er octobre, immédiatement après le mari donne cette vigne à bail ; le 1.er janvier le mariage est dissous. La vendange a produit 12, la location a été faite 12, comment se partageront les produits ? Le mariage ayant duré 3 mois depuis la location, Papinien prend le quart du prix de la location, 3 ; il réunit 3 au produit de la vendange, 12, somme 15 ; le mariage a duré 4 mois, il donne le tiers de ce total au mari, c'est-à-dire 5.

Les professeurs de Louvain sont avec raison d'un autre avis, la vendange étant 12, et le mariage ayant eu lieu un mois avant, ils donnent 11 à la femme, 1 au mari ; quant à la location, le mariage ayant duré 3 mois, ils lui donnent 3, ce qui en somme ne fait que 4 pour le mari. *Voyez* dans M. *Delvincourt*, tome 3, page 58, la note 1.re, relativement à la manière de partager les fruits qui ne se recueillent pas tous les ans, comme les coupes de bois, etc.

mauvais état des affaires du mari est tel qu'il n'y a pas d'espoir qu'il puisse restituer cette dot ?

R. Il faut distinguer :

Si le mari n'est devenu insolvable que depuis le mariage, ou si lors du mariage il avait un métier ou une profession qui lui tenait lieu de bien (1), la perte de la dot tombe uniquement sur la femme, qui, en conséquence, est obligée d'en effectuer le rapport.

Mais si le mari était déjà insolvable, et n'avait ni art ni profession lorsque le père a constitué une dot à sa fille, celle-ci ne sera tenue de rapporter à la succession du père que l'action qu'elle a contre celle de son mari, pour s'en faire rembourser (*Art* 1573).

Section IV.

Des Biens paraphernaux.

D. Quels sont les biens qu'on appelle *paraphernaux* ?

R. On appelle *biens paraphernaux* tous les biens qui appartiennent à la femme et qui n'ont pas été constitués en dot (*Art.* 1574).

D. Si tous les biens de la femme sont paraphernaux, et s'il n'y a pas de convention dans le contrat pour lui faire supporter une portion des charges du mariage, dans quelle proportion doit-elle y contribuer ?

R. Elle doit y contribuer jusqu'à concurrence du tiers de ses revenus (*Art.* 1575).

---

(1) *Un métier ou une profession*; dans la classe des artisans il est rare de trouver des immeubles qui puissent répondre de la dot ; un art ou une profession tiennent lieu de biens (M. *Maleville*).

D. A qui appartient l'administration des biens paraphernaux ?

R. La femme a la jouissance et l'administration de
ses biens paraphernaux ; mais elle ne peut les aliéner
ni paraître en jugement à raison desdits biens, sans
l'autorisation du mari, ou, à son refus, sans la permission de la justice (1) (*Art.* 1576).

D. Si le mari a joui des biens paraphernaux ou
les a administrés, comment est-il tenu d'en rendre
compte ?

R. Si le mari a administré les biens paraphernaux,
en vertu d'une procuration de sa femme contenant
charge de lui rendre compte des fruits, il est tenu
vis-à-vis d'elle comme tout mandataire (2) (*Art.*
1577).

Si le mari a joui des biens paraphernaux de sa femme
sans mandat, et néanmoins sans opposition de sa part,
il n'est tenu, à la dissolution du mariage, ou à la
première demande de la femme, qu'à la représentation des fruits existans, et il n'est point comptable
de ceux qui ont été consommés jusqu'alors (3) (*Art.*
1578).

Si le mari a joui des biens paraphernaux malgré
l'opposition constatée (4) de la femme, il est comp-

---

(1) La seconde partie de l'article est contraire au Droit Romain
et à l'ancienne jurisprudence des pays de Droit écrit, d'après lesquels la femme était entièrement hors de la puissance maritale,
pour ce qui concernait les paraphernaux.

(2) La femme peut donner sa procuration à un étranger pour
administrer ses biens paraphernaux. L. ult. Cod. *de Pact. conv.*

(3) *Voyez* la note (2) de la page 79.

(4) *Constatée,* c'est-à-dire qu'il ne suffirait pas à la femme ou
à ses héritiers de prouver des représentations vagues, un mécon-

table envers elle de tous les fruits tant existans que consommés (*Art.* 1579).

Enfin, dans tous les cas où le mari jouit des biens paraphernaux, il est tenu de toutes les obligations de l'usufruitier (*Art.* 1580).

Disposition particulière.

D. Les époux ne peuvent-ils pas, en se soumettant au régime dotal, y introduire une modification?

R. En se soumettant au régime dotal, les époux peuvent néanmoins stipuler une *société d'acquêts*. Les effets de cette société sont réglés comme il est dit aux articles 1498 et 1499 (*Art.* 1581); ils sont les mêmes que ceux de la communauté réduite aux acquêts (page 57 ci-dessus) (1).

D. N'y a-t-il pas eu depuis la publication du Code civil, quelques dérogations aux dispositions renfermées dans ce titre?

R. Le Code de Commerce a établi quelques changemens, mais ils ne sont relatifs qu'aux femmes des commerçans en faillite (2).

_____

tentement, il faut qu'il conste d'une opposition formelle; il semble même, d'après l'expression de l'article, qu'elle doit être faite par acte : ce qui est pourtant une cruelle extrémité (M. *Maleville*).

(1) *Voyez*, sur cette société et en même temps sur la communauté d'acquêts, une dissertation assez étendue de M. *Maleville*, sur l'article 1551, tome 3, page 290 à 302, et M. *Delvincourt*, tome 3, page 40, notes 3 et 4.

(2) Le Code de Commerce n'a rien changé aux droits de la femme lorsqu'elle les exerce contre son mari ou les héritiers de celui-ci; mais si le mari ou sa succession est en faillite, la condition de la femme éprouve des changemens. Le plus considé-

3.

BIBLIOTHÈQUE NATIONALE R. F. IMPRIMÉS

TITRE VI.

De la Vente.

CHAPITRE PREMIER.

De la Nature et de la Forme de la Vente.

D. Qu'est-ce que la vente ?

R. La vente est une convention par laquelle l'un s'oblige à livrer une chose, et l'autre à la payer (1) (*Art.* 1582).

D. Quelle est la nature de ce contrat?

R. Ce contrat est consensuel, c'est-à-dire qu'il est parfait par le seul consentement des parties contractantes (M. *Delvincourt*).

D. En quelle forme ce contrat doit-il être passé?

R. Par acte authentique ou sous seing privé (2) (*Art.* 1582).

---

rable est que, pour ce qui concerne les créanciers, et dans leur intérêt seulement, il y a toujours présomption légale en faveur du mari et de sa succession; présomption qui ne peut être détruite que par la preuve contraire résultant d'actes authentiques. *Voyez*, au reste, M. *Delvincourt*, tome 3, titre 1.er, chapitre particulier (c'est le dernier), page 59, et les articles 550, 551, 552, 553, 554, 555, 546, 547, 529 et 549 du Code de Commerce.

(1) M. *Delvincourt* définit la vente, un contrat par lequel une personne transfère à une autre la propriété d'une chose moyennant un certain prix.

(2) Il semble, au premier coup d'œil, d'après ces expressions, que la vente ne peut être faite que par écrit. Cependant M. *Portalis*, dans son discours de présentation de ce titre au Corps Législatif, et M. *Grenier*, dans son rapport au Tribunat, ont positi-

D. De combien de manières la vente peut-elle être faite ?

R. Elle peut être faite purement et simplement, ou sous une condition, soit suspensive, soit résolutoire ; elle peut aussi avoir pour objet deux ou plusieurs choses alternatives. Dans tous ces cas, son effet est réglé par les principes généraux des conventions (*Art.* 1584).

D. Faut-il, pour que la vente soit parfaite, que la chose qui en est l'objet ait été livrée et que le prix en ait été payé ?

R. Non, lorsque la vente n'est point contractée sous une condition suspensive, elle est parfaite entre les parties, et la propriété est acquise de plein droit par l'acheteur à l'égard du vendeur (1), dès qu'on est convenu de la chose et du prix (*Art.* 1583).

D. Ce principe n'est-il pas soumis à quelques exceptions ?

_____

vement dit le contraire. Aujourd'hui, comme autrefois, l'écriture n'est point de l'essence de la vente ; ce contrat n'est soumis, pour sa preuve, qu'aux règles ordinaires ; si le prix n'excède pas 150 fr., il peut être prouvé par témoins ; s'il l'excède, il faut un écrit ou un commencement de preuve par écrit, joint à la preuve testimoniale.

(1) *A l'égard du vendeur ;* il ne faut pas conclure de ces mots que le contrat ne suffit pas pour rendre l'acheteur propriétaire à l'égard des tiers, et qu'il faut de plus tradition ou transcription. Ces mots signifient simplement : 1.° que la vente et la translation de propriété qui en est la suite, ne peuvent nuire aux droits réels que des tiers pourraient avoir acquis antérieurement sur l'immeuble ; et 2.°, qu'en supposant que la propriété ne fût pas transférée, *putà*, si le vendeur n'était pas lui-même propriétaire, néanmoins l'éviction ne pourrait jamais être exercée par lui, parce qu'à son égard l'acquéreur est toujours censé propriétaire. *Voyez* M. *Delvincourt*, tome 3, page 62, note 4.

7..

R. La loi en excepte deux cas, le premier est celui où des marchandises ne sont pas vendues en bloc, mais au poids, au nombre ou à la mesure (*Art.* 1585).

Le second, celui où l'objet de la vente consiste en du vin, de l'huile ou autres choses que l'on est dans l'usage de goûter avant d'en faire l'achat (*Art.* 1587).

D. Que faut-il dans le premier cas pour que la vente soit parfaite ?

R. Lorsque des marchandises ne sont pas vendues en bloc, mais au poids, au compte ou à la mesure, pour que la vente soit parfaite, en ce sens que les choses vendues soient aux risques de l'acheteur, la loi veut que les marchandises soient pesées, comptées ou mesurées (*Art.* 1585).

D. Pourquoi, en exigeant cette condition pour qu'une pareille vente soit parfaite, la loi ajoute-t-elle ces mots : *en ce sens que les choses vendues soient aux risques de l'acheteur ?*

R. C'est que la vente n'est imparfaite que sous ce seul rapport ; elle est parfaite sous tous les autres (1).

D. Quelle est la conséquence de ce principe ?

R. C'est qu'en cas d'inexécution du contrat, l'ache-

---

(1) Pourquoi les risques ne sont-ils pas à la charge de l'acheteur ? C'est qu'il serait impossible, en cas de perte, de déterminer ce que doit l'acheteur. Lorsque la vente a été faite en bloc et pour un seul prix, si la chose périt par cas fortuit, et sans la faute du vendeur, le prix total est dû par l'acheteur. Mais lorsqu'elle est vendue à tant la mesure, on ne peut savoir ce que doit l'acheteur qu'autant que l'on saura combien le bloc contient de mesures. Or, comme on ne peut le savoir lorsque la chose a péri avant le mesurage, on ne peut exiger aucun prix de l'acheteur (M. *Delvincourt*).

teur peut demander la délivrance des marchandises ou des dommages et intérêts, s'il y a lieu (*Art.* 1585).

D. Lorsque les marchandises sont vendues en bloc (1), la loi n'exige-t-elle pas pour cette sorte de vente quelque formalité particulière ?

R. Non; cette vente réglée par les principes généraux est parfaite par la seule convention des parties sur la chose et sur le prix (*Art.* 1586).

D. A l'égard du vin, de l'huile et des autres choses que l'on est dans l'usage de goûter avant d'en faire l'achat, que faut-il pour qu'il y ait vente ?

R. Il faut, pour qu'il y ait vente, que l'acheteur les ait goûtées et agréées (*Art.* 1587).

D. Quels sont les principes qui règlent les effets de la vente faite à l'essai ?

R. Une pareille vente est toujours présumée faite sous une condition suspensive, et, comme telle, soumise aux principes qui régissent ces sortes d'obligations (*Art.* 1588).

D. Quel est l'effet de la promesse de vendre ?

R. La promesse de vendre vaut vente, s'il y a consentement des deux parties sur la chose et sur le prix (2) (*Art.* 1589).

D. Cette promesse est-elle également obligatoire, si elle a été faite avec des arrhes ?

---

(1) C'est ce que les Romains appelaient vente *per aversionem*. Je vous vends ce tas de blé pour le prix de 300 fr. (M. *Pigeau*). Cette vente a été ainsi nommée *per aversionem*, de ce que le vendeur *periculum à se avertit*.

(2) Autrefois les opinions étaient partagées; plusieurs pensaient que celui qui avait promis ne pouvait être forcé d'exécuter l'obligation, laquelle se résolvait alors en simples dommages et intérêts (M. *Pigeau*).

R. Non; dans ce cas, chacun des contractans est maître de s'en départir, celui qui a donné les arrhes en les perdant, et celui qui les a reçues, en restituant le double (1) (*Art.* 1599).

D. Par qui doit être déterminé et désigné le prix de la vente ?

R. Il doit l'être, en général, par les parties (2).

D. Cette condition est-elle rigoureusement exigée ?

R. Non, la loi autorise les parties à laisser le prix à l'arbitrage d'un tiers (3) (*Art.* 1592).

D. Qu'arriverait-il, dans le cas où les parties auraient usé de cette faculté, si le tiers ne voulait ou ne pouvait faire l'estimation ?

R. Il n'y aurait point de vente (4) (*Art.* 1592).

---

(1) Il s'agit, dans cet article, d'arrhes données sur la simple promesse de vendre, et non de celles données la vente une fois parfaite; lorsque la vente est parfaite, on n'est point libre de s'en désister en perdant ou en doublant les arrhes. Mais lorsque les arrhes ont été seulement données comme un engagement d'accomplir la vente projetée, alors chacun est libre de s'en départir aux conditions portées par l'article (M. *Maleville*).

(2) En quoi doit consister le prix? En une somme d'argent : autrement ce serait un échange; ce qu'il est important de distinguer, parce qu'il y a quelques règles de la vente qui ne s'appliquent pas à l'échange (M. *Delvincourt*).

(3) On peut encore vendre une récolte au prix que les voisins vendront la leur. Ce contrat est valable, car le prix, quoique incertain lors du contrat, deviendra certain par la vente que feront les voisins, et il ne sera pas moins certain, quoique les voisins vendent à différens prix, car les parties sont censées être convenues du prix moyen entre ces différens prix (*Pothier*, Traité du Contrat de Vente, n.° 28).

(4) Par conséquent, ces sortes de vente sont censées faites sous une condition suspensive. Si donc la chose périt avant l'estimation, elle périt pour le vendeur (M. *Delvincourt*).

D. Quel est celui des deux contractans qui doit supporter les frais d'actes et autres accessoires à la vente ?

R. Ces frais sont à la charge de l'acheteur (*Art.* 1593).

CHAPITRE II.

Qui peut acheter ou vendre.

D. Quelles sont les personnes qui peuvent acheter ou vendre ?

R. Ce sont celles qui n'en sont pas déclarées incapables par la loi (*Art.* 1594).

D. N'y a-t-il que les personnes que la loi a frappées d'incapacité pour toute espèce de contrats, qui soient privées du droit d'acheter ou de vendre ?

R. Il en existe encore d'autres ; car, en outre des motifs généraux d'incapacité traités au titre *des Contrats*, il en est de particuliers au contrat de vente (M. *Delvincourt*).

D. Combien la loi distingue-t-elle de sortes d'incapacités particulières au contrat de vente ?

R. Elle en distingue deux sortes : les incapacités qui existent entre les deux parties à l'égard l'une de l'autre, et les incapacités qui existent de la part d'une personne seulement à l'égard de toutes personnes.

D. Quelles sont les personnes que la loi frappe respectivement d'incapacité ?

R. Ce sont les époux, entre lesquels la loi a décidé qu'il ne pourrait y avoir vente (*Art.* 1595).

D. Quel est le but de cette disposition ?

R. C'est de prévenir les avantages indirects que le contrat de vente pourrait rendre faciles (1) (M. Delvincourt).

D. La loi n'autorise-t-elle pas néanmoins, en certains cas, la vente entre époux ?

R. Elle la permet dans trois cas (2) :

Celui où l'un des époux cède ses biens à l'autre séparé judiciairement d'avec lui, en paiement de ses droits ;

Celui où la cession que le mari fait à sa femme, même non séparée, a une cause légitime (3), telle que le remploi de ses immeubles aliénés ou de ses deniers à elle appartenant, si ces immeubles ou ces deniers ne tombent pas en communauté ;

Celui où la femme cède des biens à son mari en paiement d'une somme qu'elle lui a promise en dot, et lorsqu'il y a exclusion de communauté (4) (*Art.* 1595).

---

(1) Le mari et la femme ne pouvant se donner entre-vifs pendant le mariage, il a fallu prendre toutes les précautions nécessaires pour que la vente apparente ne cachât pas une donation (M. *Maleville*).

(2) Remarquez que même dans ces cas, c'est moins un contrat de vente, que le contrat appelé en Droit Romain *datio in solutum*, contrat, à la vérité, équipollent à la vente, mais qui en diffère cependant, principalement en ce qu'il suppose toujours une obligation précédente (M. *Delvincourt*).

(3) Ceci prouve que les trois cas énoncés dans l'article ne sont pas tellement limitatifs que les tribunaux ne puissent étendre la même disposition à d'autres cas analogues (M. *Delvincourt*).

(4) *Lorsqu'il y a exclusion de communauté* : ces mots sembleraient se référer uniquement au cas où les époux sont mariés sous le régime de non-communauté. Mais il est évident que telle n'a pu être l'intention du Législateur ; car, pourquoi excepte-t-on

D. Qu'arriverait-il si des époux se trouvant dans l'un de ces cas, profitaient, pour se faire des avantages indirects, de la vente que la loi autorise ?

R. Les héritiers des parties contractantes pourraient exercer tous les droits auxquels donnerait lieu la lésion qu'ils auraient soufferte (*Art.* 1595).

D. Quelles sont les personnes de la part desquelles il existe des motifs d'incapacité relatifs à elles seules?

R. Ce sont les tuteurs (1), qui ne peuvent, sous peine de nullité (2), se rendre adjudicataires, ni par eux-mêmes, ni par personnes interposées, des biens de ceux dont ils ont la tutelle ;

Les mandataires, qui ne peuvent le devenir des biens qu'ils sont chargés de vendre ;

Les administrateurs, de ceux des communes ou des établissemens publics confiés à leurs soins ;

Les officiers publics, des biens nationaux dont les

---

dans ce cas, les époux communs en biens ; si ce n'est parce que, sous le régime de la communauté, tous les biens de la femme sont dotaux ? Or, ils le sont également sous le régime de la non-communauté. Dans la séparation, il n'y a ordinairement pas de dot. C'est donc uniquement du régime dotal que l'article a entendu parler (M. *Deloincourt*).

(1) En serait-il de même du tuteur honoraire, qui n'est pas administrateur ? Il n'y a aucun doute, la loi ne distingue pas. *Quid*, du subrogé tuteur ? est-il compris dans la prohibition ? C'est un point douteux, sur lequel on peut voir M. *Pigeau*, tom. 2, pag. 138. *Quid* du curateur du mineur émancipé, du conseil judiciaire ? Aucun texte ne leur interdit d'acheter. *Voyez* M. *Pigeau*, tome 2, page 248 ; M. *Duranton, Traité des Contrats*, n°. 269.

(2) Nullité relative, qui peut être invoquée par le mineur, mais non par le tuteur.

ventes se font par leur ministère (1) (*Art.* 1596).

Enfin, les juges, leurs suppléans, les magistrats remplissant le ministère public, les greffiers, huissiers, avoués, défenseurs officieux et notaires, qui ne peuvent devenir cessionnaires des procès, droits et actions litigieux (2) qui sont de la compétence du tribunal dans le ressort duquel ils exercent leurs fonctions (3), à peine de nullité, et des dépens, dommages et intérêts (*Art.* 1597).

---

(1) On a craint les fraudes qui pourraient être commises pour écarter les enchérisseurs.

(2) Pour savoir quand un droit est litigieux, *voyez* l'article 1700 et la page 142 ci-après.

(3) Ainsi un avoué de première instance ne peut acheter un droit litigieux pendant au tribunal près duquel il exerce ; mais il peut acheter un droit litigieux pendant devant un autre tribunal, quoique ressortissant à la même Cour Royale ; un avoué à la Cour Royale ne peut acheter un droit litigieux pendant à cette Cour, ni à aucun des tribunaux de son ressort. Un avocat à la Cour de Cassation ne peut acheter aucun droit litigieux en France, parce que la Cour de Cassation a juridiction sur tout le royaume.

Il y a encore d'autres incapables, désignés au Code de Procédure, articles 713, 692, 693 ; au Code de Commerce, articles 442 et 444 ; au Code Pénal, article 176, etc.

Voyez du reste, sur l'article 1597, *Roussaud de Lacombe*, au mot *transport*, surtout au n°. 12 ; M. *Duranton*, Traité des Contrats, n°. 252, et M. *Merlin*, Répertoire de Jurisprudence aux mots *Pacte de quota litis*, tome 9, pag. 2 ; *Droits litigieux*, tome 4, page 397 ; *Honoraires*, tome 5, pag. 711.

CHAPITRE III.

Des Choses qui peuvent être vendues.

D. Quelles sont les choses qui peuvent être vendues ?

R. Tout ce qui est dans le commerce peut être vendu, lorsque des lois particulières n'en ont pas prohibé l'aliénation (*Art.* 1598).

D. Peut-on vendre une chose qui appartient à autrui ?

R. Non, la vente de la chose d'autrui est nulle (1 (*Art.* 1599).

D. Le défaut de propriété de la part du vendeur n'entraîne-t-il que la nullité de la vente ?

R. Il peut encore donner lieu à des dommages et intérêts en faveur de l'acheteur, s'il a ignoré que la chose fût à autrui (*Art.* 1599).

D. Quel serait l'effet de la vente, si, au moment où elle a lieu, la chose vendue était périe ?

R. Si la chose était périe en totalité, la vente serait nulle (2) ; si une partie seulement de la chose est périe, il

---

(1) En Droit Romain, et dans l'ancien Droit Français, l'on tenait que cette vente était valable ; et quoiqu'il soit dit dans le Code qu'elle est nulle, il n'y a cependant pas entre les deux systèmes, autant de différence que les termes pourraient le faire croire. En effet, cette vente était nulle autrefois comme aujourd'hui, dans le sens qu'elle n'était pas titre propre à transférer la propriété par la tradition ; mais elle a encore, aujourd'hui comme anciennement, des effets considérables : elle sert de base à la prescription, à l'action en garantie (M. *Delvincourt*).

(2) Comme si, vous ayant vendu ma maison, il se trouvait que la veille elle eût péri par le feu (M. *Pigeau*).

est au choix de l'acheteur d'abandonner la vente (1) , ou de demander la partie conservée , en faisant déterminer le prix par la ventilation (*Art.* 1601).

D. Quelles sont les choses dont la vente est prohibée par la loi ?

R. Ce sont : 1.° les biens des mineurs, des absens, des interdits, sauf le cas où les formalités requises ont été observées ;

2.° L'immeuble dotal, sauf les exceptions déterminées ;

3.° La succession d'une personne vivante quand même elle y aurait consenti (*Art.* 1600) ;

4.° Les biens, soit immeubles réels, soit meubles immobilisés qui ont été admis pour la formation d'un majorat (*Statut* du 1.er mars 1808) ;

5.° Les objets qui peuvent préjudicier à l'ordre social, sous le rapport physique ou moral (2).

---

(1) Cet article du Code est peut-être un peu rigoureux; car, il suffirait que la plus petite partie de la chose fût périe, pour donner à l'acquéreur le droit de résilier la vente. Je pense que, d'après la maxime que les conventions doivent être exécutées de bonne foi, et par argument de l'art. 1636, les juges pourraient, s'il y avait contestation, se déterminer d'après les circonstances, et juger, si la portion périe est telle qu'on doive penser que l'acquéreur n'eût pas acheté s'il eût connu la perte (M. *Delvincourt*).

(2) Tels sont les chansons, pamphlets, figures ou images contraires aux bonnes mœurs (Code Pénal, art. 287); les boissons falsifiées (art. 475), les viandes mauvaises, les blés en vert, etc. (Déclaration du Roi, du 22 juin 1694).

CHAPITRE IV.

Des Obligations du Vendeur.

SECTION I.re

Dispositions générales.

D. Comment peut-on diviser les obligations auxquelles le vendeur est soumis par la loi?

R. On peut les diviser en deux classes : les unes sont relatives au contrat de vente, les autres à la chose qui en est l'objet.

D. Quelles sont les obligations du vendeur relativement au contrat de vente?

R. Il est tenu d'y expliquer clairement ce à quoi il entend s'obliger et obliger l'acquéreur.

D. Si un pacte est obscur ou ambigu, contre qui doit-il être interprété?

R. Il doit être interprété contre le vendeur (1) (*Art.* 1602).

D. Quelles sont les obligations du vendeur qui se rapportent à la chose qui est l'objet de la vente?

R. Il est tenu de deux obligations principales : celle de délivrer la chose et celle de la garantir. (*Art.* 1603).

SECTION II.

De la Délivrance.

D. Que doit-on entendre, en matière de vente, par tradition ou délivrance?

---

(1) En général, dans les obligations où il s'agit de livrer une chose, c'est celui qui doit livrer la chose qui est censé avoir été maître des conditions (M. *Delvincourt*) *In potestate fuit legem apertiùs conscribere.* L. 39, D. *de Pactis.*

R. On doit entendre la remise de la chose vendue en la puissance et la possession de l'acheteur (1) (*Art.* 1604).

D. De quelle manière peut s'opérer la délivrance de la chose vendue?

R. Pour déterminer la manière dont cette délivrance doit s'opérer, il faut d'abord distinguer entre les choses corporelles et incorporelles (M. *Delvincourt*).

D. Combien distingue-t-on de sortes de délivrances ou traditions relativement aux choses corporelles?

R. On distingue trois sortes de traditions : la réelle, la symbolique et la feinte (2) (M. *Delvincourt*).

D. Qu'est-ce que la tradition réelle?

R. La tradition réelle est celle qui s'opère par la remise directe de la chose dans les mains de celui à qui elle doit être livrée (M. *Delvincourt*).

D. Que doit-on entendre par tradition symbolique?

R. Par tradition symbolique, on doit entendre celle qui s'opère, non par la remise de la chose même qui doit être livrée, mais par celle d'une autre chose qui la représente : telle est, pour les immeubles, la remise des clefs ou des titres de propriété, et pour les meubles, la remise des clefs du bâtiment où ils sont contenus (M. *Delvincourt*).

D. Qu'est-ce que la tradition feinte?

R. C'est celle qui s'opère par le seul consentement des parties (M. *Delvincourt*).

---

(1) *Traditio est datio possessionis* (*Cujas*, *XI*, observat. 19).

(2) Il faut remarquer que ces principes ne sont pas particuliers à la vente, mais qu'ils s'appliquent à tous les cas où il doit y avoir tradition. Du reste, ces différentes distinctions de traditions, ces diverses dénominations ne sont pas admises par tous les auteurs, entr'autres par M. *du Caurroy*.

D. Dans quels cas a lieu cette dernière tradition ?

R. Dans deux cas seulement : le premier, lorsque la chose est déjà, à quelqu'autre titre, en la possession de l'acheteur (1), et le second, lorsque celui qui doit livrer, désigne la chose au preneur en lui donnant la faculté de l'enlever (2) (M. *Delvincourt*).

D. Comment s'opère la tradition des droits incorporels (3)?

R. Elle se fait, ou par la remise des titres, ou par l'usage que l'acquéreur en fait du consentement du vendeur (*Art.* 1607).

D. Où doit se faire la délivrance de la chose vendue ?

R. Au lieu où était cette chose au moment de la vente, s'il n'en a été autrement convenu (4) (*Art.* 1609).

---

(1) C'est ce que les auteurs appellent, *fictio brevis manûs* ou *compensatio traditionis ex utrâque parte faciendæ*. Je vous ai prêté un cheval ; je vous le vends ensuite, vous devez me le rendre pour cause de prêt ; je dois vous le livrer pour cause de vente. Nous compensons ces deux traditions et je vous dis : *gardez le cheval.* On appelle cela *fictio brevis manûs*, parce que cela se fait, *brevitatis causâ* (M. *Delvincourt*).

(2) C'est ce qu'on appelle *fictio longæ manûs*. Il y a encore une troisième espèce de tradition feinte, qui a lieu lorsque celui qui doit livrer retient la chose à un titre qui exclut tout droit de propriété dans sa personne, *putà*, à titre de bail ou d'usufruit. Delà il suit que, par cela seul que le vendeur se reconnait locataire ou usufruitier, il reconnait en même temps qne la possession est passée dans les mains de l'acheteur (M. *Delvincourt*).

(3) *Droit incorporel*, pléonasme, car un droit est toujours incorporel. *Voyez* les Commentaires de Gaius, liv. 2, § 14.

(4) Il faut cependant faire une distinction : si la vente est d'une chose certaine et déterminée , on suit l'article 1609, conforme à

D. A la charge de qui sont les frais de la délivrance ?

R. Ces frais sont à la charge du vendeur, à moins qu'il n'y ait eu, à cet égard, quelque convention contraire (*Art.* 1608).

D. Le vendeur est-il également tenu des frais de l'enlèvement ?

R. Non, ces frais doivent être supportés par l'acheteur, sauf stipulation contraire (1) (*Art.* 1608).

D. A quelle époque le vendeur est-il obligé de livrer la chose qui fait l'objet de la vente ?

R. Il est obligé de la délivrer de suite ou au temps fixé par le contrat (M. *Delvincourt*).

D. La loi ne le dispense-t-elle pas, dans certains cas, de remplir cette obligation ?

R. Elle l'en dispense dans deux cas :

Le premier est celui où l'acquéreur n'aurait pas payé, ou du moins offert de payer en entier le prix

---

l'article 1247, commun à toutes sortes d'obligations : mais si la vente est une chose indéterminée, par exemple, de tant de mesures de blé, la délivrance qui est un paiement, doit être faite, conformément à l'article 1247, au domicile du débiteur, et par conséquent à celui du vendeur (M. *Pigeau.*).

(1) Ainsi, les frais d'arpentage, de mesurage pour les denrées, sont à la charge du vendeur ; mais les frais de congé, dans le cas de vente des liquides, sont à la charge de l'acheteur (Loi du 5 ventôse an 12). Au reste, le Code distingue ici avec raison la délivrance, de l'enlèvement; la délivrance peut s'opérer sans que la chose change de place ; c'est tout simplement la permission donnée à l'acheteur d'enlever la chose, *rei apprehendæ facta copia.* Donc, tous les frais qui sont nécessaires pour que la chose puisse être enlevée par l'acquéreur, sont à la charge du vendeur. Mais, dès que les choses en sont là, tous les frais que l'enlèvement peut occasionner sont à la charge de l'acquéreur (M. *Delvincourt*).

de la vente , quoiqu'il n'eût point obtenu de terme ou de délai pour le paiement (*Art.* 1612).

Le second est celui où l'acquéreur qui aurait obtenu des délais , serait tombé , depuis la vente (1) , en faillite ou en état de déconfiture , ensorte que le vendeur se trouvât en danger imminent de perdre le prix. Ce danger cesserait d'exister, si l'acheteur lui donnait caution de payer au terme , et alors il serait tenu à la délivrance (*Art.* 1613).

D. Si hors les deux cas que nous venons de déterminer , le vendeur manque à faire la délivrance dans le temps convenu entre les parties , quels sont les droits de l'acquéreur ?

R. Il peut demander à son choix la résolution de la vente, ou sa mise en possession, si le retard ne vient que du fait du vendeur (2) (*Art.* 1610). Il peut, dans tous les cas (3), réclamer des dommages et intérêts contre le vendeur, s'il résulte pour lui un préjudice du défaut de délivrance au terme convenu (*Art.* 1611).

D. En quel état doit être délivrée la chose vendue ?

R. En l'état où elle se trouve au moment de la vente (4) (*Art.* 1614).

_____

(1) Si l'acquéreur était dans cet état, au moment de la vente, et que le vendeur en ait eu, ou pu avoir connaissance, au moment de la vente, *debet sibi imputare quod cum tali contraxerit.*

(2) Car, s'il provient d'une force majeure, il est évident , d'après les principes posés au titre des *Contrats en général* , que l'acquéreur ne peut exiger que la livraison, quand il sera possible de la faire, et sans dommages et intérêts (*Art.* 1148).

(3) *Dans tous les cas :* ces mots, comme on le voit par la note précédente , ne doivent pas être pris à la lettre ; autrement il en résulterait une injustice évidente et une antinomie complète entre les articles 1611, 1148 et 1302.

(4) Cela doit s'entendre de cette manière, que le vendeur ne

3.   8

D. Quel est celui, du vendeur ou de l'acquéreur, qui doit supporter la perte ou la détérioration de la chose vendue arrivée avant la livraison ?

R. Cette question est jugée d'après les règles prescrites au titre *des Contrats ou des Obligations conventionnelles en général* (*Art.* 1624).

D. De quel jour les fruits de la chose vendue appartiennent-ils à l'acquéreur ?

R. Du jour où la vente a été contractée (*Art.* 1614).

D. Le vendeur n'est-il obligé de livrer que la chose elle-même qui fait l'objet de la vente ?

R. Il doit livrer également tous les accessoires de cette chose, et tout ce qui a été destiné à son usage perpétuel (*Art.* 1615).

D. Quelle est la règle que doit suivre le vendeur dans la délivrance de la chose vendue, relativement à la contenance de cette chose ?

R. Il doit délivrer la contenance telle qu'elle est portée au contrat (*Art.* 1616).

Ainsi, si la vente d'un immeuble a été faite avec indication de la contenance, à raison de tant la mesure (1), le vendeur est obligé de délivrer à l'acquéreur, s'il l'exige, la quantité indiquée au contrat (*Art.* 1617).

D. Qu'arrive-t-il si la chose n'est pas possible au vendeur, ou si l'acquéreur ne l'exige pas ?

---

peut pas changer l'état de la chose vendue ; mais si, par quelqu'événement qui lui soit étranger, la chose augmente ou diminue avant le jour marqué pour la délivrance, c'est au profit ou à la perte de l'acquéreur (M. *Maleville*).

(1) Comme lorsque je vends un domaine que je déclare contenir 25 hectares, à raison de 1,000 fr. l'hectare.

R. Le vendeur est obligé de souffrir une diminution proportionnelle du prix (*Art.* 1617).

D. Si, au contraire, la vente étant faite de la même manière, l'immeuble a une contenance plus grande que celle exprimée au contrat, que peut faire l'acquéreur ?

R. L'acquéreur a le choix de fournir le supplément du prix, ou de se désister du contrat, si l'excédant est d'un vingtième au-dessus de la contenance déclarée (*Art.* 1618).

D. Dans tous les autres cas, s'il y a quelque différence entre la contenance réelle et la contenance énoncée au contrat, quel est l'effet de cette différence?

R. Dans tous les autres cas, soit que la vente soit faite d'un corps certain et limité, soit qu'elle ait pour objet des fonds distincts et séparés, soit qu'elle commence par la mesure, ou par la désignation de l'objet vendu suivie de la mesure, l'expression de cette mesure ne donne lieu à aucun supplément de prix en faveur du vendeur, pour l'excédant de mesure, ni, en faveur de l'acquéreur, à aucune diminution du prix pour moindre mesure, qu'autant que la différence de la mesure réelle à celle exprimée au contrat est d'un vingtième en plus ou en moins, eu égard à la valeur de la totalité des objets vendus (1), s'il n'y a stipulation contraire (2) (*Art.* 1619).

---

(1) C'est-à-dire que la différence d'un vingtième dans la mesure ne donne lieu à augmentation ni à diminution, si, eu égard à la valeur de l'objet particulier sur lequel porte la différence, il n'en résulte pas une différence d'un vingtième dans le prix du tout (M. *Delvincourt*). Quelques arpens de plus ou de moins de mauvais fonds, quand il y en a d'autres de bonne qualité, compris dans la vente, ne doivent pas déterminer la justice (M. *Maleville*).

(2) C'est-à-dire que l'on peut stipuler que, quelque modique

8..

D. Quels sont les droits que la loi accorde à l'acquéreur lorsque, dans l'un des cas que nous venons d'énoncer, il y a lieu à augmentation du prix de la vente ?

R. La loi lui accorde le droit de demander la résiliation de la vente, ou, s'il l'aime mieux, de garder la chose qui en est l'objet, en fournissant le supplément du prix avec les intérêts, à compter du jour de la livraison (*Art.* 1620).

Dans tous les cas où l'acquéreur a le droit de se désister du contrat, le vendeur est tenu de lui restituer, outre le prix, s'il l'a reçu, les frais de ce contrat (*Art.* 1621).

D. Dans quel temps doivent être intentées l'action en supplément de prix, de la part du vendeur, et celle en diminution de prix ou en résiliation de la vente, de la part de l'acquéreur ?

R. Elles doivent l'être dans l'année à compter du

---

que soit la différence, il y aura lieu, soit à diminution ou augmentation du prix, soit à la résiliation du contrat ; comme aussi l'on peut convenir que, quelque considérable que soit la différence, il n'y aura lieu à augmentation ni à diminution du prix (M. *Delvincourt*). La raison de différence entre les décisions des articles 1617 et 1618, et l'article 1619, est que, dans le cas des articles 1617 et 1618, le vendeur et l'acheteur ont eu l'intention d'abord, que la vente contînt réellement la quantité d'hectares, et ensuite que le prix fût proportionné à leur nombre ; au lieu que, dans les cas de l'article 1619, on n'a eu d'autre intention que de vendre tel domaine. Si l'on a spécifié sa contenance, ce n'a été que pour compléter sa désignation, et ne laisser aucun doute à cet égard, mais nullement pour régler le prix sur la quantité d'hectares (M. *Pigeau*).

On peut voir, dans M. *Maleville*, tome 3, page 321, quelle était, sur ces différens points, l'ancienne jurisprudence.

jour du contrat, à peine de déchéance (1) (*Art.* 1622).

D. Dans le cas où deux fonds auraient été vendus pour un seul et même prix et par un même contrat, avec désignation de la mesure de chacun, qu'arriverait-il s'il se trouvait moins de contenance en l'un et plus en l'autre ?

R. On ferait compensation jusqu'à due concurrence, et l'action, soit en supplément, soit en diminution de prix, n'aurait lieu que suivant les règles déjà établies (*Art.* 1623).

SECTION III.

De la Garantie.

D. Quels sont les objets de l'obligation de garantie imposée au vendeur envers l'acquéreur par l'effet du contrat de vente ?

R. Cette obligation a deux objets : le premier est la possession paisible de la chose vendue ; le second, les défauts cachés de cette chose ou les vices rédhibitoires (*Art.* 1625).

§. I.er

De la Garantie en cas d'Éviction.

D. Qu'entend-on en général par éviction ?

---

(1) Mais remarquez que la résiliation ne doit être demandée, dans l'année, qu'autant qu'elle est fondée sur le défaut de contenance ; car si, au contraire, il y a excédant, l'acquéreur ne sera pas obligé de demander la résiliation par voie d'action : il attendra que le vendeur forme sa demande en supplément de prix, et alors il demandera la résiliation par voie d'exception (M. *Delvincourt*).

R. On entend en général par éviction, l'abandon que le possesseur d'une chose est obligé de faire de tout ou partie de cette chose, par suite d'une action réelle exercée contre lui (1) (M. *Delvincourt*).

D. Quel est le principe général relativement à la garantie en cas d'éviction?

R. C'est que le vendeur est obligé à garantir l'acquéreur de l'éviction qu'il souffre dans la totalité ou partie de l'objet vendu, ou des charges prétendues sur cet objet, et non déclarées lors de la vente (*Art.* 1626).

D. Quelle est la source de cette obligation imposée au vendeur?

R. Elle dérive de l'obligation à laquelle le vendeur se soumet par le contrat de vente, de transférer à l'acheteur la propriété, et, à plus forte raison, la possession paisible de la chose (M. *Delvincourt*).

D. Est-il nécessaire, pour que le vendeur soit tenu de cette espèce de garantie, qu'il ait été fait dans le contrat une stipulation particulière?

R. Non, cette garantie a lieu de plein droit, parce qu'elle tient à la nature même du contrat (2) (*Art.* 1626).

D. Les parties ne peuvent-elles pas modifier, par

---

(1) *Évincer*, proprement, est ôter quelque chose à quelqu'un en vertu de sentence ; *evincere est aliquid vincendo auferre*... On appelle *Éviction*, non seulement la sentence qui condamne à délaisser une chose purement et simplement, mais celle qui condamne à la laisser, ou sinon à payer, ou à s'obliger à quelque chose (*Pothier*, Traité du Contrat de Vente, n.os 83 et 84).

(2) La garantie est de la nature du contrat de vente, mais non pas de son essence, car l'acheteur peut y renoncer (M. *Maleville*).

des conventions particulières, l'obligation de garantie à laquelle est soumis le vendeur ?

R. Oui, elles peuvent ajouter à cette obligation ou en diminuer l'effet (1) ; elles peuvent même convenir que le vendeur ne sera tenu d'aucune garantie (*Art.* 1627).

D. Lorsque cette dernière convention a eu lieu entre les parties, le vendeur est-il déchargé de toute garantie ?

R. Non, il demeure soumis à celle qui résulte d'un fait qui lui est personnel ; toute convention contraire est nulle (2) (*Art.* 1628).

D. Lorsque la garantie a été promise, ou qu'il n'a rien été stipulé à ce sujet, quels sont les droits que l'acquéreur peut, en cas d'éviction, exercer contre le vendeur ?

R. Il a le droit de demander contre lui :

1.º La restitution du prix ;

2.º Celle des fruits, lorsqu'il est obligé de les rendre au propriétaire qui l'évince (3) ;

3.º Les frais faits sur la demande en garantie de l'acheteur, et ceux faits par le demandeur originaire (4) ;

_____

(1) Par exemple, elles peuvent convenir qu'en cas d'éviction, le vendeur ne sera tenu que de telle somme (M. *Maleville*).

(2) Telle serait la convention que je ne vous garantirai pas la maison que je vous vends, de l'aliénation que j'ai précédemment faite, ou de l'hypothèque dont je l'ai grevée.(M. *Pigeau*). Cette décision est fondée sur ce que la bonne foi et l'équité condamnent une stipulation, par laquelle on ne répondrait pas d'un dommage qu'on causerait soi-même et on pourrait impunément enlever à un autre ce qu'on lui a vendu (M. *Maleville*).

(3) L'acquéreur doit les fruits au propriétaire, du jour qu'il a été en mauvaise foi, ou, au plus tard, du jour de la demande.

(4) On appelle *action originaire*, l'action réelle dirigée par le

4.° Enfin, les dommages et intérêts, ainsi que les frais et loyaux coûts du contrat (1) (*Art.* 1630).

D. De quoi se composent principalement ces dommages et intérêts ?

R. Si la chose vendue se trouve avoir augmenté de prix à l'époque de l'éviction, indépendamment même du fait de l'acquéreur, le vendeur est tenu de lui payer ce qu'elle vaut au-dessus du prix de la vente (2) (*Art.* 1633).

Le vendeur est tenu de rembourser ou de faire rembourser à l'acquéreur, par celui qui l'évince, toutes les réparations et améliorations utiles qu'il a faites au fonds (*Art.* 1634).

Enfin, si le vendeur avait vendu de mauvaise foi le fonds d'autrui, il est obligé de rembourser à l'acquéreur toutes les dépenses, même voluptuaires ou d'agrément, que celui-ci a faites au fonds (*Art.* 1635).

D. Lorsque les parties ont stipulé que le vendeur ne sera soumis à aucune garantie, ce dernier n'a-t-il, en cas d'éviction, aucune obligation à remplir envers l'acquéreur ?

R. Il est tenu envers l'acquéreur à la restitution du prix, si celui-ci a ignoré, lors de la vente, le danger

_____

propriétaire contre l'acquéreur, et *demande en garantie*, l'action dirigée par l'acquéreur contre son vendeur en garantie de l'éviction (M. *Delvincourt*).

(1) On appelle ainsi tout ce que l'acquéreur a pu et dû raisonnablement payer pour la rédaction et passation du contrat (M. *Delvincourt*).

(2) Le vendeur est garant de tout le profit que l'acquéreur eût tiré de la chose, si elle ne lui avait pas été évincée.

de l'éviction, et s'il n'a point acheté à ses périls et risques (1) (*Art.* 1629).

D. Lorsqu'à l'époque de l'éviction, la chose vendue se trouve diminuée de valeur, ou considérablement détériorée, soit par la négligence de l'acheteur, soit par des accidens de force majeure, le vendeur est-il néanmoins tenu de restituer la totalité du prix?

R. Oui, à moins que l'acquéreur n'ait tiré profit des dégradations par lui faites; auquel cas, le vendeur a droit de retenir sur le prix une somme égale à ce profit (2) (*Art.* 1632).

D. Pourquoi l'acquéreur n'est-il pas tenu, dans le cas où il n'en a tiré aucun profit, des détériorations arrivées par son fait ou par sa négligence?

R. C'est que, par l'effet de la vente, il était censé avoir acquis la propriété de l'objet qui a souffert ces détériorations, et qu'on ne peut imputer à quelqu'un d'avoir négligé un objet dont il se croyait propriétaire. On a appliqué ici cette disposition des lois Romaines: *Qui rem quasi suam neglexit, nulli querelæ subjectus est.*

D. Quels sont les droits de l'acquéreur dans le cas où il n'est évincé que d'une partie de la chose vendue?

R. Il peut demander la résiliation de la vente, si la

_____

(1) Dans ces deux cas, ayant prévu ou connu le danger, l'acquéreur a dû acheter en conséquence; c'est un contrat aléatoire; il pouvait gagner si le danger ne se réalisait pas; il est juste qu'il perde lorsque ce danger se réalise (M. *Pigeau*).

(2) Comme si l'acquéreur avait fait abattre une aile de maison en bon état, et eût vendu les matériaux 3,000 fr., par exemple: le vendeur aurait droit de retenir cette somme sur le prix (M. *Pigeau*)

partie dont il est évincé est telle relativement au tout, qu'il soit probable qu'il n'eût point acheté s'il eût prévu l'éviction (*Art.* 1636).

Dans le cas contraire, ou s'il ne demande pas la résiliation, il ne peut exiger le remboursement de la valeur de la portion dont il est évincé, que d'après l'estimation faite à l'époque de l'éviction, sans aucun égard au prix de la vente (1) (*Art.* 1637).

D. Quels droits la loi accorde-t-elle à l'acquéreur, lorsque l'héritage se trouve grevé, sans qu'il en ait fait déclaration, de servitudes non apparentes (2) ?

R. Il faut appliquer à ce cas la distinction que nous venons de faire pour le précédent.

Si ces servitudes sont de telle importance qu'il y ait lieu de présumer que l'acquéreur n'eût pas acheté, s'il les avait connues, il peut demander la résiliation du

_____

(1) Cette disposition peut paraître en contradiction avec l'article 1631 ; car, si nonobstant la diminution de valeur survenue depuis la vente, le vendeur est tenu de restituer la totalité du prix, lorsque l'éviction est totale, il semblait conséquent de décider que, lorsque l'éviction est partielle, il doit restituer une partie de ce prix, proportionnée à la partie dont l'acquéreur est évincé.

Je pense qu'il faut distinguer si la partie pour laquelle il y a éviction est indivise ou non. Dans le premier cas, si, par exemple, il y a éviction du quart au total, le quart du prix doit être restitué *condictione sine causâ.* Mais si c'est une partie divise et désignée, quoique faisant le quart du total, si, par exemple, l'acquéreur de huit arpens est évincé de deux à prendre en tel endroit, alors la décision de l'article est juste. On ne peut prendre pour base le prix de la vente. Il est possible que ces deux arpens soient les deux meilleurs ou les deux plus mauvais ; et alors le quart du prix serait trop ou trop peu. C'est donc de ce dernier cas seulement que doit être entendu l'article 1637 (M. *Delvincourt*).

(2) Si elles étaient apparentes, l'acquéreur a pu et dû les voir.

contrat ; sinon il est tenu de se contenter d'une indemnité (*Art.* 1638).

D. L'acquéreur condamné par jugement à délaisser la propriété, ne peut-il pas se voir privé, dans certains cas, de son action en garantie ?

R. La garantie pour cause d'éviction cesse lorsque l'acquéreur s'est laissé condamner par un jugement en dernier ressort, ou dont l'appel n'est plus recevable, sans appeler son vendeur, si celui-ci prouve qu'il existait des moyens suffisans pour faire rejeter la demande (1) (*Art.* 1640).

D. Quelles sont les règles d'après lesquelles doivent être décidées les questions auxquelles peuvent donner lieu les dommages et intérêts résultant, pour l'acquéreur, de l'inexécution de la vente, et dont il n'est point traité dans la présente section ?

R. Ce sont les règles générales établies au titre *des Contrats et des Obligations conventionnelles en général* (2) (*Art.* 1639).

§. II.

De la Garantie des défauts de la chose vendue.

D. Quels sont les défauts de la chose vendue qui peuvent donner lieu à la garantie ?

R. Ce sont ceux qui existaient lors de la vente, et

---

(1) Si, avant ce jugement, on eût appelé le garant, il eût pu par de bons moyens, repousser celui qui troublait, faire conserver le bien à l'acquéreur, et s'exempter par là, lui garant, d'indemniser. Il ne serait pas juste que, par la négligence de l'acquéreur, il fut soumis à une indemnité dont la diligence de cet acquéreur l'eût préservé (M. *Pigeau*).

(2) *Voyez* les articles 1146 à 1155.

qui rendent la chose (1) impropre à l'usage auquel on
la destine, ou qui diminuent tellement cet usage, que
l'acheteur ne l'aurait pas acquise, ou n'en aurait donné
qu'un moindre prix, s'il les avait connus (*Art.* 1641).

D. La loi n'exige-t-elle pas encore quelque condition
pour que les défauts de cette nature donnent lieu à la
garantie?

R. Elle veut que ces défauts soient cachés, ensorte
que l'acheteur n'ait pu s'en convaincre lui-même
(*Art.* 1642).

D. Si les défauts de la chose vendue était tellement
cachés qu'ils aient été ignorés même du vendeur, celui-
ci serait-il néanmoins tenu de la garantie?

R. Oui, à moins que, dans ce cas, il n'y ait eu stipulation contraire (*Art.* 1643).

D. Quel est le nom que l'on donne, en général, aux
vices de la chose vendue qui donnent lieu à la garantie
et à l'action qui en résulte?

R. On appelle, en général, ces vices, *vices rédhibitoires*, et l'action qui en résulte a le même nom
(M. *Delvincourt*).

D. Quels sont les droits que la loi accorde à l'acheteur, lorsque les défauts de la chose vendue sont de
nature à donner lieu à l'action rédhibitoire?

R. La loi lui donne le choix de rendre la chose et
de se faire restituer le prix, ou de garder la chose et
de se faire rendre une partie du prix, telle qu'elle sera
arbitrée par experts (*Art.* 1644).

D. Quels sont, dans le même cas, les obligations du
vendeur?

_____

(1) Mobilière ou immobilière. Cependant l'expression *vices
rédhibitoires*, s'applique plus particulièrement aux meubles.

R. **Pour** les déterminer, il faut distinguer si les vices de là chose étaient connus ou non au vendeur, au moment de la vente.

S'il connaissait ces vices (1), il est tenu, outre la restitution du prix qu'il a reçu, de tous les dommages et intérêts envers l'acheteur (*Art.* 1645).

Si, au contraire, ces vices lui étaient inconnus, il ne sera tenu qu'à la restitution du prix, et à rembourser à l'acquéreur les frais occasionnés par la vente (*Art.* 1646).

D. Si la chose vicieuse a péri depuis la vente, quelle est celle des deux parties qui doit supporter cette perte?

R. Elle doit être supportée par l'acheteur, si elle est arrivée par cas fortuit (2); mais si elle n'a eu lieu que par suite du vice dont la chose était infectée, elle est pour le compte du vendeur, qui sera tenu envers l'acheteur à la restitution du prix et aux autres dédommagemens, suivant les distinctions que nous venons de faire (*Art.* 1647).

D. Dans quel délai l'action rédhibitoire doit-elle être intentée?

R. Ce délai se règle d'après la nature des vices rédhibitoires, et l'usage du lieu où la vente a été faite (*Art.* 1648).

D. L'action rédhibitoire peut-elle avoir lieu dans toute espèce de vente?

---

(1) Ou s'il y avait un motif probable de soupçonner le vice ; *putà*, s'il savait que l'animal vendu venait d'un lieu infecté d'une maladie contagieuse (M. *Delvincourt*).

(2) *Pothier*, n.º 222, pense que la perte de la chose, de quelque manière qu'elle soit arrivée, ne doit pas empêcher l'acquéreur

R. Non, elle ne peut avoir lieu dans les ventes faites par autorité de justice (1) (*Art.* 1649).

CHAPITRE V.

Des Obligations de l'Acheteur.

D. Quelle est l'obligation principale à laquelle l'acheteur est soumis par le contrat de vente?

R. C'est celle de payer le prix convenu (2). (*Art.* 1650).

D. A quelle époque et en quel lieu doit être fait ce paiement?

R. Si l'époque et le lieu ont été réglés par le contrat, les parties doivent s'y conformer; sinon, le paiement doit être fait au lieu et à l'époque de la délivrance (3). (*Art.* 1651).

---

de pouvoir demander au vendeur la restitution de la moins value que les vices cachés donnaient à la chose. M. *Maleville*, tome 3, page 339, pense qu'on pourrait encore décider de même; M. *Delvincourt*, tome 3, page 74, note 7, est d'opinion contraire. Il se fonde sur ce que, si la distinction est juste en théorie, il est extrêmement difficile dans la pratique d'estimer une chose qui n'existe plus.

(1) Comme la vente faite par autorité de justice est une vente forcée, on n'a pas cru devoir assujettir les parties à une garantie qui ne peut être que la suite et l'effet d'un contrat (M. *Pigeau*).

(2) C'est l'obligation principale de l'acquéreur, mais il en contracte aussi d'autres, telles que celle d'enlever la chose vendue, de payer les frais faits pour sa conservation, etc. (M. *Delvincourt*).

(3) C'est-à-dire au lieu et à l'époque où devait se faire la délivrance, quand même elle ne se ferait pas. En effet, la perte de la chose, par cas fortuit, éteint l'obligation de livrer, dans la personne du vendeur, mais non celle de payer, dans la personne de l'acheteur.

D. L'acheteur ne peut-il pas être obligé, dans certains cas, à fournir, jusqu'au paiement du capital, l'intérêt du prix de la vente?

R. Il en est tenu dans les trois cas suivans:

1.º S'il a été ainsi convenu lors de la vente (1);

2.º Si la chose vendue et livrée produit des fruits et autres revenus;

3.º Si l'acheteur a été sommé de payer (*Art.* 1652).

D. De quel jour l'intérêt commence-t-il à courir dans ce dernier cas?

R. Il ne court que du jour de la sommation (*Art.* 1652).

D. La loi n'accorde-t-elle pas, en certains cas, à l'acheteur, le droit de suspendre le paiement du prix de la chose vendue?

R. L'acheteur peut, s'il est troublé ou s'il a juste sujet de craindre d'être troublé par une action soit hypothécaire, soit en revendication (2), suspendre le paiement du prix jusqu'à ce que le vendeur ait fait cesser le trouble, à moins toutefois que ce dernier n'aime mieux donner caution, ou qu'il ait été stipulé que, nonobstant le trouble, l'acheteur paiera (*Art.* 1653).

D. Quels sont les droits que peut exercer le vendeur dans le cas où l'acquéreur ne paie pas le prix au lieu et

---

(1) *Quid*, si la vente contient terme pour le paiement, sans qu'il soit question des intérêts? Ils ne sont pas dus. Mais si le terme n'a été accordé que postérieurement à la vente, il n'empêchera pas les intérêts de courir, à compter de la livraison (*Pothier*, n.º 286, M. *Delvincourt*, M. *Maleville*).

(2) Comme si, depuis la vente, il acquérait la preuve que le bien est hypothéqué, ou appartient à un autre qui peut, au premier moment, le réclamer (M. *Pigeau*). Ce sera aux tribunaux à décider si le sujet de crainte est juste ou non.

terme déterminés par la convention, ou par la loi à défaut de convention ?

R. Le vendeur peut (1), dans ce cas, demander la résolution de la vente (2) (*Art.* 1654).

D. La résolution de la vente d'un immeuble est-elle prononcée de suite sur la demande du vendeur ?

R. Oui, elle est prononcée de suite si le vendeur est en danger de perdre la chose (3) et le prix ; mais si ce danger n'existe pas, le juge peut accorder à l'acheteur un délai plus ou moins long selon les circonstances ; si après ce délai, le paiement n'a pas été effectué, la résolution de la vente sera prononcée. (*Art.* 1655).

D. S'il a été stipulé, lors de la vente d'immeubles, que, faute du paiement du prix dans le terme convenu, la vente serait résolue de plein droit, l'acquéreur peut-il néanmoins payer après l'expiration du délai ?

R. Il le peut tant qu'il n'a pas été mis en demeure par une sommation ; mais, après cette sommation, le juge ne peut pas lui accorder de délai (*Art.* 1656).

D. En matière de vente de denrées et d'effets mobiliers, la sommation est-elle nécessaire pour qu'il y ait lieu à la résolution de la vente ?

---

(1) Cela est facultatif à l'égard du vendeur, qui peut, s'il le préfère, poursuivre l'acquéreur en paiement du prix (*Art.* 1184).

(2) Et alors l'acheteur doit rendre, non seulement le fonds, mais encore les fruits perçus. Quant aux frais et loyaux coûts, ils restent à sa charge. C'est par sa faute que le contrat se résout (M. *Delvincourt*).

(3) Par exemple, si l'immeuble est une futaie que l'acquéreur peut abattre ; il pourrait en recevoir le prix, ne pas payer, et ne laisser que le sol insuffisant au vendeur pour répondre de son prix (M. *Pigeau*).

R. Non, la résolution de la vente aura lieu de plein droit au profit du vendeur (1), après l'expiration du terme convenu pour le retirement (2). (*Art.* 1657).

CHAPITRE VI.

De la Nullité et de la Résolution de la Vente.

D. La loi n'a-t-elle pas affecté au contrat de vente quelque cause particulière de nullité et de résolution, indépendamment de celles déjà expliquées dans ce titre, et de celles qui sont communes à tous les contrats?

R. Il est deux causes de nullité ou de résolution particulières au contrat de vente : la première est la clause de rachat, la seconde, la vilité du prix (3) (*Art.* 1658).

---

(1) La variation dans les prix pourrait être telle que le plus léger retard causerait un préjudice sensible au vendeur, s'il fallait un jugement, et que la vente vînt à être définitivement résolue. (*Exposé des Motifs*).

(2) *Pour le retirement.* Il s'agit donc du cas où la chose n'est pas livrée. Si elle l'est, le vendeur n'a que l'action en paiement du prix, sauf le privilége accordé par l'article 2102, n.º 4.

(3) Observez que les actions qui résultent en faveur du vendeur de ces diverses causes de résolution, sont, à la vérité, des actions personnelles puisqu'elles naissent d'un contrat, mais qu'elles sont en même temps *in rem scriptæ*, c'est-à-dire qu'elles se donnent contre tous les détenteurs de la chose, si toutefois il s'agit d'immeubles. Le Code le décide formellement par les articles 1664 et 1681 (M. *Delvincourt*).

3.   9

Section Ire

De la Clause de rachat.

D. Comment définit-on la clause de rachat ou de réméré ?

R. La clause de rachat ou de réméré est un pacte par lequel le vendeur se réserve de reprendre la chose vendue moyennant la restitution du prix principal et le remboursement de tout ce qu'il en a coûté à l'acquéreur à cause de la vente (*Art.* 1659).

D. Quel est le terme le plus long pour lequel la clause de rachat puisse être stipulée ?

R. Ce terme ne peut excéder cinq années (*Art.* 1660).

D. La stipulation pour un terme plus long entraînerait-elle la nullité de la clause de rachat ?

R. Non, la clause serait valable, mais elle serait réduite au terme de cinq années (1) (*Art.* 1660).

D. Le terme légal ou conventionnel de la clause de rachat peut-il être prolongé par le juge ?

R. Non, ce terme est de rigueur (2) (*Art.* 1661).

D. Quel est le motif de la disposition qui prohibe d'étendre le terme de la clause de rachat au-delà de cinq années ?

R. C'est d'éviter que les propriétés demeurent trop long-temps incertaines.

---

(1) Mais aussi dans le cas où la clause de réméré aurait eu lieu sans fixer de terme, elle durerait cinq ans (M. *Maleville*).

(2) Mais l'acquéreur pourrait accorder au vendeur une prolongation de délai. Ainsi jugé par arrêt de Cassation, du 2 novembre 1812 ; *Sirey*, tome 13, part. 1.re, page 146. L'un des considérans de l'arrêt est décisif. M. *Delvincourt*, tome 3, page 77, note 7, est d'opinion contraire ; mais il paraît n'avoir pas eu connaissance de cet arrêt.

D. Qu'arrive-t-il dans le cas où le vendeur n'a pas exercé son action de réméré dans le terme prescrit?

R. L'acquéreur demeure alors propriétaire irrévocable (*Art.* 1662).

D. Le terme conventionnel ou légal de la clause de rachat peut-il courir contre les mineurs?

R. Oui, ce terme court contre toutes personnes, sauf le recours, s'il y a lieu, contre qui de droit (1) (*Art.* 1663).

D. Le vendeur à pacte de rachat peut-il exercer son action contre un second acquéreur?

R. Oui, il peut l'exercer contre toute personne qui se trouve possesseur de l'objet qu'il revendique.

D. Est-il nécessaire, pour que le vendeur puisse exercer son action contre le dernier acquéreur, que la faculté de rachat ait été rappelée dans le contrat qui l'a mis en possession de l'objet?

R. Non (*Art.* 1664); cette condition n'est point nécessaire, car le premier acquéreur n'ayant qu'une propriété résoluble, n'a pu transmettre plus de droits qu'il n'en avait lui-même (M. *Delvincourt*).

D. Quels sont les droits que confère à l'acquéreur la vente faite sous la clause de rachat?

R. Elle lui donne tous les droits du vendeur; il peut, en conséquence, prescrire tant contre le véritable maître que contre ceux qui prétendraient des droits ou hypothèques sur la chose vendue (*Art.* 1665).

Il peut opposer le bénéfice de la discussion aux créanciers de son vendeur (2) (*Art.* 1666).

_____

(1) Par exemple, contre le tuteur, s'il était utile d'exercer le réméré, et s'il avait, à son mineur, des fonds suffisans pour l'exercer, ou s'il pouvait les lui procurer par emprunt (M. *Pigeau*).

(2) Le motif de ces deux articles est que l'acquéreur à pacte

Il peut donner à bail la chose vendue, et si les baux ont été faits sans fraude, ils doivent être exécutés par le vendeur après l'exercice de l'action (*Art.* 1673).

D. Le vendeur qui rentre dans son héritage par l'effet du pacte de rachat, est-il tenu de toutes les charges qui y auraient été imposées depuis la vente?

R. Non, il le reprend exempt de toutes les charges et hypothèques dont l'acquéreur l'aurait grevé (*Art.* 1673).

D. Le vendeur qui use de la faculté de réméré n'est-il pas tenu, avant d'entrer en possession, de quelque obligation à l'égard du détenteur?

R. Il est tenu de lui rembourser :

1.º Le prix principal porté au contrat (1);

2.º Les frais et loyaux coûts de la vente (2);

3.º Les réparations nécessaires;

4.º Celles qui, sans être nécessaires, ont augmenté la valeur du fonds, mais seulement jusqu'à concurrence de cette augmentation (*Art.* 1673).

D. Si l'acquéreur à pacte de réméré d'une partie indivise d'un héritage, s'est rendu adjudicataire de la totalité sur une licitation provoquée contre lui, peut-il être contraint par le vendeur à délaisser la partie indivise qu'il avait d'abord acquise?

R. Non; si le vendeur veut exercer son action, l'acquéreur peut, dans ce cas, l'obliger à retirer l'héritage en entier (3) (*Art.* 1667).

---

de rachat, est véritablement propriétaire, quoique d'une propriété résoluble sous condition, et c'est ce qui distingue la vente à pacte de réméré, de l'engagement qui ne transfère pas la propriété (M. *Maleville*).

(1) Et non les intérêts qui se compensent avec la jouissance qu'a eue l'acquéreur.

(2) Tels que les frais de contrat, les droits de mutation, etc.

(3) Mais il faut, pour cela, que la licitation ait été pro-

D. S'il y a plusieurs vendeurs d'un même héritage, quels sont les droits que la loi accorde à chacun d'eux?

R. Pour pouvoir déterminer ces droits, il faut distinguer le cas où la vente n'a pas été faite conjointement, mais où chaque propriétaire a vendu séparément sa part avec faculté de réméré, et le cas où la vente a été faite conjointement et par un seul contrat. Dans l'un et l'autre de ces cas, chacun peut exercer l'action pour la part qu'il avait dans l'héritage : mais, dans le premier cas, l'acquéreur est obligé de souffrir le réméré partiel ; dans le second cas, il peut exiger que tous les covendeurs soient mis en cause, afin de se concilier entr'eux sur la reprise de l'héritage en entier, et s'ils ne se concilient pas, le réméré n'a lieu pour aucune partie (*Art.* 1668, 1670 *et* 1671).

D. Si celui qui a vendu seul un héritage a laissé plusieurs héritiers, quels sont les droits de chacun de ces héritiers relativement au réméré?

R. Chacun de ces héritiers ne peut user de la faculté de rachat que pour la part qu'il prend dans la succession (*Art.* 1669) ; mais l'acquéreur a droit de demander la reprise de l'héritage en entier (1).

---

voquée contre lui. Dans ce cas, il a été forcé, pour conserver la portion à lui vendue, de se rendre adjudicataire du tout ; il est juste de l'indemniser, et il ne peut l'être qu'en lui reprenant le tout. Mais si la licitation a été provoquée par lui, comme il n'est devenu propriétaire des autres portions que de son bon gré, il ne souffre aucun préjudice et ne peut, par conséquent, demander que, pour l'indemniser, on reprenne ces portions (M. *Pigeau*).

(1) La raison des articles 1668 et 1669 est que l'action de réméré étant divisible, puisque l'héritage l'est, n'appartient à chacun des vendeurs, ou des héritiers d'un seul vendeur, que pour sa part. La raison de l'article 1670 est que l'acquéreur ne doit pas

D. Si l'acquéreur à pacte de rachat est mort laissant plusieurs héritiers, chacun d'eux peut-il être poursuivi pour la totalité par l'action en réméré ?

R. Cette action ne peut être exercée contre chacun des héritiers que pour sa part, dans le cas où elle est encore indivise, et dans celui où la chose vendue a été partagée entre eux. Mais s'il y a eu partage de l'hérédité, et que la chose vendue soit échue au lot de l'un des héritiers, l'action en réméré peut être intentée contre lui pour le tout (1) (*Art.* 1672).

SECTION II.

De la Rescision de la Vente pour cause de lésion.

D. Toute lésion éprouvée par le vendeur dans le prix de l'objet vendu, peut-elle donner lieu à la rescision de la vente ?

R. Non ; cette rescision est bornée aux ventes d'immeubles (2) ; la circulation rapide des objets mobiliers

---

souffrir de la division des actions, et qu'il est probable qu'il n'eût pas acheté une partie seule (M. *Maleville*).

(1) C'est toujours la même raison de décider : les actions se divisent entre les héritiers, et celle en réméré est par elle-même divisible ; mais si un seul des héritiers de l'acquéreur jouit de tout le fonds, il n'y a pas de motifs pour assigner les autres, sauf son recours contre eux (M. *Maleville*).

(2) *Quid,* si la vente comprend tout-à-la fois des meubles et des immeubles ; *putà*, une maison meublée ? Pour déterminer la valeur donnée à l'immeuble dans le contrat, il faut fixer séparément la valeur réelle des meubles et de la maison ; déterminer, d'après cela, la proportion du prix des meubles à celui de l'immeuble, appliquer la même proportion au prix porté dans le contrat et fixer en conséquence le prix de l'immeuble (M. *Del*–

et la variation de leur prix, n'a pas permis de l'admettre à leur égard (M. *Delvincourt*).

En second lieu, la lésion ne peut donner lieu à la rescision de la vente qu'autant qu'elle s'est élevée au-delà des sept douzièmes (*Art.* 1674).

D. Quel est, dans le cas où ces deux conditions se trouvent réunies, le droit que la loi accorde au vendeur ?

R. Il a le droit de demander la rescision de la vente (1), et ce, quand même il aurait expressément renoncé dans le contrat à la faculté de demander cette rescision, et qu'il aurait déclaré donner la plus-value (2) (*Art.* 1674).

D. Par qui doit être prouvée la lésion ?

R. Elle doit l'être par le vendeur, comme demandeur.

D. La loi n'exige-t-elle pas quelques conditions, pour que le vendeur puisse être admis à la preuve de la lésion qu'il prétend avoir soufferte ?

R. Elle en exige plusieurs :

Il faut, 1.º que l'action soit intentée dans le délai de deux années, à compter du jour de la vente ;

---

vincourt). Ainsi, si le prix réel de la maison est le triple du prix réel des meubles, la maison sera regardée comme vendue pour les trois quarts du prix porté au contrat.

(1) Et, par conséquent, la restitution de l'immeuble. Donc l'action en rescision est une action immobilière (*Voyez* M. *Delvincourt*, tome 3, page 79, note 6).

(2) Autrement les clauses de renonciation ou de donation de la plus-value, seraient devenues de style dans tous les contrats de vente, et la rescision pour lésion se trouverait abrogée par le fait. Mais la renonciation ou donation est valable, si elle est faite dans un acte postérieur au contrat, sauf le cas de fraude.

Ce délai est de rigueur, même à l'égard des femmes mariées, des absens, des interdits et des mineurs venant du chef d'un majeur qui a vendu, et si la vente a été faite à réméré, le délai pour l'action en rescision court pendant la durée du temps fixé pour l'exercice de l'action en réméré (*Art* 1676).

2.º Il faut que la vente ne soit pas du nombre de celles qui, d'après la loi, ne peuvent être faites qu'en justice (1) (*Art.* 1684).

D. Comment est-il statué s'il y a lieu ou non à admettre le vendeur à la preuve de la lésion ?

R. Il y est statué par jugement, et le vendeur n'est admis à faire cette preuve que dans le cas seulement où les faits articulés sont assez vraisemblables et assez graves pour faire présumer la lésion (2) (*Art.* 1677).

D. Comment doit se faire la preuve de la lésion alléguée par le vendeur ?

R. Cette preuve ne peut se faire que par un rapport de trois (3) experts, nommés d'office, à moins que les

_____

(1) Il ne suffit pas que la vente ait été faite en justice, il faut qu'elle n'ait pu se faire autrement. En conséquence, la vente par licitation, même devant le tribunal, mais entre copropriétaires majeurs, est sujette à rescision. La raison de différence est que la loi n'a dû regarder comme judiciaires, et, par conséquent, comme devant être garanties par elle, que les ventes dans lesquelles on a été obligé d'observer certaines formalités. Or, quand tous les copropriétaires sont majeurs, ils sont les maîtres d'observer telle ou telle formalité, d'admettre ou non les étrangers, etc. (M. *Delvincourt*).

(2) Comme si, en comparant le prix porté au contrat avec le revenu de l'immeuble, il y avait une telle différence, que l'on dût entrevoir qu'il y a lésion (M. *Pigeau*).

(3) Pour éviter le partage d'opinions.

parties ne se soient accordées pour les nommer tous les trois conjointement (*Art.* 1678 *et* 1680).

D. Que doivent faire les experts chargés de constater la lésion dont le vendeur est admis à fournir la preuve ?

R. Ils doivent procéder à l'estimation de l'immeuble, d'après son état et sa valeur au moment de la vente (1). Ils sont tenus, en outre, de ne dresser qu'un seul procès-verbal commun et de ne former qu'un seul avis, à la pluralité des voix (*Art.* 1678 *et* 1675).

D. Que doivent faire les experts s'il y a des avis différens ?

R. Ils doivent énoncer, dans leur procès-verbal, les motifs de ces avis, mais il ne leur est pas permis de faire connaître de quel avis chaque expert a été (2) (*Art.* 1679).

D. Quelles sont les obligations de l'acheteur lorsque l'action en rescision est admise ?

R. L'acquéreur a le choix, ou de rendre la chose (3) en retirant le prix qu'il en a payé, ou de garder le fonds en payant le supplément du juste prix, sous la déduction du dixième du prix total (4) (*Art.* 1681).

---

(1) Parce que c'est alors qu'il y a eu lésion. Si depuis l'immeuble a augmenté de valeur pour une cause quelconque, c'est en faveur de l'acquéreur (M. *Pigeau*).

(2) Afin que les experts soient plus libres dans leurs opinions.

(3) Dans l'état où elle est au moment de la restitution, sauf les dégradations provenant de son fait (M. *Delvincourt*).

(4) Il n'aura donc payé, en définitif, que les neuf dixièmes du prix réel de la chose, tel qu'il a été évalué par les experts. Anciennement on exigeait la totalité. Peut-être laisse-t-on le dixième à l'acquéreur, en considération des frais du contrat qui sont d'une certaine importance, qui n'ont pas dû entrer dans la fixation du juste prix, et qui ne lui sont pas remboursés.

Si l'acquéreur préfère garder la chose en fournissant le supplément du prix, il doit l'intérêt de ce supplément, du jour de la demande en rescision.

S'il préfère la rendre et recevoir le prix, il rend les fruits du jour de la demande.

L'intérêt du prix qu'il a payé lui est aussi compté du jour de la même demande, ou du jour du paiement, s'il n'a touché aucuns fruits (*Art.* 1682).

D. Quelles sont, dans le cas où il est jugé qu'il y a lieu à rescision, les obligations du tiers possesseur?

R. Il est tenu des mêmes obligations que le premier acquéreur, sauf sa garantie contre son vendeur (*Art.* 1681).

D. L'acheteur peut-il, comme le vendeur, intenter l'action en rescision?

R. Non, cette action ne peut avoir lieu en sa faveur (1) (*Art.* 1683).

D. Quelles sont les règles que l'on suit relativement à l'exercice de l'action en rescision dans les cas où plusieurs ont vendu conjointement ou séparément, et dans celui où le vendeur ou l'acheteur a laissé plusieurs héritiers?

R. Dans tous ces cas, on suit les mêmes règles que pour l'exercice de l'action en réméré dans les mêmes cas (*Art.* 1685).

---

(1) La loi suppose qu'en vendant à vil prix, le vendeur y a été contraint par la nécessité ; et qu'ainsi il n'y a pas plein consentement de sa part. Ce motif n'est pas applicable à l'acquéreur, lequel acquiert bien librement (M. *Pigeau*).

CHAPITRE VII.

De la Licitation.

D. Quand est-ce qu'il y a lieu à licitation ?

R. Lorsqu'une chose commune à plusieurs ne peut être partagée commodément et sans perte, ou lorsque dans un partage fait de gré à gré de biens communs, il s'en trouve quelques-uns qu'aucun des copartageans ne puisse ou ne veuille prendre, il y a lieu à licitation, c'est-à-dire que la vente se fait aux enchères, et que le prix est partagé entre les copropriétaires (*Art.* 1686).

D. Chacun des copropriétaires peut-il demander que les étrangers soient appelés à la licitation ?

R. Oui, chacun d'eux peut exercer ce droit (*Art.* 1687).

D. L'admission des étrangers n'est-elle pas quelquefois de rigueur ?

R. Elle est de rigueur toutes les fois que l'un des copropriétaires est mineur (*Art.* 1687).

D. Quels sont le mode et les formalités à observer pour la licitation ?

R. Ce mode et ces formalités sont expliqués au titre *des Successions*, et au Code de Procédure (*Art.* 1688).

CHAPITRE VIII.

Du Transport des Créances et autres Droits incorporels.

D. Comment s'opère la délivrance, dans la vente ou transport d'une créance, d'un droit ou d'une action sur un tiers ?

R. Elle s'opère par la remise du titre (*Art.* 1689).

D. La délivrance ainsi opérée a-t-elle quelque effet à l'égard des tiers ?

R. Non, elle n'a d'effet qu'entre le cédant et le cessionnaire (*Art.* 1689).

D. Que faut-il pour que le cessionnaire soit saisi à l'égard des tiers et du débiteur ?

R. Il faut que le transport ait été signifié au débiteur, ou que le débiteur ait accepté la cession par acte authentique (1) (*Art.* 1690).

D. Si, avant que le transport lui ait été signifié, le débiteur avait payé le cédant, le cessionnaire aurait-il quelques droits à exercer contre lui ?

R. Non, le débiteur serait valablement libéré par le paiement qu'il aurait fait (*Art.* 1691).

D. Quelles sont les choses que comprend la vente ou cession d'une créance ?

R. Elle comprend tous les accessoires de la créance, tels que caution, privilége et hypothèque (*Art.* 1692).

D. Combien distingue-t-on de sortes de garantie,

---

(1) Jusque-là les créanciers du cédant peuvent saisir et arrêter la créance cédée, quand même ils seraient postérieurs à la cession (M. *Delvincourt*).

Ces dispositions ne sont pas applicables, 1.º aux billets à ordre et lettres de change dont la propriété est transférée à l'égard de tous, par l'endossement (*Code de Commerce, art.* 136);

2.º Aux actions des Sociétés de commerce, quand elles sont au porteur. La propriété se transmet par la tradition du titre (*Code de Commerce, art.* 35);

3.º Aux actions de la Banque de France. La propriété se transmet par un simple transfert sur les registres (*Décret du 5 janvier* 1808);

4.º Aux rentes sur l'État, dont la propriété se transmet par un simple transfert sur les registres de la Trésorerie.

relativement à la vente d'une créance ou autre droit incorporel?

R. On en distingue deux sortes : la garantie *de droit* et celle *de fait* (M. *Delvincourt*).

D. Pourquoi la garantie *de droit* est-elle ainsi appelée?

R. Parce qu'elle est de la nature du contrat, et qu'elle a lieu même sans stipulation (M. *Delvincourt*).

D. En quoi consiste cette espèce de garantie ?

R. Elle consiste à assurer que la créance vendue est véritablement due au vendeur (M. *Delvincourt*).

D. Qu'est-ce que la garantie *de fait,* et pourquoi est-elle ainsi nommée?

R. La garantie *de fait* est celle qui est relative à la solvabilité du débiteur ; elle est ainsi nommée parce que le vendeur n'en est tenu qu'autant qu'il s'y est engagé expressément et que jusqu'à concurrence du prix de la vente (1) (*Art.* 1694).

D. La promesse de garantie de la solvabilité du débiteur doit-elle s'entendre pour le temps à venir ?

R. Non, elle ne s'entend que de la solvabilité actuelle, à moins de stipulation contraire (*Art.* 1695).

D. Quelle garantie est tenu de fournir celui qui vend une hérédité , sans spécifier ou détailler les objets qui la composent?

R. Il n'est tenu de garantir que sa qualité d'héritier (2) (*Art.* 1696).

----

(1) Pourquoi n'est-il pas tenu de la totalité de la dette? Pour plusieurs raisons : 1.º parce que , par l'action en garantie, le vendeur est tenu seulement d'indemniser l'acquéreur, et non de lui procurer un bénéfice ; 2.º parce qu'on a voulu prévenir les contrats usuraires qu'une disposition différente aurait pu favoriser (*Voyez* M. *Delvincourt*, tome 3, page 82, note 6).

(2) Si, postérieurement à la vente, un des cohéritiers du ven-

D. Le vendeur d'une hérédité ne serait-il pas tenu de quelque obligation, dans le cas où il aurait déjà profité des fruits de quelque fonds, reçu le montant de quelque créance appartenant à cette hérédité, ou vendu quelques effets de la succession ?

R. Il serait tenu de les rembourser à l'acquéreur, s'il ne les avait expressément réservés lors de la vente (*Art.* 1697).

D. De son côté, l'acquéreur d'une hérédité n'est-il pas soumis à quelques obligations semblables envers son vendeur ?

R. Il est tenu de rembourser au vendeur tout ce que celui-ci a payé pour les dettes et charges de la succession, et de lui faire raison de tout ce dont il était créancier, s'il n'y a stipulation contraire (*Art.* 1698).

D. Que doit-on entendre par *chose litigieuse ?*

R. Une chose est censée litigieuse, dès qu'il y a procès et contestation sur le fond du droit (1) (*Art.* 1700).

D. Quelle est la faculté accordée par la loi à celui contre lequel on a cédé un droit litigieux ?

R. La loi l'autorise à s'en faire tenir quitte par le cessionnaire, en lui remboursant le prix réel de la cession (2) avec les frais et loyaux coûts, et avec les

---

deur vient à renoncer, sa part appartient-elle à l'acquéreur ou au vendeur ? Cette question a partagé les auteurs. Parmi ceux qui sont d'avis que la part du renonçant appartient à l'acquéreur, je ne citerai que *Duaren* et *Barthole ;* et parmi ceux qui ont pensé que le droit d'accroissement appartient au vendeur, que *Vinnius, Cujas* et *Pothier* (*De la Vente,* n.º 545). M. *Delvincourt* a embrassé cette dernière opinion.

(1) Cela veut dire qu'il n'est pas nécessaire que le fonds du droit soit vraiment douteux. Mais quand le procès ne serait pas sur le fonds du droit, mais seulement sur la forme, la chose n'en serait pas moins litigieuse (M. *Delvincourt*).

(2) Donc, s'il n'a rien payé, la disposition ne peut avoir lieu.

intérêts à compter du jour où le cessionnaire a payé le prix de la cession à lui faite (1) (*Art.* 1699).

D. Cette dernière disposition ne souffre-t-elle pas quelques exceptions ?

R. Elle reçoit exception dans trois cas :

Le premier est celui où la cession a été faite à un cohéritier ou copropriétaire du droit cédé ;

Le second, celui où elle a été faite à un créancier en paiement de ce qui lui est dû ;

Le troisième, celui où elle a été faite au possesseur de l'héritage, sujet au droit litigieux (2) (*Art.* 1701).

Par conséquent, elle ne s'applique pas au donataire. Et, en effet, il peut y avoir de l'odieux à acheter un procès, mais non quand on l'acquiert à titre gratuit. On ne peut présumer que le donataire ait été mu par des sentimens de cupidité, ou par le désir de vexer l'autre partie. Mais il faut, bien entendu, que la donation soit sincère ; si l'on peut prouver la fraude, l'on appliquera la loi (M. *Delvincourt*).

(1) Ces ventes sont regardées, en général, d'une manière défavorable. Le rôle odieux que jouent dans la société les acheteurs de procès, a donné lieu à cette disposition spéciale, introduite par les lois Romaines et adoptée par l'ancienne Législation Française comme par la nouvelle.

(2) La disposition de l'article 1699 est une disposition pénale, *non in favorem debitoris, sed in odium creditoris.* Dès qu'on peut supposer à ce dernier un motif innocent, elle ne doit plus avoir lieu. Or, le copropriétaire a pour motif de sortir de l'indivision ; le créancier de recevoir ce qui lui est dû. Quant au troisième cas, on peut supposer, par exemple, qu'un tiers-détenteur achète la créance d'une personne qui prétendrait avoir un droit d'hypothèque sur le fonds qu'il détient. Dans tous ces cas, il n'y a aucun motif criminel, ni même contraire à la délicatesse ; il ne doit donc point y avoir de peine pour l'acquéreur (M. *Delvincourt*).

TITRE VII.

De l'Échange.

D. Qu'est-ce que l'échange?

R. L'échange est un contrat par lequel les parties se donnent respectivement une chose pour une autre (*Art.* 1702).

D. Que faut-il pour que ce contrat soit parfait?

R. L'échange est parfait, comme la vente, par le seul consentement des parties (*Art.* 1703).

D. Si l'un des copermutans a déjà reçu la chose à lui donnée en échange, et qu'il prouve ensuite que l'autre contractant n'est pas propriétaire de cette chose, peut-il être forcé à livrer la chose qu'il a promise en contre-échange?

R. Non, il peut seulement être forcé à rendre celle qu'il a reçue (*Art.* 1704).

D. Quels sont les droits du copermutant qui vient à être évincé de la chose qu'il a reçue en échange?

R. Il a le choix de conclure à des dommages et intérêts, ou de répéter sa chose (*Art.* 1705).

D. La rescision pour cause de lésion a-t-elle lieu dans le contrat d'échange?

R. Non (1) (*Art.* 1706); mais toutes les autres règles prescrites pour le contrat de vente s'appliquent d'ailleurs à l'échange (*Art.* 1707).

---

(1) Un homme peut avoir été pressé de vendre par le besoin d'argent, et l'acquéreur en avoir abusé; mais on n'échange jamais par ce besoin (M. *Pigeau*). Toutefois, c'était avant le Code, une question très-douteuse, et très-controversée.

TITRE VIII.

Du Contrat de Louage.

CHAPITRE I.er

Dispositions générales.

D. Combien y a-t-il de sortes de louage?

R. Il y en a deux sortes :

Celui des choses, et celui d'ouvrage (*Art.* 1708).

D. Qu'est-ce que le louage des choses?

R. Le louage des choses est un contrat par lequel l'une des parties s'oblige à faire jouir l'autre d'une chose, pendant un certain temps, et moyennant un certain prix que celle-ci s'oblige de lui payer (*Art.* 1709).

D. Comment définit-on le louage d'ouvrage?

R. Le louage d'ouvrage est un contrat par lequel l'une des parties s'engage à faire quelque chose pour l'autre, moyennant un prix convenu entre elles (1) (*Art.* 1710).

D. Comment se subdivisent ces deux genres de louage?

R. Ils se subdivisent encore en plusieurs espèces particulières : telles que le bail à loyer, le bail à ferme, le bail à cheptel, etc. (*Art.* 1711).

D. Qu'est-ce qu'on appelle *bail à loyer, bail à ferme, loyer, bail à cheptel?*

---

(1). *Locatio conductio est conventio faciendi fruendive aliquid certâ mercede*, a dit Cujas, sur le titre du Louage au Digeste, définition qui comprend toutes les espèces de louage.

3.   10.

R. On appelle *bail à loyer*, le louage des maisons et celui des meubles ;

Bail à ferme, celui des héritages ruraux (1) ;

Loyer, le louage du travail ou du service ;

Bail à cheptel, celui des animaux dont le profit se partage entre le propriétaire et celui à qui il les confie (*Art.* 1711).

D. Les *devis*, *marché* ou *prix fait*, pour l'entreprise d'un ouvrage moyennant un prix déterminé , ne sont-ils pas aussi un louage ?

R. Oui ; ces conventions sont aussi des espèces de louage , lorsque la matière est fournie par celui pour qui l'ouvrage se fait ; mais ces trois dernières espèces de louage ont des règles particulières (*Art.* 1711).

D. Quels sont les biens aux baux desquels s'appliquent les dispositions du Code Civil sur le louage ?

R. Ce sont seulement les biens patrimoniaux : les baux de biens nationaux, des biens des communes et des établissemens publics , sont soumis à des réglemens particuliers (2) (*Art.* 1712).

CHAPITRE II.

Du Louage des choses.

D. Quelles sont les choses qu'on peut louer ?

R. On peut louer toutes sortes de biens , meubles ou immeubles (*Art.* 1713).

---

(1) La dénomination de baux à ferme , s'applique également aux baux de choses incorporelles, telles qu'un droit de pêche , de péage.

(2) *Voyez*, relativement aux biens des hospices et des établissemens publics , le Décret du 12 août 1807 , Bulletin, n.º 2625 ; et un Arrêté du 7 germinal an 9 , Bulletin , n.º 607.

SECTION I.re

Des Règles communes aux Baux des maisons et des Biens ruraux.

D. Comment peut-on diviser les dispositions contenues dans cette section?

R. On peut les diviser en dispositions relatives :

1.º A la forme du contrat et à la manière de le prouver ;

2.º Aux obligations du bailleur ;

3.º Aux obligations du preneur ;

4.º A la résolution du contrat.

§. I.er

De la Forme du Contrat de Louage et de la manière de le prouver.

D. Pour combien de temps peut-on passer des baux ?

R. Il est permis actuellement de faire des baux pour un temps aussi long qu'il plaît aux parties (M. *Delvincourt*). Cependant les articles du titre *du Contrat de Mariage et des Droits respectifs des Époux*, relatifs aux baux des biens des femmes mariées, sont applicables aux baux des biens des mineurs (*Art.* 1718).

D. L'écriture est-elle de l'essence du contrat de louage ?

R. Non ; on peut louer ou par écrit, ou verbalement (1) (*Art.* 1714).

D. Si le bail fait sans écrit n'a encore reçu aucune

---

(1) Et cela de quelque somme que soit le bail.

I O..

exécution, et que l'une des parties le nie, peut-il être prouvé par témoins?

R. Non; la preuve ne peut en être reçue par témoins, quelque modique qu'en soit le prix (1), et quoiqu'on allègue qu'il y a eu des arrhes données. Le serment peut seulement être déféré à celui qui nie le bail (*Art.* 1715).

D. Si l'existence du bail est certaine, soit parce qu'il est avoué, soit parce que l'exécution en est commencée, et que la contestation soit sur le montant du prix, comment le prouve-t-on?

R. On s'en rapporte aux quittances précédentes, s'il en existe; à défaut de quittances, le preneur a le choix, ou de déférer le serment au bailleur, ou de demander l'estimation par experts, sauf à payer les frais de l'expertise, si l'estimation excède le prix qu'il a déclaré (*Art.* 1716).

§. II.

Des Obligations du Bailleur.

D. Quelles sont, en général, les obligations du bailleur?

R. Le bailleur est obligé, par la nature (2) du

(1) Cet article contient une dérogation à la règle générale, qui permet la preuve par témoins jusqu'à cent cinquante francs. Il a été motivé, par le désir de prévenir beaucoup de petits procès (M. *Maleville*). Mais s'il y a un commencement de preuve par écrit, la preuve par témoins pourra être admise, quel que soit le prix du bail (M. *Delvincourt*).

(2) Dans les obligations du bailleur, il y en a cependant qui sont de l'essence du contrat, telles que celles de délivrer la chose, de garantir ses propres faits(*Voyez* le Deuxième Examen, page 209, à la note).

contrat, et sans qu'il soit besoin d'aucune stipulation particulière,

1.º **De délivrer au preneur la chose louée ;**

2.º **D'entretenir cette chose en état de servir à l'usage** pour lequel elle a été louée ;

3.º **D'en faire jouir paisiblement le preneur pendant** la durée du bail (*Art.* 1719).

D. En quel état le bailleur est-il obligé de délivrer la chose ?

R. Le bailleur est tenu de délivrer la chose en bon état de réparation de toute espèce (*Art.* 1720).

D. Si, pendant la durée du bail, la chose a besoin de réparations, à la charge de qui sont-elles ?

R. Toutes les réparations, autres que les réparations locatives, qui peuvent devenir nécessaires (1) pendant la durée du bail, doivent être faites par le bailleur (*Art.* 1720).

D. Le preneur est-il obligé de souffrir ces réparations ?

R. Si ces réparations sont urgentes et qu'elles ne puissent être différées jusqu'à la fin du bail, le preneur doit les souffrir, quelque incommodité qu'elles lui causent et quoiqu'il soit privé, pendant qu'elles se font, d'une partie de la chose louée (*Art.* 1724).

D. Le preneur ne peut-il pas cependant, dans quelques cas, demander une diminution de prix ou même la résiliation du bail ?

R. Si les réparations durent plus de quarante jours, le preneur a droit de faire diminuer le prix du bail (2)

(1) Quant aux autres réparations, non seulement le bailleur n'en est pas tenu, mais encore il ne pourrait les faire, sans le consentement du preneur (M. *Delvincourt*).

(2) Remarquez qu'il y a seulement lieu à diminution du loyer,

à proportion du temps et de la partie de la chose louée dont il aura été privé.

Si les réparations sont de telle nature qu'elles rendent inhabitable ce qui est nécessaire au logement du preneur et de sa famille, celui-ci pourra faire résilier le bail (*Art.* 1724).

D. Le bailleur peut-il changer la forme de la chose louée?

R. Non; le bailleur ne peut changer la forme de la chose louée pendant la durée du bail (*Art.* 1723).

D. Si la chose louée a des vices ou défauts qui en empêchent l'usage, en est-il dû garantie au preneur?

R. Oui; le bailleur en doit garantie au preneur, quand même le bailleur n'aurait pas connu, lors du bail, ces vices ou défauts (1). De plus, s'il en résulte quelque perte pour le preneur, le bailleur est tenu de l'indemniser (*Art.* 1721).

D. Si, pendant la durée du bail, la chose louée est détruite en tout ou en partie, par cas fortuit, quels sont les droits du preneur?

R. Si la chose est détruite en totalité, le bail est résilié de plein droit; si elle n'est détruite qu'en partie, le preneur peut, suivant les circonstances, demander

---

sans dommages et intérêts. On suppose que les réparations sont urgentes; c'est alors une espèce de cas fortuit, qui ne peut donner lieu à des dommages et intérêts. Si cependant ces réparations étaient la suite d'un défaut d'entretien par le propriétaire, il n'est pas douteux, qu'il ne fût tenu des dommages et intérêts (M. *Delvincourt*).

(1) Et quand même ils seraient survenus depuis le bail. La chose louée est toujours aux risques du bailleur; il suffit donc que la jouissance cesse, ou soit diminuée, sans le fait du preneur, pour qu'il y ait lieu à garantie (M. *Delvincourt*).

ou une diminution du prix, ou la résiliation même du bail. Dans l'un ou l'autre cas, il n'y a lieu à aucun dédommagement (1) (*Art.* 1722).

D. Le bailleur est-il tenu de garantir le preneur du trouble que des tiers apportent par voies de fait à sa jouissance, sans prétendre d'ailleurs aucun droit sur la chose louée ?

R. Non ; le bailleur n'est pas tenu de garantir de ce trouble, sauf au preneur à poursuivre les tiers qui l'apportent en son nom personnel (2) (*Art.* 1725).

D. En est-il de même, lorsque le locataire ou le fermier ont été troublés dans leur jouissance, par suite d'une action concernant la propriété du fonds ?

R. Non, dans ce cas, ils ont droit à une diminution proportionnée sur le prix du bail à loyer ou à ferme, pourvu que le trouble et l'empêchement aient été dénoncés au propriétaire (3) (*Art.* 1726).

D. Si ceux qui ont commis des voies de fait, prétendent avoir quelque droit sur la chose louée, ou si le

---

(1) A raison de la cessation ou de la diminution de la jouissance, si toutefois la perte est arrivée par cas fortuit survenu depuis le commencement du bail. Il en serait autrement, si elle était survenue par le fait du bailleur, ou par l'effet de vices existans lors du contrat : dans ces cas, le bailleur serait tenu des dommages et intérêts.

(2) Comme il n'y a rien là du fait du bailleur, ni qu'il puisse empêcher, c'est au preneur qui est sous la protection des lois à poursuivre en son nom ; le bailleur n'est tenu de rien (M. *Pigeau*).

(3) Non seulement il doit dénoncer, s'il veut obtenir une diminution, mais il serait même responsable, s'il ne dénonçait pas, et que, par suite de l'ignorance dans laquelle le bailleur aurait été, ce dernier eût éprouvé quelque préjudice ; *putà*, s'il avait perdu la possession annale, et par suite le droit d'intenter la complainte (M. *Delvincourt*).

preneur est lui-même cité en justice pour se voir condamner au délaissement de la totalité ou de partie de
cette chose, ou à souffrir l'exercice de quelque servitude, que doit faire le preneur?

R. Il doit appeler le bailleur en garantie, et doit
être mis hors d'instance, s'il l'exige, en nommant le
bailleur pour lequel il possède (1) (*Art.* 1727).

§. III.

Des Obligations du Preneur.

D. Quelles sont les principales obligations du preneur?

R. Le preneur est tenu de deux obligations principales :

1.º D'user de la chose louée en bon père de famille,
et suivant la destination qui lui a été donnée par le
bail, ou suivant celle présumée d'après les circonstances, à défaut de convention (2) ;

2.º De payer le prix du bail aux termes convenus (3)
(*Art.* 1728),

D. Que peut faire le bailleur, si le preneur emploie

---

(1) Si celui qui a commis les voies de fait prétend avoir quelque
droit sur la chose louée; par exemple, si, en s'emparant de la
chose, il soutient que la possession ou la propriété lui en appartient; comme ce droit attaque celui du bailleur, que si ce droit est
fondé, le bailleur n'en avait aucun, et par conséquent ne pouvait
louer, le bailleur doit garantir (M. *Pigeau*).

(2) S'il n'existe ni convention, ni présomption contraire, les
parties sont censées être convenues tacitement, que la chose sera
employée à l'usage auquel elle a été employée jusqu'à présent
(M. *Delvincourt*).

(3) Ou, à défaut de convention, aux termes réglés par l'usage.

la chose louée à un usage autre que celui auquel elle a été destinée, ou dont il puisse résulter un dommage pour le bailleur?

R. Le bailleur peut, suivant les circonstances, faire résilier le bail (1) (*Art.* 1729).

D. Le preneur a-t-il le droit de sous-louer?

R. Oui, le preneur a droit de sous-louer, et même de céder son droit à un autre, si cette faculté ne lui a pas été interdite. Mais elle peut être interdite par une clause du contrat, soit pour le tout, soit pour partie, et quand elle existe, cette clause est toujours de rigueur (*Art.* 1717).

D. Dans quel état le preneur doit-il rendre la chose louée?

R. S'il a été fait un état des lieux entre le bailleur et le preneur, celui-ci doit rendre (2) la chose telle qu'il l'a reçue, suivant cet état, excepté ce qui a péri ou a été dégradé par vétusté ou force majeure (*Art.* 1730).

S'il n'a pas été fait d'état des lieux, le preneur est présumé les avoir reçus en bon état de réparations locatives (3), et doit les rendre tels, sauf la preuve contraire (*Art.* 1731).

---

(1) Tel serait le cas où un locataire établirait une forge dans une maison où il n'y en avait pas, à moins qu'au moment du bail, le locataire n'exerçât le métier de forgeron (M. *Mouricault*, Tribun).

(2) *Quid*, s'il s'en prétend propriétaire? Il ne doit pas moins la restituer (L. 25, Cod. *de locato*); et, en effet, il ne possédait pas pour lui, mais bien pour le bailleur; c'est donc ce dernier qui possédait. Or le possesseur a droit de réclamer la possession, avant de répondre à aucune action au pétitoire (M. *Delvincourt*).

(3) Cependant si c'était faute de faire les réparations locatives, que de grosses réparations fussent devenues nécessaires, le preneur serait tenu même de celles-ci (M. *Maleville*).

D. Quelles sont les dégradations dont le preneur répond ?

R. Le preneur répond des dégradations ou des pertes qui arrivent pendant sa jouissance, à moins qu'il ne prouve qu'elles ont eu lieu sans sa faute (*Art.* 1732). Il est également tenu des dégradations et des pertes qui arrivent par le fait des personnes de sa maison ou de ses sous-locataires (*Art.* 1735).

D. Le preneur est-il tenu de l'incendie?

R. Le preneur répond de l'incendie, à moins qu'il ne prouve que l'incendie est arrivé par cas fortuit ou force majeure, ou par vice de construction (1), ou que le feu a été communiqué par une maison voisine (2) (*Art.* 1733).

D. S'il y a plusieurs locataires, comment sont-ils tenus de l'incendie ?

R. Ils sont tous solidairement responsables de l'incendie, à moins qu'ils ne prouvent que l'incendie a commencé dans l'habitation de l'un d'eux, auquel cas celui-là seul en est tenu; ou que quelques-uns ne prouvent que l'incendie n'a pu commencer chez eux, auquel cas ceux-là n'en sont pas tenus (3) (*Art.* 1734).

---

(1) Par exemple, si des poutres ou solives étaient appuyées sur le mur d'une cheminée, et qu'il n'ait pas été pris les précautions nécessaires pour empêcher la communication du feu (M. *Delvincourt*).

(2) Le locataire, ou le propriétaire qui habite sa maison, sont-ils tenus du dommage arrivé aux maisons voisines par suite de l'incendie de la leur, lorsqu'ils ne prouvent pas qu'il est arrivé sans leur faute? M. *Maleville* ne fait pas de doute sur l'affirmative. Mais, ajoute-t-il, les propriétaires des maisons voisines n'ont pas de recours contre le propriétaire de la maison par laquelle l'incendie a commencé, lorsqu'elle était louée, et que le locataire est insolvable.

(3) On peut voir sur toutes les questions qui peuvent s'élever au

§. IV.

De la résolution du Bail.

D. Comment se résout le contrat de louage ?

R. Le contrat de louage se résout par la perte de la chose louée, et par le défaut respectif du bailleur ou du preneur de remplir leurs engagemens (1) (*Art.* 1741). Il n'est point résolu par la mort du bailleur ni par celle du preneur (*Art.* 1742).

D. Qu'est-ce qu'on entend par *congé ?*

R. On appelle *congé* la déclaration faite par l'une des parties à l'autre, qu'elle entend que le bail cesse d'avoir son effet.

(M. Delvincourt.)

R. On appelle congé l'acte par lequel un propriétaire ou principal locataire signifie à un locataire ou sous-locataire de sortir des lieux que celui-ci tient de lui, ou un locataire signifie à son propriétaire ou principal locataire qu'il lui remet les lieux qu'il tient de lui, et ne veut plus y habiter.

(M. Pigeau.)

D. Lorsque le bail a été fait sans écrit, quels sont les délais à observer pour donner congé ?

R. Il faut observer les délais fixés par l'usage des lieux (2) (*Art.* 1736).

---

sujet de l'incendie, le Répertoire de Jurisprudence, au mot *Incendie*, tome 6, page 43 ; cet article est de M. *Merlin.*

(1) C'est-à-dire que, si le preneur ou le bailleur ne remplissent point leurs engagemens, l'autre est en droit de demander la résiliation du contrat (M. *Maleville*).

(2) Les délais pour donner congé sont à Paris : pour une maison, un corps de logis entier, ou une boutique, de six mois ; pour les appartemens au-dessus de quatre cents francs, de trois mois ; pour les appartemens de quatre cents francs et au-dessous, d'un mois et

D. Quand le bail a été fait par écrit, est-il nécessaire de donner congé ?

R. Non ; dans ce cas, le bail cesse de plein droit à l'expiration du terme fixé, sans qu'il soit nécessaire de donner congé (*Art.* 1737).

D. Qu'arrive-t-il si à l'expiration des baux écrits, le preneur reste et est laissé (1) en possession ?

R. Il s'opère un nouveau bail dont l'effet est réglé par les dispositions relatives aux locations faites sans écrit (*Art.* 1738).

D. Quel nom prend ce nouveau bail ?

R. Ce bail s'appelle *tacite reconduction* (2).

D. Le preneur peut-il invoquer la tacite reconduction, lorsqu'il y a eu congé signifié ?

R. Non ; dans ce cas, il ne peut pas invoquer la ta-

---

demi. Il est aussi des délais particuliers, à raison de la profession des locataires, etc.

Mais remarquez que le congé ne peut jamais être donné que pour un terme d'usage. En conséquence, le délai ne court que du jour qui précède ce terme, de six semaines, de trois ou de six mois. Ainsi, j'ai un logement à Paris ; les termes d'usage sont les 1.ers janvier, avril, juillet et décembre. Je donne congé le 1.er décembre ; si mon appartement est de 300 francs, le congé ne courra que du 15 février ; s'il est de 400, il ne courra que du 1.er janvier ; et dans l'un et l'autre cas, le bail n'expirera que le 1.er avril (*Voyez* M. *Delvincourt*, tome 3, page 97, note 2, et M. *Pigeau*, Procédure civile, in-4.º, tome 2, page 412, 3.e édition.

(1) *Reste et est laissé :* ces deux mots font voir qu'il faut qu'il y ait, en outre du consentement du preneur, consentement tacite du bailleur. Ce consentement tacite résulte du défaut d'opposition de sa part.

(2) Pendant combien de temps faut-il que le locataire ait continué de jouir, pour qu'il y ait lieu à tacite reconduction ? Cela est laissé à l'arbitrage du juge. L'on sent d'ailleurs, qu'il n'est pas nécessaire que ce temps soit fort long (M. *Delvincourt*).

cite reconduction, quoiqu'il ait continué sa jouissance (*Art.* 1739).

D. Si le preneur est laissé en possession après l'expiration des baux écrits ou après un congé signifié, la caution donnée pour le bail s'étend-t-elle aux obligations résultant de la prolongation ?

R. Non ; la caution ne s'étend pas à ces obligations (1) (*Art.* 1740).

D. Si le bailleur vend la chose louée, l'acquéreur peut-il expulser le fermier ou le locataire ?

R. Si le fermier ou le locataire a un bail authentique dont la date est certaine (2), l'acquéreur ne peut l'expulser (3) qu'autant que le bailleur s'est réservé ce droit par le contrat de bail (4) (*Art.* 1743).

---

(1) De même, la contrainte par corps à laquelle le fermier se serait obligé par le bail, n'a pas lieu pour la reconduction (M. *Maleville*).

(2) Si le bail n'a pas une date certaine, il peut avoir été fait depuis la vente, et daté d'auparavant (M. *Pigeau*).

(3) *Expulser.* Ce mot est remarquable, en ce qu'il prouve que l'article n'a pas voulu dire que l'acquéreur serait toujours obligé d'entretenir le bail, mais seulement quand il trouverait le fermier ou le locataire en jouissance.

(4) La disposition de cet article est une dérogation aux principes généraux ; mais elle est fondée sur l'équité et sur l'intérêt de l'agriculture. *Sur l'équité :* on a pensé qu'il ne devait pas être permis au bailleur de faire indirectement, par une vente, ce qu'il n'avait pas le droit de faire directement. *Sur l'intérêt de l'agriculture :* un fermier se livre avec plus de sécurité à des améliorations lorsqu'il n'a pas à craindre, à chaque instant, qu'une vente qu'il ne peut empêcher, ne vienne le priver de sa jouissance (*Voyez* M. *Delvincourt*, tome 3, page 97, note 11).

Quid, de celui qui a acquis un héritage du locateur à titre de donation entre-vifs. Quoiqu'on ait omis de le charger, dans la

D. S'il a été convenu lors du bail, qu'en cas de vente, l'acquéreur pourrait expulser le fermier ou locataire, et qu'il n'ait été fait aucune stipulation sur les dommages et intérêts, comment le bailleur est-il tenu d'indemniser le fermier ou locataire ?

R. L'indemnité varie selon la nature de la chose louée (*Art.* 1744).

D. Comment est fixée cette indemnité, s'il s'agit d'une maison, d'un appartement ou d'une boutique ?

R. Dans ce cas, le bailleur paye à titre de dommages et intérêts, au locataire évincé, une somme égale au prix du loyer, pendant le temps qui, suivant l'usage des lieux, est accordé entre le congé et la sortie (*Art.* 1745).

D. Quelle est l'indemnité due s'il s'agit de biens ruraux ?

R. S'il s'agit de biens ruraux, l'indemnité que le bailleur doit au fermier est du tiers du prix du bail pour pour tout le temps qu'il reste à courir (*Art.* 1746).

D. Comment se règle l'indemnité, s'il s'agit de manufactures, usines ou autres établissemens qui exigent de grandes avances ?

R. Dans ces différens cas, l'indemnité se règle par experts (*Art.* 1747).

D. L'acquéreur qui veut user de la faculté réservée par le bail, d'expulser le fermier ou locataire en cas de vente, peut-il l'expulser sur-le-champ ?

R. Non; il est tenu d'avertir le locataire au temps d'avance usité dans le lieu pour les congés. Il doit aver-

___

donation, de l'entretien du bail fait par le donateur, je crois que la reconnaissance qu'il lui doit, l'oblige à l'entretenir, pour ne pas l'exposer au recours du locataire ou fermier qui lui en demanderait la garantie (*Pothier*, n.º 296).

tir le fermier de biens ruraux, au moins un an à l'a-
vance (*Art.* 1748). De plus, les fermiers ou locataires
ne peuvent être expulsés qu'ils ne soient payés par le
bailleur, ou, à son défaut, par le nouvel acquéreur,
des dommages et intérêts (*Art.* 1749).

D. Est-il également dû des dommages et intérêts
quand le bail n'est pas fait par acte authentique et qu'il
n'a pas de date certaine ?

R. Non ; dans ce cas, l'acquéreur n'est tenu d'aucuns
dommages et intérêts (1) (*Art.* 1750).

D. L'acquéreur à pacte de rachat peut-il user de la
faculté d'expulser le preneur ?

R. Il ne peut en user que lorsqu'il est devenu propriétaire incommutable par l'expiration du délai fixé
pour le réméré (2) (*Art.* 1751).

Section II.

Des Règles particulières aux Baux à loyer.

D. Le locataire est-il obligé de donner des sûretés
pour le paiement du loyer ?

R. Oui ; le locataire est obligé, ou de garnir la maison
de meubles suffisans, ou de donner des sûretés capables
de répondre du loyer (3) ; autrement, le bailleur a le
droit de l'expulser (*Art.* 1752).

---

(1) Sauf le recours du preneur contre le bailleur.

(2) Autrement ce serait une porte ouverte à la fraude. Le bailleur
qui trouverait un prix plus avantageux, masquerait son nouveau
bail, sous l'apparence d'une vente à réméré, et expulserait ainsi
le premier preneur.

(3) Pendant quelques termes du bail seulement, et non point
pendant toute sa durée. Ce sera aux juges à statuer *ex æquo et bono :*
dans plusieurs endroits, c'est pendant deux termes.

D. Quelles sont les réparations dont est tenu le locataire ?

R. Le locataire est tenu, s'il n'y a clause contraire, des réparations locatives ou de menu entretien (1) (*Art.* 1754).

D. Quelles sont les réparations locatives ?

R. Ces réparations sont celles désignées comme telles par l'usage des lieux, et entr'autres, les réparations à faire,

Aux âtres, contre-cœurs (2), chambranles, et tablettes (3) des cheminées ;

Au récrépiment du bas des murailles des appartemens et autres lieux d'habitation, à la hauteur d'un mètre (4) ;

Aux pavés et carreaux des chambres, lorsqu'il y en a seulement quelques-uns de cassés (5) ;

---

(1) L'obligation imposée au locataire de faire les réparations locatives, n'est pas fondée sur ce que les dommages sont censés résulter de l'usage de la chose ; car, alors, elles devraient être à la charge du bailleur (Arg. de l'article 1756) ; mais, au contraire, parce qu'on présume dans ces différens cas, qu'il y a faute de la part du locataire (M. *Delvincourt*).

(2) On présume que le dégât vient de ce qu'on a jeté les bûches trop fort.

(3) On présume qu'ils ont été heurtés par maladresse, ou autrement.

(4) On présume que l'on a dégradé les murs avec des balais ou avec des meubles ; c'est pour cela que l'article ne parle que des lieux d'habitation. S'il s'agissait d'une cour ou d'un jardin, l'on présumerait que le dégât provient de l'humidité, et il serait à la charge du bailleur.

(5) Si tous, ou presque tous étaient cassés, on présumerait qu'il y a vétusté, sauf la preuve contraire.

Les notes (2), (3), (4), (5) sont tirées de M. *Delvincourt.*

Aux vitres, à moins qu'elles ne soient cassées par la grêle, ou autres accidens extraordinaires et de force majeure, dont le locataire ne peut être tenu;

Aux portes, croisées, planches de cloison ou de fermeture de boutiques, gonds, targettes et serrures (*Art.* 1754).

D. Les réparations réputées locatives sont-elles toujours à la charge des locataires ?

R. Non, aucune des réparations réputées locatives n'est à la charge des locataires, quand elles ne sont occasionnées que par vétusté ou force majeure (*Art.* 1755).

D. A la charge de qui est le curement des puits et celui des fosses d'aisance ?

R. Ils sont à la charge du bailleur, s'il n'y a clause contraire (*Art.* 1756).

D. Pour quelle durée est censé fait le bail des meubles fournis pour garnir une maison entière, un corps de logis entier, une boutique ou tous autres appartemens ?

R. Le bail de ces meubles est censé fait pour la durée ordinaire des baux de maisons, corps de logis, boutiques ou autres appartemens, selon l'usage des lieux (1) (*Art.* 1757).

D. Pour quel temps est censé fait le bail d'un appartement meublé, lorsque ce temps n'a pas été fixé ?

_____

(1) C'est-à-dire, que, quand même le bail des lieux serait écrit, et de longue durée, les meubles ne seraient toujours censés loués que pour la durée ordinaire d'un bail non écrit, fixé par l'usage des lieux; et en effet, le propriétaire des meubles a pu ignorer les stipulations particulières existantes entre le preneur et le bailleur; et par conséquent, il n'a dû compter que sur la durée d'un bail ordinaire (M. *Delvincourt*).

3.

11

R. Le bail est censé fait à l'année, quand il a été fait à tant par an ;

Au mois, quand il a été fait à tant par mois ;

Au jour, s'il a été fait à tant par jour.

Si rien ne constate que le bail soit fait à tant par an, par mois ou par jour, la location est censée faite suivant l'usage des lieux (*Art.* 1758).

D. Si le locataire d'une maison ou d'un appartement continue sa jouissance après l'expiration du bail par écrit, sans opposition de la part du bailleur, à quelles conditions sera-t-il censé les occuper ?

R. Il sera censé les occuper aux mêmes conditions, pour le terme fixé par l'usage des lieux ; et il ne pourra plus en sortir ni en être expulsé qu'après un congé donné suivant le délai fixé par l'usage des lieux (*Art.* 1759).

D. En cas de résiliation par la faute du locataire (1), quelle est l'indemnité due au bailleur ?

R. Le locataire est tenu de payer le prix du bail pendant le temps nécessaire à la relocation, sans préjudice des dommages et intérêts qui ont pu résulter de l'abus (*Art.* 1760).

D. Le bailleur peut-il résoudre la location, en déclarant qu'il veut occuper par lui-même la maison louée ?

R. Non, le bailleur n'a point ce droit, à moins qu'il ne l'ait réservé par une convention spéciale (2) (*Art.* 1761).

---

(1) S'il ne paie pas, s'il ne garnit pas suffisamment, s'il abuse de la chose louée (M. *Maleville*).

(2) Cet article abroge la fameuse loi *Ædc; 3*, Cod. *de Locato conducto*, qui autorisait le bailleur propriétaire à résilier le bail, quand il déclarait vouloir occuper par lui-même. Cette loi occasionnait beaucoup de procès, et dérogeait sans utilité aux règles ordinaires des contrats.

D. Dans le cas même où il a été convenu, dans le contrat de louage, que le bailleur pourrait venir occuper la maison, que doit-il faire avant de pouvoir exercer ce droit ?

R. Il est tenu de signifier d'avance un congé aux époques déterminées par l'usage des lieux (*Art.* 1762).

D. Quelles sont les obligations du sous-locataire ?

R. Il est tenu envers le principal locataire, bailleur à son égard, des mêmes obligations que celui-ci envers son bailleur.

D. Le sous-locataire est-il tenu, envers le bailleur principal, du loyer qui peut être dû par le principal locataire ?

R. Non, le sous-locataire n'est tenu envers le bailleur principal, que jusqu'à concurrence du prix de sa sous-location dont il peut être débiteur au moment de la saisie, et sans qu'il puisse opposer des paiemens faits par anticipation (*Art* 1753).

D. Que faut-il pour que les paiemens faits par le sous-locataire ne puissent pas être réputés faits par anticipation ?

R. Il faut que ces paiemens soient faits en conséquence de l'usage des lieux, ou en vertu d'une stipulation portée en son bail (1) (*Art.* 1753).

_____

(1) Encore peut-on prouver que la stipulation portée dans le bail est frauduleuse. C'est ainsi que l'on a jugé à Nîmes, le 28 janvier 1810, que la clause insérée dans un bail de quinze ans et portant que le prix des quinze années serait payé d'avance, ne pouvait être opposée aux créanciers du bailleur.

SECTION III.

Des Règles particulières aux Baux à ferme.

D. Celui qui cultive sous la condition d'un partage de fruits avec le bailleur, peut-il céder son bail ?

R. Non, il ne peut ni céder son bail, ni sous-louer, à moins que cette faculté ne lui ait été expressément accordée par le bail (1) (*Art.* 1763).

D. En cas de contravention, quels sont les droits du propriétaire ?

R. Le propriétaire a droit de rentrer en jouissance (2), et le preneur est condamné aux dommages-intérêts résultant de l'inexécution du bail (*Art.* 1764).

D. Si, dans un bail à ferme, on donne aux fonds une contenance moindre ou plus grande que celle qu'ils ont réellement, y a-t-il lieu à augmentation ou à diminution du prix pour le fermier ?

R. Il n'y a lieu à augmentation ou à diminution du prix que dans les cas et suivant les circonstances exprimés au titre *de la Vente* (3) (*Art.* 1765).

D. Que peut faire le bailleur, si le preneur n'exécute

---

(1) Ce bail est une espèce de société entre le bailleur et le preneur : le premier qui a eu confiance en la capacité et la probité du deuxième, n'est pas obligé d'en avoir autant dans le successeur que se donnerait le preneur (M. *Pigeau*).

(2) Le propriétaire ayant droit à une partie des fruits proportionnée à la récolte, a intérêt que la culture ne soit pas abandonnée à toutes sortes de personnes ; de même, en cas de décès du colon, le maître n'est pas tenu d'entretenir le bail avec ses héritiers ou ayant cause (M. *Delvincourt*).

(3) *Voyez* les articles 1617, 1618, 1619 ; ci-dessus, page 115.

pas les clauses du bail, et qu'il en résulte un dommage pour le bailleur?

R. Il peut, suivant les circonstances, faire résilier le bail; il en est de même si le preneur d'un héritage ne le garnit pas des bestiaux et des ustensiles nécessaires à son exploitation, s'il abandonne la culture, s'il ne cultive pas en bon père de famille, ou s'il emploie la chose louée à un autre usage que celui auquel elle est destinée (*Art.* 1766).

D. Dans tous les cas où il y a résiliation provenant du fait du preneur, de quelle indemnité est-il tenu envers le bailleur?

R. Il est tenu des dommages et intérêts résultant de l'inexécution du bail (*Art.* 1766).

D. Dans quels lieux doit engranger le preneur d'un bien rural?

R. Tout preneur de bien rural est tenu d'engranger dans les lieux à ce destinés d'après le bail (1) (*Art.* 1767).

D. Que doit faire le preneur d'un bien rural, s'il est commis quelque usurpation sur les fonds?

R. Il est tenu, sous peine de tous dépens, dommages et intérêts, d'en avertir le propriétaire (2) (*Art.* 1768).

D. Dans quel délai doit être donné cet avertissement?

---

(1) Les fruits étant le gage des loyers, il est essentiel qu'ils ne sortent pas de la ferme, pour être engrangés ailleurs, où ils deviendraient le gage d'un autre propriétaire (M. *Delvincourt*).

(2) Cet article ne parle que des fonds ruraux, cependant il en devrait être de même des fonds urbains. Il faut en dire autant du cas où il s'agirait d'un trouble de droit, comme d'une dénonciation de propriété faite au fermier, avec défense de payer à d'autres qu'au dénonçant. *Voyez* M. *Delvincourt*, tome 3, pag. 95, note 5.

R. Cet avertissement doit être donné dans le même délai que celui qui est réglé en cas d'assignation suivant la distance des lieux (1) (*Art.* 1768).

D. Le fermier ne peut-il pas, dans certains cas, demander une remise du prix de sa location ?

R. Si le bail est fait pour plusieurs années, et que pendant la durée du bail, la totalité ou la moitié d'une récolte au moins soit enlevée par des cas fortuits, le fermier peut demander une remise du prix de sa location, à moins qu'il ne soit indemnisé par les récoltes précédentes (*Art.* 1769).

D. Cette remise est-elle définitive ?

R. Non ; le juge peut bien provisoirement dispenser le preneur de payer une partie du prix, en raison de la perte soufferte ; mais l'estimation de la remise définitive ne peut avoir lieu qu'à la fin du bail, auquel temps il se fait une compensation de toutes les années de jouissance (2) (*Art.* 1769).

D. Le preneur a-t-il le même droit, si le bail n'est que d'une année ?

R. Oui, si la perte est de la totalité des fruits, ou au moins de la moitié, le preneur sera déchargé d'une

---

(1) Ce délai est ordinairement de huitaine. *Voyez* les articles 72 et 73 du Code de Procédure. Il ne faut pas laisser à l'usurpateur le temps d'acquérir la possession annale.

(2) Une ferme a été louée pour neuf ans. Elle doit produire, année commune, une récolte de la valeur de huit mille francs : la moitié d'une des récoltes a été perdue par cas fortuit ; mais deux des huit autres ont été tellement abondantes qu'elles ont rapporté dix mille francs chacune ; les six autres années ont eu une récolte ordinaire. Il est clair que la perte imprévue se trouvant compensée par le gain, également imprévu, le fermier ne peut demander de remise (M. *Delvincourt*).

partie proportionnelle du prix de la location (*Art.* 1776).

D. Le preneur peut-il demander une remise, si la perte est moindre de moitié ?

R. Non ; si la perte est moindre de moitié, il ne peut prétendre aucune remise (*Art.* 1770).

D. Dans les cas même où la loi accorde une remise au fermier, n'exige-t-elle pas quelques conditions ?

R. La loi exige deux conditions :

1.° Il faut que la perte des fruits arrive avant qu'ils soient séparés de la terre. Le fermier ne peut obtenir de remise, lorsque la perte des fruits arrive après qu'ils sont séparés de la terre, à moins que le bail ne donne au propriétaire une quotité de la récolte en nature ; auquel cas le propriétaire doit supporter sa part dans la perte, pourvu que le preneur ne fût pas en demeure de lui délivrer sa portion de la récolte.

2.° Le fermier ne peut également demander une remise, lorsque la cause du dommage était existante et connue à l'époque où le bail a été passé (1)(*Art.* 1771).

D. Peut-on stipuler que les cas fortuits seront à la charge du preneur ?

R. Oui, le preneur peut être chargé des cas fortuits par une stipulation expresse (*Art.* 1772).

D. De quels cas fortuits s'entend cette stipulation ?

R. Elle ne s'entend que des cas fortuits ordinaires, tels que grêle, feu du ciel, gelée ou coulure (2). Elle

(1) Comme si les terres étaient voisines d'une rivière sujette à de fréquens débordemens ; les terres sont présumées louées en conséquence des risques que court le fermier (M. *Pigeau*).

(2) Il ne faut pas conclure delà que, lorsque le preneur ne s'est pas chargé des cas fortuits, la perte résultant de la grêle, gelée ou coulure n'est pas à sa charge. Cela veut dire seulement que, quand il s'est chargé des cas fortuits, il ne peut demander

ne s'entend point des cas fortuits extraordinaires, tels
que les ravages de la guerre, ou une inondation, auxquels le pays n'est pas ordinairement sujet, à moins
que le preneur n'ait été chargé de tous les cas fortuits
prévus ou imprévus (1) (*Art.* 1773).

D. Pour quel temps est censé fait le bail sans écrit
d'un fonds rural ?

R. Il est censé fait pour tout le temps qui est nécessaire afin que le preneur recueille tous les fruits de
l'héritage affermé. Ainsi le bail à ferme d'un pré, d'une
vigne, et de tout autre fonds dont les fruits se recueillent en entier dans le cours de l'année, est censé fait
pour un an. Le bail des terres labourables, lorsqu'elles
se divisent par soles ou saisons, est censé fait pour autant d'années qu'il y a de soles (2) (*Art.* 1774).

D. Faut-il signifier un congé pour faire cesser le bail
des héritages ruraux fait sans écrit ?

---

de remise pour la perte provenant de ces sortes d'accidens, quand
elle serait de la totalité de la récolte ; tandis que, s'il ne s'en est
pas chargé, la perte n'est pour son compte que quand elle est in-
férieure à la moitié (M. *Delvincourt*).

(1) Il n'est pas douteux qu'il ne peut prétendre, en ce cas,
aucune remise pour raison de la perte, même totale. On dira
peut-être de quoi la ferme peut-elle être alors le prix, puisqu'il
n'y a point de fruits ? La réponse est qu'elle est le prix de
l'espérance incertaine que le fermier a eue de recueillir des fruits
(*Pothier*, n.º 178).

(2) Soit une ferme de cent vingt arpens : la première année,
quarante arpens sont semés en blé, quarante en menus grains, et
quarante restent en jachère, c'est-à-dire en repos et sans semences. L'année d'après, les jachères se sèment en blé; ce qui
était en blé, en menus grains; ce qui était en menu grain reste en
jachère, et ainsi de suite. C'est ce qu'on appelle diviser par soles
(M. *Delvincourt*). On nomme *sole* chaque étendue de champ
qu'on sème et qu'on laisse reposer tour-à-tour.

R. Non ; quoique fait sans écrit, le bail des héritages ruraux cesse de plein droit à l'expiration du temps pour lequel il est censé fait (*Art.* 1775).

D. Qu'arrive-t-il si, à l'expiration des baux ruraux écrits, le preneur reste et est laissé en possession ?

R. Il s'opère un nouveau bail dont l'effet est réglé comme celui des baux faits sans écrit (*Art.* 1776). (Voy. *art.* 1774).

D. Quelles sont les obligations réciproques du fermier sortant et du fermier entrant ?

R. Le fermier sortant doit laisser à celui qui lui succède dans la culture, les logemens convenables et autres facilités pour les travaux de l'année suivante ; et réciproquement, le fermier entrant doit procurer à celui qui sort, les logemens convenables et autres facilités pour la consommation des fourrages , et pour les récoltes restant à faire. Dans l'un et l'autre cas, on doit se conformer à l'usage des lieux (*Art.* 1777).

D. Le fermier sortant n'a-t-il pas quelqu'autre obligation ?

R. Il doit aussi laisser les pailles et engrais de l'année , s'il les a reçus lors de son entrée en jouissance ; et quand même il ne les aurait pas reçus, le propriétaire pourra les retenir suivant l'estimation (1) (*Art.* 1778).

CHAPITRE III.

Du Louage d'ouvrage et d'industrie.

D. Combien y a-t-il d'espèces principales de louage d'ouvrage et d'industrie ?

---

(1) C'est une dérogation aux règles ordinaires de la propriété ; mais dérogation fondée sur la faveur due à l'agriculture.

R. Il y en a trois :

1.º Le louage des gens de travail qui s'engagent au service de quelqu'un ;

2.º Celui des voituriers tant par terre que par eau, qui se chargent du transport des personnes ou marchandises ;

3.º Celui des entrepreneurs d'ouvrages par suite de devis ou marchés (*Art.* 1779).

SECTION I.re

Du Louage des Domestiques et Ouvriers.

D. Qu'est-ce qu'on entend par *gens de travail*?

R. On entend par *gens de travail*, les ouvriers travaillant à la journée, et non ceux qui prennent des ouvrages à l'entreprise (M. *Delvincourt*).

D. Qu'est-ce qu'on entend par domestiques ?

R. On appelle ainsi quelqu'un qui reçoit des gages et demeure dans la maison de la personne qui le paie (1) (*Répertoire de Jurisprudence de M.* Merlin).

D. Peut-on engager ses services pour toute sa vie ?

R. Non, on ne peut engager ses services qu'à temps ou pour une entreprise déterminée (2) (*Art.* 1780).

---

(1) Ainsi, ce nom comprend, non-seulement les valets, serviteurs, servantes, mais encore tous les individus qui font partie de la maison, *domestici, qui sunt ex domo*; tels que les bibliothécaires, précepteurs, secrétaires, intendans, etc. (*Voyez* Arrêt du Parlement de Paris, du 12 mai 1739).

(2) Quoique le domestique se soit loué pour un temps fixe, on ne peut pas l'obliger à rester chez son maître jusqu'au terme convenu ; cela blesserait la liberté ; mais il doit être condamné aux dommages et intérêts résultans de l'inexécution de sa promesse (M. *Maleville*).

D, S'il y a contestation sur la quotité des gages., le domestique peut-il en faire la preuve?

R. Non , le maître est cru sur son affirmation pour la quotité des gages , pour le paiement du salaire de l'année échue , et pour les à-comptes donnés pour l'année courante (*Art.* 1781).

SECTION II.

Des Voituriers par terre et par eau.

D. Qu'est-ce qu'on entend par *voiturier?*

R. On entend par voiturier celui qui se charge de transporter lui-même (M. *Delvincourt*).

D. Qu'entend-on par *entrepreneur ?*

R. On entend par *entrepreneur de roulage* ou com-missionnaire, celui qui se charge de faire transporter (M. *Delvincourt*).

D. A quelles obligations sont assujettis les voituriers par terre et par eau, pour la garde et la conservation des choses qui leur sont confiées ?

R. Ils sont assujettis aux mêmes obligations que les aubergistes ; ces obligations sont expliquées au titre du *Dépôt et du Séquestre* (1) (*Art.* 1782).

D. Les voituriers ne répondent-ils que de ce qu'ils ont reçu dans leur bâtiment ou voiture ?

D. Ils répondent encore de ce qui leur a été remis sur le port ou dans l'entrepôt, pour être placé dans leur bâtiment ou voiture (*Art.* 1783).

R. Sont-ils toujours responsables de la perte et des avaries des choses qui leur sont confiées?

(1) *Voyez* les articles 1952 , 1953 et 1954 , et ci-après, page 230.

R. Ils en sont toujours responsables, à moins qu'ils ne prouvent qu'elles ont été perdues ou avariées par cas fortuit ou force majeure (*Art.* 1784).

D. N'y a-t-il pas d'autres dispositions relatives aux entrepreneurs et directeurs de voitures et roulages publics, aux maîtres de barques et navires ?

R. Ils sont en outre assujettis à des réglemens particuliers qui font la loi entre eux et les autres citoyens (*Art.* 1786) ; et notamment à l'obligation de tenir registre de l'argent, des effets et des paquets dont ils se chargent (*Art.* 1785).

SECTION III.

Des Devis et des Marchés.

D. Qu'est-ce qu'on entend par devis et marchés ?

R. On entend l'acte par lequel sont réglées les obligations respectives de celui qui fait faire un ouvrage, et de celui qui l'entreprend (M. *Merlin, Répertoire de Jurisprudence*).

D. Toutes les fois qu'on charge quelqu'un de faire un ouvrage, est-ce un louage ?

R. Non ; lorsqu'on charge quelqu'un de faire un ouvrage, on peut convenir qu'il fournira seulement son travail ou son industrie, et dans ce cas, c'est un louage ; ou qu'il fournira aussi la matière : dans ce dernier cas, c'est une vente (*Voyez art.* 1787 *et* 1711).

D. Si, dans le cas où l'ouvrier fournit la matière, la chose vient à périr avant d'être livrée, par qui sera supportée cette perte ?

R. Cette perte sera supportée par l'ouvrier, de quelque manière que la chose ait péri, à moins que le maître ne fût en demeure de la recevoir (1) (*Art.* 1788).

D. Par qui est supportée la perte dans le cas où l'ouvrier fournit seulement son travail ou son industrie?

R. Elle est supportée par le propriétaire de la chose (2), à moins que la perte ne soit survenue par la faute de l'ouvrier, auquel cas ce dernier en est tenu (*Art.* 1789).

D. Dans le cas où l'ouvrier fournit seulement son travail ou son industrie, si la chose vient à périr, quoique sans aucune faute de la part de l'ouvrier, avant que l'ouvrage ait été reçu, et sans que le maître fût en demeure de le vérifier, l'ouvrier peut-il réclamer son salaire?

R. Non; l'ouvrier n'a point de salaire à réclamer, à moins que la chose n'ait péri par le vice de la matière (3) (*Art.* 1790).

D. S'il s'agit d'un ouvrage à plusieurs pièces ou à la mesure, comment peut s'en faire la vérification?

R. La vérification peut s'en faire par parties; elle est censée faite pour toutes les parties payées, si le maître paie l'ouvrier à proportion de l'ouvrage fait (*Art.* 1791).

D. Pendant combien de temps les architectes et entrepreneurs sont-ils responsables des édifices qu'ils construisent à prix fait?

---

(1) C'est parce que, dans ce cas, c'est une vente.

(2) Parce qu'ici c'est un louage.

(3) Dans ce cas, le maître doit s'imputer d'avoir fait travailler sur une matière défectueuse. Il doit donc indemniser l'ouvrier du préjudice qu'il éprouve, en lui payant son salaire (M. *Delvincourt*).

R. Si l'édifice périt, en tout ou en partie, par le vice de la construction ou même par le vice du sol (1), les architectes et entrepreneurs en sont responsables pendant dix ans (*Art.* 1792).

D. Lorsqu'un architecte ou entrepreneur s'est chargé de la construction à forfait d'un bâtiment, d'après un plan arrêté et convenu avec le propriétaire du sol, peut-il demander, sous quelque prétexte, une augmentation de prix ?

R. Non ; il ne peut demander aucune augmentation de prix, ni sous le prétexte d'augmentation de la main-d'œuvre ou des matériaux, ni sous celui de changemens ou d'augmentations faits sur ce plan, si ces changemens ou augmentations n'ont pas été autorisés par écrit, et le prix convenu avec le propriétaire (2). (*Art.* 1793).

D. Le maître peut-il résilier, par sa seule volonté, le marché fait à forfait ?

R. Oui, le maître peut résilier, par sa seule volonté,

---

(1) L'entrepreneur doit connaître le vice du sol, et ne pas bâtir, quand même le propriétaire serait assez imprudent pour le vouloir, après que l'architecte l'aurait averti (M. *Maleville*).

(2) Cet article a pour objet de prévenir une manœuvre assez ordinaire aux architectes des grandes villes : ils suggéraient au propriétaire l'idée de faire quelque changement au plan adopté ; ils prétendaient ensuite que le devis était annulé, et l'entraînaient dans des dépenses qu'il n'avait pu prévoir (M. *Maleville*). *Quid,* si l'augmentation de la dépense provient de circonstances imprévues ? Par exemple, en fouillant pour les fondations, on en trouve d'anciennes qu'il faut détruire, ou l'on trouve de l'eau qu'il faut épuiser ? même alors, l'entrepreneur doit en prévenir le maître, et se faire autoriser par écrit à faire le nécessaire. Si le maître refuse, il faudra recourir à la justice (M. *Delvincourt*).

le marché fait à forfait (1), quoique l'ouvrage soit déja commencé, mais en dédommageant l'entrepreneur de toutes ses dépenses, de tous ses travaux, et de tout ce qu'il aurait pu gagner dans cette entreprise (*Art.* 1794).

D. Le contrat de louage est-il dissous par la mort de l'ouvrier ?

R. Oui, le contrat de louage est dissous par la mort de l'ouvrier, de l'architecte ou de l'entrepreneur (2). Mais le propriétaire est tenu de payer en proportion du prix porté par la convention, à leur succession, la valeur des ouvrages faits et celle des matériaux préparés, lors seulement que ces ouvrages ou matériaux peuvent lui être utiles (*Art.* 1796).

D. L'entrepreneur ne répond-il que de ses faits ?

R. Il répond aussi du fait des personnes qu'il emploie (*Art.* 1797).

D. Les maçons, charpentiers et autres ouvriers qui ont été employés à la construction d'un bâtiment ou d'autres ouvrages faits à l'entreprise, ont-ils action contre celui pour lequel les ouvrages ont été faits ?

R. Oui ; mais ils n'ont d'action contre lui que jusqu'à concurrence de ce dont il se trouve débiteur envers l'entrepreneur, au moment où leur action est intentée (*Art.* 1798).

---

(1) On dit qu'un ouvrage est fait à forfait, quand il n'y a qu'un prix pour tout l'ouvrage, à la différence de celui qui est donné à la pièce ou à la mesure, et dont le prix est fixé à tant la pièce ou la mesure.

(2) Et non par celle du maître. Dans un marché d'ouvrage, on choisit la personne et l'industrie de l'ouvrier, au lieu qu'il est, en général, à-peu-près indifférent pour l'ouvrier, de travailler pour tel ou tel maître. *Voyez* sur plusieurs questions relatives à cet article, M. *Delvincourt*, tome 2, page 121, note 9, et tome 3, page 115, note 2.

D. Les dispositions que nous venons de parcourir ne s'appliquent-elles qu'aux entrepreneurs proprement dits ?

R. Les maçons, charpentiers, serruriers, et autres ouvriers qui font directement des marchés à prix fait, sont aussi astreints aux mêmes règles ; ils sont entrepreneurs dans la partie qu'ils traitent (*Art.* 1799).

CHAPITRE IV.

Du Bail à Cheptel.

SECTION I.re

Dispositions générales.

D. Qu'est-ce que le bail à cheptel ?

R. Le bail à cheptel est un contrat par lequel l'une des parties donne (1) à l'autre un fonds de bétail pour le garder, le nourrir et le soigner, sous les conditions convenues entre elles (*Art.* 1800).

D. Quelles sont les principales espèces de cheptel (2) ?

R. Il y a plusieurs sortes de cheptel : le cheptel simple ou ordinaire, le cheptel à moitié, le cheptel

---

(1) Le bail à cheptel est-il un contrat réel ou consensuel ? *Coquille* est d'avis qu'il est réel, et la rédaction de l'article 1800 paraît favoriser cette opinion.

(2) Le mot cheptel se prend dans deux sens, il signifie le contrat de cheptel, comme dans les articles 1815, 1818, etc.; il signifie également le bétail donné à cheptel, comme dans les articles 1805, 1806.

donné au fermier ou au colon partiaire; enfin, il y a une quatrième espèce de contrat improprement appelé *cheptel* (*Art.* 1801).

D. Quels sont les animaux qu'on peut donner à cheptel?

R. On peut donner à cheptel toute espèce d'animaux susceptibles de croît ou de profit pour l'agriculture ou le commerce (1) (*Art.* 1802).

D. Comment se règlent les contrats de cheptel?

R. Ils se règlent par les conventions particulières, et, à défaut de conventions particulières, par les principes suivans (2) (*Art.* 1803).

SECTION II.

Du Cheptel simple.

D. Comment définit-on le bail à cheptel simple?

R. Le bail à cheptel simple est un contrat par le-

---

(1) Il résulte de cet article, qu'aujourd'hui on peut donner des porcs à cheptel. Autrefois, ce cheptel était regardé comme illicite et usuraire; on se fondait sur ce que le porc ne donne d'autre profit que le croît; ce que l'on ne jugeait pas suffisant pour indemniser de la nourriture.

(2) Il y a cependant quelques autres règles déterminées par l'usage ou l'équité. Ainsi, lorsqu'il n'y a pas de terme fixé pour la durée du contrat, chacun peut résilier à volonté; mais, *tempore opportuno*. En conséquence, le bailleur qui aurait donné la vache, au moment où elle commençait à être pleine, ne pourrait la retirer immédiatement après la vente du veau; *et vice versâ*, le preneur qui l'aurait prise au moment où le veau venait d'être vendu, ne pourrait la rendre au moment où elle commence à être pleine de nouveau, etc. (M. *Delvincourt*).

3.   12

quel on donne à un autre des bestiaux à garder, nourrir et soigner, à condition que le preneur profitera de la moitié du croît, et qu'il supportera aussi la moitié de la perte (*Art.* 1804).

D. L'estimation donnée au cheptel dans le bail en transfère-t-elle la propriété au preneur ?

R. Non ; cette estimation ne transfère pas la propriété ; elle n'a d'autre objet que de fixer la perte ou le profit qui pourra se trouver à l'expiration du bail (*Art.* 1805).

D. Quels sont les soins que le preneur doit à la conservation du cheptel ?

R. Le preneur doit les soins d'un bon père de famille à la conservation du cheptel (*Art.* 1806).

D. Le preneur est-il tenu du cas fortuit ?

R. Il n'en est tenu que lorsque le cas fortuit a été précédé de quelque faute de sa part, sans laquelle la perte ne serait pas arrivée (*Art.* 1807).

D. En cas de contestation, que doit prouver chaque partie ?

R. En cas de contestation, le preneur est tenu de prouver le cas fortuit, et le bailleur est tenu de prouver la faute qu'il impute au preneur (*Art.* 1808).

D. Le preneur est-il entièrement déchargé par le cas fortuit ?

R. Non, le preneur qui est déchargé par le cas fortuit, est toujours tenu de rendre compte des peaux des bêtes (*Art.* 1809).

D. Si le cheptel vient à périr sans la faute du preneur, par qui est supportée cette perte ?

R. Dans ce cas, si le cheptel périt en entier, la perte en est pour le bailleur ; mais s'il n'en périt qu'une partie, la perte est supportée en commun, d'après le

prix de l'estimation originaire, et celui de l'estimation
à l'expiration du cheptel (1) (*Art.* 1810).

D. Est-il loisible aux parties d'insérer dans le contrat de cheptel toutes les conventions qu'elles veulent?

R. Non; plusieurs clauses y sont prohibées, par la
seule raison qu'elles sont préjudiciables au cheptelier,
c'est-à-dire, à celui qui se charge des bestiaux; quant
aux clauses qui ne sont préjudiciables qu'au bailleur, la
loi n'a rien statué de particulier à leur égard (2).

D. Quelles sont les clauses prohibées par la loi
dans le cheptel simple ?

R. On ne peut stipuler que le preneur supportera
la perte totale du cheptel, quoique arrivée par cas

---

(1) Cette disposition est singulière; car il en résulte que, si,
sur un cheptel de cent bêtes il en périt quatre-vingt-dix, le preneur supporte la perte de quarante-cinq : si le cheptel périt tout
entier, il ne supporte rien. Voici, au surplus, la raison qu'on en
donne : pour qu'il y ait cheptel, il faut qu'il y ait un fonds de
bétail; dès qu'il n'y a plus de fonds, il n'y a plus de cheptel, plus
de contrat. Il faut donc alors se référer à la règle ordinaire,
d'après laquelle *res domino perit*. Or, dans le cheptel simple, le
fonds de bétail appartient en entier au bailleur.

Mais quand le cheptel n'a pas péri en entier, ce qui reste suffit
pour soutenir le contrat : le bail dure donc jusqu'à ce qu'il soit
résolu, soit par l'expiration du temps fixé, soit par la volonté
des parties, et alors elles doivent se faire mutuellement raison de
la perte (M. *Delvincourt*).

(2) Les chepteliers sont ordinairement des gens pauvres, sans
connaissances, faciles, par conséquent, à surprendre, et qui,
tirant du cheptel la plus grande partie de leur subsistance, en
prendraient un à quelque prix que ce fût. On n'a pas voulu qu'un
propriétaire de bestiaux, plus riche, plus instruit, pût abuser
de leur situation pour leur faire souscrire des conditions dont
ils ne connaîtraient ni l'étendue, ni les suites (M. *Delvincourt*).

fortuit et sans sa faute, ou qu'il supportera, dans la
perte, une part plus grande que dans le profit; ou
que le bailleur prélevera, à la fin du bail, quelque
chose de plus que le cheptel qu'il a fourni. Toute
convention semblable est nulle (*Art.* 1811).

D. A qui appartiennent la laine et le croît?

R. La laine et le croît se partagent; le preneur
profite seul des laitages, du fumier et du travail des
animaux donnés à cheptel (1) (*Art.* 1811).

D. Le preneur peut-il tondre sans en prévenir le
bailleur?

R. Non, le preneur ne pourra tondre sans en prévenir le bailleur (*Art.* 1814); de même il ne pourra
disposer d'aucune bête du troupeau, soit du fonds,
soit du croît, sans le consentement du bailleur, qui
ne peut lui-même en disposer sans le consentement du
preneur (*Art.* 1812).

D. Quoique la propriété du cheptel ne soit pas
transférée au preneur, le cheptel ne peut-il pas quelquefois être saisi sur lui?

R. Lorsque le cheptel est donné au fermier d'autrui,
le propriétaire de qui ce fermier tient, peut faire saisir
le cheptel et le faire vendre pour ce que son fermier
lui doit, à moins que le cheptel ne lui ait été notifié (2) (*Art.* 1813).

---

(1) A moins qu'il n'y ait convention contraire. A la vérité
M. *Delvincourt*, tome 3, page 105, note 3, pense que cette convention serait nulle; mais M. *Pigeau* et M. *Maleville*, tome 3,
page 415, paraissent, avec raison, d'un autre avis.

(2) C'est une conséquence de l'article 2102, n.º 4, qui donne
au locateur le droit d'être préféré sur les objets qui garnissent sa
maison ou sa ferme, même au propriétaire desdits objets, à moins
qu'il ne soit prouvé qu'il avait connaissance que ces objets n'appartenaient pas à son locataire.

D. Quelle est la durée du cheptel?

R. La durée du cheptel est fixée par la convention ; s'il n'y a pas de durée fixée par la convention, il est censé fait pour trois ans (*Art.* 1815) ; mais le bailleur peut en demander plutôt la résolution, si le preneur ne remplit pas ses obligations (*Art.* 1816).

D. A la fin du bail ou lors de sa résolution, comment se déterminent les profits ou les pertes ?

R. Il se fait une nouvelle estimation du cheptel ; le bailleur peut prélever des bêtes de chaque espèce jusqu'à concurrence de la première estimation ; l'excédant se partage. S'il n'existe pas assez de bêtes pour remplir la première estimation, le bailleur prend ce qui reste, et les parties se font raison de la perte (*Art.* 1817).

SECTION III.

Du Cheptel à moitié.

D. Comment définit-on le cheptel à moitié?

R. Le cheptel à moitié est une société dans laquelle chacun des contractans fournit la moitié des bestiaux, qui demeurent communs pour le profit ou pour la perte (1) (*Art.* 1818).

D. A qui appartiennent les laitages, le fumier et le travail des bêtes?

R. Le preneur en profite seul, comme dans le cheptel simple. Le bailleur n'a droit qu'à la moitié des laines et du croît (*Art.* 1819).

---

(1) Ici le profit et la perte doivent être absolument communs, parce que chacun contribue au capital, et suivant la règle : *Res perit domino* (M. *Maleville*).

D. Peut-on déroger à ces dispositions par des conventions contraires ?

R. Non ; toute convention contraire est nulle, à moins que le bailleur ne soit propriétaire de la métairie dont le preneur est fermier ou colon partiaire (*Art.* 1819).

D. Quelles sont les autres règles qui régissent le cheptel à moitié ?

R. Toutes les règles qui régissent le cheptel simple s'appliquent au cheptel à moitié (*Art.* 1820).

SECTION IV.

Du Cheptel donné par le Propriétaire à son Fermier ou Colon partiaire.

§. I.er

Du Cheptel donné au Fermier.

D. Le cheptel donné au fermier ne prend-il pas un autre nom ?

R. Il est aussi appelé *cheptel de fer* (1) (*Art.* 1821).

D. Comment le définit-on ?

R. On le définit un contrat par lequel le propriétaire d'une métairie la donne à ferme, à la charge qu'à l'expiration du bail le fermier laissera des bestiaux d'une valeur égale au prix de l'estimation de ceux qu'il aura reçus (*Art.* 1821).

D. L'estimation du cheptel donné au fermier lui en transfère-t-elle la propriété ?

R. Non, elle ne lui transfère pas la propriété du

_____

(1) Parce que, dit *Pothier*, il est attaché à la métairie.

cheptel, mais néanmoins elle le met à ses risques (1)
(*Art.* 1822).

D. A qui appartiennent les profits du cheptel?

R. Ils appartiennent tous au fermier pendant la durée de son bail, à moins qu'il n'y ait convention contraire (*Art.* 1823).

D. Dans les cheptels donnés au fermier, le fumier
est-il compris dans les profits du preneur?

R. Non, il appartient à la métairie, à l'exploitation
de laquelle il doit être uniquement employé (2) (*Art.*
1824).

D. Si le cheptel vient à périr, par qui est supportée
la perte?

R. La perte, même totale et par cas fortuit, est en
entier pour le fermier, s'il n'y a convention contraire
(*Art.* 1825).

D. A la fin du bail, le fermier peut-il retenir le
cheptel, en payant l'estimation originaire?

R. Non, le fermier n'a pas ce droit; il doit laisser
un cheptel de valeur pareille à celui qu'il a reçu. S'il y
a du déficit, il doit le payer, et c'est seulement l'excédant (3) qui lui appartient (*Art.* 1826).

---

(1) Si elle le met à ses risques, il semblerait qu'il en est propriétaire ; mais c'est qu'il ne peut l'aliéner sans le remplacer ni
le retenir, en en payant l'estimation (M. *Maleville*).

(2) Le fermier profite toujours indirectement de ces fumiers ,
puisqu'il n'est pas obligé d'en acheter pour la métairie, et qu'ils
servent à en augmenter les produits (M. *Delvincourt*).

(3) Cet excédant peut être composé d'une partie des bêtes qui
formaient primitivement le cheptel : soit, par exemple, un troupeau de cent jeunes bœufs, valant vingt mille francs ; le cheptel
a duré un an. Les cent bœufs existent, mais ils valent quarante
mille francs; le fermier en gardera pour vingt mille francs
(M. *Delvincourt*).

§. II.

Du Cheptel donné au Colon partiaire.

D. Quelles sont les règles qui régissent ce cheptel ?

R. Dans ce cheptel, on peut stipuler que le colon délaissera au bailleur sa part de la toison à un prix inférieur à la valeur ordinaire, que le bailleur aura une plus grande part du profit; qu'il aura la moitié des laitages (1); mais on ne peut pas stipuler que le colon sera tenu de toute la perte (*Art.* 1828). D'ailleurs, il est soumis à toutes les règles du cheptel simple (*Art.* 1830).

D. Si le cheptel périt en entier sans la faute du colon, pour qui est la perte ?

R. La perte est pour le bailleur (*Art.* 1827).

D. Quand finit ce cheptel ?

R. Il finit avec le bail à métairie (*Art.* 1829).

SECTION V.

Du Contrat improprement appelé Cheptel.

D. Quel est le contrat que l'on appelle improprement *cheptel* ?

R. On appelle improprement *cheptel*, le contrat par lequel on donne à quelqu'un une ou plusieurs vaches pour les loger et les nourrir, à condition que le bailleur en conservera la propriété, et qu'il aura seulement le profit des veaux qui en naîtront (*Art.* 1831).

---

(1) Si l'on permet de déroger ici aux règles ordinaires à l'égard du cheptelier, c'est parce qu'on suppose qu'il est dédommagé par l'effet du bail (M. *Malenille*).

TITRE IX.

Du Contrat de Société (1).

CHAPITRE PRÉMIER.

Dispositions générales.

D. Qu'est-ce que la société ?

R. La société est un contrat par lequel deux ou plusieurs personnes conviennent de mettre quelque chose en commun, dans la vue de partager le bénéfice qui pourra en résulter (*Art.* 1832).

D. Quelles sont les choses essentielles à la société ?

R. C'est d'avoir un objet licite ; d'être contractée pour l'intérêt commun des parties ; enfin, que chaque associé y apporte ou de l'argent, ou d'autres biens, ou son industrie (2) (*Art.* 1833).

D. D'après quelles règles doivent se prouver l'existence et les conditions des sociétés ?

R. D'après les règles ordinaires.

---

(1) M. *Treilhard* a remarqué, dans son discours au Corps Législatif, qu'il ne s'agissait dans ce titre, ni de la société des époux, ni de celle qui se forme entre des personnes qui, indépendamment de leur volonté, se trouvent posséder des biens indivis, ni encore des sociétés de commerce. Cependant, il y a ici des règles générales qui peuvent être appliquées à tous ces objets différens.

(2) On entend par là une industrie dont les produits ou résultats soient appréciables. Si donc une personne n'apportait à la société que son crédit, sa protection, l'apport serait nul, et il n'y aurait point de société (*Voyez Pothier*, n.º 10, Traité du Contrat de Société).

Ainsi, toutes sociétés doivent être rédigées par écrit, lorsque leur objet est d'une valeur de plus de cent cinquante francs. La preuve testimoniale n'est point admise contre et outre le contenu en l'acte de société, ni sur tout ce qui serait allégué avoir été dit avant, lors ou depuis cet acte, encore qu'il s'agisse d'une somme ou valeur moindre de cent cinquante francs (*Art.* 1834).

CHAPITRE II.

Des diverses espèces de Sociétés.

D. Comment divise-t-on les sociétés ?
R. On les divise en universelles et particulières (*Art.* 1835).

SECTION I.re

Des Sociétés universelles.

D. Combien distingue-t-on de sortes de sociétés universelles ?
R. On en distingue deux sortes : la société de tous biens présens, et la société universelle de gains (*Art.* 1836).
D. Qu'est-ce que la société de tous biens présens ?
R. La société de tous biens présens est celle par laquelle les parties mettent en commun tous les biens meubles et immeubles qu'elles possèdent actuellement, et les profits qu'elles pourront en tirer (1) (*Art.* 1837).

---

(1) Dans le cas d'une société semblable, à la charge de qui sont les dettes ?
D'abord, toutes celles dont les associés sont grevés au moment

D. Les parties ne peuvent-elles pas comprendre dans cette société leurs biens à venir?

R. Elles peuvent aussi y comprendre toute autre espèce de gain (1); mais les biens qui pourraient leur advenir par succession, donation ou legs, n'entrent dans cette société que pour la jouissance. Toute stipulation tendant à y faire entrer la propriété de ces biens, est prohibée (2), sauf entre époux, et conformément à ce qui est réglé à leur égard (*Art.* 1837).

---

où commence la société, y entrent, même pour les capitaux. Quant aux dettes contractées depuis la société, il faut distinguer. Comme les biens qui adviennent aux associés à titre gratuit n'entrent dans la société que pour la jouissance, les dettes relatives à ces mêmes biens ne peuvent être à la charge de la société que pour les intérêts et arrérages. Les dettes contractées pour les affaires de la société sont à sa charge, en capitaux et intérêts. Il ne peut y avoir de difficulté que pour les dettes contractées par les associés sans indication d'emploi; il s'est élevé sur leur imputation deux opinions. Selon la première, ces dettes doivent être supportées par contribution et au *prorata*, par les biens de la société, et par les biens particuliers de l'associé débiteur. D'après la seconde, ces dettes doivent être à la charge de la société, sauf récompense pour les sommes qui seront prouvées avoir été employées pour les besoins ou l'amélioration des biens particuliers de l'un des associés. Ce dernier avis nous paraît préférable.

(1) Cela fait voir que les gains, autres que les profits faits sur les biens présens, n'entrent pas de droit dans cette société; *putà* les profits provenant de la pure industrie des associés, un gain fait à la loterie, l'invention d'un trésor et autres semblables. Dès que les parties peuvent les y comprendre, ils n'y sont pas compris de droit (M. *Delvincourt*).

(2) Les sociétés de biens à venir sont prohibées, parce qu'elles peuvent déguiser des donations de biens à venir et par les mêmes motifs qui ont fait interdire les donations de ce genre(M. *Maleville*).

D. Quelles sont les choses que comprend la société universelle de gains ?

R. La société universelle de gains renferme tout ce que les parties acquerront par leur industrie, à quelque titre que ce soit, pendant le cours de la société ; les meubles que chacun des associés (1) possède au temps du contrat y sont aussi compris : mais leurs immeubles personnels n'y entrent que pour la jouissance seulement (*Art.* 1838).

D. Si les parties ont fait une simple convention de société universelle, sans autre explication, quelle est la société qu'elles sont censées avoir voulu contracter ?

R. Elles sont présumées n'avoir voulu contracter qu'une société universelle de gains (2) (*Art.* 1839).

D. Une société universelle peut-elle avoir lieu entre toutes personnes ?

R. Non ; nulle société universelle ne peut avoir lieu qu'entre personnes respectivement capables de se donner ou de recevoir l'une de l'autre, et auxquelles il n'est pas défendu de s'avantager au préjudice d'autres personnes (3) (*Art.* 1840).

---

(1) Même pour la propriété. Autrement, il eût fallu obliger les associés de faire un inventaire de leurs biens, lors de leur entrée en société, ce qui eût été fort gênant, et en même temps fort illusoire. Mais cela n'empêche pas que les biens meubles qui leur échoient à l'avenir, à titre gratuit, ne soient exclus de la société (M. *Delvincourt*).

(2) Et cela parce que, quoique ces deux espèces de sociétés soient assez rares, les sociétés de tous biens présens le sont encore plus que les sociétés universelles de gains.

(3) La raison de cette disposition est que la société universelle, soit de biens présens, soit de gains, peut être un avantage considérable, excessif, et même total de la part de l'un des socié-

SECTION II.

De la Société particulière.

D. Quand est-ce qu'une société est dite société particulière ?

R. On appelle société particulière celle qui ne s'applique qu'à certaines choses déterminées (1), ou à leur usage (2), ou aux fruits à en percevoir (3) (*Art.* 1841). Le contrat par lequel plusieurs personnes s'associent, soit pour une entreprise désignée, soit pour l'exercice de quelque métier ou profession, est aussi une société particulière (*Art.* 1842).

CHAPITRE III.

Des Engagemens des Associés entre eux et à l'égard des Tiers.

SECTION I.re

Des Engagemens des Associés entre eux.

§ I.er

Du Commencement, de la Durée et des Effets généraux de la Société.

D. Quand commence la société ?

----

taires envers l'autre, et que le plus riche ferait passer par-là à l'autre la plus grande partie de sa fortune, au préjudice de ses descendans et ascendans, auxquels la loi ne lui permet que de retrancher une faible partie (M. *Pigeau*).

(1) Comme une maison que nous achetons en commun.

(2) Comme si nous stipulons que nous aurons tous deux l'usage d'une maison que nous avons louée en commun (M. *Pigeau*).

(3) Comme si nous stipulons de partager les revenus d'un bien que nous avons pris ensemble à bail

R. Les parties peuvent convenir que la société commencera après un certain temps, ou après l'événement d'une certaine condition. S'il n'y a rien de stipulé à cet égard, la société commence à l'instant même du contrat (*Art.* 1843).

D. Pour combien de temps la société est-elle censée contractée, si la durée n'en a pas été fixée?

R. S'il n'y a pas de convention sur la durée de la société, elle est censée contractée pour toute la vie des associés, sous la modification portée en l'article 1869 (1); ou, s'il s'agit d'une affaire dont la durée soit limitée, pour tout le temps que doit durer cette affaire (*Art.* 1844).

D. Quel est l'effet de la promesse faite par un associé, d'apporter une somme ou une chose dans la société?

R. L'effet de cette promesse est de rendre l'associé, débiteur envers la société, de tout ce qu'il a promis d'y apporter. Lorsque cet apport consiste en un corps certain, et que la société en est évincée, l'associé en est garant envers la société, de la même manière qu'un vendeur l'est envers son acheteur (*Art.* 1845).

D. Si l'associé qui avait promis d'apporter une somme dans la société, ne l'a point fait, en doit-il les intérêts?

R. Oui; il devient débiteur, de plein droit et sans demande (2), des intérêts de cette somme, à compter

_____

(1) C'est-à-dire qu'elle peut-être dissoute par la volonté de l'une des parties ; cette dissolution s'opère par une renonciation notifiée à tous les associés, et faite de bonne foi et non à contre-temps (*Voyez* ci-après, page 208).

(2) Il faut, autant que possible, éviter toute procédure entre des associés; c'est pour cela qu'on ne veut pas que pour faire

du jour où elle devait être payée (1). Il en est de même à l'égard des sommes qu'il a prises dans la caisse sociale, à compter du jour où il les en a tirées pour son profit particulier; le tout sans préjudice de plus amples dommages-intérêts, s'il y a lieu (2) (*Art.* 1846).

D. Les associés qui se sont soumis à apporter leur industrie à la société, peuvent-ils employer cette industrie pour leur compte particulier?

R. Non; ils doivent compte à la société de tous les gains qu'ils ont faits par l'espèce d'industrie qui est l'objet de cette société (*Art.* 1847).

D. Si un associé cause, par sa faute, quelque dommage à la société, ne peut-il pas les compenser avec les profits qu'il lui a procurés?

R. Non; chaque associé est tenu envers la société, des dommages qu'il lui a causés par sa faute, sans pouvoir compenser avec ces dommages les profits que

---

courir les intérêts, ils soient obligés de former une demande en justice.

(1) Cet article ne parle que des intérêts; mais il est clair qu'il en doit être de même, à plus forte raison, des fruits des immeubles. D'ailleurs, l'associé est censé vendeur à l'égard de la société (*Art.* 1845); or, dans la vente, les fruits appartiennent à l'acheteur du moment du contrat (*Art.* 1652). Enfin, dès que la société est propriétaire, de ce moment elle a droit aux fruits (*Voyez* M. *Maleville et* M. *Delvincourt*).

(2) C'est une exception à l'article 1153. Si, par exemple, tous les fonds mis dans la société devaient être employés à l'acquisition d'une partie de marchandises, sur laquelle la société eût fait un bénéfice quelconque, et que le défaut de versement, de la part de l'un des associés, ait fait manquer l'opération, il est clair que l'associé en retard doit indemniser ses coassociés : mais alors il ne doit pas les intérêts, qui se trouvent compris dans l'indemnité (M. *Delvincourt*).

son industrie lui aurait procurés dans d'autres affaires (1) (*Art.* 1850).

D. L'associé a-t-il également action contre la société à raison des dommages qu'il a éprouvés pour elle?

R. Oui; l'associé a également action contre la société, non seulement à raison des sommes qu'il a déboursées (2) pour elle (3), mais encore à raison des obligations qu'il a contractées de bonne foi pour les affaires de la société, et des risques inséparables (4) de sa gestion (*Art.* 1852).

D. Lorsque l'un des associés est, pour son compte particulier, créancier d'une somme exigible envers une personne qui se trouve aussi devoir à la société une somme également exigible, comment doit se faire l'imputation de ce qu'il reçoit de ce débiteur?

R. L'imputation de ce qu'il reçoit de ce débiteur

─────────────────

(1) La raison en est que cette industrie était une dette de sa part, et qu'il devait procurer ces profits, quand il n'aurait pas causé ces dommages (M. *Pigeau*).

(2) Et il peut répéter les intérêts du jour de l'avance (*Domat*, M. *Delvincourt*).

(3) *Quid*, dans cette espèce? Une société composée de deux associés seulement, fait faillite; elle doit cent-vingt mille francs. Les deux associés font cession volontaire; l'un abandonne pour 50,000 fr. de biens, et l'autre pour 20,000 fr. Au moyen de cet abandon, les créanciers déclarent les tenir quittes de toutes répétitions. L'associé qui a abandonné 50,000 fr., a-t-il action contre son coassocié pour se faire restituer 15,000 fr.? La Cour de Rennes a décidé la négative; M. *Delvincourt* est d'opinion contraire (*Voyez* M. *Delvincourt*, tom. 3, pag. 122, note 11).

(4) Par exemple, si, voyageant pour la société, il a été blessé et volé, sans faute ou négligence de sa part, on devra l'indemniser des frais de guérison et du vol, mais seulement quant aux objets qui lui étaient nécessaires pour le voyage (M. *Pigeau*).

doit se faire sur la créance de la société et sur la sienne, dans la proportion des deux créances (1), encore que l'associé ait, par sa quittance, dirigé l'imputation intégrale sur sa créance particulière (2) : mais s'il a exprimé, dans sa quittance, que l'imputation serait faite en entier sur la créance de la société, cette stipulation sera exécutée (3) (*Art.* 1848).

D. Lorsqu'un des associés a reçu sa part de la créance commune, et que le débiteur est depuis devenu insolvable, cet associé ne doit-il pas rapporter à la masse commune ce qu'il a reçu?

R. S'il a reçu sa part entière de la créance, il doit toujours rapporter à la masse commune ce qu'il a reçu, encore qu'il eût spécialement donné quittance *pour sa part* (4) (*Art.* 1849).

---

(1) Pourvu, cependant, qu'il n'en résulte pas de préjudice pour le débiteur ; car, aux termes de l'article 1253, lorsqu'un débiteur a plusieurs dettes, et qu'il fait un paiement insuffisant pour les acquitter toutes, il a le droit de déclarer quelle est la dette qu'il entend acquitter. Mais si, toutes choses égales, le débiteur a imputé le paiement sur la créance particulière de l'associé, on présumera facilement la connivence, et l'imputation aura lieu proportionnellement sur les deux créances (*Voyez* M. *Delvincourt*, tom. 3, pag. 123, note 6).

(2) De même, si l'un des associés a vendu avantageusement sa part dans les marchandises de la société, il est censé avoir vendu pour le compte de la société entière (M. *Delvincourt*). Ces décisions sont fondées sur ce que la bonne foi ne permet pas que l'associé s'occupe moins des affaires de la société que des siennes (*Exposé des Motifs*).

(3) Il ne peut revenir contre son propre fait.

(4) Mais je ne crois pas qu'il doive en être de même lorsqu'il a donné quittance pour sa part, sans l'avoir reçue toute entière. En effet, l'associé a sacrifié une partie de sa part pour en recevoir de suite le paiement, il avait le droit de le faire pour la sienne,

3.   13

D. Aux risques de qui sont les choses dont la jouissance seulement a été mise dans la société ?

R. Il faut distinguer :

Si les choses dont la jouissance seulement a été mise dans la société, sont des corps certains et déterminés, qui ne se consomment point par l'usage, elles sont aux risques de l'associé propriétaire (1).

Si ces choses se consomment, si elles se détériorent en les gardant (2) ; si elles ont été destinées à être vendues, ou si elles ont été mises dans la société sur une

---

mais non pour celles des autres. Le débiteur pouvait devenir ou ne pas devenir insolvable, c'était donc aussi un contrat aléatoire, auquel les coassociés ne doivent pouvoir gagner sans pouvoir perdre.

(1) *Secùs* lorsque c'est la propriété qui a été mise dans la société ; dans ce dernier cas, la chose périt pour la société, ce qui rend la position des associés bien différente. Supposons, en effet, deux paysans, qui ayant chacun une vache, conviennent de les mettre en commun. S'ils ont mis les vaches elles-mêmes en société, du moment de la convention chaque associé est devenu propriétaire, pour moitié, de chacune des deux vaches ; et, si l'une d'elles vient à périr, la société continue pour l'autre vache, qui continue elle-même d'appartenir aux deux associés. Mais s'ils n'ont mis en société que les produits de leurs vaches, alors chacune d'elles continue d'appartenir à son propriétaire ; et, si l'une périt, non-seulement celui à qui elle appartient, n'a rien à prétendre dans la propriété de l'autre ; mais encore la société est dissoute de plein droit, d'après l'article 1867, puisque le propriétaire de la vache qui a péri ne peut plus y rien mettre (M. *Delvincourt*).

(2) Dès que ces choses se détériorent en les gardant, on ne peut présumer que les associés aient eu l'intention de les garder, mais bien plutôt celle de donner à la société le droit d'en disposer à titre de propriétaire, sauf, lors de la dissolution, à prélever leur valeur, ou pareille quantité de choses d'égale nature et qualité.

estimation, portée par un inventaire (1), elles sont aux risques de la société.

Si la chose a été estimée, l'associé ne peut répéter que le montant de son estimation (2) (*Art.* 1851).

§ II.

De la Fixation des Parts des Associés.

D. Comment se règlent en général les parts des associés dans le gain et dans la perte?

R. Elles se règlent en général par l'acte de société.

D. Si l'acte de société ne règle pas la part de chaque associé dans les bénéfices ou pertes, comment est-elle fixée?

R. La part de chacun est fixée en proportion de sa mise dans le fonds de la société. A l'égard de celui qui n'a apporté que son industrie, sa part dans les bénéfices ou pertes est réglée comme si sa mise eût été égale à celle de l'associé qui a le moins apporté (*Art.* 1853).

D. Si les associés sont convenus de s'en rapporter à l'un d'eux ou à un tiers pour le règlement des parts, peuvent-ils attaquer ce règlement?

R. Ce règlement ne peut être attaqué s'il n'est évidemment contraire à l'équité (3). De plus, nulle ré-

---

(1) Dans ces deux cas, l'associé est censé avoir mis dans la société, non la chose elle-même, mais le montant de l'estimation, ou le prix qui proviendrait de la chose, et pour la jouissance seulement (M. *Delvincourt*).

(2) Dès que les risques ont été pour la société, elle ne doit pas tenir compte des bénéfices (M. *Delvincourt*).

(3) Les juges ne doivent, que dans le cas d'une grande injustice,

13..

clamation n'est admise à ce sujet, s'il s'est écoulé plus de trois mois depuis que la partie qui se prétend lésée a eu connaissance du règlement, ou si ce règlement a reçu de sa part un commencement d'exécution (*Art.* 1854).

D. Peut-on convenir que la totalité des bénéfices appartiendra à l'un des associés?

R. Non(1); toute convention semblable est nulle(2). Il en est de même de la stipulation qui affranchirait de toute contribution aux pertes, les sommes ou effets (3) mis dans le fonds de la société par un ou plusieurs des associés (*Art.* 1855).

§ III.

De l'Administration de la Société.

D. Lorsque l'un des associés a été chargé de l'administration par une clause spéciale du contrat de so-

se déterminer à s'écarter du règlement une fois fait. J'opinerais pour la lésion d'outre-moitié (M. *Maleville*).

(1) Mais on peut stipuler une part inégale dans les bénéfices et dans les pertes; par exemple, que, toute compensation faite, s'il y a bénéfice, l'un des associés en aura les deux tiers, et que s'il y a perte, il n'en supportera qu'un tiers (M. *Delvincourt*, M. *Maleville*).

(2) Remarquez que c'est seulement la convention qui est nulle; la société est toujours valable; et comme alors, au moyen de cette nullité, l'acte de société est censé ne contenir aucune stipulation relativement au partage des bénéfices et des pertes, la part de chaque associé doit être déterminée en proportion de sa mise de fonds (M. *Delvincourt*).

(3) On peut conclure de ces mots, que l'associé qui n'a mis que son industrie, peut être affranchi de toute contribution aux pertes; ou plutôt il y contribue réellement, nonobstant la clause d'affranchissement, puisqu'il perd le fruit de son industrie, pendant tout le temps qu'a duré la société (M. *Delvincourt*).

ciété, quels sont ses pouvoirs relativement à cette administration ?

R. Il peut faire, nonobstant l'opposition des autres associés, tous les actes qui dépendent de son administration, pourvu que ce soit sans fraude (*Art.* 1856).

D. Peut-on révoquer ce pouvoir ?

R. Si ce pouvoir a été donné par le contrat de société, il ne peut être révoqué sans cause légitime, tant que la société dure ; mais s'il n'a été donné que par un acte postérieur au contrat de société, il est révocable comme un simple mandat (1) (*Art.* 1856).

D. Lorsque plusieurs associés sont chargés d'administrer sans que leurs fonctions soient déterminées, ou sans qu'il ait été exprimé que l'un ne pourrait agir sans l'autre, peuvent-ils agir séparément ?

R. Oui, ils peuvent faire chacun séparément tous les actes de cette administration (*Art.* 1857). Mais s'il a été stipulé que l'un des administrateurs ne pourra rien faire sans l'autre, un seul ne peut, sans une nouvelle convention, agir en l'absence de l'autre, lors même que celui-ci serait dans l'impossibilité actuelle de concourir aux actes d'administration (2) (*Art.* 1858).

---

(1) La raison de la différence, dans les deux cas, est que, dans le premier, la société a été formée sous la condition que l'associé désigné administrerait (M. *Maleville*). Le pouvoir donné par l'acte de société est censé faire partie des conditions de la société.

(2) Cette décision ne doit pas être prise trop rigoureusement, il peut y avoir tel cas où il est absolument nécessaire d'agir, pour éviter un dommage grave et imminent ; alors, sans doute, le coadministrateur a droit de le faire, et doit le faire, puisque tout associé, même non-administrateur le devrait. Ainsi cet article doit s'entendre des cas ordinaires, des nouvelles entreprises (M. *Maleville*).

D. Si le contrat de société ne renferme pas de stipulations spéciales sur le mode d'administration, quelles sont les règles que l'on suit?

R. Dans ce cas on doit observer les règles générales suivantes :

1.º Les associés sont censés s'être donné réciproquement le pouvoir d'administrer l'un pour l'autre. Ce que chacun fait est valable même pour la part de ses associés, sans qu'il ait pris leur consentement; sauf le droit qu'ont ces derniers, ou l'un d'eux, de s'opposer à l'opération avant qu'elle soit conclue (1);

2.º Chaque associé peut se servir des choses appartenant à la société, pourvu qu'il les emploie à leur destination fixée par l'usage, et qu'il ne s'en serve pas contre l'intérêt de la société, ou de manière à empêcher ses associés d'en user selon leur droit;

3.º Chaque associé a le droit d'obliger ses associés à faire avec lui les dépenses qui sont nécessaires pour la conservation des choses de la société;

4.º L'un des associés ne peut faire d'innovations sur les immeubles dépendans de la société, même quand il les soutiendrait avantageuses à cette société (2), si les autres associés n'y consentent (3) (*Art.* 1859).

D. Un des associés peut-il aliéner ou engager les choses mobilières qui dépendent de la société?

R. L'associé qui n'est point administrateur, ne peut

_____

(1) Donc, s'ils s'y sont opposés, l'opération n'est pas valable, d'après cet axiome : *in pari causâ melior est conditio prohibentis.*

(2) La chose appartient à ses associés comme à lui, et nul ne peut disposer de la chose d'autrui.

(3) Mais le consentement tacite suffit : *qui prohibere potest, et non prohibet, consentire videtur.*

aliéner ni engager les choses, même mobilières, qui dépendent de la société (*Art.* 1860). Mais l'associé administrateur a droit de le faire.

D. Un associé a-t-il le droit d'associer une tierce personne à la société?

R. Non, l'associé, même administrateur, n'a pas le droit d'associer une tierce personne à la société, sans le consentement de ses associés; mais chaque associé peut, sans ce consentement, s'associer une ou plusieurs personnes relativement à la part qu'il a dans la société (1) (*Art.* 1861).

Section II.

Des Engagemens des Associés à l'égard des Tiers.

D. Les associés sont-ils tenus solidairement des dettes sociales?

R. Non; dans les sociétés autres que celles de commerce, les associés ne sont pas tenus solidairement des dettes sociales, et l'un des associés ne peut obliger les autres si ceux-ci ne lui en ont conféré le pouvoir (*Art.* 1862).

D. Comment les associés sont-ils tenus envers le créancier avec qui ils ont contracté?

R. Ils sont tenus, chacun pour une somme et part

---

(1) Je puis céder la moitié ou une autre portion de mon intérêt à Paul, et partager par là avec lui ma portion de bénéfice. Mais je ne puis sans le consentement des autres, l'associer à la société, quand même j'en aurais l'administration; parce qu'il leur importe qu'on n'associe pas à leurs opérations et à leurs délibérations, un homme qui ne peut leur convenir ni sympathiser avec eux (*M. Pigeau*).

égales, encore que la part de l'un d'eux dans la société fût moindre, si l'acte n'a pas spécialement restreint l'obligation de celui-ci sur le pied de cette dernière part (1) (*Art.* 1863).

D. La stipulation que l'obligation est contractée pour le compte de la société, suffit-elle pour lier la société ?

R. Non; la stipulation que l'obligation est contractée pour le compte de la société, ne lie que l'associé contractant et non les autres, à moins que ceux-ci ne lui aient donné pouvoir, ou que la chose n'ait tourné au profit de la société (2) (*Art.* 1864).

CHAPITRE IV.

Des Différentes Manières dont finit la Société.

D. Comment finit la société ?

R. La société finit :

1.º Par l'expiration du temps pour lequel elle a été contractée ;

2.º Par l'extinction de la chose, ou la consommation de la négociation ;

3.º Par la mort naturelle (3) de quelqu'un des associés ;

(1) Le motif de la dernière partie de cet article, est que des tiers peuvent ignorer les conventions particulières des associés, et qu'il faut empêcher les fraudes (M. *Maleville*).

(2) Sans préjudice de l'action du créancier contre l'associé qui a contracté, pour le montant total de l'obligation (M. *Delvincourt*).

(3) La mort de l'un des associés dissout la société à l'égard de tous, parce qu'il est possible que la société ait été contractée précisément en vue de l'associé décédé.

4.° Par la mort civile, l'interdiction ou la déconfiture de l'un d'eux ;

5.° Par la volonté qu'un seul ou plusieurs expriment de n'être plus en société (1) (*Art.* 1805).

D. Si une société à temps limité, reçoit une prorogation, comment cette prorogation peut-elle être prouvée ?

R. Elle ne peut être prouvée que par un écrit revêtu des mêmes formes que le contrat de société (2) (*Art.* 1866).

D. Quand est-ce que l'extinction de la chose opère la dissolution de la société ?

R. C'est lorsque l'un des associés a promis de mettre en commun la propriété d'une chose, et que la perte de cette chose survient avant que la mise en soit effectuée.

La société est également dissoute, dans tous les cas, par la perte de la chose, lorsque la jouissance seule a été mise en commun, et que la propriété en est restée dans la main de l'associé.

Mais la société n'est pas rompue par la perte de la

_____

(1). C'est une exception à la règle générale, d'après laquelle les contrats n'étant formés que par le concours des volontés des parties contractantes, ne peuvent être détruits que par le concours des mêmes volontés. Cette exception est fondée sur ce qu'une société qui serait continuée malgré les associés, deviendrait une source intarissable de procès (M. *Delvincourt*).

(2) Je ne crois pas qu'il faille conclure de ces mots, que, si l'acte primitif est notarié, l'acte de prorogation doive l'être également. Mais cela veut dire que si, par exemple, l'objet de la société est d'une valeur de plus de cent cinquante francs, comme il a fallu un acte écrit dans le principe, il en faudra un pareil pour la prorogation. (M. *Delvincourt*).

chose dont la propriété (1) a déjà été apportée à la société (2) (*Art.* 1867).

D. Peut-on stipuler qu'en cas de mort de l'un des associés, la société continuera avec son héritier (3), ou seulement entre les associés survivans ?

R. Oui, ces dispositions sont permises, et lorsqu'elles ont été faites, elles doivent être suivies (*Art.* 1868).

D. Si l'on a stipulé qu'en cas de mort de l'un des

---

(1) Entre le cas où la jouissance seulement a été mise dans la société, et celui où l'apport est de la propriété, il y a cette différence, que la mise de la jouissance est la mise des fruits qui naîtront de l'objet dont la jouissance est apportée. Il y a donc, en quelque sorte, autant d'apports différens, qu'il y a de perceptions de fruits. D'après cela, lorsque la jouissance vient à cesser pour la société, de quelque manière que cela arrive, il est vrai de dire que l'associé qui a promis d'apporter la jouissance, ne réalise pas son apport, et que, conséquemment, la société doit cesser.

(2) En effet, nous avons déjà vu, que quand c'est la propriété qui a été apportée, là chose est aux risques de la société. Si donc elle périt, c'est pour la société, non pour l'associé qui l'a apportée ; et la société continue (*Voyez* ci-dessus page 194, note (1).

Mais il reste une difficulté pour concilier l'article 1867, avec les principes du Droit actuel. En effet, le commencement de cet article, comparé avec la fin, suppose évidemment que la promesse de livrer une chose, n'en transfère pas la propriété, ce qui est formellement contraire à l'article 1138 du Code. La difficulté me paraît grave. M. *Delvincourt* cherche à concilier ces deux articles 1138 et 1867, en disant que, lorsque l'article 1138 décide que la promesse de livrer transfère la propriété, il suppose que celui qui a promis, était propriétaire de la chose promise ; et que dans l'article 1867, il s'agit du cas où la chose promise n'appartenait pas, au moment du contrat, à l'associé qui s'est engagé à la livrer (*Voyez* cet auteur, tome 3, page 124, note 11).

(3) En Droit Romain, cette clause n'était permise que dans un seul cas, celui de la ferme des impôts (L. 59, D. *pro Socio*).

associés ; la société continuerait seulement entre les associés survivans, quels sont les droits de l'héritier de l'associé décédé ?

R. L'héritier du décédé n'a droit qu'au partage de la société, eu égard à la situation de cette société lors du décès, et il ne participe aux droits ultérieurs qu'autant qu'ils sont une suite nécessaire de ce qui s'est fait avant la mort de l'associé auquel il succède (*Art.* 1868).

D. La dissolution de la société par la volonté de l'une des parties s'applique-t-elle à toutes les sociétés ?

R. Elle ne s'applique qu'aux sociétés dont la durée est illimitée (1) (*Art.* 1869).

D. Comment s'opère cette dissolution ?

R. Elle s'opère par une renonciation notifiée à tous les associés, pourvu que cette renonciation soit de bonne foi et non faite à contre temps (*Art.* 1869).

D. Quand est-ce que la renonciation n'est pas de bonne foi ?

R. C'est lorsque l'associé renonce pour s'approprier à lui seul le profit que les associés s'étaient proposé de retirer en commun (2) (*Art.* 1870).

D. Quand est-ce que la renonciation est faite à contre-temps ?

R. C'est lorsque les choses ne sont plus entières, et qu'il importe à la société que sa dissolution soit différée (3) (*Art.* 1870).

_____

(1) L'article 1871 statue sur le cas où la société est à terme.

(2) Par exemple, si, voyant un achat à faire pour lequel une grande partie de fonds est nécessaire, l'associé se retire pour reprendre ses fonds, mettre la société dans l'impossibilité de faire l'achat, et le faire à lui seul (M. *Pigeau*).

(3) Comme si une entreprise, un achat étant entamés, l'associé

D. La dissolution des sociétés à terme peut-elle être demandée par l'un des associés avant le terme convenu ?

R. Oui, mais seulement quand il y a de justes motifs de le faire, comme lorsqu'un autre associé manque à ses engagemens, ou qu'une infirmité habituelle le rend inhabile aux affaires de la société ; ou autres cas semblables, dont la légitimité et la gravité sont laissées à l'arbitrage des juges. (*Art.* 1871).

D. D'après quels principes se règlent les partages entre associés ?

R. Les règles concernant le partage des successions, la forme de ce partage, et les obligations qui en résultent entre les cohéritiers, s'appliquent aux partages entre associés (1). (*Art.* 1872).

D. Les dispositions de ce titre s'appliquent-elles aux sociétés de commerce ?

R. Elles ne s'y appliquent que dans les points qui n'ont rien de contraire aux lois et usages du commerce (*Art.* 1873).

TITRE X.

Du Prêt.

D. Qu'est-ce que le prêt ?

R. Le prêt est, en général, un contrat par lequel

_____

se retirait, privant par là la société de ses fonds et de ses travaux, nécessaires pour tirer de cette entreprise ou de cet achat le profit qu'on peut en espérer (M. *Pigeau*).

(1) *Voyez* ci-dessus page 47, notes (2), (3) et (4), et le deuxième Examen page 57, et page 86 et suivantes.

une des parties livre une chose à l'autre, pour s'en servir, et à la charge de la restituer après s'en être servie (M. *Delvincourt*).

D. Combien y a-t-il de sortes de prêt ?

R. Il y a deux sortes de prêt :

Celui des choses dont on peut user sans les détruire, et celui des choses qui se consomment par l'usage qu'on en fait (*Art.* 1874).

D. Quels noms prennent ces deux espèces de prêt ?

R. La première espèce s'appelle *prêt à usage* ou *commodat ;* la deuxième s'appelle *prêt de consommation* ou simplement *prêt* (1) (*Art.* 1874).

CHAPITRE I.er

Du Prêt à usage ou Commodat.

SECTION I.re

De la nature du Prêt à usage.

D. Comment définit-on le prêt à usage ?

R. Le prêt à usage ou commodat est un contrat par lequel l'une des parties livre une chose à l'autre pour s'en servir, à la charge par le preneur de la rendre après s'en être servi (2) (*Art.* 1875).

---

(1) C'est le *mutuum* des Romains.

(2) *Quid*, si l'une des parties est incapable de contracter ? Si c'est le prêteur, il peut exercer toutes les actions qui naissent du commodat, et il peut même répéter la chose avant le terme fixé par le contrat ; si c'est l'emprunteur, le prêteur n'a contre lui que l'action en revendication de la chose, si elle existe, ou si elle n'existe plus, la répétition du prix ; mais seulement *quatenùs locu-*

D. Le prêt à usage peut-il être salarié ?

R. Non, il est essentiellement gratuit (1) (*Art.* 1876).

D. La propriété de la chose prêtée à usage est-elle transférée à l'emprunteur ?

R. Non, le prêteur en demeure propriétaire (*Art.* 1877).

D. Quelles sont les choses qui peuvent faire l'objet d'un prêt à usage ?

R. Tout ce qui est dans le commerce et qui ne se consomme pas par l'usage, peut être l'objet de cette convention (2) (*Art.* 1878).

D. Les engagemens qui se forment par le commodat, passent-ils aux héritiers des parties ?

R. Oui, ces engagemens passent aux héritiers de celui qui prête et aux héritiers de celui qui emprunte. Mais si l'on n'a prêté qu'en considération de l'emprunteur, et à lui personnellement (3), alors les héritiers ne peuvent continuer de jouir de la chose prêtée (*Art.* 1879).

---

pletior factus est (Argument de l'article 1926; et L. 1, § 2, et L. 3, D. *Commodati*).

(1) S'il n'était pas gratuit, ce ne serait plus un commodat; ce serait un louage.

(2) Cet article ne doit pas être pris à la rigueur; car autrement ce qu'il dit serait faux. Des fruits, des pièces de monnaies se consomment par l'usage : cependant, si j'emprunte des pièces d'argent pour marquer au jeu, des fruits pour orner une table, sous la condition de remettre ces mêmes fruits, ces mêmes pièces, c'est à coup sûr un commodat.

(3) En général, le prêt est toujours censé fait en considération de l'emprunteur, à moins que le contraire ne résulte des circonstances (M. *Delvincourt*).

SECTION II.

Des Engagemens de l'Emprunteur.

D. Quelles sont les obligations de l'emprunteur relativement à la chose prêtée ?

R. L'emprunteur est tenu de veiller, en bon père de famille (1), à la garde et à la conservation de la chose prêtée. Il ne peut s'en servir qu'à l'usage déterminé par sa nature ou par la convention ; le tout à peine de dommages-intérêts s'il y a lieu (*Art.* 1880).

D. L'emprunteur est-il tenu de la perte de la chose prêtée, survenue par cas fortuit ?

R. En général, l'emprunteur n'en est pas tenu ; cependant il en est tenu dans les cas suivans :

1.º Lorsque la chose a été estimée en la prêtant (2) : dans ce cas, la perte qui arrive, même par cas fortuit, est pour l'emprunteur, s'il n'y a convention contraire (*Art.* 1883) ;

2.º Lorsque l'emprunteur emploie la chose prêtée à un autre usage, ou pour un temps plus long qu'il ne le devait (*Art.* 1881) ;

3.º Lorsque la chose prêtée périt par cas fortuit, dont l'emprunteur aurait pu la garantir en employant la sienne propre, ou lorsque, ne pouvant conserver que l'une des deux, il a préféré la sienne (3) (*Art.* 1882).

---

(1) Si donc il est négligent dans ses propres affaires, il ne sera pas recevable à dire qu'il a eu autant de soin de la chose prêtée que des siennes propres (Argument de l'article 1882 et M. *Delvincourt*).

(2) Néanmoins cette estimation ne change rien à la propriété de la chose.

(3) En un mot, toutes les fois qu'il a pu sauver la chose prêtée,

D. L'emprunteur est-il tenu de la détérioration arrivée sans sa faute à la chose prêtée?

R. Non; si la chose prêtée se détériore par le seul effet de l'usage pour lequel elle a été empruntée, et sans aucune faute de la part de l'emprunteur, il n'est pas tenu de la détérioration (1) (*Art.* 1884).

D. A l'époque de la restitution, l'emprunteur peut-il retenir la chose par compensation?

R. Non, l'emprunteur ne peut pas retenir la chose par compensation de ce que le prêteur lui doit (*Art.* 1885).

R. Si plusieurs ont emprunté conjointement la même chose, comment en sont-ils tenus envers le prêteur?

R. Ils en sont solidairement responsables envers le prêteur (*Art.* 1887).

Section III.

Des Engagemens de celui qui prête à usage.

D. Quand est-ce que le prêteur peut retirer la chose prêtée?

R. Le prêteur ne peut retirer la chose prêtée qu'a-

---

et qu'il ne l'a pas fait, il est tenu de la perte. D'ailleurs, l'on peut dire ici, qu'il est devenu plus riche, *quatenùs rem suam salvam fecit.* Enfin, toutes choses égales d'ailleurs, l'on doit faire pencher la balance, plutôt en faveur du prêteur que de l'emprunteur (M. *Delvincourt*).

(1) En consentant à ce que l'emprunteur fît usage de la chose, le prêteur est censé avoir consenti à courir le risque des détériorations ou dégradations que cet usage pourrait occasionner. Mais il faut que ce soit l'usage déterminé par la convention, ou par la nature de la chose. Il faut ensuite que ce soit un usage ordinaire, tel qu'un bon père de famille ferait de sa chose propre: autrement l'emprunteur est tenu du dommage (M. *Delvincourt*).

près le terme convenu, ou, à défaut de convention, qu'après qu'elle a servi à l'usage pour lequel elle a été empruntée (1) (*Art.* 1888). Néanmoins si, pendant ce délai, ou avant que le besoin de l'emprunteur ait cessé, il survient au prêteur un besoin pressant et imprévu de sa chose, le juge peut, suivant les circonstances, obliger l'emprunteur à la lui rendre (2) (*Art.* 1889).

D. Si, pendant la durée du prêt, l'emprunteur a fait quelques dépenses pour la chose ou pour son usage, le prêteur est-il obligé de la lui rembourser?

R. Si, pendant la durée du prêt, l'emprunteur a été obligé, pour la conservation de la chose, à quelque dépense extraordinaire, nécessaire (3), et tellement urgente qu'il n'ait pas pu prévenir le prêteur,

---

(1) *Quid*, s'il y a en même temps fixation du terme, et désignation de l'usage? Exemple : je vous prête mon cheval pour trois jours, pour faire un voyage à Saint-Germain. Si vous êtes plus de trois jours à faire le voyage, vous êtes tenu de m'indemniser; mais si vous n'êtes que deux jours, je puis réclamer mon cheval le troisième. Vous n'avez pas d'intérêt à le retenir.

(2) L'article 1888 donne la règle générale : le commodat qui est de son essence un bienfait et un service gratuit, ne serait qu'un piège, et tournerait à la perte de l'emprunteur, si le prêteur pouvait intempestivement reprendre sa chose. Mais l'exception de l'article 1889 est aussi conforme à l'équité : le commodataire n'est censé avoir prêté sa chose, que parce qu'il ne prévoyait pas en avoir un besoin pressant pour lui-même; et, s'il faut que l'un des deux, du prêteur et de l'emprunteur, souffre de sa privation, toutes choses égales, il est juste que ce soit ce dernier plutôt que le maître. C'est donc aux juges à peser les circonstances (M. *Maleville*).

(3) *Nécessaire* : autrement il eût été possible que le prêteur ne la fît pas.

3.   14

celui-ci sera tenu de la lui rembourser (*Art.* 1890).
Mais si c'est simplement pour user de la chose que
l'emprunteur a fait quelque dépense, il ne peut pas
répéter cette dépense (1) (*Art.* 1886).

D. Lorsque la chose prêtée a des défauts, le prêteur
est-il obligé d'en avertir l'emprunteur ?

R. Oui, si la chose prêtée a des défauts tels qu'elle
puisse causer du préjudice à celui qui s'en sert, le prêteur est obligé d'en avertir. S'il connaissait ces défauts
et qu'il n'en ait pas averti l'emprunteur, il est responsable du préjudice que ces défauts lui ont causé (2)
(*Art.* 1891).

CHAPITRE II.

Du Prêt de consommation ou simple Prêt.

SECTION I.re

De la nature du Prêt de consommation.

D. Comment définit-on le prêt de consommation ?

---

(1) Il y a loin, pour le sens, entre quelque dépense et une dépense extraordinaire, et l'on pourrait demander aux frais de qui
seront les dépenses intermédiaires.... Je croirais, en général,
que toutes les fois que les frais excèdent de beaucoup le loyer que
le prêteur aurait pu tirer de la chose, cet excédant doit être à sa
charge (M. *Maleville*, tome 4, page 30, sur l'article 1890).

(2) Remarquez que le prêteur n'en est pas tenu si les vices
étaient notoires; cette action résulte plutôt de son dol, que de la
nature du contrat. Mais pourquoi n'est-il tenu que des vices qu'il
a connus et qu'il a dissimulés, tandis que, dans la vente et dans
le louage, le vendeur et le bailleur sont tenus même des vices
qu'ils ne connaissaient pas ? C'est que le commodat est un contrat
de bienfaisance, et que, conséquemment, le prêteur doit être
assimilé au donateur, qui n'est tenu que de son dol (M. *Delvin-*
court).

R. Le prêt de consommation est un contrat par lequel l'une des parties livre à l'autre une certaine quantité de choses qui se consomment par l'usage, à la charge par cette dernière de lui en rendre autant de même espèce et qualité (*Art.* 1892).

D. Dans le prêt de consommation, la propriété de la chose prêtée est-elle transférée à l'emprunteur ?

R. Oui ; par l'effet de ce prêt, l'emprunteur devient propriétaire de la chose prêtée, et c'est pour lui qu'elle périt, de quelque manière que cette perte arrive (*Art.* 1893).

D. Peut-on donner à titre de prêt de consommation, des choses qui, quoique de même espèce, diffèrent dans l'individu, comme les animaux ?

R. Non ; ces choses ne peuvent faire l'objet d'un prêt de consommation ; c'est alors un prêt à usage (1) (*Art.* 1894).

D. Lorsqu'on a reçu un prêt en argent, quelle est la somme qu'on est obligé de rendre ?

R. On n'est obligé de rendre que la somme numé-

---

(1) Cet article, comme l'article 1878, ne doit pas être pris à la lettre : des choses qui diffèrent dans l'individu, des animaux, peuvent fort bien faire l'objet d'un prêt de consommation. Par exemple, qu'un libraire, ayant vendu tous les exemplaires qu'il avait d'un ouvrage, emprunte à un libraire voisin cent exemplaires de cet ouvrage à condition de lui en remettre cent autres; ces exemplaires différeront dans l'individu : cependant ce sera un prêt de consommation. Qu'un boucher emprunte cent moutons à un autre boucher, sous condition de lui en rendre cent autres dans huit jours, certainement ce sera encore un prêt de consommation. Le caractère distinctif de ces deux prêts, c'est que dans le prêt de consommation la propriété est transférée, et que dans le commodat elle ne l'est point.

rique énoncée au contrat ; s'il y a eu augmentation ou diminution d'espèces avant l'époque du paiement, le débiteur doit rendre la somme numérique prêtée, et ne doit rendre que cette somme dans les espèces ayant cours au moment du paiement (1) (*Art.* 1895).

D. Cette règle s'applique-t-elle également, lorsque le prêt a été fait en lingots ?

R. Non ; dans ce cas (2) cette règle n'a pas lieu (*Art.* 1896). Si ce sont des lingots ou des denrées qui ont été prêtés, quelle que soit l'augmentation ou la

---

(1) Ainsi, un individu a emprunté 1000 fr. en 200 pièces de 5 fr. ; depuis, ces pièces, sans augmenter de poids, sont portées à 6 fr. ; il ne rendra toujours que 1000 fr. ; et, par conséquent, s'il veut payer en pièces valant 5 fr. lors du prêt, il n'en rendra que 166 et 4 fr., quoiqu'il en ait reçu 200. Si ces pièces sont diminuées à 4 fr., il en rendra 250, quoiqu'il n'en ait reçu que 200. La raison en est que l'argent n'est pas, à proprement parler, une richesse, mais un signe de richesse. Une pièce de 5 fr. n'est rien par elle-même : elle n'est quelque chose, que parce qu'elle représente telle denrée qu'elle me procure le moyen d'avoir, par exemple, un mètre de toile. Si donc l'argent devient plus commun, ou la toile plus rare, il me faudra plus de 5 fr. : par exemple, 6 fr. pour avoir ce mètre de toile. Si au contraire, l'argent devient plus rare ou la toile plus commune, il me faudra moins de 5 francs : par exemple, 4 fr. pour l'acheter. Le législateur, mû par ces motifs ou d'autres d'intérêt public, peut donc changer le signe ; et, lorsqu'il le fait, celui qui, dans les hypothèses ci-dessus, rend 1000 fr., avec 4 fr. et 166 pièces valant, auparavant 5 fr., et aujourd'hui 6 fr., rend autant de denrées qu'il en a reçues par les 200 pièces de 5 fr. ; comme celui qui rend 250 pièces, ne rend pas davantage de denrées qu'il n'en a empruntées ; et, dans les deux cas, le créancier ne reçoit ni plus, ni moins que ce qu'il a prêté (M. *Pigeau*).

(2) Il fut convenu que la règle portée en l'article précédent n'avait plus lieu, toutes les fois que ce n'était pas une somme numéraire, mais un métal non monnoyé qui avait été prêté (M. *Maleville*).

diminution de leur prix, le débiteur doit toujours rendre la même quantité et qualité, et ne doit rendre que cela (*Art.* 1897).

Section II.

Des Obligations du Prêteur.

D. Quelle est la principale obligation du prêteur ?

R. La principale obligation du prêteur est, lorsque la chose prêtée a des défauts tels, qu'elle puisse nuire à celui qui s'en sert, d'en être responsable, s'il connaissait les défauts, et qu'il n'en ait pas averti l'emprunteur (*Art.* 1898 *et* 1891).

D. Quand est-ce que le prêteur peut redemander les choses prêtées ?

R. Le prêteur ne peut redemander les choses prêtées qu'au terme convenu (*Art.* 1899). S'il n'a pas été fixé de terme pour la restitution, le prêteur peut exiger le paiement quand il le juge convenable ; mais le juge peut accorder à l'emprunteur un délai suivant les circonstances (*Art.* 1900). Enfin, s'il a été convenu que l'emprunteur paierait quand il le pourrait, ou quand il en aurait les moyens, le juge lui fixera un terme de paiement suivant les circonstances (*Art.* 1901).

Section III.

Des Engagemens de l'Emprunteur.

D. Quelle est la principale obligation de l'emprunteur ?

R. C'est de rendre les choses prêtées en même quantité et qualité, et au terme convenu (*Art.* 1903).

D. Si l'emprunteur est dans l'impossibilité de rendre les choses prêtées, que doit-il faire ?

R. Il est tenu d'en payer la valeur eu égard au temps et au lieu où la chose devait être rendue d'après la convention. Si ce temps et ce lieu n'ont pas été réglés, le paiement se fait au prix du temps et du lieu où l'emprunt a été fait (*Art.* 1903).

D. Si l'emprunteur ne rend pas les choses prêtées ou leur valeur au terme convenu, de quel jour en doit-il l'intérêt ?

R. Il n'en doit l'intérêt que du jour de la demande en justice (*Art.* 1904).

CHAPITRE III.

Du Prêt à intérêt (1).

D. Qu'est-ce qu'on entend par intérêt ?

---

(1) Suivant le Droit Romain, le prêt à intérêt était permis, mais les lois en avaient fixé le taux, qui n'excédait jamais huit ou douze pour cent. Les théologiens trouvèrent, dans un précepte de l'Évangile, la défense de stipuler des intérêts pour simple prêt ; cette doctrine passa dans la Jurisprudence et, dans presque toute la France, ces intérêts furent proscrits jusqu'à la Convention nationale. Sont-ils permis aujourd'hui dans le for intérieur ? Non ; cependant l'on pense en général, que *celui qui a l'intention formelle et déterminée avec les moyens de ne pas laisser son argent inactif, mais d'en retirer un bénéfice, peut, en sûreté de conscience, prêter à intérêt, pourvu que ce ne soit pas au-dessus du taux légal.* C'est du moins l'opinion du séminaire de Saint-Sulpice, et de l'un des membres les plus instruits et les plus éloquens du clergé français, de M. l'abbé Fayet.

R. L'intérêt est , en général ; tout ce que le prêteur reçoit au-delà de la somme ou de la chose prêtée.

(M. Delvincourt.)

R. L'intérêt est le profit que tire un créancier de l'argent qui lui est dû.

(*Répertoire de M. Merlin.*)

D. Combien y a-t-il d'espèces d'intérêt?

R. Il y en a deux espèces : l'intérêt légal et l'intérêt conventionnel (*Art.* 1907).

D. Qu'appelle-t-on intérêt légal ?

R. L'intérêt légal est celui dont le taux est fixé par la loi. Il a lieu principalement en cas de retard dans le paiement d'une somme d'argent.

D. Qu'appelle-t-on intérêt conventionnel?

R. On appelle intérêt conventionnel celui dont le taux est fixé par les parties. Le taux de l'intérêt conventionnel doit être fixé par écrit (1) (*Art.* 1907).

D. Le taux de l'intérêt conventionnel peut-il excéder celui de l'intérêt légal ?

R. Oüi, il peut le faire toutes les fois que la loi ne le prohibe pas (*Art.* 1907). En ce moment le *maximum* de l'intérêt conventionnel est fixé au taux de l'intérêt légal, c'est-à-dire, à cinq pour cent en matière civile, et six pour cent en matière de commerce (*Loi du 3 septembre* 1807, *Bulletin*, N.° 2740).

D. Est-il permis de stipuler des intérêts pour un simple prêt?

R. Oui, il est permis de stipuler des intérêts pour un

---

(1) Cela doit être entendu dans le sens que, s'il y avait contestation sur le taux de l'intérêt, la preuve ne pourrait en être faite que par écrit; mais du reste, la stipulation d'intérêt ne serait pas nulle, quand même l'intérêt serait fondu dans le capital, à moins qu'il n'y eût excès. Ainsi jugé en Cassation.

simple prêt, soit d'argent, soit de denrées, ou autres choses mobilières (1) (*Art.* 1905).

D. Si l'emprunteur a payé des intérêts qui ne fussent pas stipulés, peut-il les répéter?

R. Non, il ne peut ni les répéter, ni les imputer sur le capital (2) (*Art.* 1906). Mais, d'un autre côté, quand ils auraient été stipulés par écrit, si le capital a été payé, et qu'il en ait été donné quittance sans réserve des intérêts, ils sont présumés également payés, et le débiteur entièrement libéré (3) (*Art.* 1908).

D. Qu'est-ce qu'on entend par *constitution de rente?*

R. Lorsqu'on stipule un intérêt moyennant un capital que le prêteur s'interdit d'exiger, ce prêt prend le nom de *constitution de rente* (4) (*Art.* 1909).

_____

(1) Si les intérêts ont été stipulés à un taux supérieur à cinq pour cent en matière civile, et à six pour cent en matière de commerce, la stipulation est-elle nulle pour le tout, ou bien seulement pour l'excédant? Cette question, autrefois controversée, est décidée par l'article 3 de la loi du 3 septembre 1807, qui porte que la différence seulement doit être imputée sur le capital.

(2) S'il a payé des intérêts, il a pu le faire pour acquitter sa conscience, dans la vue de dédommager le créancier du tort qu'il a souffert, ou du bénéfice qu'il a manqué de faire; il a pu les payer aussi par un motif de reconnaissance. Dans les deux cas, il a acquitté une dette, sinon civile, du moins naturelle (M. *Pigeau*).

(3) On pourrait refuser le capital offert sans l'intérêt: dès qu'on l'a reçu, on est présumé avoir reçu en même temps l'intérêt (M. *Pigeau*).

(4) Les constitutions de rente, soit perpétuelle, soit viagère, qui se font pour le prix d'une somme d'argent, sont des espèces de contrats de vente.... Ce contrat n'est pas du nombre des contrats consensuels, qui sont parfaits par le seul consentement des parties contractantes: il est de la classe des contrats réels; c'est-à-dire qu'il n'est parfait que lorsque l'acquéreur de la rente en a payé le prix (*Pothier*, Traité du Contrat de Constitution de Rente).

D. De combien de manières cette rente peut-elle être constituée ?

R. Cette rente peut être constituée de deux manières, en perpétuel et en viager (*Art.* 1910).

D. Peut-on convenir qu'une rente perpétuelle ne sera pas rachetable ?

R. Non ; la rente constituée en perpétuel est essentiellement rachetable. Les parties peuvent seulement convenir que le rachat ne sera pas fait avant un délai qui ne pourra excéder dix ans (1), ou sans avoir averti le créancier au terme d'avance qu'elles auront déterminé (*Art.* 1911).

D. Le débiteur d'une rente perpétuelle peut-il être contraint au rachat ?

R. Il peut être contraint au rachat dans trois cas :

1.º S'il cesse de remplir ses obligations pendant deux années (2) ;

2.º S'il manque de fournir au prêteur les sûretés promises par le contrat (*Art.* 1912) ;

3.º S'il tombe en faillite ou en déconfiture (*Art.* 1913).

D. Quelles sont les règles concernant les rentes viagères ?

R. Ces règles sont établies au titre *des Contrats aléatoires* (*Art.* 1914).

_____

(1). Ce délai peut être étendu à trente ans, si la rente est le prix de la vente d'un héritage (*Voyez art.* 530).

(2) Cette disposition s'appliquerait-elle à une rente constituée avant le Code? La question paraît bien susceptible de controverse, cependant la jurisprudence et la majorité des avis se réunissent pour l'affirmative.

TITRE XI.

Du Dépôt et du Séquestre.

CHAPITRE Ier

Du Dépôt en général et de ses diverses espèces.

D. Qu'est-ce que le dépôt, en général?

R. Le dépôt, en général, est un acte par lequel on reçoit la chose d'autrui, à la charge de la garder (1) et de la restituer en nature (*Art.* 1915).

D. Combien distingue-t-on d'espèces de dépôt?

R. On en distingue deux espèces; le dépôt proprement dit, et le séquestre (*Art.* 1916).

---

(1) C'est la garde de la chose qui est de l'essence du dépôt; il faut donc que cette garde soit la fin principale du contrat. Ainsi toutes les fois que le contrat a pour principal but, toute autre chose que la garde, ce n'est pas un dépôt, quand même la garde se trouverait comprise au nombre des obligations imposées à celui auquel la chose est remise. Si donc, ayant un procès, je remets les pièces à un avoué, c'est un mandat, non un dépôt, parce que mon intention est qu'il s'en serve pour la défense de ma cause. Si je donne de l'argent à quelqu'un pour qu'il le porte dans un lieu quelconque, c'est encore un mandat; quand même j'aurais ajouté la charge de le garder, si la personne à qui je l'envoie ne veut pas le recevoir : dans ce cas, la remise de l'argent est la fin principale; la garde n'est qu'accessoire et subsidiaire.

Ces distinctions sont importantes, sous le rapport de la responsabilité de celui auquel la chose est confiée. En général, cette responsabilité est moins grande dans le dépôt que dans tout autre contrat (M. *Delvincourt*).

CHAPITRE II.

Du Dépôt proprement dit.

SECTION I.re

De la Nature et de l'Essence du Contrat de dépôt.

D. Comment définit-on le dépôt proprement dit?

R. Le dépôt proprement dit, est un contrat par lequel une personne donne une chose corporelle et mobilière à garder à une autre personne, qui s'en charge gratuitement et s'oblige de la rendre à la volonté du déposant (M. *Delvincourt*).

D. Quelles sont les choses qui peuvent être l'objet de ce contrat?

R. Ce contrat ne peut avoir pour objet que des choses mobilières (*Art.* 1918).

D. Le contrat de dépôt est-il essentiellement gratuit?

R. Non; cette qualité tient à la nature et non à l'essence du contrat (1) (M. *Delvincourt*).

D. Que faut-il pour que ce contrat soit parfait?

R. Il faut, pour qu'il soit parfait, qu'il y ait eu tradition réelle ou feinte de la chose déposée (2) (*Art.* 1919).

D. Quand est-ce que la tradition feinte suffit?

R. C'est lorsque le dépositaire se trouve déjà nanti,

---

(1) La gratuité est de la nature et non de l'essence du dépôt. Il y a, à cet égard, une légère inexactitude de rédaction dans l'article 1917; cela se prouve par l'article 1928, qui suppose évidemment que le dépôt peut n'être pas gratuit (M. *Delvincourt*).

(2) En effet, le dépositaire n'en est chargé qu'à compter de la tradition.

à quelqu'autre titre, de la chose que l'on consent à lui laisser à titre de dépôt (1) (*Art.* 1919).

D. La loi ne distingue-t-elle pas plusieurs sortes de dépôts proprement dits?

R. Elle en distingue deux sortes : le dépôt volontaire, et le dépôt nécessaire (2) (*Art.* 1920).

Section II.

Du Dépôt volontaire.

D. Que doit-on entendre par dépôt volontaire?

R. Par dépôt volontaire, on doit entendre celui dans lequel le choix du dépositaire dépend uniquement de la volonté parfaitement libre du déposant (M. *Delvincourt*).

D. Comment se forme le contrat de dépôt volontaire?

R. Ce contrat se forme par le consentement réciproque de la personne qui fait le dépôt et de celle qui le reçoit (*Art.* 1921).

D. Que faut-il pour pouvoir faire régulièrement un dépôt volontaire?

R. Il faut être propriétaire de la chose déposée, ou avoir le consentement exprès ou tacite du propriétaire (*Art.* 1922).

D. Comment doit être prouvé le dépôt volontaire?

R. Il doit être prouvé par écrit; la preuve testi-

---

(1) Comme si, m'ayant prêté votre pendule, vous me la laissez, à la fin du prêt, à titre de dépôt (M. *Pigeau*).

(2) Le dépôt nécessaire est celui qu'on appelait en Droit Romain dépôt misérable.

moniale n'en est point reçue pour valeur excédant cent cinquante francs (*Art.* 1923).

D. Qu'arrive-t-il dans le cas où, le dépôt étant au-dessus de cent cinquante francs, il n'est point prouvé par écrit?

R. Celui qui est attaqué comme dépositaire en est cru sur sa déclaration, soit pour le fait même du dépôt, soit pour la chose qui en faisait l'objet, soit pour le fait de sa restitution (*Art.* 1924).

D. Le dépôt volontaire peut-il avoir lieu entre toutes personnes ?

R. Non; il ne peut avoir lieu qu'entre personnes capables de contracter (*Art.* 1925).

D. Si, néanmoins, une personne capable de contracter accepte le dépôt fait par une personne incapable, n'est-elle pas tenue envers elle de quelque obligation ?

R. Elle est tenue de toutes les obligations d'un véritable dépositaire, et peut être poursuivie par le tuteur ou administrateur de la personne qui a fait le dépôt (*Art.* 1925).

D. Si une personne capable a fait un dépôt volontaire à une personne qui ne l'est pas, quels sont les droits qu'elle peut exercer ?

R. Elle ne peut exercer que l'action en revendication, tant que la chose existe dans la maison du dépositaire, ou une action en restitution, jusqu'à concurrence de ce qui a tourné au profit de ce dernier (*Art.* 1926).

Section III.

Des Obligations du Dépositaire.

D. De quels soins le dépositaire est-il tenu, dans la garde de la chose déposée?

R. Il est tenu de tous les soins qu'il apporte dans la garde des choses qui lui appartiennent (1) (*Art.* 1927).

D. Quels sont les cas dans lesquels cette disposition doit être appliquée avec plus de rigueur?

R. La loi en distingue quatre :

Le premier est celui où le dépositaire s'est offert lui-même pour recevoir le dépôt (2);

Le second, celui où il a stipulé un salaire pour la garde du dépôt (3);

Le troisième, celui où le dépôt a été fait uniquement pour l'intérêt du dépositaire (4);

---

(1) *De se queri debet qui negligenti amico rem custodiendam committit* (*L.* 1, § 1, D. *de Oblig. et Act.*). *Quid,* si le dépositaire ne pouvant sauver que l'une des deux choses, a sauvé la sienne et laissé périr la chose déposée? Il n'est pas tenu : il doit avoir le même soin de la chose déposée que de la sienne propre; mais il n'est pas tenu d'en avoir davantage : cela est si vrai que si, pour sauver la chose déposée, il a laissé périr la sienne, il doit en être indemnisé par le déposant (M. *Delvincourt*).

(2) Il a pu empêcher par là le déposant de choisir un dépositaire plus exact et plus diligent.

(3) Cet article confirme la note (1) page 219 ci-dessus.

(4) J'allais partir pour la campagne; vous pensez qu'il serait possible que vous eussiez besoin de fonds pour une acquisition; cependant vous ne voudriez pas faire d'emprunt avant d'avoir la certitude du besoin : je consens à mettre de l'argent en dépôt chez vous, avec permission de vous en servir si cela vous est nécessaire (M. *Delvincourt*). Jusqu'à l'emploi, vous êtes dépositaire; après, vous êtes emprunteur (M. *Pigeau*).

Le quatrième, celui où il a été convenu expressément que le dépositaire répondrait de toute espèce de faute (*Art.* 1928).

D. Le dépositaire est-il tenu des accidens de force majeure ?

R. Non, il n'en est tenu en aucun cas, à moins qu'il n'ait été mis en demeure de restituer la chose déposée (*Art.* 1929).

D. Le dépositaire peut-il se servir de la chose déposée ?

R. Non, il ne peut se servir de la chose déposée, sans la permission expresse ou présumée (1) du déposant (*Art.* 1930).

D. Peut-il chercher à connaître les choses qui lui ont été remises en dépôt ?

R. Non, il ne doit point chercher à les connaître si elles lui ont été confiées dans un coffre fermé, ou sous une enveloppe cachetée (2) (*Art.* 1931).

D. Le dépositaire peut-il se contenter de rendre une chose équivalente à celle qu'il a reçue ?

R. Non ; il doit rendre identiquement la chose même

---

(1) Quand y a-t-il permission présumée ? Cela est remis à la décision du juge, qui constatera, à cet égard, les rapports d'amitié ou d'habitude qui pouvaient exister entre le déposant et le dépositaire. La permission se présumera plus facilement à l'égard des choses qui se détériorent peu par l'usage, comme un livre, un cheval ; plus difficilement à l'égard des choses qui, quoique non fongibles, se détériorent aisément, comme du linge ; très-difficilement, si c'est une chose fongible (M. *Delvincourt*).

(2) Par suite de la disposition de l'article 1931, si le dépositaire vient à découvrir par hasard ce qui est contenu dans le coffre, ou dans l'enveloppe, ou si le déposant lui en a, de confiance, donné connaissance, il doit lui garder le secret (M. *Delvincourt*).

qu'on lui a confiée ; ainsi, le dépôt des sommes monnayées doit être rendu dans les mêmes espèces qu'il a été fait, soit dans le cas d'augmentation, soit dans le cas de diminution de leur valeur (*Art.* 1932).

D. En quel état le dépositaire est-il tenu de rendre la chose déposée ?

R. Dans l'état où elle se trouve au moment de la restitution ; les détériorations qui ne sont pas survenues par son fait sont à la charge du déposant (*Art.* 1933).

D. Que doit restituer le dépositaire, dans le cas où la chose déposée lui a été enlevée par une force majeure, et où il a reçu quelque chose à la place ?

R. Il doit restituer ce qu'il a reçu en échange (*Art.* 1934).

D. Quelles sont les obligations de l'héritier du dépositaire qui a vendu, de bonne foi, la chose dont il ignorait le dépôt ?

R. Il n'est tenu que de rendre le prix qu'il a reçu, ou de céder son action contre l'acheteur, s'il n'a pas touché le prix (1) (*Art.* 1935).

D. Le dépositaire est-il tenu de restituer les fruits de la chose déposée ?

R. Oui, si la chose déposée a produit des fruits qui aient été perçus par le dépositaire, il est obligé de les restituer ; mais il ne doit aucun intérêt de l'argent dé-

_____

(1) Le déposant aurait-il la revendication contre le tiers détenteur ? Non ; dans notre Droit, en fait de meubles, la possession vaut titre ; et il n'y a exception à ce principe que pour le cas où la chose est perdue ou volée ; or, ici la chose n'a été ni perdue ni volée (*Voyez*, au reste, M. *Delvincourt*, tome 3, page 203, note 1.re).

posé, si ce n'est du jour où il a été mis en demeure de faire la restitution (1) (*Art.* 1936).

D. A qui le dépositaire doit-il restituer la chose déposée ?

R. Il ne doit restituer la chose déposée qu'à celui qui la lui a confiée, ou à celui au nom duquel le dépôt a été fait (2), ou à celui qui a été indiqué pour le recevoir (*Art.* 1937).

D. Le dépositaire peut-il exiger de celui qui a fait le dépôt, la preuve qu'il était propriétaire de la chose déposée ?

R. Non ; mais s'il découvre que la chose a été volée, et quel en est le véritable propriétaire, il doit dénoncer à celui-ci le dépôt qui lui a été fait, avec sommation de le réclamer dans un délai déterminé et suffisant (*Art.* 1938).

D. Le dépositaire demeure-t-il soumis à quelque obligation, dans le cas où celui auquel la dénonciation a été faite, néglige de réclamer le dépôt ?

R. Non, il est valablement déchargé par la tradition qu'il fait du dépôt à celui duquel il l'a reçu (*Art.* 1938).

---

(1) Si cependant il était prouvé que le dépositaire avait employé l'argent à son usage, il en devrait les intérêts pour tout le temps de l'emploi. En effet, pourquoi ne paierait-il pas l'intérêt, lorsqu'il s'est servi de l'argent, tandis qu'on lui impose l'obligation de restituer tous les fruits ; l'intérêt est le fruit de l'argent mis en circulation (*Voyez* M. *Maleville*, tome 4, sur l'art. 1930, et sur l'art. 1936.)

(2) Si donc j'ai mandé à Pierre de déposer mes fonds chez vous, et qu'il ait effectué le dépôt en mon nom et comme mon mandataire, vous ne pouvez rendre le dépôt qu'à moi seul, et non à Pierre, à moins que son mandat ne lui donne également pouvoir de retirer le dépôt (M. *Delvincourt*).

3.   15

D. En cas de mort naturelle ou civile de la personne qui a fait le dépôt, à qui la chose déposée doit-elle être rendue ?

R. Elle ne peut être rendue qu'à son héritier, et s'il s'en trouve plusieurs, à chacun d'eux pour sa part et portion (*Art.* 1939).

D. Comment peut-on appliquer cette disposition, lorsqu'il y a plusieurs héritiers, et que la chose déposée est indivisible ?

R. Dans ce cas, les héritiers doivent s'accorder entre eux pour la recevoir (1) (*Art.* 1939).

D. A qui le dépôt doit-il être restitué, lorsque la personne qui l'a fait a changé d'état ; lorsque, par exemple, la femme libre, au moment où le dépôt a été fait, s'est mariée depuis et se trouve en puissance de mari, ou lorsque le majeur déposant se trouve frappé d'interdiction ?

R. Dans tous ces cas et autres de même nature, le dépôt ne peut être restitué qu'à celui qui a l'administration des droits et des biens du déposant (2) (*Art.* 1940).

---

(1) *Quid* si la chose est naturellement divisible, mais que cependant elle ne puisse, dans son état actuel, être rendue divisément ; par exemple, s'il s'agit d'une somme d'argent renfermée dans un sac cacheté ? Dans ce cas, si l'un des héritiers réclame sa part, le sac doit être porté au juge, qui en fera l'ouverture, en tirera la part de l'héritier demandeur, cachetera de nouveau le sac, et le remettra au dépositaire (L. 1, § 36. *D. Depositi.*).

(2) Ainsi, si la femme, libre au moment du dépôt, s'est mariée depuis, et se trouve en puissance de mari, le dépôt sera remis à celui-ci ; à moins que la femme ne fût séparée de biens, ou n'eût des biens paraphernaux, et que le dépôt ne fît partie des objets dont elle peut disposer comme femme séparée, ou à titre de paraphernal (M. *Pigeau*).

D. Si le dépôt a été fait par un tuteur, par un mari, ou par un administrateur, dans l'une de ces qualités, à qui peut-il être restitué lorsque leur gestion ou leur administration est finie ?

R. Il ne peut être restitué qu'à la personne que représentait ce tuteur, ce mari, ou cet administrateur (1) (*Art* 1941).

D. Où doit se faire la restitution de la chose déposée ?

R. Si le contrat ne désigne pas le lieu de la restitution, elle doit se faire dans le lieu même du dépôt (2) (*Art.* 1943).

Dans le cas contraire, elle doit se faire au lieu désigné par le contrat. Le dépositaire est tenu d'y porter la chose déposée ; mais s'il y a des frais de transport, ils sont à la charge du déposant (*Art.* 1942).

D. Quand est-ce que le dépôt doit être remis au déposant ?

R. Il doit lui être remis aussitôt qu'il le réclame, lors même que le contrat aurait fixé un délai déterminé pour la restitution (3), à moins qu'il n'existe entre les

_____

(1) Ainsi, il doit l'être au pupille devenu majeur, à la femme devenue veuve, à moins qu'à ce tuteur ou à ce mari, il n'en ait succédé un autre (M. *Pigeau*).

(2) Doit-on entendre par ces mots, *dans le lieu du dépôt*, dans le lieu où le dépôt a été fait, ou bien dans le lieu où se trouve le dépôt au moment de la restitution ? Je pense qu'il faut entendre le lieu où le dépôt a été fait (Argument tiré de l'article 1247) (M. *Delvincourt*).

(3) Parce que le dépositaire ne pouvant jamais se servir du dépôt, ne peut jamais avoir intérêt d'en retarder la remise (M. *Pigeau*). Mais si la clause qui fixe un délai est inutile en ce qui concerne le dépositaire, elle ne l'est pas à l'égard du déposant, en ce qu'elle lui donne le droit de refuser de reprendre le dépôt,

15..

mains du dépositaire une saisie-arrêt ou une opposition à la restitution et au déplacement de la chose déposée (*Art.* 1944).

D. Le dépositaire peut-il toujours être admis au bénéfice de cession?

R. Non, la loi refuse cette faveur au dépositaire infidèle (1) (*Art.* 1945).

D. Qu'arrive-t-il lorsque le dépositaire vient à découvrir et à prouver qu'il était propriétaire de la chose déposée ?

R. Il est libéré de toutes les obligations dont il était tenu en sa qualité de dépositaire (2) (*Art.* 1946).

SECTION IV.

Des Obligations de la Personne par laquelle le Dépôt a été fait.

D. Quelles sont les obligations de la personne qui a fait le dépôt?

R. Elle est tenue de rembourser au dépositaire les

---

si le dépositaire voulait le rendre avant l'expiration du délai (M. *Delvincourt*).

(1) Le dépositaire infidèle n'est point admis au bénéfice de cession, lequel libère de la contrainte par corps; mais ceci ne peut s'appliquer qu'au cas où l'infidélité était de nature à prendre la voie criminelle, et où le déposant a obtenu par cette voie la restitution par corps : car, s'il l'obtient par la voie civile, le dépositaire ne peut avoir besoin de recourir au bénéfice de cession, puisque le Code ne prononce la contrainte par corps pour dépôt (art. 2060), que quand le dépôt est nécessaire (M. *Pigeau*).

(2) Si toutefois il en a la pleine propriété ; car si le déposant en avait l'usufruit, le dépositaire, quoique propriétaire, serait tenu de lui restituer la chose.

dépenses qu'il a faites pour la conservation de la chose déposée, et de l'indemniser de toutes les pertes que le dépôt peut lui avoir occasionnées (1) (*Art.* 1947).

D. Quels sont les droits que peut exercer le dépositaire, pour la garantie de son remboursement ?

R. Il peut retenir la chose déposée, jusqu'à l'entier paiement de ce qui lui est dû, à raison du dépôt (2) (*Art.* 1948).

SECTION V.

Du Dépôt nécessaire.

D. Qu'est-ce que le dépôt nécessaire ?

R. Le dépôt nécessaire est celui qui a été forcé par quelqu'accident, tel qu'un incendie, une ruine, un pillage, un naufrage, ou autre évènement imprévu (*Art.* 1949).

D. La preuve d'un dépôt nécessaire peut-elle être faite par témoins ?

R. Oui, lors même qu'il s'agit d'une valeur au-dessus de cent cinquante francs (3) (*Art.* 1950).

D. Quelles sont les règles qui régissent le dépôt nécessaire ?

---

(1) Si, par exemple, un cheval attaqué d'une maladie contagieuse a été déposé, et qu'il en soit résulté la perte d'autres bestiaux appartenant au dépositaire, il doit en être indemnisé par le déposant; n'importe que le déposant ait ou n'ait pas connu les vices de la chose déposée.

(2) Il peut même obtenir condamnation, et faire vendre le dépôt, s'il est de nature à l'être, pour se faire payer sur le prix (M. *Pigeau*).

(3) Parce que, dans le cas de dépôt nécessaire, le créancier ne peut souvent pas se procurer une preuve par écrit.

R. Les règles du dépôt volontaire s'appliquent aussi au dépôt nécessaire (*Art.* 1951).

D. Les aubergistes ou hôteliers sont-ils responsables comme dépositaires, des effets apportés par le voyageur qui loge chez eux ?

R. Oui ; le dépôt de ces sortes d'effets doit être regardé comme un dépôt nécessaire (1) (*Art.* 1952).

D. Faut-il, pour que les aubergistes ou hôteliers soient responsables du vol ou du dommage des effets du voyageur, que le vol ait été fait, ou que le dommage ait été causé par eux-mêmes ?

R. Non ; ils sont également responsables du vol fait ou du dommage causé par les domestiques et préposés de l'hôtellerie, ou par des étrangers allant et venant dans l'hôtellerie (*Art.* 1953).

D. N'y a-t-il pas quelque exception à cette règle ?

R. On en excepte le cas où ces vols ont été faits avec force armée ou autre force majeure (2) (*Art.* 1954).

_____

(1) Et par conséquent, la preuve par témoins doit en être reçue. Remarquez qu'il suffit que les effets aient été apportés dans l'hôtellerie ; il n'est pas nécessaire que le voyageur les ait remis à l'aubergiste. Autrefois c'était controversé.

(2) Il paraît résulter de ces articles qu'il n'y a que le cas de force majeure qui excuse l'aubergiste ; et que s'il ne justifie pas que c'est ainsi qu'est arrivée la perte, il demanderait inutilement à prouver qu'il n'y a eu aucune faute de sa part. C'est l'opinion de M. *Delvincourt;* M. *Maleville* pense que l'aubergiste, au contraire, n'est pas tenu des vols faits par des larrons étrangers venus du dehors, sauf complicité.

CHAPITRE III.

Du Séquestre.

SECTION I.re

Des diverses Espèces de Séquestre.

D. Comment définit-on le séquestre?

R. Le séquestre (1) est le dépôt d'une chose contentieuse (2), entre les mains d'une tierce personne, qui s'oblige de la garder et de la remettre, après la contestation terminée, à celui auquel elle sera adjugée (3) (M. *Delvincourt*).

D. Combien distingue-t-on d'espèces de séquestre ?

R. On en distingue deux espèces : le séquestre conventionnel, et le séquestre judiciaire (*Art.* 1955).

---

(1) Le mot *séquestre* est pris aussi quelquefois pour la personne entre les mains de laquelle la chose est séquestrée (*Voyez* Code de Procédure, art. 688).

(2) L'article 1956 ajoute : *fait par une ou plusieurs personnes.* Cette rédaction n'est pas exacte ; le séquestre ne peut être fait que par deux personnes au moins. Ce n'est pas qu'une seule personne ne puisse faire le dépôt d'une chose contentieuse; mais ce serait un dépôt simple, et non un séquestre : et ce qui le prouve, c'est que le déposant pourrait, dans ce cas, se faire restituer la chose; tandis que dans le séquestre proprement dit, il faut le consentement de toutes les parties intéressées (M. *Delvincourt et* M. *Maleville.*)

(3) Pendant le séquestre, la chose est réellement possédée par le dépositaire ; car l'objet du séquestre est de déposséder les deux parties; mais après le jugement, la possession du dépositaire profite à celui qui a gagné, et au nom duquel le dépositaire est censé avoir possédé pendant le procès (M. *Delvincourt*).

SECTION II.

Du Séquestre conventionnel.

D. Quand est-ce que le séquestre est dit conventionnel ?

R. Le séquestre est dit conventionnel quand il résulte de la convention des parties.

D. Le séquestre est-il essentiellement gratuit ?

R. Non ; il peut n'être pas gratuit (*Art.* 1957).

D. Lorsqu'il est gratuit, quelles sont les règles qui le régissent ?

R. Il est soumis aux règles du dépôt proprement dit (*Art.* 1958).

D. Le séquestre ne peut-il avoir pour objet que des effets mobiliers ?

R. Il peut aussi avoir pour objet des immeubles (1) (*Art.* 1959).

D. Le dépositaire chargé du séquestre peut-il en être déchargé avant la contestation terminée ?

R. Il ne peut l'être que du consentement de toutes les parties intéressées (2), ou pour une cause jugée légitime (*Art.* 1960).

---

(1) Le dépôt des immeubles s'appelle même plus proprement *séquestre* (M. *Maleville*).

(2) Deux personnes qui prétendent à la même chose, la mettent de concert en séquestre dans les mains d'un autre ; un tiers survient, et soutient que c'est à lui que la chose appartient : les deux premiers peuvent-ils la retirer du séquestre sans le consentement du tiers ? Si le tiers a fait opposition, ou si la contestation est portée en justice, le séquestre ne doit pas se dessaisir de la chose ; dans le cas contraire, il peut la remettre aux deux premiers contendans (*Voyez* M. *Maleville*, tome 4, pages 65 et 66, sur l'article 1960).

Section III.

Du Séquestre ou Dépôt judiciaire.

D. Qu'est-ce que le séquestre judiciaire ?

R. Le séquestre judiciaire est celui qui est fait par ordonnance du juge (M. *Delvincourt*).

D. Quelles sont les choses qui peuvent être l'objet du séquestre judiciaire ?

R. La justice peut ordonner le séquestre :

1.º Des immeubles saisis sur un débiteur ;

2.º D'un immeuble ou d'une chose mobilière dont la propriété ou la possession est litigieuse entre deux ou plusieurs personnes ;

3.º Des choses qu'un débiteur offre pour sa libération (1). (*Art.* 1961).

D. Dans le cas où la justice ordonne le séquestre des meubles saisis sur un débiteur, quel est le nom que l'on donne au dépositaire de ces meubles ?

R. Il prend le nom de gardien.

D. Par quel acte est-il ordinairement établi ?

R. Il est ordinairement établi par l'exploit de saisie (*Voyez* Code de Procédure , *Art.* 597).

D. Le séquestre des meubles, saisis sur un débiteur, n'oblige-t-il pas réciproquement le saisissant et le gardien de ces meubles ?

_____

(1) Il y a d'autres cas où les juges pourraient ordonner le séquestre, comme de la dot d'une femme, dans le cas de la dissipation du mari, et en attendant le jugement de séparation; d'une chose mobilière que le possesseur serait soupçonné de dénaturer ou d'emporter, en attendant le jugement sur la revendication de cette chose , etc; d'après cela l'article ne doit pas être considéré comme absolument restrictif (M. *Maleville*).

R. Il produit entre le saisissant et le gardien différentes obligations réciproques.

D. Quelles sont les obligations du gardien?

R. Il doit apporter, pour la conservation des effets saisis, les soins d'un bon père de famille ; il doit les représenter, soit à la décharge du saisissant pour la vente, soit à la partie contre laquelle les exécutions ont été faites, en cas de main levée de la saisie (1) (*Art.* 1962).

D. Quelles sont les obligations du saisissant?

R. Il est tenu à payer au gardien le salaire fixé par la loi (*Art.* 1962).

D. A qui sont confiés les objets dont la justice ordonne le séquestre ?

R. Ils sont confiés à une personne dont les parties intéressées conviennent entre elles (2), ou à une personne nommée d'office par le juge (*Art.* 1963).

D. Celui auquel la chose mise en séquestre a été confiée, est-il tenu de quelque obligation ?

R. Il est soumis à toutes celles qu'emporte le séquestre conventionnel (*Art.* 1963).

---

(1) Le gardien ne peut se servir des choses saisies, les louer ou prêter, à peine de privation des frais de garde, et de dommages-intérêts, au paiement desquels il sera contraignable par corps. Si les objets saisis ont produit quelques profits ou revenus, il est tenu d'en rendre compte, même par corps (Code de Procédure, articles 603 et 604).

(2) La prétention des parties n'empêche pas que le séquestre ne doive être regardé, dans ce cas, comme un séquestre judiciaire, et ne soit, en conséquence, assujetti aux obligations imposées à ces sortes de séquestre, notamment à la contrainte par corps; comme il peut en réclamer les droits, tel que celui d'avoir un salaire, quoiqu'il n'y ait pas eu de convention à cet égard (M. *Delvincourt*).

TITRE XII.

Des Contrats aléatoires.

D. Comment définit-on le contrat aléatoire?

R. Le contrat aléatoire est une convention réciproque dont les effets, quant aux avantages et aux pertes, soit pour toutes les parties, soit pour l'une ou plusieurs d'entre elles, dépendent d'un événement incertain (*Art.* 1964).

D. Quels sont les principaux contrats de cette nature?

R. Les principaux contrats aléatoires sont : le contrat d'assurance, le prêt à la grosse aventure, le jeu et le pari, le contrat de rente viagère. Les deux premiers sont régis par le Code de Commerce, les autres par le Code Civil (*Art.* 1964).

CHAPITRE I.er

Du Jeu et du Pari.

D. La loi accorde-t-elle quelqu'action pour une dette de jeu ou pour le paiement d'un pari?

R. Non; la loi n'accorde aucune action pour une dette de jeu, ou pour le paiement d'un pari (*Art.* 1965). Néanmoins, les jeux propres à exercer au fait des armes, les courses à pied ou à cheval, les courses de chariot, les jeux de paume et autres jeux de même nature, qui tiennent à l'adresse et à l'exercice du corps, sont exceptés de cette disposition (*Art.* 1966).

D. Cette exception doit-elle toujours faire admettre la demande ?

R. Non ; le tribunal peut rejeter (1) la demande quand la somme lui paraît excessive (*Art.* 1966).

D. Celui qui a perdu un pari, ou contracté une dette de jeu, peut-il répéter ce qu'il a volontairement payé ?

R. Non, il ne le peut dans aucun cas (2), à moins qu'il n'y ait eu, de la part du gagnant, dol, superche- rie, ou escroquerie (*Art.* 1967).

CHAPITRE II.

Du Contrat de Rente viagère.

SECTION I.re

Des Conditions requises pour la validité du Contrat.

D. Que doit-on entendre par constitution de rente viagère ?

R. La constitution de rente viagère est un contrat par lequel une partie s'engage envers l'autre à servir une rente annuelle, payable pendant la vie naturelle de l'individu, ou des individus désignés au contrat (M. *Del- vincourt*).

---

(1) Il faut observer que l'article ne dit pas que le tribunal peut modérer la demande, quand elle lui parait excessive ; mais qu'il peut la rejeter (M. *Maleville*). L'excès de la somme prouve que les parties ont fait, du jeu, une spéculation d'intérêt, et non un simple moyen d'exercer leur adresse ; et, sous ce rapport, elles rentrent dans la règle générale qui n'accorde point d'action pour les dettes de jeu (M. *Delvincourt*).

(2) C'était le contraire en Droit Romain (*L.* 1, Cod. *de Aleat.*).

D. De combien de manières la rente viagère peut-elle être constituée ?

R. Elle peut être constituée à titre onéreux, moyennant une somme d'argent, ou pour une chose mobilière appréciable, ou pour un immeuble (*Art.* 1968).

Elle peut être aussi constituée, à titre purement gratuit, par donation entre-vifs ou par testament. Elle doit être alors revêtue des formes requises par la loi (1) (*Art.* 1969).

D. La rente viagère constituée à titre gratuit, n'est-elle pas quelquefois nulle ou sujette à réduction ?

R. Elle est nulle, si elle est au profit d'une personne incapable de recevoir ; elle est réductible, si elle excède ce dont il est permis de disposer (*Art.* 1970).

D. Est-il nécessaire que la rente viagère soit constituée sur la tête de celui qui en fournit le prix ?

R. Non, elle peut être constituée sur la tête d'un tiers qui n'a aucun droit d'en jouir (2) (*Art.* 1971).

D. La rente viagère ne peut-elle être constituée que sur une seule tête ?

R. Elle peut être constituée sur la tête d'une ou de plusieurs personnes (*Art.* 1972), soit, dans ce dernier cas, qu'elle doive passer de l'une à l'autre jusqu'au décès du dernier mourant, soit que chacune de ces personnes ait droit d'en jouir, ensemble ou séparement, dans

---

(1) C'est-à-dire que l'acte constitutif de la rente doit être revêtu des formes requises pour les donations entre-vifs, ou pour les testamens (M. *Maleville*).

(2) C'est-à-dire que je puis stipuler qu'une rente me sera payée, tant que Pierre vivra (M. *Maleville*). Remarquez que, dans ce cas, l'on ne doit avoir égard, ni à l'état, ni à la capacité de celui sur la tête duquel la rente est constituée ; ce peut être un mort civilement (M. *Delvincourt*).

l'ordre et de la manière fixée par le contrat (M. *Delvincourt*).

D. Peut-elle être constituée au profit d'un tiers, quoique le prix en soit fourni par une autre personne ?

R. Oui, et quoique, dans ce cas, elle ait les caractères d'une libéralité, elle n'est point assujettie aux formalités requises pour les donations. Néanmoins, elle ne peut être valable, si elle est constituée au profit d'une personne incapable de recevoir (1), et elle est sujette à réduction, si elle excède ce dont il est permis de disposer (2) (*Art.* 1973).

---

(1) Mais quelle que soit l'incapacité de celui au profit de qui la rente a été constituée, les conventions faites entre celui qui a fourni les fonds, et celui qui les a reçus, doivent être exécutées purement et simplement. Si donc la rente a été constituée au profit d'un incapable, la résiliation du contrat ne peut être demandée par les héritiers de celui qui a fourni les fonds, de même que le débiteur de la rente ne peut argumenter de cette même incapacité, pour demander cette résiliation. Cependant, comme l'incapable ne doit pas jouir, au mépris des dispositions de la loi, la rente devra être continuée pendant sa vie, mais au profit des héritiers ou ayant cause de celui qui a fourni les deniers (M. *Delvincourt*).

(2) Il faudra d'abord évaluer la rente pour savoir s'il y a lieu à réduction; mais, dans ce cas, comment se fera cette réduction? Les héritiers du bailleur de fonds auront le choix, ou de laisser jouir le rentier, ou de percevoir la rente à leur profit, en lui abandonnant la portion disponible en toute propriété (Argument de l'article 917). S'il y a lieu à réduction, le donataire sera-t-il obligé de rapporter, en tout ou en partie, les arrérages qu'il a touchés? Non (M. *Delvincourt*). La discussion de ces questions sortirait du cadre de cet ouvrage; *Voyez* M. *Delvincourt*, tome 2, page 66, note 6; tome 3, page 198, note 7; enfin, tome 1.er, page 146, note 5; M. *Merlin*, Répertoire de jurisprudence, au mot *Donation*, section 8, § 2; au mot *Rapport à succession*, § 3, n.° 5; et au mot *Réserve*.

D. Le contrat de rente viagère créée sur la tête d'une personne qui était morte au jour du contrat, serait-il valable?

R. Non ; tout contrat de rente viagère créée sur la tête d'une personne qui était morte au jour du contrat, ne produit aucun effet (*Art.* 1974). Il en est de même du contrat par lequel la rente a été créée sur la tête d'une personne atteinte de la maladie dont elle est décédée (1) dans les vingt jours de la date du contrat (2) (*Art.* 1975).

D. La loi a-t-elle déterminé le taux de la rente viagère?

R. Non, elle peut être constituée au taux qu'il plaît aux parties contractantes de fixer (3) (*Art.* 1976).

SECTION II.

Des Effets du Contrat entre les Parties contractantes.

D. Quels sont les droits que peut exercer celui au

---

(1) Si les contractans eussent connu la gravité de la maladie, la rente viagère n'eût pas été promise, puisque cette rente créée sur la tête d'un mourant n'est d'aucune valeur ; mais il n'y a pas de véritable consentement quand il y a erreur (M. *Portalis*).

(2) Remarquez qu'il faut, pour l'application de cet article, que la personne soit décédée par suite de la maladie qu'elle avait au moment du contrat. Si sa mort, quoique survenue dans les vingt jours, a été occasionnée par une autre cause, le contrat est valable (M. *Delvincourt*).

(3) C'est ici une des règles fondamentales et distinctives de la rente viagère. Elle ne peut pas être annullée sous prétexte de lésion ou d'usure ; l'action rescisoire a toujours été refusée, en effet, dans les contrats aléatoires, *propter incertum eventum* (M. *Maleville*).

profit duquel la rente a été constituée moyennant un prix, dans le cas où le constituant ne lui donne pas les sûretés stipulées pour l'exécution du contrat (1) ?

R. Il peut demander la résiliation du contrat (2) (*Art.* 1977).

D. Peut-il, pour le seul défaut du paiement des arrérages, demander le remboursement du capital ou à rentrer dans le fonds par lui aliéné ?

R. Non ; il n'a que le droit de saisir et de faire vendre les biens de son débiteur, et de faire ordonner ou consentir, sur le produit de la vente, l'emploi d'une somme suffisante pour le service des arrérages (3) (*Art.* 1978).

D. Le constituant n'a-t-il pas la faculté de se libérer du paiement de la rente, en offrant de rembourser le capital, et en renonçant à la répétition des arrérages payés ?

R. Non ; il est tenu de servir la rente pendant toute la vie de la personne ou des personnes sur la tête desquelles la rente a été constituée, quelle que soit la durée de la vie de ces personnes, et quelque onéreux qu'ait pu devenir le service de la rente (*Art.* 1979).

---

(1) Par exemple, s'il avait promis de fournir une caution, et qu'il ne la donne pas; s'il avait faussement déclaré ses biens libres d'hypothèques, etc.

(2) Dans ce cas, s'il a déjà reçu des arrérages, doit-il restituer ou imputer sur le capital l'excédant de ces arrérages sur les intérêts légaux? Non, cet excédant est le prix du risque qu'il a couru de perdre la rente, par la mort de celui sur la tête duquel elle était constituée (M. *Delvincourt*). Cependant, M. *Maleville* est d'opinion contraire.

(3) Quel devra être le montant de cette somme? Il devra être tel, qu'il produise en perpétuel un revenu suffisant pour le service annuel de la rente viagère.

D. Lorsque le propriétaire de la rente viagère vient à mourir, dans quelle proportion cette rente lui est-elle acquise ?

R. Elle lui est acquise dans la proportion du nombre de jours qu'il a vécu. Néanmoins, s'il a été convenu qu'elle serait payée d'avance, le terme qui a dû être payé est acquis du jour où le paiement a dû en être fait (*Art.* 1980).

D. La rente viagère peut-elle être stipulée insaisissable ?

R. Oui, mais seulement lorsqu'elle a été constituée à titre gratuit (1) (*Art.* 1981).

D. La mort civile du propriétaire donne-t-elle lieu à l'extinction de la rente viagère ?

R. Non, le paiement doit en être continué pendant sa vie naturelle (2) (*Art.* 1982).

D. Que doit prouver le propriétaire d'une rente viagère, pour en réclamer les arrérages ?

---

(1) Il y a inexactitude dans la rédaction de cet article ; il dit que la rente ne peut être déclarée insaisissable, que lorsque elle a été constituée à titre gratuit ; elle peut l'être toutes les fois que celui qui en jouit *en jouit à titre gratuit*. En effet, je puis remettre dix mille francs à Pierre, pour qu'il fasse une rente viagère de mille francs à Paul, et stipuler que cette rente sera insaisissable ; cependant elle est constituée à titre onéreux (M. *Delvincourt*). Du reste, la raison de différence est que celui qui fait une libéralité, peut la faire sous telle condition qu'il juge à propos ; mais celui qui se crée une rente avec son capital, ne peut pas nuire à ses créanciers (M. *Maleville*).

(2) Cela est fondé sur ce que, dans les conventions, les expressions de vie et de mort, s'entendent toujours de la vie ou de la mort naturelle. Mais qui touchera la rente ? Il faut distinguer : si elle peut être considérée comme purement alimentaire, elle pourra être touchée par le mort civilement lui-même ; sinon, elle appartiendra à ses héritiers (M. *Delvincourt*).

3.   16

R. Il doit justifier de son existence ou de celle de la personne sur la tête de laquelle la rente a été constituée (*Art.* 1983).

TITRE XIII.

Du Mandat.

CHAPITRE I.er

De la Nature et de la Forme du Mandat.

D. Qu'est-ce que le mandat?

R. Le mandat est un contrat par lequel une personne confie la gestion d'une ou plusieurs affaires honnêtes à une autre personne qui l'accepte gratuitement (1).
(M. Delvincourt).

R. Le mandat ou procuration est un acte par lequel une personne donne à une autre le pouvoir de faire quelque chose pour le mandant, et en son nom.
(Art. 1984).

D. Que faut-il pour que le contrat de mandat soit parfait?

R. Il faut que le mandat ait été accepté par le mandataire (*Art.* 1984).

D. Est-il nécessaire que l'acceptation du mandataire soit expresse?

R. Non, elle peut n'être que tacite, et résulter de

_____

(1) Cette définition est un peu différente de celle du Code. Cela provient de ce qu'elle définit le mandat comme contrat, tandis que la définition du Code est celle de l'acte qui contient le mandat. C'est pour cela qu'il est dit dans l'article 1984, *le mandat ou procuration*. La procuration est l'acte qui contient le mandat, et n'est pas le contrat de mandat; la procuration peut être faite par le mandant seul. Le contrat se forme ensuite par l'acceptation du mandataire (M. *Delvincourt*).

l'exécution que le mandataire a donnée au mandat (*Art.* 1985).

D. Le mandat ne peut-il être donné que par acte public?

R. Il peut encore être donné ou par écrit sous seing privé, ou même par lettre. Il peut aussi être donné verbalement (1), mais la preuve testimoniale n'en est reçue que conformément au titre *des Contrats ou des Obligations conventionnelles en général* (*Art.* 1985).

D. Le mandat est-il un contrat gratuit ou à titre onéreux?

R. Il est de la nature du mandat d'être gratuit; mais comme cette qualité ne tient pas à son essence, les parties peuvent convenir d'un salaire (*Art.* 1986).

D. Quand est-ce que le mandat est dit spécial, quand est-il dit général?

R. Il est dit spécial, quand il est donné pour une seule affaire, ou même pour plusieurs, pourvu qu'elles soient déterminées; il est général, lorsqu'il s'étend à toutes les affaires du mandant (*Art.* 1987).

D. Le mandat conçu en termes généraux donne-t-il au mandataire le pouvoir de faire des aliénations ou de consentir des hypothèques?

R. Non; un pareil mandat n'embrasse que les actes d'administration; s'il s'agit d'aliéner, ou d'hypothéquer, ou de quelqu'autre acte de propriété, il doit être exprès (2) (*Art.* 1988).

_____

(1) Le mandat peut même être tacite, c'est-à-dire, résulter d'un fait. Ainsi, la remise des pièces à un huissier vaut pouvoir pour toutes exécutions, autres que la saisie immobilière et l'emprisonnement (Code de Procédure, art. 556).

(2) M. *Berlier,* en présentant ce Titre au Corps Législatif, a cité les deux formes les plus générales de mandat, la faculté de faire

D. Le mandataire peut-il faire quelque chose au-delà de ce qui est porté dans son mandat?

R. Non; il doit se renfermer étroitement dans les bornes qui lui ont été assignées par le mandat. Ainsi, le pouvoir de transiger ne renferme pas celui de compromettre (1) (*Art.* 1989).

D. Les femmes et les mineurs émancipés peuvent-ils être choisis pour mandataires?

R. Oui; mais le mandant n'a d'action contre le mandataire mineur que d'après les règles générales relatives aux obligations du mineur, et contre la femme mariée et qui a accepté le mandat sans autorisation de son mari (2), que d'après les règles établies au titre du *Contrat de Mariage et des Droits respectifs des Époux* (*Art.* 1990).

---

tout ce que le mandataire jugera *convenable aux intérêts du mandant*, ou de faire *tous les actes que le mandant pourrait faire.* Dans ces deux hypothèses-là même, il dit que la procuration doit se borner aux actes d'administration (*Voyez* Exposé des Motifs).

(1) Dans la transaction, c'est le mandataire lui-même qui agit; dans le compromis, ce sont les arbitres qui décident. A la vérité, ces arbitres sont choisis par le mandataire; mais le mandant peut fort bien ne pas avoir, dans les personnes choisies par le mandataire, la même confiance qu'il a dans le mandataire lui-même (M. *Delvincourt*).

(2) Le mari a incontestablement le droit de s'opposer à ce que sa femme accepte une procuration; mais s'il ne s'y oppose pas, il est censé y consentir, sous la condition cependant que cette gestion ne nuira pas à ses droits (M. *Berlier*, Exposé des Motifs).

CHAPITRE II.

Des Obligations du Mandataire.

D. Quelles sont les obligations que l'acceptation du mandat impose au mandataire ?

R. Le mandataire, en acceptant le mandat, contracte l'obligation de l'accomplir tant qu'il en demeure chargé, et il répond des dommages et intérêts qui pourraient résulter de son inexécution (1).

Il est tenu de même d'achever la chose commencée au décès du mandant, s'il y a péril dans la demeure (*Art.* 1991).

Il doit encore rendre compte de sa gestion et faire raison au mandant de tout ce qu'il a reçu, en vertu de sa procuration, quand même ce qu'il aurait reçu n'eût point été dû au mandant (2) (*Art.* 1993).

D. Le mandataire ne répond-il que du dol dont il se rend coupable dans sa gestion ?

R. Il répond en outre de ses fautes (*Art.* 1992).

D. La responsabilité relative aux fautes est-elle appliquée avec la même rigueur à tous les mandataires ?

R. Non, elle est appliquée moins rigoureusement à celui dont le mandat est gratuit, qu'à celui qui reçoit un salaire (*Art.* 1992).

---

(1) Donc, si l'inexécution n'a causé aucun préjudice au mandant, le mandataire n'est tenu d'aucuns dommages et intérêts (L. 8, § 6, D. *Mandati*).

(2) Parce que le mandataire ne s'oblige pas à restitution envers celui de qui il reçoit ; il n'est que mandataire, il n'oblige que son mandant. Il doit donc remettre à celui-ci, pour qu'il puisse rendre à celui qu'il appartient (M. *Pigeau*).

D. Le mandataire répond-il de celui qu'il s'est substitué dans sa gestion?

R. Il en répond dans deux cas:

Le premier est celui où il n'a pas reçu le pouvoir de se substituer quelqu'un;

Le second celui où ce pouvoir lui a été conféré sans désignation d'une personne, et où celle dont il a fait choix était notoirement incapable ou insolvable.

Dans tous les cas, le mandant peut agir directement contre celui que le mandataire s'est substitué (*Art.* 1994).

D. Quand il y a plusieurs fondés de pouvoir ou mandataires établis par le même acte, sont-ils obligés solidairement?

R. Non, chacun n'est tenu que de ce qu'il a géré, à moins qu'il n'y ait convention expresse de solidarité (1) (*Art.* 1995).

D. De quelles sommes et de quel jour le mandataire doit-il les intérêts?

R. Il doit les intérêts des sommes qu'il a employées à son usage et de celles dont il est reliquataire, à dater, pour les sommes qu'il a employées à son usage, du jour de cet emploi (2), et pour celles dont il est reliquataire, du jour qu'il est mis en demeure (*Art.* 1996).

D. Le mandataire qui a donné à la partie avec laquelle il contracte en cette qualité, une suffisante connaissance de ses pouvoirs, est-il tenu de quelque garantie pour ce qui a été fait au-delà?

---

(1) *Voyez*, ci-après, la note 1, page 248.

(2) De là il suit que, si le mandataire était débiteur du mandant, d'une somme qui ne portât pas intérêt, il devrait les intérêts du jour de l'échéance, ou au moins du jour qu'il aurait pu en faire l'emploi: *Debuis enim sibi solvere* (M. *Delvincourt*)

R. Non, il n'en est pas tenu (1), s'il ne s'y est personnellement soumis (*Art.* 1997).

CHAPITRE III.

Des Obligations du Mandant.

D. Le mandat n'oblige-t-il le mandant qu'envers le
mandataire ?

R. Il peut l'obliger aussi à l'égard des tiers.

D. Quelles sont les obligations dont le mandant est
tenu à l'égard du mandataire ?

R. Il est tenu, 1.° de lui rembourser les frais et dépenses occasionnés par l'exécution du mandat, et de
lui payer son salaire, s'il en a été convenu (*Art.* 1999);

2.° De lui rembourser les avances faites pour le
même objet, avec les intérêts à compter du jour des
avances constatées (*Art.* 2001);

3.° De l'indemniser des pertes qu'il a essuyées à l'occasion de sa gestion (2) (*Art.* 2000).

D. Le mandant ne peut-il pas se dispenser de remplir ces diverses obligations, soit en alléguant que l'affaire n'a pas réussi, soit en prétendant qu'elle pouvait
être faite à moins de frais ?

R. Non (3); à moins qu'il n'y ait eu quelque faute
de la part du mandataire (*Art.* 1999).

---

(1) La faute étant commune au mandataire et à celui avec lequel il a contracté, cette circonstance exclut toute garantie de ce
qui a été fait au-delà des termes du mandat (M. *Berlier*).

(2) A moins que ces pertes ne fussent arrivées par l'imprudence
du mandataire (M. *Pigeau*).

(3) En supposant qu'il existât effectivement des moyens de faire

D. Lorsque le mandat a été donné par plusieurs personnes, pour une affaire commune, quelles sont les obligations de chacune d'elles ?

R. Chacune d'elles est solidairement tenue envers le mandataire, de tous les effets du mandat (1) (*Art.* 2002).

D. Quelles sont les obligations du mandant à l'égard des tiers ?

R. Il est tenu d'exécuter les engagemens que le mandataire a contractés envers eux, conformément au pouvoir qui lui a été donné (*Art.* 1998).

D. Le mandant serait-il tenu des mêmes obligations, dans le cas où le mandataire aurait excédé les bornes de son pouvoir ?

R. Il ne serait tenu alors des engagemens que le mandataire aurait contractés sans en avoir reçu le pouvoir, qu'autant qu'il les aurait ratifiés expressément ou tacitement (*Art.* 1998).

---

l'affaire à moins de frais, il est possible que le mandataire ne les ait pas connus, sans même qu'il y ait eu négligence de sa part ; ou que, les connaissant, il n'ait pas voulu les employer, parce qu'il a pu raisonnablement penser que leur effet serait plus incertain. En un mot, il suffit qu'il n'y ait pas de faute qui lui soit imputable (M. *Delvincourt*).

(1) Cette disposition tirée du Droit Romain (L. 59, § 3, D. *Mandati*), n'implique point contradiction avec celle qui statue que, lorsqu'il y a plusieurs mandataires, ils ne sont tenus chacun que pour ce qui le concerne ; car, s'il est juste que, dans un acte officieux et souvent gratuit, celui qui rend le service ait une action solidaire contre ceux qui tirent d'un mandat un profit commun, il serait injuste de le charger, envers ceux-ci, du fait d'autrui, sans une convention expresse : l'extrême différence de ces deux situations ne permet pas de conclure de l'une à l'autre (M. *Berlier*, Exposé des Motifs).

CHAPITRE IV.

Des différentes manières dont le Mandat finit.

D. Quelles sont les différentes manières dont finit le mandat ?

R. Le mandat finit :

1.º Par la révocation du mandataire ;

2.º Par la renonciation de celui-ci au mandat (1) ;

3.º Par la mort naturelle ou civile, l'interdiction ou la déconfiture, soit du mandant, soit du mandataire (2) (*Art.* 2003).

D. Le mandant peut-il révoquer en tout temps sa procuration ?

R. Oui, il peut la révoquer quand bon lui semble, et contraindre, s'il y a lieu, le mandataire à lui remettre, soit l'écrit sous seing privé qui la contient, soit l'original de la procuration, si elle a été délivrée en brevet, soit l'expédition, s'il en a été gardé minute (3) (*Art.* 2004).

---

(1) Cette cause et la précédente sont des exceptions à la règle d'après laquelle les contrats ne peuvent être résolus par la volonté de l'une des parties. Mais cela est fondé sur ce que le mandat est un acte de confiance de la part du mandant, et d'amitié de la part du mandataire. Or, ces deux sentimens peuvent cesser d'exister à l'égard de la même personne (M. *Delvincourt*).

Observez que le procureur *ad lites*, l'avoué, une fois constitué, ne peut renoncer au mandat, et qu'il est obligé d'occuper jusqu'à la fin du procès, et même sur la requête civile qui serait formée contre le jugement, si elle est signifiée dans les six mois de la date dudit jugement (Code de Procédure, art. 492 et 496).

(2) Le mandat est un office d'amitié d'un côté, et de confiance de l'autre : il est donc entièrement personnel.

(3) C'est pour empêcher que le mandataire ne puisse abuser les tiers en leur montrant un acte qui a été révoqué.

D. La révocation notifiée au seul mandataire, peut-elle être opposée aux tiers qui ont traité dans l'ignorance de cette révocation ?

R. Non, elle ne peut leur être opposée (1), sauf au mandant son recours contre le mandataire (2) (*Art.* 2005).

D. La révocation du mandataire ne peut-elle se faire que d'une manière expresse ?

R. Elle peut aussi avoir lieu tacitement, par la constitution d'un nouveau mandataire pour la même affaire (3) : dans ce cas, elle date du jour où elle a été notifiée au premier (*Art.* 2006).

D. Comment le mandataire peut-il renoncer au mandat ?

R. En notifiant au mandant sa renonciation (*Art.* 2007).

---

(1) Mais pourvu qu'ils aient traité dans l'ignorance ; d'où il suit que s'ils connaissaient la révocation, quoiqu'elle ne leur ait pas été notifiée, le mandant n'est pas tenu (M. *Maleville*).

(2) *Quid* si l'affaire se trouve avoir été faite tout à la fois par le mandant et par le mandataire ; si, par exemple, le mandant vend la maison que le mandataire était chargé de vendre, et qu'elle ait été vendue également par ce dernier ? D'après le principe que tout ce que fait le mandataire dans les bornes du mandat, est censé fait par le mandant lui-même, il faudra décider, quant à la translation de la propriété, comme si la chose avait été vendue successivement à deux personnes par le mandant, et adjuger en conséquence la propriété à celui dont le titre est antérieur en date, sauf le recours de l'autre en dommages et intérêts, s'il y a lieu (M. *Delvincourt*).

(3) Le premier mandat n'est pas moins révoqué, lorsque la seconde procuration n'a pas d'effet ; par exemple, parce qu'elle est donnée à une personne interdite, ou morte naturellement ou civilement (*Voy. Pothier*, Traité du Mandat).

D. Le mandataire n'est-il pas tenu d'indemniser le mandant, dans le cas où sa renonciation devient préjudiciable au mandant ?

R. Il y est expressément obligé (1), à moins qu'il ne se trouve dans l'impossibilité de continuer le mandat sans en éprouver lui-même un préjudice considérable (2) (*Art.* 2007).

D. Les actes faits en vertu du mandat ne sont-ils pas quelquefois valables, même après que le mandat a pris fin ?

R. Toutes les fois que le mandat finit par une cause qui peut être probablement ignorée du mandataire, tout ce qui est fait dans cette ignorance est valide (*Art.* 2008). Il en est de même à l'égard des tiers de bonne foi, pour les engagemens contractés envers eux par le mandataire (3) (*Art.* 2009).

D. En cas de mort du mandataire, ses héritiers ne sont-ils pas tenus de quelque obligation envers le mandant ?

R. Ils sont tenus d'en donner avis au mandant, et de pourvoir en attendant à ce que les circonstances exigent pour l'intérêt de celui-ci (4) (*Art.* 2010).

_____

(1) Par exemple, dans le cas où le mandant ne pouvant faire lui-même l'affaire par son éloignement, et ne pouvant se faire remplacer sur le champ, souffre un préjudice de l'abandon (M. *Pigeau*).

(2) Comme si une succession qui vient de s'ouvrir à son profit, contenait une moisson prête à se faire ou en train de se faire. Il faut que le préjudice soit considérable ; s'il ne l'était pas, le mandataire ne pourrait quitter ; l'article 2000 lui accordant indemnité des pertes qu'il a essuyées à l'occasion du mandat, il ne souffre pas (M. *Pigeau*).

(3) Quand même celui-ci serait de mauvaise foi, et aurait pleine connaissance que le mandat est terminé (M. *Delvincourt*).

(4) Il ne suit pas de la disposition de cet article que les héritiers

TITRE XIV.
Du Cautionnement.

CHAPITRE PREMIER.
De la nature et de l'étendue du Cautionnement.

D. Qu'est-ce que le cautionnement?

R. Le cautionnement est un contrat par lequel une ou plusieurs personnes promettent d'acquitter l'obligation d'un tiers, dans le cas où ce tiers ne l'acquitterait pas lui-même (1) (M. *Delvincourt*).

D. Peut-on cautionner une obligation nulle?

R. Non, un pareil cautionnement ne pourrait être valable que dans le cas où la nullité de l'obligation principale serait purement personnelle à l'obligé (2); par exemple, dans le cas de minorité (3) (*Art.* 2012).

---

puissent continuer d'agir; ils doivent seulement empêcher que rien ne périsse par leur négligence (M. *Maleville*).

(1) Le cautionnement est un contrat par lequel quelqu'un s'oblige pour un débiteur envers le créancier, à lui payer en tout ou en partie ce que ce débiteur lui doit, en accédant à son obligation (*Pothier*, Traité des Obligations, n°. 365).

(2) *Secùs*, si la nullité était réelle, c'est-à-dire, inhérente à l'obligation, *putà*, en cas de dol, de violence, etc. Si cependant il est prouvé que la caution connaissait le vice de l'obligation, lorsqu'elle a cautionné, je ne pense pas que son obligation puisse être annulée (M. *Delvincourt*).

(3) S'il a été fait entre le débiteur et ses créanciers un concordat portant remise d'une partie de la dette, cela profitera-t-il à la caution? Non; ce n'est que pour le cas d'insolvabilité du débiteur principal que l'on exige ordinairement une caution. Mais si le créancier et le débiteur principal ont transigé sur la dette, la transaction profite à la caution (*Pothier*, Traité des Obligations, n°. 380).

D. Le cautionnement peut-il être contracté pour une partie de la dette ?

R. Oui, il peut être contracté pour une partie de la dette seulement, et sous des conditions moins onéreuses. Mais il ne peut excéder ce qui est dû par le débiteur, ni être contracté sous des conditions plus onéreuses (1) (*Art.* 2013).

D. Le cautionnement qui excède la dette, ou qui est contracté sous des conditions plus onéreuses, est-il nul ?

R. Non ; il est seulement réductible à la mesure de l'obligation principale (*Art.* 2013).

D. Peut-on se rendre caution de quelqu'un sans son ordre ?

R. Oui, on peut se rendre caution sans ordre de celui pour lequel on s'oblige, et même à son insu (*Art.* 2014).

D. Ne peut-on se rendre caution que du débiteur principal ?

---

(1) La condition peut être plus onéreuse de cinq manières : *re*, *tempore*, *loco* ; *conditione*, *modo*.

Re : Si la dette est de 2,000 fr., le cautionnement de 3,000 fr.

Tempore : Si la dette est à terme, le cautionnement pur et simple.

Loco : Le débiteur et la caution demeurent tous les deux à Lyon : le débiteur s'est engagé à payer à Lyon, la caution à Paris.

Conditione : La dette est sous condition, le cautionnement pur et simple ; ou la dette sous deux conditions, et le cautionnement sous l'une des deux.

Modo : Si la dette est d'une seule chose, et le cautionnement de cette chose ou d'une autre, sous l'alternative ; et cela, quand même le choix serait à la caution ; car si la chose promise par le débiteur principal venait à périr, il serait libéré, et la caution ne le serait pas (M. *Delvincourt*).

R. On peut encore se rendre caution de celui qui l'a cautionné (1) (*Art.* 2014).

D. Le cautionnement peut-il se présumer?

R. Non, le cautionnement ne se présume point (2); il doit être exprès, et on ne peut pas l'étendre au-delà des limites dans lesquelles il a été contracté (*Art.* 2015).

D. Quelle est l'étendue que reçoit le cautionnement indéfini d'une obligation principale?

R. Il s'étend à tous les accessoires de la dette, même aux frais de la première demande, et à tous ceux postérieurs à la dénonciation (3) qui en est faite à la caution (*Art.* 2016).

D. Les engagemens des cautions passent-ils à leurs héritiers?

R. Oui, à l'exception de la contrainte par corps, si l'engagement était tel que la caution y fût obligée (*Art.* 2017).

D. Quelles sont les qualités que la loi exige dans la personne que le débiteur présente pour caution, lorsqu'il est obligé d'en fournir?

-----

(1) C'est ce qu'on appelle certifier une caution : la caution de la caution se nomme ordinairement *certificateur de caution*.

(2) Ainsi, ces paroles : *M. un tel est un honnête homme; vous pouvez lui prêter de l'argent; je vous conseille de placer chez lui, etc.*, et autres semblables, n'emportent point l'obligation de cautionner (*Pothier*, n°. 401). Mais s'il était prouvé que celui qui a tenu ces propos, était dès lors d'accord avec l'emprunteur qui a depuis fait faillite, pour tromper le prêteur, il serait tenu au remboursement, non pas comme caution, mais *in pœnam fraudis. Consilii non fraudulenti nulla est obligatio. Cæterùm, si dolus et calliditas intervenerit, de dolo actio competit* (L. 47, D. *De regulis juris*).

(3) Mais non à ceux qui ont été faits depuis la première demande jusqu'à la dénonciation. La caution peut dire qu'elle les aurait prévenus en payant (M. *Delvincourt*).

R. Il faut que cette personne soit capable de contracter, qu'elle ait un bien suffisant pour répondre de
l'objet de l'obligation, et que son domicile soit dans
le ressort de la Cour Royale où le débiteur doit donner
caution (*Art.* 2018).

D. Comment s'estime la solvabilité d'une caution?

R. Elle s'estime eu égard à ses propriétés foncières (1),
excepté en matière de commerce, ou lorsque la dette
est modique. On n'a point égard aux immeubles litigieux et dont la discussion deviendrait trop difficile par
l'éloignement de leur situation (2) (*Art.* 2019).

D. Que peut exiger le créancier, lorsque la caution qu'il a reçue volontairement ou en justice, est
ensuite devenue insolvable?

R. Il peut exiger qu'il lui en soit donné une autre (3)
(*Art.* 2020).

D. N'y a-t-il aucune exception à cette règle?

R. Elle reçoit exception, dans le cas seulement où
la caution n'a été donnée qu'en vertu d'une convention par laquelle le créancier a exigé une telle personne pour caution (*Art.* 2020).

_____

(1) Les meubles peuvent être facilement détournés, et d'ailleurs
ils n'ont pas de suite. Par la même raison, l'on ne pourrait prendre en considération les immeubles sur lesquels la caution n'aurait qu'une propriété résoluble (M. *Delvincourt*).

(2) Cet article ne fixe point la distance hors de laquelle on
peut refuser le cautionnement qui doit porter sur des immeubles.
Cela est laissé à l'arbitrage du juge. M. *Maleville* pense qu'on peut
se régler sur l'article 2018.

(3) Il faut que la caution *soit devenue* insolvable. Car, si elle
l'était dès le principe, le créancier ne serait pas reçu à en demander une autre, même en alléguant qu'il ignorait l'insolvabilité. C'était à lui à prendre les informations nécessaires, sauf
toutefois le cas de dol.

CHAPITRE II.

De l'Effet du Cautionnement.

SECTION I.re

De l'Effet du Cautionnement entre le Créancier et la Caution.

D. Quand est-ce que le créancier peut poursuivre contre la caution, l'exécution de l'obligation principale?

R. Le créancier ne peut poursuivre contre la caution, l'exécution de l'obligation principale, qu'à défaut de paiement de la part du débiteur principal, qui doit être préalablement discuté dans ses biens (Art. 2021).

D. N'y a-t-il pas des cas dans lesquels le créancier peut poursuivre la caution sans avoir discuté le débiteur principal?

R. Le créancier peut poursuivre la caution sans avoir discuté le débiteur principal, lorsque la caution a renoncé au bénéfice de discussion, ou lorsqu'elle s'est obligée solidairement avec le débiteur; dans ce dernier cas, l'effet de son engagement se règle par les principes des obligations solidaires (Art. 2021).

D. Qu'est-ce que le bénéfice de *discussion*?

R. Le bénéfice de discussion est une exception par l'effet de laquelle la caution légale ou conventionnelle, assignée en paiement par le créancier, peut, en remplissant certaines conditions, l'obliger de discuter préalablement les biens du débiteur principal (M. *Delvincourt*).

D. Quelles sont les conditions que doit remplir la caution pour obliger le créancier à discuter le débiteur principal?

R. Elle doit d'abord le requérir sur les premières poursuites dirigées contre elle (1), indiquer ensuite au créancier des biens du débiteur principal qui ne soient pas de difficile discussion, et avancer les deniers nécessaires pour les discuter (2) (*Art.* 2022 *et* 2023).

D. Quels sont les biens réputés, à cet égard, de difficile discussion ?

R. Ce sont les biens litigieux (3), ceux qui sont situés hors de l'arrondissement de la Cour Royale dans le ressort de laquelle le paiement doit être fait (4), et enfin, ceux qui, quoique hypothéqués à la dette, ne sont cependant plus en la possession du débiteur (5) (*Art.* 2023).

D. La caution qui a rempli les conditions exigées, pour forcer le créancier à discuter le débiteur principal, demeure-t-elle soumise aux mêmes obligations que si elle ne l'avait pas fait?

R. Non, elle cesse d'être garante envers le créan-

---

(1) C'est une exception dilatoire : elle doit donc être proposée *in limine litis*. D'ailleurs, il en résulte une économie dans les frais. Pourquoi, en effet, laisser faire des frais contre la caution, si elle oppose ensuite la discussion, et que le débiteur soit en état de payer (M. *Delvincourt*)?

(2) Et lorsque ces deniers seront épuisés, sans que le créancier soit payé, il doit en justifier, et la caution sera tenue de fournir un supplément (M. *Pigeau*).

(3) La propriété du débiteur étant incertaine ou embarrassée, le créancier ne pourrait la faire vendre (M. *Pigeau*).

(4) L'éloignement en rendrait la discussion trop difficile.

(5) Parce que la discussion entre les mains de l'acquéreur en serait plus difficile que s'ils fussent restés en celles du débiteur, et que le créancier ne doit pas souffrir de ce qui a été fait depuis l'obligation, et qui rendrait ses poursuites plus pénibles (M. *Pigeau*).

3.   17

cier, jusqu'à concurrence des biens indiqués, de l'insolvabilité du débiteur principal, lorsque cette insolvabilité est survenue par défaut de poursuites de la part du créancier (1) (*Art.* 2024).

D. Lorsque plusieurs personnes se sont rendues cautions d'un même débiteur pour une même dette, sont-elles obligées chacune pour le total, ou seulement pour partie de la dette ?

R. Elles sont obligées chacune à toute la dette (*Art.* 2025).

D. Celle des cautions que le créancier poursuit pour la totalité de la dette, n'a-t-elle pas quelque exception à lui opposer ?

R. Elle peut, à moins qu'elle n'y ait renoncé, lui opposer le bénéfice de division (*Art.* 2026).

D. Qu'est-ce que le *bénéfice de division* ?

R. Le bénéfice de division est une exception par l'effet de laquelle un cofidéjusseur, assigné en paiement de toute la dette, peut demander que le créancier dirige son action en même temps contre les autres cofidéjusseurs, chacun pour sa part et portion (M. *Delvincourt*).

D. Le bénéfice de division peut-il être invoqué dans le cas où il y aurait des cofidéjusseurs insolvables ?

R. Oui, mais alors (2) la part de ces derniers se répartit proportionnellement sur tous ceux qui sont sol-

---

(1) Par exemple, si, pendant que le créancier néglige les poursuites, une maison du débiteur, qui eût été vendue 20,000 fr., brûle, et que le créancier eût été en ordre utile de toucher ce prix, il ne pourra réclamer cette somme contre la caution (M. *Pigeau*).

(2) C'est-à-dire, si quelques-unes des cautions sont insolvables ; ce qu'il faut entendre, tant des cautions elles-mêmes que de

vables. L'insolvabilité serait entièrement à la charge du créancier, si elle n'était survenue que depuis la division (1) (*Art.* 2026).

D. Le créancier qui a divisé lui-même et volontairement son action, peut-il revenir ensuite contre cette division ?

R. Non, il ne peut revenir contre cette division, lors même qu'il y aurait eu, même antérieurement au temps où il l'a consentie, des cautions insolvables (2) (*Art.* 2027).

Section II.

De l'Effet du Cautionnement entre le Débiteur et la Caution.

D. Contre qui la caution qui a payé a-t-elle son recours ?

---

leurs certificateurs. Lorsque le certificateur est solvable, la caution est censée l'être. Mais pour connaître s'il y a insolvabilité, il faut discuter ; et aux frais de qui se fera cette discussion ? Aux frais et risques des cautions solvables, qui doivent profiter de l'effet que la discussion pourra produire (M. *Delvincourt*).

(1) L'exception de division est péremptoire ; quand elle a été opposée, et que toutes les cautions étaient solvables, l'action du créancier contre chacune d'elles est éteinte, pour les parts de toutes les autres. Les événemens postérieurs ne peuvent la faire revivre. D'ailleurs c'est un adoucissement à la solidarité des cautions (M. *Delvincourt*).

(2) Le créancier qui consent à la division, doit être assimilé à celui qui renonce à la solidarité, parce que la division détruit la solidarité. Le créancier qui assigne toutes les cautions, chacune pour sa part, est-il censé avoir consenti la division? Non, si ce n'est à l'égard de celles qui ont acquiescé à la demande, ou qui été condamnées (Argument de l'art. 1211).

R. Elle a son recours contre le débiteur principal , soit que le cautionnement ait été donné au su ou à l'insu du débiteur (*Art.* 2028). Elle est, en conséquence, subrogée à tous les droits qu'avait le créancier contre ce débiteur (*Art.* 2029).

D. Pour quelle somme ce recours a-t-il lieu ?

R. Ce recours a lieu , tant pour le principal que pour les intérêts (1) et les frais ; néanmoins , la caution n'a de recours que pour les frais par elle faits depuis qu'elle a dénoncé au débiteur principal les poursuites dirigées contre elle (2) : elle a aussi recours pour les dommages et intérêts, s'il y a lieu (3) (*Art.* 2028).

D. Lorsqu'il y a plusieurs débiteurs principaux solidaires d'une même dette, quel est le recours que celui qui les a cautionnés peut exercer contre chacun d'eux?

R. Il a contre chacun d'eux un recours pour la répétition du total de ce qu'il a payé (4) (*Art.* 2030).

---

(1) **Non** seulement la caution qui a payé peut répéter le capital et les intérêts ; mais elle peut encore exiger les intérêts de ces intérêts qu'elle a payés, parce qu'ils sont un capital pour elle. C'était même, avant le Code, la jurisprudence générale (M. *Maleville*).

(2) Il y a, dans l'article 2028, une légère inexactitude de rédaction. Il est dit que *la caution n'a de recours que pour les frais faits par elle depuis*, etc. Il semblerait qu'elle n'a de recours que pour les frais faits par elle, et non pour ceux qui ont été faits par le créancier contre le débiteur, et qu'elle a pu être obligée de rembourser, conformément à l'article 2016. Il faut lire : *la caution n'a de recours, pour les frais faits par elle, que pour ceux qu'elle a faits depuis qu'elle a dénoncé*, etc. (M. *Delvincourt*).

(3) Par exemple, si ses biens ont été saisis, si elle a été emprisonnée, si elle a été obligée de faire des sacrifices pour se procurer l'argent nécessaire.

(4) **Chacun** de ces débiteurs principaux étant débiteur du total de la dette envers le créancier, la caution en se rendant caution

D. La caution qui a payé une première fois, a-t-elle un recours à exercer contre le débiteur principal qui a payé une seconde ?

R. Elle n'a point, en ce cas, de recours contre le débiteur principal, à moins qu'elle ne l'ait averti du paiement par elle fait, sauf son action en répétition contre le créancier (*Art.* 2031).

D. Lorsque la caution a payé sans être poursuivie et sans avoir averti le débiteur principal, peut-elle exercer un recours contre lui ?

R. Dans le cas où, au moment du paiement, le débiteur principal aurait eu des moyens de faire déclarer la dette éteinte (1), la caution n'a point de recours contre lui ; elle n'a qu'une action en répétition contre le créancier (*Art.* 2031).

D. La caution ne peut-elle pas, dans certains cas, agir, même avant d'avoir payé, contre le débiteur principal, pour être indemnisée par lui ?

R. L'action en indemnité est accordée avant le paiement à la caution contre le débiteur principal, dans cinq cas :

1.º Lorsque la caution est poursuivie en justice pour le paiement (2) ;

---

pour chacun d'eux, et en payant, a libéré chacun d'eux du total, et par conséquent, elle a droit de conclure solidairement contre chacun d'eux, au remboursement du total de ce qu'elle a payé, et aux intérêts du jour de sa demande (*Pothier*, nº. 440, in princ.).

(1) Par exemple, lorsque le débiteur principal a déjà payé une fois ; il a un moyen de faire déclarer la dette éteinte, c'est de présenter la quittance.

(2) Afin de le forcer à payer, pour faire cesser ces poursuites (M. *Pigeau*).

2.° Lorsque le débiteur a fait faillite ou est en déconfiture (1);

3.° Lorsque le débiteur s'est obligé de rapporter à la caution sa décharge dans un certain temps ;

4.° Lorsque la dette est devenue exigible par l'échéance du terme sous lequel elle avait été contractée ;

5.° Au bout de dix années, lorsque l'obligation principale n'a point de terme fixe d'échéance (2), à moins que l'obligation principale, telle qu'une rente, ne soit pas de nature à pouvoir être éteinte avant un temps déterminé (3) (*Art.* 2032).

Section III.

De l'Effet du Cautionnement entre les Cofidéjusseurs.

D. Lorsque plusieurs personnes ont cautionné un même débiteur pour une même dette, la caution qui a acquitté la dette a-t-elle recours contre les autres cautions ?

R. Oui, elle a recours contre les autres cautions, chacune pour sa part et portion ; mais ce recours n'a lieu que lorsqu'elle a payé, dans l'un des cas où l'ac-

---

(1) Il est alors bien sûr que la caution sera obligée de payer. Il ne pourra y avoir lieu au bénéfice de discussion ; d'ailleurs, la faillite rend toutes les dettes exigibles (M. *Delvincourt*).

(2) Comme une rente perpétuelle (M. *Delvincourt et* M. *Pigeau*). *Nec obstat* l'article 1909, portant que le débiteur d'une rente perpétuelle ne peut être forcé au rachat. Cela n'est vrai qu'entre le débiteur et le créancier, mais non à l'égard de la caution, qui n'est pas censée avoir voulu s'engager indéfiniment (M. *Delvincourt*).

(3) Parce qu'ayant su, en contractant, que le débiteur ne pourrait se libérer, et qu'il ne le serait qu'à une époque indéterminée, la caution l'a cautionné jusqu'à cette époque (M. *Pigeau*).

tion en indemnité lui est accordée contre le débiteur principal, même avant le paiement (1) (*Art.* 2033).

CHAPITRE III.

De l'Extinction du Cautionnement.

D. Comment peut s'opérer l'extinction du cautionnement?

R. Le cautionnement peut s'éteindre de deux manières, directement ou indirectement.

D. Quand est-ce que le cautionnement s'éteint directement?

R. Il s'éteint directement lorsque l'obligation principale subsistant, celle de la caution vient à cesser; par exemple, par la remise que ferait le créancier au cofidéjusseur (M. *Delvincourt*). Il s'éteint encore directement lorsque la subrogation aux droits, privilèges et hypothèques du créancier (2), ne peut plus, par le fait de ce créancier, s'opérer en faveur de la caution (3) (*Art.* 2037).

---

(1) *Voyez* l'article 2032. Si hors de ces cas, la caution voulait forcer ses cofidéjusseurs à s'unir à elle pour se libérer, elle n'y serait pas reçue; et quand même elle aurait payé, elle ne pourrait pas directement les forcer à lui rembourser leurs parts; elle serait seulement subrogée aux droits du créancier, pour agir contre le débiteur et contre les autres cautions, de la même manière que le créancier aurait pu le faire (*Pothier*, n°. 445).

(2) Par exemple, s'il a laissé périr les hypothèques.

(3) L'on oppose à la disposition de l'article 2037, celle de l'article 1287, portant que la remise accordée à l'une des cautions, ne libère pas les autres cautions. Or, dit-on, le créancier, en dé-

D. La confusion qui s'opère dans la personne du débiteur principal et de sa caution, lorsqu'ils deviennent héritiers l'un de l'autre, n'opère-t-elle pas directement l'extinction du cautionnement?

R. Oui, mais elle n'éteint pas l'action du créancier contre celui qui s'est rendu caution de la caution (*Art.* 2035).

D. Comment l'extinction du cautionnement s'opère-t-elle indirectement?

R. Le cautionnement s'éteint indirectement comme toutes les obligations accessoires, par l'extinction de la dette principale (M. *Delvincourt*).

D. La caution peut-elle opposer au créancier toutes les exceptions qui appartiennent au débiteur?

R. Non; elle ne peut opposer parmi ces exceptions que celles qui sont inhérentes à la dette, et non point

---

chargeant l'une des cautions, s'est mis hors d'état de subroger les autres cautions dans les droits qu'il pouvait avoir contre la caution déchargée. Donc, les autres cautions devraient être libérées. M. *Delvincourt* répond à cela : 1°. que si les cautions ne se sont obligées que successivement, et que celle à laquelle la remise a été faite, se soit obligée la dernière, il doit être indifférent aux autres cautions que le créancier lui ait fait remise, qu'elles ne peuvent pas dire qu'en s'engageant elles ont compté sur le recours contre celle-ci, dont elles ignoraient l'engagement futur; 2°. que si les cautions se sont obligées toutes ensemble, ou si le créancier a fait remise à celle qui s'est engagée la première, comme le créancier ne conserve d'action contre les autres cautions, que déduction faite de la part de cette caution, les autres cautions n'ont pas besoin de subrogation à l'égard de celle-ci, puisque le créancier ne peut leur demander la dette, que déduction faite de la part de la caution déchargée (*Voyez* M. *Delvincourt*, tome 2, page 167, note 1.re; tome 3, page 141, note 8 et page 142, note 3).

celles qui sont purement personnelles au débiteur (1) (*Art.* 2036).

D. L'acceptation volontaire que le créancier a faite d'un immeuble ou d'un effet quelconque, en paiement de la dette principale, suffit-elle pour libérer la caution de son engagement ?

R. Oui (2) ; cette acceptation suffit pour libérer la caution, encore que le créancier vienne à être évincé de l'objet qu'il a accepté (3) (*Art.* 2038).

D. La simple prorogation de terme accordé par le

---

(1) C'est-à-dire que, si, abstraction faite de la personne du débiteur principal, le contrat est nul, ou peut-être annullé pour quelque défaut inhérent au contrat même, comme le dol, l'erreur, la force, la violence, la lésion, le fidéjusseur peut s'aider de tous ces moyens tout comme le débiteur ; mais si l'acte est seulement nul ou rescindable par la qualité de la personne du débiteur, comme si c'est un mineur, un interdit, la caution subsiste, quoique le débiteur puisse se faire relever de son obligation (M. *Maleville*).

(2) Il suffit que la dette principale soit une fois éteinte, pour que l'obligation accessoire de la caution soit irrévocablement anéantie, quand même la première viendrait à revivre par l'effet de quelque circonstance (M. *Delvincourt*).

(3) Cependant l'obligation principale n'est pas éteinte (*Art.* 1238) ; ou plutôt elle revit, mais à l'égard du débiteur seulement, et non à l'égard des accessoires de la dette. D'ailleurs la caution qui a dû se croire libérée, n'a pas pris les précautions qu'elle aurait pu prendre ; c'est au créancier à s'imputer de n'avoir pas veillé davantage à ses intérêts. Mais remarquez que, pour appliquer cette disposition, il faut qu'il soit intervenu entre le créancier et le débiteur le contrat *Datio in solutum* ; c'est-à-dire, que le créancier ait reçu autre chose que ce qui lui était dû ; car, si c'était la chose même due, qui eût été payée, et dont le créancier eût été ensuite évincé, la caution ne serait pas déchargée (M. *Delvincourt*).

(266)

créancier au débiteur principal, décharge-t-elle la caution ?

R. Non, la caution demeure obligée malgré cette prorogation ; seulement elle peut, dans ce cas, poursuivre le débiteur pour le forcer au paiement (*Art.* 2039).

CHAPITRE IV.

De la Caution légale et de la Caution judiciaire.

D. Qu'entend-t-on par caution légale et par caution judiciaire ?

R. On appelle caution légale celle dont la prestation est ordonnée par la loi (1), et caution judiciaire celle qui est ordonnée par le juge (2) (M. *Delvincourt*).

D. Quelles sont les conditions que doivent remplir l'une et l'autre de ces cautions ?

R. Toutes les fois qu'une personne est obligée, par la loi ou par une condamnation, à fournir une caution, cette caution doit remplir les conditions exigées pour la caution conventionnelle. Lorsqu'il s'agit d'un cautionnement judiciaire, la caution doit, en outre,

---

(1) Ainsi, lorsque les héritiers présomptifs d'un absent veulent se faire envoyer en possession provisoire de ses biens, l'article 120 les oblige de donner caution pour la sûreté de leur administration ; de même, l'article 601 oblige l'usufruitier de donner caution, de jouir en bon père de famille. Ces deux cautions sont des cautions légales.

(2) Si, par exemple, il est dit par jugement qu'une personne touchera une somme par provision, en donnant caution de la rapporter, s'il y a lieu (M. *Delvincourt*).

être susceptible de contrainte par corps (1)(*Art.* 2040).

D. La caution judiciaire peut-elle invoquer le bénéfice de discussion ?

R. Non ; la caution judiciaire ne peut point demander la discussion du débiteur principal (*Art.* 2042).
De même celui qui a simplement cautionné la caution
judiciaire, ne peut demander la discussion, ni du débiteur principal, ni de la caution (2) (*Art.* 2043).

D. Celui qui, obligé de donner une caution légale
ou judiciaire, ne peut pas en trouver, n'a-t-il pas
quelque moyen d'y suppléer ?

R. Il est reçu à donner, au lieu de caution, un gage
en nantissement suffisant (3) (*Art.* 2041).

TITRE XV.

Des Transactions.

D. Qu'est-ce que la transaction ?

R. La transaction est un contrat par lequel les par-

---

(1)« Il faut des liens plus forts, dit l'Orateur du Conseil-d'État,
» pour assurer l'exécution des obligations qui se contractent par
» l'organe de la justice » (*Exposé des Motifs*).

(2) D'après la raison énoncée dans la note précédente.

(3) Pourquoi cette disposition n'est-elle pas appliquée à la caution conventionnelle ? C'est que, dans le fait, sous plusieurs rapports, un cautionnement est plus commode pour le créancier,
qu'un nantissement, qu'il est obligé de conserver, dont il répond,
et qui peut d'ailleurs lui être volé. L'on ne peut donc imposer ces
obligations à celui qui n'a contracté que sur la foi du cautionnement qui lui a été promis (M. *Delvincourt*).

ties terminent une contestation née, ou préviennent une contestation à naître (1) (*Art.* 2044).

D. Ce contrat peut-il être passé verbalement ?

R. Non, il doit être rédigé par écrit (2) (*Art.* 2044).

D. Quelles sont les qualités que doivent avoir les parties pour pouvoir faire une transaction valable ?

R. Elles doivent avoir la capacité de disposer des objets compris dans la transaction. Le tuteur ne peut transiger pour le mineur ou l'interdit que conformément à l'article 467 (3), au titre *de la Minorité*, *de la Tutelle et de l'Emancipation*, et il ne peut transiger avec le mineur devenu majeur, sur le compte de tutelle, que conformément à l'article 472 (4) au

---

(1) La transaction ne se fait pas seulement sur un procès commencé, *sed etiam propter timorem litis.* Mais il faut que cette crainte soit réelle et fondée, et non feinte pour colorer un autre acte du nom de transaction, *nec litem fingere licet ut transactio fiat*, car alors elle n'aurait que la qualité de l'acte caché. (M. *Maleville*).

(2) Pourquoi cela, si l'objet n'excède pas 150 francs? Je n'en vois d'autre raison, si ce n'est que la transaction étant un moyen d'éteindre les procès, on n'a pas voulu qu'elle pût donner lieu à un procès, sur la question de savoir s'il y avait eu ou non transaction. Du reste, l'écriture n'est pas de rigueur; si la transaction verbale est avouée, elle doit être exécutée (M. *Delvincourt*).

(3) Article 467. « Le tuteur ne pourra transiger au nom du mineur, qu'après y avoir été autorisé par le conseil de famille, et de l'avis de trois jurisconsultes désignés par le procureur du Roi près le tribunal de première instance. La transaction ne sera valable qu'autant qu'elle aura été homologuée par le tribunal de première instance, après avoir entendu le procureur du Roi ».

(4) Article 472. « Tout traité qui pourra intervenir entre le tuteur et le mineur devenu majeur, sera nul, s'il n'a été précédé de la reddition d'un compte détaillé, et de la remise des pièces justificatives, le tout constaté par un récépissé de l'oyant-compte, dix jours au moins avant le traité ».

même titre. Les communes et les établissemens publics ne peuvent transiger qu'avec l'autorisation expresse du Roi (*Art.* 2045).

D. Peut-on transiger sur toute espèce de contestation ?

R. Oui; l'on peut transiger sur toute espèce de
contestation, quelle que soit sa nature : on peut même
transiger sur un délit ; mais alors la transaction ne
peut avoir pour objet que l'intérêt civil qui résulte du
délit, sans pouvoir empêcher en aucune manière l'action du ministère public (1) (*Art.* 2046).

D. Quel est le moyen que peuvent employer les
parties pour assurer l'exécution de leur transaction ?

R. Elles peuvent ajouter à la transaction, la stipulation d'une peine contre celui qui manquera de
l'exécuter (2) (*Art.* 2047).

_____

(1) Il était autrefois défendu de transiger sur les délits en général (*vide L.* 18, *Cod. de Transact.*). Mais dès qu'il y a un officier public chargé de la poursuite de la peine, rien n'empêche les parties
de transiger pour leur intérêt privé ; cette transaction ne peut pas
même être regardée comme un aveu de la part de l'accusé. Le désir
seul de se soustraire à une procédure humiliante et dangereuse,
peut très-bien engager un innocent à faire quelque sacrifice pour
désarmer celui qui stimule la partie publique ; mais cela n'empêche point celle-ci de poursuivre, si elle le juge à propos, et il n'est
pas besoin de dire qu'elle peut encore moins transiger que les an-
ciens accusateurs (M. *Bigot-Préameneu*, Exposé des Motifs).

(2) Si cette peine est pour tenir lieu du principal de l'obligation,
comme s'il est dit que l'une des parties qui transigent, s'oblige de
remettre tel objet, le créancier ne peut demander que l'un ou
l'autre, et non les deux ; si ce n'est lorsque la peine est stipulée
pour le simple retard. Mais si la peine est ajoutée à la transaction,
s'il est dit qu'une des parties fera ou ne fera pas telle chose, l'inexécution donne droit de demander qu'elle soit condamnée à faire
ou qu'il lui soit défendu de faire cette chose, et en outre la peine,

D. Les transactions peuvent-elles s'étendre au-delà de l'objet qui y est traité ?

R. Non ; les transactions se renferment dans leur objet (*Art.* 2048). Elles ne règlent que les différens qui s'y trouvent compris, soit que les parties aient manifesté leur intention par des expressions spéciales ou générales, soit que l'on reconnaisse cette intention par une suite nécessaire de ce qui y est exprimé (*Art.* 2049). La renonciation qui y est faite à tous droits, actions et prétentions, ne s'entend que de ce qui est relatif au différend qui y a donné lieu (*Art.* 2048).

D. Celui qui a transigé sur un droit qu'il avait de son chef, est-il obligé par l'effet de la même transaction quant au droit semblable qu'il acquiert du chef d'une autre personne ?

R. Non; il n'est point, quant au droit nouvellement acquis, lié par la transaction antérieure (1) (*Art.* 2050).

D. La transaction passée par l'un des intéressés, oblige-t-elle les autres ?

R. Non; la transaction faite par l'un des intéressés ne lie point les autres intéressés et ne peut être opposée par eux (2) (*Art.* 2051).

---

pour avoir manqué à son engagement (M. *Pigeau*). *Voyez*, M. *Delvincourt*, tome 3, page 133, note 12, et tome 2, page 144, note 2.

(1) Une personne a pu transiger parce qu'il s'agissait d'une somme modique ; elle ne l'eût peut-être pas fait, si elle eût su que l'objet était ou devait devenir plus considérable (M. *Delvincourt*).

(2) La transaction, en général, est censée faite *intuitu personæ*. Cependant la transaction faite avec le débiteur principal, profite à la caution (*Art.* 2036); mais c'est qu'autrement elle ne pro-

D. Quelle est, entre les parties, la force des transactions ?

R. Les transactions ont, entre les parties, l'autorité de la chose jugée en dernier ressort : elles ne peuvent être attaquées pour cause d'erreur de droit, ni pour cause de lésion (1) (*Art.* 2052).

D. Dans quel cas une transaction peut-elle être rescindée ?

R. Une transaction peut être rescindée lorsqu'il y a erreur dans la personne, ou sur l'objet de la contestation ; elle peut l'être dans tous les cas où il y a dol ou violence (*Art.* 2053). Il y a également lieu à l'action en rescision contre une transaction, lorsqu'elle a été faite en exécution d'un titre nul, à moins que les parties n'aient expressément traité sur la nullité (2) (*Art.* 2054).

---

fiterait pas même au débiteur principal, à cause du recours que la caution exercerait contre lui.

Quid, à l'égard de la transaction faite avec l'un des débiteurs solidaires ; profite-t-elle aux autres codébiteurs ? Je pense qu'elle ne leur profite qu'autant que cela est nécessaire pour qu'elle ait son effet à l'égard du codébiteur qui a transigé, c'est-à-dire, seulement pour la part qu'il a dans la dette solidaire (M. *Delvincourt*).

(1) La transaction ne peut être attaquée sous prétexte d'erreur de droit, mais elle peut l'être, si elle a eu pour objet une erreur de fait. On en verra des exemples dans les articles suivans. Quant à la lésion, elle ne peut jamais être une cause de restitution contre les transactions (M. *Maleville*). La raison en est que la transaction participe de la nature du contrat aléatoire, puisqu'il est vrai de dire que, dans tout procès, il y a chance incertaine de gain ou de perte.

(2) Si donc je transigeais avec vous sur les obscurités renfermées dans une vente nulle, sans traiter aussi sur la nullité, on

D. L'erreur de calcul donne-t-elle lieu à la nullité de la transaction?

R. Non, elle doit simplement être réparée (*Art.* 2058); mais la transaction faite sur pièces qui depuis ont été reconnues fausses, est entièrement nulle (1) (*Art.* 2055).

D. La transaction sur un procès terminé par un jugement dont les parties ou l'une d'elles n'avait pas connaissance, est-elle valable?

R. Elle est nulle, si le jugement était passé en force de chose jugée; elle est au contraire valable, si le jugement ignoré des parties était susceptible d'appel (2) (*Art.* 2056).

D. Les titres inconnus au moment où les parties ont transigé, et postérieurement découverts, sont-ils une cause de rescision de la transaction?

R. Lorsque les parties ont transigé sur toutes les affaires qu'elles pouvaient avoir ensemble, les titres qui leur étaient alors inconnus, et qui auraient été postérieurement découverts, ne sont point une cause de

---

présumerait que je ne n'ai traité que parce que je croyais la vente valable, et pouvant donner lieu à un procès sur ces obscurités; tandis que, si j'eusse su la vente nulle, je n'aurais pas traité, la nullité faisant disparaître toute matière à procès (M. *Pigeau*).

(1) Comme si je transigeais sur une obligation qu'on me présenterait comme signée de mon père, et qui serait ensuite reconnue n'être pas de lui (M. *Pigeau*).

(2) La transaction est nulle, dit le Code, si les parties ou *l'une d'elles* n'avaient point connaissance du jugement. Sans doute, si c'est le perdant seul qui avait connaissance du jugement, il est *in dolo*, et la transaction est nulle. Mais si c'est le gagnant, on peut croire qu'il a transigé pour l'acquit de sa conscience, ou *donandi animo*. D'ailleurs, *volenti non fit injuria* (M. *Delvincourt*).

rescision (1), à moins qu'ils n'aient été retenus par le fait de l'une des parties (2). Mais la transaction serait nulle, si elle n'avait qu'un objet sur lequel il serait constaté, par des titres nouvellement découverts, que l'une des parties n'avait aucun droit (3) (*Art.* 2057).

TITRE XVI.

De la Contrainte par corps en matière civile.

D. Que doit-on entendre par contrainte par corps, en matière civile ?

R. La contrainte par corps, en matière civile, est le droit, accordé en certains cas, au créancier de faire emprisonner son débiteur à défaut de paiement (M. *Delvincourt*).

D. Quels sont les cas dans lesquels la contrainte par corps, peut avoir lieu en matière civile ?

R. La contrainte par corps a lieu en matière civile :

1.º Pour le stellionat ;

2.º Pour le dépôt nécessaire (4) ;

---

(1) Dans ce cas, l'intention des parties a été de compenser, d'éteindre toutes sortes de prétentions, de n'avoir plus de procès ensemble (M. *Pigeau*).

(2) Alors, il y a dol personnel.

(3) Si, par exemple, un débiteur transige avec l'héritier de son créancier, sur une dette qui lui était remise par un testament qu'il ignorait ; si un légataire transige sur un legs dont la rédaction était obscure dans un premier testament, mais était éclaircie dans un second qui était également ignoré, et cela quand même les deux parties auraient été de bonne foi (M. *Delvincourt*).

(4) C'est parce que le déposant ne peut choisir le dépositaire,

3.   18

3.º En cas de réintégrande pour le délaissement ordonné par justice, d'un fonds dont le propriétaire (1) a été dépouillé par voies de fait, pour la restitution des fruits qui en ont été perçus pendant l'indue possession (2), et pour le paiement des dommages et intérêts adjugés au propriétaire ;

4.º Pour répétition des deniers consignés entre les mains des personnes publiques établies à cet effet (3) ;

5.º Pour la représentation des choses déposées aux séquestres, commissaires, et autres gardiens ;

---

qu'on a dû lui donner une plus grande sûreté ; et d'ailleurs, le dépositaire est plus coupable, quand il abuse de la situation où s'est trouvé le déposant, pour tromper sa confiance (M. *Delvincourt*).

(1) Le Code dit *le propriétaire*, mais c'est une faute de rédaction ; il faut dire *le possesseur*. La peine imposée dans ce cas au défendeur, est moins établie *in favorem actoris, quàm in odium rei*. On a voulu punir le spoliateur, et c'est tout. D'ailleurs, le possesseur est aussi propriétaire, tant que le contraire n'est pas prouvé ; et ici il ne peut l'être, puisque la réintégrande étant une action possessoire, et le possessoire et le pétitoire ne pouvant être cumulés, il s'ensuit que la question de propriété ne peut être jugée, ni même introduite, tant qu'il n'a pas été prononcé sur le possessoire. Il résulte de là que la contrainte pourrait avoir lieu même contre le propriétaire, s'il était lui-même le spoliateur.

La réintégrande n'a lieu qu'en fait d'immeubles. En fait de meubles, il y aurait vol, et par conséquent lieu à l'action criminelle ou correctionnelle (M. *Delvincourt*).

(2) Mais cette contrainte par corps prononcée en réintégrande contre les spoliateurs, n'a pas lieu pour restitution de fruits prononcée au pétitoire. Il y a une grande différence : au premier cas, le condamné est sans excuse, ayant spolié ; au deuxième cas, le condamné n'a pas spolié, il a pu être de bonne foi : par exemple, s'il a acheté d'un tiers (M. *Pigeau*).

(3) Les consignations faites entre leurs mains sont des dépôts nécessaires, puisqu'on ne peut consigner ailleurs.

6.º Contre les cautions judiciaires et contre les cautions des contraignables par corps, lorsqu'elles se sont soumises à cette contrainte ;

7.º Contre tous les officiers publics, pour la représentation de leurs minutes, quand elle est ordonnée ;

8.º Contre les notaires, les avoués et les huissiers, pour la représentation des titres à eux confiés, et des deniers par eux reçus pour leurs cliens, par suite de leurs fonctions (1) (*Art.* 2059 *et* 2060).

D. Quand est-ce qu'il y a stellionat ?

R. Il y a stellionat, lorsqu'on vend ou que l'on hypothèque un immeuble dont on sait n'être pas propriétaire ; lorsqu'on présente comme libres, des biens

---

(1) Si donc le dépôt n'est pas une suite nécessaire de leurs fonctions, il n'y a pas lieu à la contrainte par corps. Ainsi, elle peut être ordonnée pour la restitution des deniers confiés à un avoué ou à un huissier, à l'effet de faire des offres réelles. Mais si j'ai donné de l'argent à un avoué pour qu'il tente un accommodement avec la partie adverse, ce dépôt n'est pas une suite nécessaire de ses fonctions, puisque j'aurais pu charger toute autre personne qu'un avoué de cette commission. Il n'y aura donc pas lieu à la contrainte. Il en est de même des dépôts volontaires faits entre les mains d'un notaire (M. *Delvincourt*).

La contrainte par corps a encore lieu : contre le fol-enchérisseur pour le paiement de l'excédant de son prix sur celui de la revente ; contre le saisi immobilièrement, qui ne délaisse point la possession de l'immeuble saisi, aussitôt après la signification du jugement d'adjudication ; contre le même, pour raison des dommages et intérêts résultant des dégradations par lui commises sur l'objet saisi, depuis l'époque de la dénonciation de la saisie ; enfin, contre l'étranger non domicilié en France, pour raison des condamnations obtenues contre lui par un Français (*Voyez* Code de Procédure, art. 712, 744, 714, 690, et Loi du 10 septembre 1807).

18..

hypothéqués (1) , ou que l'on déclare des hypothèques moindres que celles dont ces biens sont chargés (*Art* 2059).

D. Qu'est-ce que la réintégrande ?

R. La réintégrande est l'action donnée pour recouvrer la possession d'un immeuble dont on a été dépossédé par violence (M. *Delvincourt*).

D. Si une partie condamnée, par un jugement rendu au pétitoire et passé en force de chose jugée, à désemparer un fonds, refuse d'obéir, par quelle voie peut-elle y être contrainte ?

R. Elle peut (2) , par un second jugement, être contrainte par corps, quinzaine après la signification du premier jugement à personne ou à domicile.

Si le fonds de l'héritage est éloigné de plus de cinq myriamètres du domicile de la partie condamnée, il sera ajouté au délai de quinzaine, un jour par cinq myriamètres (*Art.* 2061).

D. Que doit-on entendre par jugement *rendu au pétitoire ?*

R. Le jugement *rendu au pétitoire*, est celui qui a statué sur la propriété de l'objet. Quand le jugement ne prononce que sur la possession, on dit qu'il est rendu *au possessoire*.

D. La contrainte par corps peut-elle être ordon-

---

(1) C'est-à-dire, qu'on sait ou qu'on doit savoir être hypothéqués ; il ne peut y avoir stellionnat sans mauvaise foi.

(2) Remarquez ici deux différences avec le cas de réintégrande : la première, c'est qu'ici la contrainte *peut* être prononcée ; dans le cas de réintégrande, elle *doit* être prononcée. La seconde, c'est que, dès que la violence est prouvée, le même jugement qui condamne à restituer, doit prononcer la contrainte par corps : ici, au contraire, elle ne peut être prononcée que par un second jugement : *spoliatus antè omnia restituendus.*

née contre les fermiers pour le paiement des fermages des biens ruraux ?

R. Non ; elle ne peut l'être, à moins qu'elle n'ait été formellement stipulée dans l'acte de bail. Néanmoins les fermiers et les colons partiaires peuvent être contraints par corps, faute par eux de représenter, à la fin du bail, le cheptel de bétail, les séïnences et les instrumens aratoires qui leur ont été confiés, s'ils ne justifient que le déficit de ces objets ne procède point de leur fait (1) (*Art.* 2062).

D. Les juges peuvent-ils prononcer la contrainte par corps, hors les cas déterminés par la loi ?

R. Non ; hors les cas déterminés par la loi, ou qui pourraient l'être à l'avenir par une loi formelle, il est défendu à tous juges de prononcer la contrainte par corps ; il est, en outre, défendu à tous notaires et greffiers de recevoir des actes dans lesquels la contrainte par corps serait stipulée, et à tous Français de

_____

(1) La contrainte par corps peut être stipulée pour le paiement des fermages ; mais elle ne pourrait être stipulée pour les loyers des maisons : cette différence se fonde sur la faveur due à l'agriculture, et ensuite, sur ce que dans les baux des maisons, le locateur a la garantie des meubles. Dans les baux de biens ruraux, le mobilier est ordinairement bien inférieur au prix du fermage (M. *Delvincourt*).

La contrainte par corps peut encore être prononcée contre le débiteur d'un compte, pour défaut de présentation dudit compte au jour fixé, pour dommages et intérêts liquidés ; pour reliquats de compte de tutelle, curatelle, d'administration de corps, communautés, établissemens publics, ou de toute administration confiée par justice, et pour les restitutions à faire par suite desdits comptes ; enfin pour le paiement de l'amende, des dommages et intérêts, et même du principal de la dette, contre celui qui a dénié une pièce, lorsque la dénégation a été jugée mal fondée (*Voyez* Code de Procédure, art. 534, 126, 127 et 213).

consentir de pareils actes, encore qu'ils fussent passés en pays étranger (1) ; le tout à peine de nullité, dépens, dommages et intérêts (*Art.* 2063).

D. La contrainte par corps peut-elle être prononcée pour une somme quelconque ?

R. Non, elle ne peut être prononcée pour une somme moindre de trois cents francs (2) (*Art.* 2065).

D. Peut-elle être prononcée contre toutes personnes ?

R. Non ; elle ne peut être prononcée contre les mineurs (3) dans aucun cas (*Art.* 2064), et elle ne peut l'être contre les septuagénaires, les femmes et les filles que dans le cas de stellionat (*Art.* 2066).

D. Est-il nécessaire, pour jouir de la faveur accordée au septuagénaire que la soixante-dixième année soit révolue ?

R. Non, il suffit qu'elle soit commencée (*Art.* 2066) ; et, si le débiteur qui n'avait pas encore atteint cet âge, lorsqu'il a été incarcéré, y parvient avant d'être sorti de prison, il doit obtenir son élargissement (Code de Procédure, *art.* 800).

D. Les femmes sont-elles toujours contraignables par corps, pour cause de stellionat ?

R. Non ; si le stellionat a été commis pendant le mariage, elles ne peuvent être même soumises à la contrainte par corps, que lorsqu'elles sont séparées

---

(1) C'est une loi personnelle qui suit le Français partout.

(2) Il serait révoltant de voir traîner un citoyen en prison pour une si modique somme (M. *Maleville*).

(3) Le mineur qu'on voudrait contraindre par corps, opposerait la loi qui le met à l'abri de toute lésion, par suite de ses engagemens, et il n'est pas de lésion plus grave que la privation de la liberté (M. *Bigot-Préameneu*, Exposé des Motifs).

de biens, ou lorsqu'elles ont des biens dont elles se sont réservé la libre administration et à raison des engagemens qui concernent ces biens. Les femmes qui, étant en communauté, se sont obligées conjointement ou solidairement avec leur mari, ne peuvent être réputées stellionataires à raison de ces contrats (1) (*Art.* 2066).

D. Dans les cas où elle est autorisée par la loi, la contrainte par corps peut-elle être exercée de plein droit?

R. Non; elle ne peut jamais être appliquée qu'en vertu d'un jugement (2) (*Art.* 2067).

D. La contrainte par corps est-elle exécutoire nonobstant l'appel du jugement qui l'a prononcée?

R. Non; l'appel suspend la contrainte par corps, à moins que l'exécution provisoire du jugement n'ait été ordonnée sous caution (3) (*Art.* 2068).

---

(1) Néanmoins, en matière commerciale et en cas de faillite, les femmes qui ont prêté leur nom ou leur intervention à des actes faits par leurs maris, en fraude des créanciers de ceux-ci, peuvent, suivant la nature des cas, et sous quelque régime qu'elles soient mariées, être poursuivies comme complices de banqueroute frauduleuse (*Voy.* Code de Commerce, art. 556).

(2) Un citoyen appartenant à sa famille, à la société entière, on n'a pas voulu qu'il pût être privé de sa liberté, que le juge n'eût vérifié si la loi l'ordonne ou le permet (M. *Pigeau*). Il faut cependant excepter la caution judiciaire, qui est contraignable par corps, quand il y a lieu à contrainte, en vertu de sa soumission au greffe, et sans qu'il soit besoin de jugement (Code de Procédure, art. 519).

(3) *Quid,* si le jugement est exécutoire, sans donner caution? Doit-on dire qu'à *fortiori* la contrainte peut être exécutée, ou qu'au contraire, elle ne peut pas l'être. M. *Delvincourt* est de ce dernier avis, qui paraît le mieux fondé et le plus général.

D. L'exercice de la contrainte par corps peut-il empêcher ou suspendre les poursuites et les exécutions sur les biens?

R. Non; l'exercice de la contrainte par corps ne préjudicie en rien à ces exécutions ou à ces poursuites (*Art.* 2069).

D. Les dispositions du Code Civil sur la contrainte par corps, s'appliquent-elles aux matières de commerce?

R. Non; il n'est point dérogé aux lois particulières qui autorisent la contrainte par corps dans les matières de commerce; il n'est pas dérogé non plus aux lois de police correctionnelle, ni à celles qui concernent l'administration des deniers publics (1) (*Art.* 2070).

TITRE XVII.

Du Nantissement.

D. Qu'est-ce que le nantissement?

R. Le nantissement est un contrat par lequel un débiteur remet une chose à son créancier pour sûreté de la dette (*Art.* 2071).

D. Combien distingue-t-on de sortes de nantissement?

R. On en distingue deux sortes : le nantissement d'une chose mobilière ou nantissement proprement dit, appelé *gage*, et le nantissement d'une chose immobilière; ce dernier prend le nom d'*antichrèse* (*Art.* 2072).

---

(1) Quant aux règles et sur le mode à suivre dans l'exercice de la contrainte par corps, *voyez* le Code de Procédure, articles 780 à 805.

CHAPITRE PREMIER.

Du Gage.

D. Quels sont les droits que le créancier acquiert par le contrat de gage?

R. Le contrat de gage confère au créancier deux espèces de droits : le premier est celui de détenir la chose jusqu'à l'entier remboursement de ce qui lui est dû (M. *Delvincourt*).

Le second, est celui d'être payé sur le prix du gage par privilége et préférence aux autres créanciers (*Art.* 2073).

D. Le créancier peut-il, à défaut de paiement, disposer purement et simplement du gage?

R. Non, il peut seulement demander en justice, ou que le gage soit vendu aux enchères pour être payé sur le prix, ou qu'il lui demeure en paiement jusqu'à due concurrence, d'après une estimation faite par experts. Toute clause qui autoriserait le créancier à s'approprier le gage ou à en disposer sans ces formalités, serait nulle et de nul effet (1) (*Art.* 2078).

---

(1) Cette nullité a été introduite par Constantin, dans la loi dernière, Cod. *de Pactis pignorum.* Elle a pour but d'empêcher les fraudes de certains créanciers, qui, en ne donnant qu'une très-modique valeur à la chose engagée, trouveraient moyen de se procurer par là un intérêt excessif.

Mais le débiteur pourrait-il, avant ou après l'échéance de la dette, vendre le gage au créancier? L'affirmative a été décidée dans la discussion au Conseil-d'État. Ce n'est pas que cela ne puisse donner lieu à la fraude de la part de certains créanciers qui pourront abuser de la situation du débiteur, pour s'approprier le gage à un prix au-dessous de sa valeur; mais ce sont des inconvéniens qu'il est à-peu-près impossible d'éviter. Il eût été si aisé, surtout

D. Le débiteur conserve-t-il l'entière propriété du gage qui est entre les mains du créancier?

R. Oui; le gage n'est, dans les mains du créancier, qu'un dépôt qui assure son privilége. Le débiteur en demeure propriétaire jusqu'à ce qu'il en soit exproprié (1) (*Art.* 2079).

D. Le créancier et le débiteur ne sont-ils pas réciproquement tenus de quelque obligation relativement à la chose qui est l'objet du contrat de gage?

R. Le créancier répond de la perte ou de la détérioration du gage qui serait survenue par sa négligence (2) ; et, de son côté, le débiteur doit tenir compte au créancier, des dépenses utiles (3) et nécessaires (4) que celui-ci a faites pour la conservation du gage (*Art.* 2080).

D. Si une créance portant intérêt a été donnée en

_____

en fait de meubles, d'éluder la prohibition, qu'on a mieux fait de ne pas l'établir (M. *Delvincourt*).

(1) Le créancier ne possède pas pour lui, mais pour le débiteur; c'est un principe fécond en conséquences (M. *Maleville*).

(2) Selon les règles établies au titre *des Contrats et des Obligations en général. Voyez art.* 1137.

(3) C'est-à-dire, qui ont augmenté la valeur de la chose, et jusqu'à concurrence de la plus value seulement.

(4) Le débiteur doit les dépenses nécessaires dans tous les cas, et quand même la chose serait périe, si toutefois la perte est arrivée sans la faute du créancier. Il y a cette différence avec les dépenses utiles, que le créancier ne peut répéter les dépenses utiles qu'autant que la chose existe.

Observez que dans le gage comme dans le dépôt, le créancier peut demander la réparation du préjudice que la chose déposée a pu lui causer dans ses autres biens; et cela, soit que le débiteur connût ou non les vices de cette chose. *Voyez* la note (1), page 229 ci-dessus.

gage, comment le créancier doit-il tenir compte au débiteur de ces intérêts?

R. Il doit les imputer sur les intérêts qui peuvent lui être dus, si sa créance en produit; sinon, sur le capit al.(*Ar* 2081).

D. Quand est-ce que le débiteur peut réclamer la restitution du gage qui est entre les mains du créancier?

R. Le débiteur ne peut, à moins que le détenteur du gage n'en abuse, en réclamer la restitution qu'après avoir entièrement payé (1), tant en principal qu'intérêts et frais, la dette pour sûreté de laquelle le gage a été donné (*Art.* 2082).

D. Dans le cas où, postérieurement au contrat de gage, le débiteur a contracté envers le même créancier une nouvelle dette qui est devenue exigible avant le paiement de la première, le gage est-il également affecté au paiement de cette seconde dette?

R. Oui (2); le créancier ne peut être tenu, dans ce cas, de se dessaisir du gage avant d'être entièrement payé de l'une et de l'autre dette (3) (*Art.* 2082). Le gage est présumé, même sans aucune stipulation, affecté à la sûreté des deux créances (M. *Delvincourt*).

_____

(1) *Payé.* Ce mot doit être pris *lato sensu*, pour toute manière d'éteindre la dette. Mais il faut qu'elle soit éteinte en totalité; le gage est indivisible comme l'hypothèque.

(2) Puisque le créancier a déja exigé ce gage pour sûreté de sa première créance, il est bien à présumer qu'il n'aurait pas consenti sans gage à prêter de nouveau (*Voyez* M. *Berlier*, Exposé des Motifs).

(3) Mais observez que l'article parle d'une dette contractée *postérieurement* à celle pour laquelle le gage a été donné; d'où il suit que s'il s'agissait d'une dette antérieure, la décision ne devrait pas être la même (M. *Maleville*). En effet, le motif donné dans la note précédente ne s'appliquerait plus.

D. Le gage se divise-t-il, comme la dette, entre les héritiers du débiteur et ceux du créancier?

R. Non; le gage est indivisible, nonobstant la divisibilité de la dette. En conséquence, l'héritier du débiteur qui a payé sa portion de la dette, ne peut demander la restitution de sa portion dans le gage, tant que la dette n'est pas entièrement acquittée; et réciproquement, l'héritier du créancier, qui a reçu sa portion de la dette, ne peut remettre le gage au préjudice de ceux de ses cohéritiers qui ne sont pas payés (*Art.* 2083).

D. Est-il nécessaire que le gage soit donné au créancier par le débiteur lui-même?

R. Non, il peut être donné par lui ou par un tiers (*Art.* 2077).

D. La loi soumet-elle aux mêmes conditions la jouissance des deux espèces de droits qui sont conférés au créancier par le contrat de gage?

R. Non; il suffit, pour que le créancier puisse jouir du premier droit, c'est-à-dire, pour qu'il puisse détenir la chose engagée jusqu'à l'entier paiement de sa créance, que le gage soit prouvé d'une manière légale quelconque. Mais lorsqu'il s'agit du privilége que le gage confère au créancier, la loi assujettit ce créancier à remplir des formalités particulières (M. *Delvincourt*).

D. Quelles sont les formalités que la loi a exigées?

R. La loi a voulu que lorsqu'il s'agirait d'une valeur au-dessus de cent cinquante francs, le privilége n'eût lieu, qu'autant qu'il existerait un acte enregistré (1);

_____

(1) Autrement, un débiteur pourrait, à l'instant d'être poursuivi, distraire ses meubles, les mettre chez des tiers sous le titre de gage avec écrit daté d'une époque bien antérieure. Comme c'est pour

contenant la déclaration de la somme due, ainsi que l'espèce et la nature des choses remises en gage, ou un état annexé de leurs qualité, poids et mesure (*Art.* 2074).

D. Quel est le motif qui a dicté cette disposition ?

R. C'est celui d'éviter que l'intérêt des tiers ne se trouve compromis, et de prévenir le concert frauduleux qui pourrait avoir lieu entre le débiteur et un créancier (M. *Delvincourt*).

D. Si un meuble incorporel, tel qu'une créance mobilière, a été donné en gage, comment le privilége s'établit-il en faveur du créancier ?

R. Il ne s'établit que par acte public ou sous seing privé, aussi enregistré (1) et signifié (2) au débiteur de la créance donnée en gage (3) (*Art.* 2075).

D. Quelle est la condition essentielle pour que le

---

prévenir l'antidate qu'on a exigé l'enregistrement, il semble que si la date de l'écrit privé était certaine par une autre voie, par exemple, si le créancier qui l'a signé était mort avant l'exercice du privilège, ce privilège devrait avoir lieu (M. *Pigeau*).

(1) Ici, il faut absolument l'enregistrement, puisqu'il faut que l'acte soit signifié.

(2) Quel sera l'effet de cette signification ? Ce sera seulement d'empêcher le débiteur de la créance engagée, de payer à celui qui a mis la créance en gage ; mais elle n'aura point l'effet de donner au créancier engagiste, le droit de toucher le montant de la créance, à moins que l'acte du nantissement ne contienne, en outre, le mandat pour recevoir. Si le débiteur de la créance engagée veut se libérer, il pourra le faire en consignant (M. *Delvincourt*).

(3) En outre de cette signification, il faut encore, pour donner le privilège, que le titre de la créance ait été remis au créancier (Arrêt de Liège, du 15 mai 1810, Sirey, 1811, 2.me part., page 54). L'article 2076 est général.

privilége accordé au créancier puisse subsister sur le gage ?

R. Il faut que ce gage ait été mis et soit resté en la possession du créancier, ou d'un tiers convenu entre les parties (*Art.* 2076).

D. Les dispositions du Code Civil sont-elles applicables aux matières de commerce ?

R. Non; elles ne peuvent pas leur être appliquées non plus qu'aux maisons de prêt sur gage autorisées et à l'égard desquelles on suit les lois et règlemens qui les concernent (1) (*Art.* 2084).

CHAPITRE II.

De l'Antichrèse (2).

D. Qu'est-ce que l'antichrèse ?

R. L'antichrèse est un contrat par lequel un immeuble est remis à un créancier, pour en percevoir les fruits, à compte de sa créance (M. *Delvincourt*).

D. L'antichrèse peut-elle s'établir verbalement ?

R. Non ; elle ne s'établit que par écrit (*Art.* 2085).

D. Quels sont les droits que ce contrat confère au créancier ?

R. Le créancier n'acquiert, par l'antichrèse, aucun droit réel sur l'immeuble. Il acquiert seulement la faculté d'en percevoir les fruits, à la charge de les im-

---

(1) *Voyez* Code de Commerce, articles 93 et 196 ; le Décret du 17 mars 1808 (Bulletin, n.º 3210) ; et pour les Monts-de-Piété, les Décrets du 8 thermidor, (Bulletin, n.º 850 et 851).

(2) Antichrèse vient du mot grec ἀντίχρησις, composé de ἀντί *pour, au lieu de*, et de χρῆν de χράω, *prêter*.

puter annuellement sur les intérêts de sa créance, s'il lui en est dû, et ensuite sur le capital (*Art.* 2085).

D. Cette faculté que l'antichrèse donne au créancier, peut-elle préjudicier aux droits que des tiers pourraient avoir sur le fonds de l'immeuble remis à titre d'antichrèse ?

R. Non, ces droits sont conservés dans leur intégrité, sauf au créancier si, indépendamment de l'antichrèse, il a une hypothèque ou un privilège sur l'immeuble, à exercer ses droits à son rang, comme tout autre créancier (*Art.* 2091).

D. Le seul défaut de paiement au terme convenu, rend-il le créancier propriétaire de l'immeuble remis en antichrèse ?

R. Non, et si les parties l'avaient stipulé, cette stipulation serait nulle (1) ; le créancier peut seulement, dans ce cas, poursuivre l'expropriation de son débiteur par les voies légales (2) (*Art.* 2088).

---

(1) Le débiteur peut-il convenir, en donnant le gage, que le créancier pourra, à défaut de paiement, faire ordonner en justice que l'immeuble lui demeurera en paiement, jusqu'à due concurrence et à dire d'experts, comme cela est permis à l'égard des choses mobilières, par l'article 2078 ? M. *Maleville*, tome 3, page 147, pense que cette stipulation est valable ; M. *Delvincourt*, tome 3, page 212, note 3, est d'opinion contraire.

(2) Il existait autrefois une espèce de convention qu'on appelait *contrat pignoratif*, par lequel le créancier paraissait se faire vendre un fonds à pacte de réméré, mais à un vil prix, pour retirer sous cette couleur, un intérêt excessif de sa créance (M. *Maleville*). Ce contrat était prohibé comme pouvant servir à masquer des conventions usuraires : car indépendamment de ce qu'il était possible que les fruits excédassent considérablement l'intérêt légal, il pouvait arriver que le prix fût inférieur à la valeur de l'objet vendu ; ce qui faisait encore un surcroît d'intérêt. Quelquefois on

D. Les parties peuvent-elles stipuler que les fruits se compenseront avec les intérêts ?

R. Oui ; elles peuvent stipuler qu'ils se compenseront en totalité, ou jusqu'à une certaine concurrence, et cette convention s'exerce comme toute autre qui n'est point prohibée par les lois (1) (*Art.* 2089).

---

cherchait à déguiser cette convention, en faisant disparaître les qualités de débiteur et de créancier, et en faisant paraître simplement une vente à réméré. Mais plusieurs circonstances servaient à la faire reconnaître, la vilité du prix, le fait que le vendeur était resté en possession de l'héritage, à titre de loyer ou autrement, les qualités de créancier et de débiteur prouvées dans les deux parties, etc.

Le contrat pignoratif serait-il encore prohibé aujourd'hui ? Je pense qu'oui ; en effet, l'article 2088 défend au bailleur et au preneur à antichrèse de convenir que le preneur deviendra propriétaire de l'immeuble, par le seul défaut de paiement au terme convenu. Or, rien ne serait plus facile que d'éluder cette prohibition, si le contrat pignoratif était toléré. *Exemple*: je dois trois mille francs à Pierre; je lui vends pour ce prix un héritage valant cinq mille francs, avec faculté de réméré pour cinq ans; le prix est compensé avec la créance. N'est-ce pas comme si je lui donnais ce même héritage à antichrèse pour sûreté des mêmes trois mille francs, avec la clause qu'à défaut de paiement, au bout de cinq ans, il resterait propriétaire de l'immeuble?

(1) Pourvu, toutefois, qu'il ne résulte pas de cette stipulation un intérêt supérieur au *maximum* fixé par la loi; auquel cas, l'excédant serait imputé sur le capital. Je pense que c'est ainsi qu'il faut appliquer l'article 2089, maintenant qu'une loi postérieure au Code, a fixé le taux de l'argent. Autrement, il n'y aurait rien de plus facile que d'éluder les dispositions de cette loi par des contrats d'antichrèse; mais l'on sent que la règle que nous posons ici, doit toujours être appliquée *ex æquo et bono*. En effet, si la quotité des fruits à percevoir annuellement, n'était pas fixe, mais subordonnée aux évènemens, à la saison, etc., il est certain qu'une légère différence en plus, entre le taux légal de l'intérêt et la valeur

D. Parmi les dispositions énoncées au titre *du Gage*, n'y en a-t-il pas quelques-unes qui s'appliquent également à l'antichrèse ?

R. Les dispositions relatives à l'indivisibilité du gage s'appliquent également à l'antichrèse, et dans ce dernier contrat, comme dans le contrat de gage, l'immeuble remis au créancier peut appartenir au débiteur ou à un tiers, pourvu que ce dernier ait consenti à l'antichrèse (*Art.* 2090).

D. Quelles sont les obligations du créancier relativement à l'immeuble qui lui a été remis à antichrèse ?

R. Il est tenu, s'il n'en est autrement convenu, de payer les contributions et les charges annuelles de l'immeuble qu'il tient en antichrèse. Il doit également, sous peine de dommages et intérêts (1), pourvoir à l'entretien et aux réparations utiles et nécessaires de l'immeuble ; sauf à prélever sur les fruits toutes les dépenses relatives à ces divers objets (*Art.* 2086).

D. Le créancier ne peut-il pas toutefois se décharger de ces obligations ?

R. Le créancier qui veut se décharger de ces obligations peut toujours, à moins qu'il n'ait renoncé à ce droit (2), contraindre le débiteur à reprendre la jouissance de son immeuble (*Art.* 2087).

---

des fruits, ne pourrait donner lieu à réclamation, puisque, s'il y avait moins, le créancier n'aurait rien à répéter. Ce sera, dans ce cas, à la conscience du juge à prononcer (M. *Delvincourt*).

(1) Le juge pourrait même, si le créancier abuse de la chose, en ordonner le séquestre, ou la restitution au débiteur (Argument des articles 618 et 2082).

(2) Il peut y avoir convention contraire sous deux rapports. D'abord, il peut être convenu que le créancier sera tenu de garder l'immeuble, jusqu'à ce qu'il ait recueilli une quantité suffisante

3.   19

D. Quand est-ce que le débiteur peut réclamer la jouissance de l'immeuble qu'il a remis en antichrèse ?

R. Il ne peut la réclamer qu'après l'entier acquittement de la dette (*Art.* 2087).

TITRE XVIII.

Des Privilèges et Hypothèques (1).

CHAPITRE PREMIER.

Dispositions générales.

D. Quel est le gage commun des créanciers de tout débiteur ?

R. Quiconque s'est obligé personnellement (2), est

---

de fruits pour acquitter sa créance en totalité ; et 2.º, il peut être convenu encore que , même dans le cas où les dépenses viendraient à excéder les fruits , le créancier sera tenu de garder l'immeuble, soit en prenant l'excédant pour son compte, en pure perte , soit à la charge de se rembourser de cet excédant sur les années suivantes (M. *Delvincourt*).

(1) On peut consulter, sur l'origine et l'histoire des priviléges et hypothèques , un discours préliminaire , mis en tête de son Traité des Hypothèques, par M. *Grenier;* un autre discours préliminaire placé au commencement du Traité des Privilèges et Hypothèques de M. *Battur ;* et une dissertation assez étendue , où M. *Maleville* (tom. 4 , pages 149 à 205) compare les divers systêmes qui furent présentés au Conseil d'État , lors de la discussion de ce Titre.

(2) *Secùs* , quand l'obligation n'est qu'hypothécaire ; comme alors le détenteur n'est obligé que *propter rem possessam* , il en résulte qu'en abandonnant la chose affectée à l'hypothèque , il cesse d'être obligé sur ses autres biens.

ténu de remplir son engagement sur tous ses biens (1)
mobiliers et immobiliers, présens et à venir (*Art.* 2092).
Ainsi, tous les biens du débiteur sont le gage commun
de ses créanciers (*Art.* 2093).

D. Si la valeur des biens du débiteur n'est pas suffisante pour payer entièrement tous ses créanciers,
comment le prix de ces biens doit-il être distribué?

R. Il doit être distribué par contribution, à moins
qu'il n'y ait, entre les créanciers, des causes légitimes
de préférence (*Art.* 2093).

D. Quelles sont les causes légitimes de préférence?

R. Ce sont les priviléges et les hypothèques (2)
(*Art.* 2094).

CHAPITRE II.

Des *Privilèges.*

D. Comment définit-on le privilège?

---

(1) Cependant des raisons d'humanité, ou puisées dans l'intention présumée des contractans, ont porté le Législateur à excepter
de cette règle certains objets mobiliers désignés dans les articles 580 et 592 du Code de Procédure civile (M. *Pannier*,
Traité des Hypothèques, 1824). Il faut encore en excepter les
bâtimens de mer, prêts à faire voile (Code de Commerce, art.
215); les biens composant le fonds des majorats (Décret du
1.er mars 1808, Bulletin, n.o 3207).

(2) Plusieurs dispositions du Code établissent un autre droit
qui n'a ni les formes, ni le nom de privilége ou d'hypothèque ;
c'est la faculté qu'a le créancier de garder en ses mains l'objet
qui est en sa possession, jusqu'à ce qu'il soit payé. On le nomme
droit de rétention. On le trouve dans les articles 535, 1673,
1749, 1948, 2082, 2175 (M. *Pannier*) *Voyez* M. *Persil*, Régime hypothécaire, 3.e édition, sur l'article 2094, tom. 1.er,
pages 7 à 10.

R. Le privilège est un droit que la qualité de la créance (1) donne à un créancier d'être préféré aux autres créanciers, même hypothécaires (*Art.* 2095.).

D. Comment se règle la préférence entre créanciers privilégiés, lorsqu'il y en a plusieurs?

R. Elle se règle par les différentes qualités des privilèges (*Art.* 2096). Les créanciers privilégiés qui sont dans le même rang, sont payés par concurrence (*Art.* 2097).

D. Comment se règle le privilège à raison des droits du trésor royal, et l'ordre dans lequel il s'exerce?

R. Ils se règlent par des lois particulières(2). Mais le trésor royal ne peut obtenir de privilège au préjudice des droits antérieurement acquis à des tiers (*Art.* 2098).

D. Sur quels biens peuvent être les privilèges?

R. Ils peuvent être sur les meubles ou sur les immeubles (*Art.* 2099).

---

(1) Le privilége n'est donc point une faveur personnelle accordée à certaines classes de créanciers : c'est la nature et le mérite seuls de la créance qui la rendent privilégiée... Il résulte de cette définition, que la volonté des parties n'est point capable d'établir le privilége, quoiqu'elle suffise pour y renoncer (M. *Battur*). Cependant il faut convenir qu'on trouve dans le Code civil quelques priviléges qui ne tirent pas leur origine de la qualité de la créance. L'article 2102 en fournit un exemple ; il cite au n.º 2, le privilége du créancier sur le gage dont il est saisi ; or, il n'est pas vrai de dire que, dans ce cas, c'est la qualité de la créance qui constitue le privilége; c'est alors la convention, suivie de la tradition (*Voyez* M. *Persil*, sur l'art. 2095, tom. 1.er, page 11).

(2) *Voyez*, à cet égard, deux lois du 5 septembre 1807 ; un avis du Conseil d'État, du 25 février 1808 ; une loi du 12 novembre 1808.

SECTION PREMIÈRE.

Des Privilèges sur les Meubles.

D. Comment se divisent les privilèges sur les meubles?

R. Ils se divisent en privilèges généraux sur tous les meubles, et en privilèges particuliers sur certains meubles. (*Art.* 2100).

§. I.er

Des Privilèges généraux sur les Meubles.

D. Quelles sont les créances privilégiées sur la généralité des meubles ?

R. Les créances privilégiées sur la généralité des meubles sont :

1.º Les frais de justice (1); cependant les frais de

---

(1) On doit regarder comme tels ceux faits dans l'intérêt commun des créanciers, et qu'ils auraient été obligés de faire eux-mêmes, soit pour conserver leur gage, soit pour parvenir à la vente, ou à la distribution du prix (MM. *Tarrible, Persil*, etc.): tels sont les frais de saisie, de scellés, d'inventaire, de vente, de liquidation.

Remarquez que, 1.º Le privilége accordé pour les frais de saisie et de vente du mobilier ne s'étend point aux immeubles, et que de même le privilége accordé pour les frais faits pour parvenir à la vente des immeubles, n'a lieu que sur leur prix.

2.º Les frais de scellés, d'inventaire, et de distribution, ne priment point le propriétaire pour ses loyers ; il n'en avait pas besoin, et ces frais n'ont pas été faits dans son intérêt.

3.º Les frais faits seulement dans l'intérêt d'un créancier suivent le sort de la créance, c'est-à-dire, qu'ils sont payés comme accessoires de la créance, au même rang qu'elle. *Voyez* M. Delvincourt, tom. 3, pag. 144, note 5.

poursuite en contribution ne viennent qu'après le paiement des loyers (Code de Procédure, *art.* 662);

2.º Les frais funéraires (1);

3.º Les frais quelconques de la dernière maladie (2) concurremment entre ceux à qui ils sont dus ;

---

(1) *Impensa funeris omne creditum solet præcedere: nam propter publicam utilitatem , ne insepulta cadavera jacerent , strictam rationem insuper habemus , quæ nonnunquam in ambiguis religionum quæstionibus omitti solet: nam summam esse rationem , quæ pro religione facit* (Papinien et Marcellus , L. 45 et 43 , D. *de Religios. et sumpt.*).

Les frais funéraires doivent être en rapport avec la naissance , le rang et la fortune du défunt. Si la dépense est excessive, le juge la réduira.

Le deuil de la femme doit-il être compris dans les frais funéraires? Non ; il est impossible de comprendre dans ces expressions des habits de deuil dont la dépense concerne uniquement la femme , les enfans ou d'autres héritiers (M. *Grenier* , tom. 2, page 19; M. *Battur* , tom. 1.ᵉʳ , page 48 , n.º 32). Cependant M. *Persil* est d'opinion contraire , tom 1.ᵉʳ , page 63 ; ces auteurs citent l'un et l'autre des autorités à l'appui de leur sentiment.

Y a-t-il subrogation légale au profit de celui qui paye les frais funéraires ? M. *Delvincourt* , tom 3 , page 144 , note 7 , le pense ainsi ; il se fonde sur ce que le privilége résulte de la nature de la créance, indépendamment de la personne, et sur l'article 593 du Code de Procédure. M. *Persil* a émis une opinion contraire , tom 1.ᵉʳ , page 64. Mais la faveur et l'équité doivent faire prévaloir l'opinion de M. *Delvincourt* ; il serait trop dur d'exiger d'un parent ou d'un ami dans la douleur qu'il songeât à se faire consentir une subrogation conventionelle.

(2) Que faut-il entendre par ces mots : *dernière maladie?* Est-ce la maladie dont le débiteur est décédé , ou la maladie qui a précédé l'état de faillite ou de déconfiture ? C'est seulement la maladie dont le débiteur est décédé (MM. *Grenier* , *Battur* , *Persil*).

4.° Les salaires des gens de service (1), pour l'année échue, et ce qui est dû sur l'année courante (2) ;

5.° Les fournitures de subsistances faites au débiteur et à sa famille (3), savoir, pendant les six derniers mois, par les marchands en détail, tels que boulangers, bouchers et autres ; et, pendant la dernière année, par les maîtres de pension et marchands en gros (*Art.* 2101).

D. Dans quel ordre s'exercent ces privilèges?

R. Ils s'exercent dans l'ordre où ils sont placés, (*Art.* 2101), et par concurrence, pour ceux de la même classe.

_____

(1) Les gens de service sont ceux qui demeurent dans la maison du maître, et qui reçoivent des gages. Les gens de journée ne sont point dans cette classe, et n'ont point de privilège (MM. *Delvincourt*, *Persil*, *Grenier*, *Battur*).

(2) Il faut fixer le commencement de l'année au jour de l'anniversaire de l'entrée du domestique en maison. Du reste, il résulte de cet article, cette conséquence bizarre, qu'il vaut mieux pour le domestique avoir servi 23 mois que 25 ; car, dans le premier cas, il recevra par privilége ses gages pour 23 mois ; et dans le second cas, seulement pour 13 mois.

(3) On peut demander si les marchands qui ont fait des fournitures de subsistances à des maîtres de pension, ou à tout autre établissement dans lequel les étrangers sont reçus, jouissent de ce privilège, pour la totalité de leurs fournitures ? L'affirmative est incontestable ; car le mot *famille* n'est pas restrictif : il doit s'entendre de tout établissement soutenu par les fournisseurs (M. *Battur*). C'est aussi l'avis de M. *Persil*, dans ses *Questions sur les Privilèges et Hypothèques*, 2.me édition, tom 1.er, page 29. Cependant un arrêt de Rouen a jugé le contraire (*Sirry*, tom. 19, part. 2, page 270).

§. II.

Des Privilèges sur certains Meubles.

D. Quelles sont les créances privilégiées sur certains meubles ?

R. Les créances privilégiées sur certains meubles sont :

1.º Les loyers et fermages des immeubles sur les fruits de la récolte de l'année (1), et sur le prix de tout ce qui garnit la maison louée ou la ferme, et de tout ce qui sert à l'exploitation de la ferme (2); savoir,

---

(1) Quand même ils seraient vendus, si toutefois ils ne sont pas livrés. *Quid*, des récoltes précédentes ? Elles sont également soumises au privilège; le Législateur n'a parlé que de la récolte de l'année, parce qu'il a présumé que les précédentes seraient vendues. D'ailleurs, si ces récoltes ne sont pas comprises sous le nom de fruits, elles le sont comme *ce qui garnit la ferme* (MM. *Delvincourt*, *Grenier*, *Persil*).

Si la grange du fermier n'était point sur la ferme, le propriétaire ne perdrait point son droit; seulement les loyers de la grange seraient payés avant lui (MM. *Delvincourt*, *Grenier*).

(2) Soit que les objets appartiennent au locataire ou fermier ou à tout autre. Cependant il y a trois exceptions :

1.º Lorsque les objets ont été apportés dans la ferme sans le consentement de celui à qui ils appartiennent, *putà*, s'ils ont été volés. Lorsqu'il a consenti, il est censé, en souffrant qu'ils garnissent la maison, consentir qu'ils soient obligés au loyer, parce qu'il sait, ou doit savoir, que tout ce qui garnit une maison sert de garantie pour le paiement des loyers. Ce motif n'a pas lieu, quand il n'a pas consenti.

2.º Lorsqu'il a été donné connaissance au locateur que les objets n'appartiennent pas au locataire (Argument de l'art. 2102, n.º 4, §. 3).

3.º Lorsqu'il est évident, d'après les circonstances, que les ob-

pour tout ce qui est échu, et pour tout ce qui est à échoir, si les baux sont authentiques, ou si, étant sous signature privée, ils ont une date certaine ; et, dans ces deux cas, les autres créanciers ont le droit de relouer la maison ou la ferme (1) pour le restant du bail, et de faire leur profit des baux ou fermages, à la charge toutefois de payer au propriétaire tout ce qui lui serait encore dû :

Et, à défaut de baux authentiques, ou lorsqu'étant sous signature privée ils n'ont pas une date certaine, pour une année à partir de l'expiration de l'année courante (2) ;

Le même privilège a lieu pour les réparations locatives, et pour tout ce qui concerne l'exécution du bail (3).

---

jets ne se trouvent dans les lieux qu'en passant et ne sont pas destinés à y rester ; comme le linge donné à la blanchisseuse, les montres à l'horloger (M. *Delvincourt*).

L'argent comptant, les obligations et billets, les diamans et bijoux ne garnissent pas (MM. *Grenier, Persil, Delvincourt*).

(1) Quand même il y aurait dans le bail prohibition de sous-louer ; c'est un cas d'exception à l'article 1717. Dès qu'on accorde au propriétaire un privilége pour les loyers à échoir, il est équitable d'accorder aux créanciers les loyers et fermages pour le temps à courir ; mais aussi ils contractent l'obligation de payer les loyers qui resteraient dus sur les années à échoir (M. *Delvincourt*, tom. 3, page 145, notes 7, 8 et 9 ; M. *Persil*, tom. 1 ; page 90 et suivantes).

(2) Si donc le bail a commencé au 1.er avril, et que le privilège s'exerce à partir du 1.er juillet, il aura lieu pour vingt-un mois de loyer.

(3) Par conséquent pour les dégradations et détériorations commises, pour les avances faites par le propriétaire, pourvu qu'elles soient constatées par le bail (M. *Delvincourt*, M. *Grenier*, M. *Persil*).

D. Lorsqu'il y a cependant des sommes dues pour les semences ou pour les frais de la récolte de l'année, ne sont-elles pas payées de préférence au propriétaire?

R. Oui, les sommes dues pour les semences ou pour les frais de la récolte de l'année (1), sont payées sur le prix de la récolte, et celles dues pour ustensiles, sur le prix de ces ustensiles, par préférence au propriétaire, dans tous les cas (2) (*Art.* 2102).

D. Le propriétaire peut-il saisir les meubles qui garnissent sa maison ou sa ferme, lorsqu'ils ont été déplacés?

R. Oui (3); s'ils ont été déplacés sans son consentement, il peut encore les saisir, et il conserve sur eux son privilège, pourvu qu'il ait fait la revendication (4) ; savoir, lorsqu'il s'agit du mobilier (5) qui gar-

---

(1) Et non des autres années.

(2) Les ouvriers et gens de travail qui ont cultivé et fait la récolte ont aussi un privilège sur cette récolte (Arrêt de Cassation, du 24 juin 1807, *Sirey*, tome 7, part. 1.ere, page 289 ; M. *Grenier*, tome 2, page 34).

·(3) C'est le seul cas où les meubles ont suite.

(4) La revendication a lieu contre tout détenteur des effets soustraits au gage du propriétaire, à quelque titre que ce soit, lucratif ou onéreux, fût-ce même un nouveau locateur (MM. *Delvincourt*, *Persil*, *Grenier*, *Battur*).

Mais lorsqu'il y a dans la maison des meubles suffisans pour répondre du loyer, le propriétaire peut-il s'opposer à l'enlèvement du surplus, ou même le revendiquer, si l'enlèvement en a déja été fait? *Voyez* M. *Persil*, tome 1.er, page 108 et suivantes, il pense que le propriétaire n'a pas ce droit; c'est aussi l'opinion de M. *Grenier*, tome 2, pages 31 et 32.

(5) Du mobilier et non des fruits. En effet, comme ils sont destinés à être vendus, il faut bien qu'il y ait sûreté pour l'acquéreur; en conséquence le locateur n'aurait pas le droit de les revendiquer contre lui (M. *Delvincourt*, M. *Tarrible*).

nissait une ferme, dans le délai de quarante jours; et dans celui de quinzaine (1), s'il s'agit des meubles garnissant une maison (2) (*Art.* 2102).

D. Quels sont les autres privilèges sur certains meubles?

R. Sont encore créances privilégiées :

2.º La créance, sur le gage dont le créancier est saisi (3) ;

3.º Les frais faits (4) pour la conservation de la chose ;

----

(1) Le tout à compter du déplacement. La différence de quinze à quarante jours est fondée sur ce qu'il peut être plus aisé de connaître le déplacement du mobilier d'une maison, qui en a communément d'autres dans son voisinage, que d'une ferme qui peut être isolée, et où d'ailleurs, les mouvemens et transports étant plus ordinaires, doivent conséquemment exciter moins de méfiance (M. *Delvincourt*).

(2) Ainsi le locateur à trois moyens d'exercer son privilège : la saisie-exécution quand les effets sont encore dans sa maison, et qu'il a un bail en forme exécutoire, ou un jugement de condamnation; la saisie-gagerie, lorsque les effets étant encore dans sa maison, il n'a point de titre exécutoire; cette saisie a simplement pour objet d'empêcher le divertissement, et n'est qu'un acte conservatoire; enfin, la saisie-revendication, quand les objets ont été déplacés sans son consentement (*Voyez* M. *Delvincourt*, tome 3, page 146, note 4).

(3) La créance et tous ses accessoires. *Voyez* au reste, au titre *du Nantissement*, comment s'acquiert et se conserve ce privilège, page 284 ci-dessus.

(4) Le prêteur de la somme employée aux dépenses faites pour la conservation d'un objet, jouit du même privilège; mais il doit constater le prêt et la destination (M. *Persil*, M. *Grenier*). Si la chose n'avait été qu'améliorée, il n'y aurait pas de privilège, à moins qu'elle ne fût restée entre les mains du créancier; alors il aurait un droit de rétention semblable au droit de gage (M. *Delvincourt* et M. *Persil*).

4.° Le prix d'effets mobiliers non payés (1), s'ils sont encore en la possession du débiteur (2), soit qu'il ait acheté à terme ou sans terme (*Art.* 2102).

D. Lorsque la vente a été faite sans terme, le vendeur n'a-t-il pas également le droit de revendiquer les objets vendus ?

R. Si la vente a été faite sans terme (3), le vendeur peut même revendiquer ces effets tant qu'ils sont en la possession de l'acheteur, et en empêcher la revente, pourvu que la revendication soit faite dans la huitaine de la livraison, et que les effets se trouvent dans le même état (4) dans lequel cette livraison a été faite (*Art.* 2102).

D. S'il y a concours entre le privilège du vendeur

---

(1) Encore que le créancier ait reçu des billets pour le prix de ces effets, il peut réclamer le privilège, si ces billets constatent la vente, désignent les objets et ne font point novation; mais si les billets sont purs et simples, ils font perdre le privilège (M. *Grenier et* M. *Persil*).

(2) Si une partie seulement de ces effets avait été vendue, et qu'une partie fût restée dans la possession du débiteur, il est sensible que le privilège pourrait être exercé sur cette dernière partie (M. *Grenier et* M. *Tarrible*).

(3) Mais non pas quand la vente a été faite à terme; dans ce cas, le vendeur a suivi la foi de l'acheteur.

(4) Quand est-ce que les objets ont cessé d'être dans le même état? M. *Delvincourt* et M. *Persil* pensent que pour décider cette question, il y a lieu à appliquer l'article 580 du Code de Commerce. Cet article est ainsi conçu: « La revendication ne pourra être exercée que sur les marchandises qui seront reconnues être identiquement les mêmes, et que lorsqu'il sera reconnu que les balles, barriques ou enveloppes dans lesquelles elles se trouvaient lors de la vente, n'ont pas été ouvertes, que les cordes ou marques n'ont été ni enlevées ni changées, et que les marchandises n'ont subi en nature et quantité, ni changement, ni altération ».

et celui du propriétaire de la maison ou de la ferme, quel est celui de ces privilèges qui s'exerce le premier?

R. Le privilège du vendeur ne s'exerce qu'après celui du propriétaire de la maison ou de la ferme, à moins qu'il ne soit prouvé que le propriétaire avait connaissance que les meubles et autres objets garnissant sa maison ou sa ferme n'appartenaient pas au locataire. Au reste, le Code Civil ne déroge pas aux lois et usages du commerce sur la revendication (*Art.* 2102).

D. N'y a-t-il pas d'autres créances privilégiées sur certains meubles?

R. Sont encore créances privilégiées :

5.° Les fournitures (1) d'un aubergiste (2), sur les effets du voyageur (3) qui ont été transportés dans son auberge (4);

6.° Les frais de voiture et les dépenses accessoires (5), sur la chose voiturée (6);

---

(1) Mais celles seulement faites durant le séjour actuel; celles qu'on aurait faites dans un premier voyage ne jouiraient d'aucune préférence sur les effets apportés et saisis dans le second (M. *Persil*).

(2) Sous le nom d'aubergistes, il faut comprendre ceux qui tiennent hôtel, mais non pas ceux qui tiennent un café ou un cabaret (M. *Commaille*, et M. *Pannier*).

(3) Et n'importe que ces effets appartiennent ou non au voyageur. Il suffit que les aubergistes les aient reçus de bonne foi et qu'ils aient pu les regarder comme leur gage, pour qu'ils demeurent affectés à leur créance. Toutefois il en serait autrement, s'ils avaient su que ces effets n'appartenaient pas au voyageur (M. *Persil*).

(4) Et qui s'y trouvent encore (M. *Delvincourt*). Si l'aubergiste s'était dessaisi du gage, il n'aurait plus de privilège; il serait même présumé avoir été payé par le voyageur (M. *Grenier*).

(5) Comme les droits de péage à la douane, aux octrois; les réparations occasionnées par force majeure.

(6) Ce privilège est comme celui de l'aubergiste; il n'a lieu

7.º Les créances résultant d'abus et prévarications commis par les fonctionnaires publics dans l'exercice de leurs fonctions (1), sur les fonds de leur cautionnement (2) et sur les intérêts qui en peuvent être dus (3) (*Art.* 2102).

SECTION II.

Des Privilèges sur les Immeubles.

D. Quels sont les créanciers privilégiés sur les immeubles ?

R. Les créanciers privilégiés sur les immeubles, sont :

---

qu'autant que le voiturier est nanti des objets voiturés. Le contraire a cependant été jugé par la Cour royale de Paris; mais son arrêt a été critiqué avec beaucoup de raison par M. *Delvincourt*, tome 3; page 4; et par M. *Persil*, tome 1.er, page 143. Après la discussion de ces auteurs, il est impossible de ne pas adopter leur doctrine.

(1) Comme si un huissier a gardé des sommes qu'il avait reçues pour les consigner; si un notaire a dissipé de l'argent qui lui avait été remis en dépôt.

(2) Le cautionnement des employés et des fonctionnaires publics est une somme que certains d'entr'eux sont obligés de consigner, pour servir de garantie, tant contre les divertissemens de deniers, que contre les abus de fonctions qui peuvent compromettre l'intérêt public et exciter de justes réclamations. Indépendamment des cautionnemens en argent, il y a des comptables qui fournissent aussi des cautionnemens en immeubles (M. *Merlin*, Répertoire de Jurisprudence, au mot *Cautionnement*).

(3) Remarquez que, s'il y a concours entre le trésor public pour amendes encourues à raison desdits abus, et des tiers pour raison de dommages et intérêts résultant des mêmes abus, les tiers doivent être préférés (M. *Delvincourt*).

1.º Le vendeur, sur l'immeuble vendu (1), pour le paiement du prix (2); s'il y a plusieurs ventes successives dont le prix soit dû en tout ou en partie, le premier vendeur est préféré au second, le deuxième au troisième, et ainsi de suite;

2.º Ceux qui ont fourni les deniers pour l'acquisition d'un immeuble, pourvu qu'il soit authentiquement constaté, par l'acte d'emprunt, que la somme était destinée à cet emploi, et, par la quittance du vendeur, que ce paiement a été fait des deniers empruntés;

3.º Les cohéritiers (3), sur les immeubles de la succession, pour la garantie des partages faits entre eux, et des soultes ou retours de lot;

4.º Les architectes, entrepreneurs, maçons et autres ouvriers employés pour édifier, reconstruire ou réparer des bâtimens, canaux ou autres ouvrages quelconques, pourvu néanmoins que, par un expert nommé d'office par le tribunal de première instance dans le ressort duquel les bâtimens sont situés, il ait été dressé préalablement un procès-verbal, à l'effet de

---

(1) *Quid*, de l'acquéreur à réméré qui a rendu l'immeuble sans exiger le prix? Il n'a pas de privilège; ce n'est pas une nouvelle vente, c'est l'ancienne qui est résolue (M. *Delvincourt*). C'est aussi l'opinion de M. *Persil* et de M. *Merlin*.

(2) Ce privilège doit-il être étendu au donataire pour les charges imposées à la donation? M. *Persil*, tome 1.er, page 160, et M. *Pattur*, tom. 1.er, n.º 70, ne le pensent pas; mais M. *Grenier*, tom. 2, pag. 230, est d'opinion contraire.

(3) Quoique la loi ne parle que des cohéritiers, néanmoins sa disposition embrasse tous les copartageans; ainsi le privilège peut être réclamé à l'occasion des partages faits par les père et mère, des partages de communauté, de société (M. *Chabot* et M. *Grenier*).

constater l'état des lieux relativement aux ouvrages
que le propriétaire déclarera avoir dessein de faire, et
que les ouvrages aient été, dans les six mois au plus de
leur perfection, reçus par un expert également nommé
d'office ;

Mais le montant du privilège ne peut excéder les
valeurs constatées par le second procès-verbal, et il
se réduit à la plus-value existante à l'époque de l'aliénation de l'immeuble et résultant des travaux qui y ont
été faits (1).

5.º Ceux qui ont prêté les deniers pour payer ou
rembourser les ouvriers, jouissent du même privilège,
pourvu que cet emploi soit authentiquement constaté
par l'acte d'emprunt, et par la quittance des ouvriers,
ainsi qu'il a été dit pour ceux qui ont prêté les deniers
pour l'acquisition d'un immeuble (*Art.* 2103).

Section III.

Des Privilèges qui s'étendent sur les Meubles et les Immeubles.

D. Quels sont les privilèges qui s'étendent sur les
meubles et les immeubles ?

---

(1) Remarquez, 1.º qu'il ne suffit pas que la plus-value ait existé
au moment de la confection des ouvrages ; il faut qu'elle existe
encore au moment de l'aliénation de l'immeuble. 2.º Qu'il faut
que la plus-value résulte des travaux faits. Il peut donc se faire
qu'il y ait plus-value, et que cependant il n'y ait pas privilège ;
comme il peut arriver que la chose soit considérablement diminuée de valeur, et que néanmoins le privilège ait lieu (*Voyez*
M. *Delvincourt*, tom. 3, pag. 149, note 8 ; et M. *Persil*, tom. 1.ᵉʳ,
pag. 189).

R. Les privilèges qui s'étendent sur les meubles et les immeubles sont ceux énoncés en l'article 2101 (*Art.* 2104), c'est-à-dire, les privilèges généraux sur les meubles.

D. Lorsqu'à défaut de mobilier (1), ces privilèges se présentent pour être payés sur le prix d'un immeuble, en concurrence avec les créanciers privilégiés sur l'immeuble, dans quel ordre doivent se faire les paiemens?

R. On doit payer : 1.º les frais de justice, et autres créances énoncées en l'article 2101, privilégiées sur tous les meubles ;

2.º Les créances désignées en l'article 2103, ou créances privilégiées sur certains immeubles (*Art.* 2105).

Section IV.

Comment se conservent les Privilèges.

D. Que faut-il, pour qu'entre les créanciers, les privilèges produisent effet à l'égard des immeubles ?

R. Entre les créanciers, les privilèges ne produisent d'effet à l'égard des immeubles qu'autant qu'ils sont rendus publics par l'inscription (2) sur les registres du

---

(1) Il faudra qu'il soit fait une discussion préalable du mobilier ; s'il n'y en a pas, on fera faire un procès-verbal de carence (M. *Persil*, tom. 1.er, page 198). Du reste, si les créanciers négligeaient de faire valoir leurs droits sur le prix des meubles, pourraient-ils se faire payer sur les immeubles ? Non, ils seraient déchus de leurs privilèges (M. *Delvincourt* et M. *Grenier*).

(2) Ou par la transcription ; par la transcription pour le privilège du vendeur, par l'inscription pour tous les autres (M. *Delvincourt*).

3. 20

conservateur des hypothèques, de la manière déterminée par la loi, et à compter de la date de cette inscription (*Art.* 2106).

D. N'y a-t-il pas cependant quelques exceptions à ce principe général ?

R. La loi a établi un petit nombre d'exceptions : la première est en faveur des créances énoncées en l'article 2101 (privilégiées sur tous les meubles) ; ces créances sont exceptées de la formalité de l'inscription (1) (*Art.* 2107).

D. Comment se conserve le privilège du vendeur ?

R. Le vendeur privilégié conserve son privilège par la transcription du titre qui a transféré la propriété à l'acquéreur, et qui constate que la totalité ou partie du prix lui est due ; à l'effet de quoi la transcription du contrat faite par l'acquéreur vaudra inscription (2) pour le vendeur et pour le prêteur qui lui aura fourni les deniers payés, et qui sera subrogé aux droits du vendeur par le même contrat ; sera néanmoins le conservateur des hypothèques tenu, sous peine de tous dom-

---

(1) Mais l'exception que cet article présente ne dispense de l'inscription qu'à l'égard des créanciers ; en ce qui concerne les acquéreurs, les créances dont parle l'article 2101 doivent être inscrites dans la quinzaine de la transcription, parce qu'à défaut d'inscription dans ce délai, l'acquéreur pourrait se libérer, s'il ne rencontrait aucune hypothèque. S'il en existe sur le registre du conservateur, et que l'acquéreur soit tenu de faire des notifications, les créanciers privilégiés ne pourraient, faute d'être inscrits, requérir la mise aux enchères (MM. *Delvincourt*, *Persil*, *Grenier*, *Pannier*).

(2) La transcription vaut inscription ; par conséquent, le vendeur conserverait également son privilège, en prenant seulement une inscription (M. *Delvincourt*).

mages et intérêts envers les tiers, de faire d'office (1)
l'inscription sur son registre, des créances résultant de
l'acte translatif de propriété, tant en faveur du vendeur qu'en faveur des prêteurs; qui pourront aussi faire
faire, si elle ne l'a été, la transcription du contrat de
vente, à l'effet d'acquérir l'inscription de ce qui leur
est dû sur le prix (*Art.* 2108).

D. Comment se conserve le privilège du cohéritier
ou copartageant sur les biens de chaque lot ou sur le
bien licité, pour les soultes et retours de lots, ou pour
le prix de la licitation (2) ?

R. Ce privilège se conserve, par l'inscription (3)
faite à la diligence du cohéritier ou copartageant, dans

_____

(1) Mais il n'est pas tenu de renouveler l'inscription dans les
dix ans (Avis du Conseil d'État, du 22 janvier 1808, Bulletin
N.º 2959). Il serait trop pénible de rechercher toutes les inscriptions d'office qui ont dix ans de date.

(2) Observez que l'inscription prescrite par l'article 2109, pour
la conservation du privilège du cohéritier ou copartageant, quant
au prix de la licitation qui aurait été faite, n'est indispensable
que lorsqu'un des cohéritiers ou copartageans s'est rendu adjudicataire ; car si les étrangers ayant été admis à la licitation, un
autre qu'un cohéritier ou copartageant était devenu adjudicataire, tous les ayant-droit au prix de la licitation seraient considérés comme des vendeurs ordinaires : leur privilège serait conservé par la transcription du jugement d'adjudication et par
l'inscription d'office (M. *Grenier*). C'est aussi l'opinion de
M. *Persil*.

(3) *Par l'inscription :* le privilège ne serait pas conservé par la
transcription que ferait faire le cohéritier de l'acte de partage ou
du jugement d'adjudication, quand même le conservateur se serait cru obligé de prendre inscription d'office d'après cette transcription (M. *Grenier*, tome 2, pag. 245 : M. *Tarrible* est de même
avis).

soixante jours, à dater de l'acte de partage ou de l'adjudication par licitation; durant lequel temps aucune hypothèque ne peut avoir lieu sur le bien chargé de soulte ou adjugé par licitation, au préjudice du créancier de la soulte ou du prix (*Art.* 2109).

D. Comment se conserve le privilège des architectes, entrepreneurs, maçons et autres ouvriers?

R. Les architectes, entrepreneurs, maçons et autres ouvriers employés pour édifier, reconstruire ou réparer des bâtimens, canaux, ou autres ouvrages; et ceux qui ont, pour les payer et rembourser, prêté les deniers dont l'emploi a été constaté, conservent, par la double inscription (1) faite, 1.º du procès-verbal qui constate l'état des lieux (2), 2.º du procès-verbal de réception, leur privilège à la date de l'inscription du premier procès-verbal (3) (*Art.* 2110).

D. Comment se conserve le privilège des créanciers et légataires qui demandent la séparation des patrimoines?

_____

(1) Les prêteurs n'ont pas besoin de faire inscrire les actes qui constatent le prêt des sommes et leur emploi. La loi n'exigeant pas cette inscription, on ne saurait en faire dépendre le droit des prêteurs; d'autant plus que le privilège est suffisamment connu par l'inscription des deux procès-verbaux (M. *Tarrible* et M. *Grenier*).

(2) L'inscription du premier procès-verbal ne peut, à la vérité, faire connaître quel sera le montant de la créance, mais elle sert toujours à avertir les personnes qui voudraient prêter au propriétaire de l'immeuble, qu'il y aura des créanciers qui les primeront (M. *Delvincourt*).

(3) La loi ne fixe pas le délai dans lequel on doit faire inscrire ce premier procès-verbal; mais puisque la date de sa transcription détermine celle du privilège, il est clair que les créanciers ont intérêt à le faire transcrire au plus tôt.

R. Les créanciers et légataires qui demandent la séparation du patrimoine du défunt, conformément à l'article 878, au titre *des Successions*, conservent, à l'égard des créanciers des héritiers ou représentans du défunt, leur privilège sur les immeubles de la succession, par les inscriptions faites sur chacun de ces biens (1), dans les six mois à compter de l'ouverture de la succession (2). Avant l'expiration de ce délai, aucune hypothèque ne peut être établie avec effet sur ces biens par les héritiers ou représentans, au préjudice de ces créanciers ou légataires (3) (*Art.* 2111).

D. Les cessionnaires des créances privilégiées exercent-ils les mêmes droits que les cédans?

R. Oui, les cessionnaires de ces diverses créances privilégiées exercent tous, les mêmes droits que les cédans, en leur lieu et place (4) (*Art.* 2112).

_____

(1) La loi exige deux formalités pour la conservation de ce privilège : demande en séparation des patrimoines, et inscription sur les biens du défunt. Ces deux formalités doivent avoir lieu dans le même délai de six mois; on peut commencer indistinctement par accomplir l'une ou l'autre ; mais l'inobservation d'une seule emporte la déchéance du droit. *Voy.* M. *Merlin*, Répertoire de Jurisprudence, aux mots *Séparation de patrimoines*, §. 3, n.º 6 , et M. *Grenier*, tome 2, page 290 et suivantes.

(2) Les créanciers qui se sont fait inscrire avant l'ouverture de la succession , n'ont pas besoin de s'inscrire de nouveau dans les six mois ; leurs inscriptions conservent leurs droits , il suffit qu'ils demandent la séparation des patrimoines dans ce délai (M. *Persil*).

(3) Si un légataire avait fait son inscription dans les six mois, quoiqu'en principe les légataires ne puissent être payés qu'après les créanciers , celui-ci obtiendra son legs de préférence aux créanciers négligens qui n'auraient pas conservé leur privilège (M. *Persil* , tome 1.er , page 244).

(4) Si le cédant n'a transporté qu'une partie de sa créance, le

D. Quel est , à l'égard des créances privilégiées qui ne sont pas exceptées de l'inscription, l'effet de l'omission de cette formalité ?

R. Toutes créances privilégiées , soumises à la formalité de l'inscription (1), à l'égard desquelles les conditions ci-dessus prescrites pour conserver le privilège, n'ont pas été accomplies, ne cessent pas néanmoins d'être hypothécaires ; (2) mais l'hypothèque ne date, à l'égard des tiers, que de l'époque des inscriptions qui auront dû être faites (*Art.* 2113). ⸱⸱

SECTION V.

De l'Ordre dans lequel s'exercent les Privilèges (3).

D. Le Code a-t-il déterminé pour tous les privilèges l'ordre dans lequel ils doivent être exercés ?

---

cessionnaire viendra-t-il avant lui ? Non , à moins qu'il n'y ait stipulation à cet effet (Arrêt de Cassation du 4 août 1817 , *Sirey* , tome 17 , part. 1.ᵉ , page 373).

(1) Comme le vendeur n'est pas soumis à la formalité de l'inscription dans un délai déterminé , et que la transcription vaut inscription pour lui , son privilège ne peut dégénérer en hypothèque (M. *Tarrible*).

(2) Ce sont autant d'hypothèques légales , puisqu'elles résultent de la disposition seule de la loi , et sans qu'il soit besoin d'aucune stipulation des parties ; mais elles diffèrent des hypothèques légales proprement dites , en ce que celles-ci frappent sur tous les biens présens et à venir du débiteur (art. 2122); tandis que les hypothèques résultant des dispositions de l'article 2113 , ne frappent que sur les mêmes biens sur lesquels frappait le privilège (M. *Delvincourt* , tom. 3 , page 148 , note 4 et M. *Tarrible*).

(3) L'espèce de lacune qui existe dans le Code , relativement à l'ordre dans lequel doivent être exercés les divers privilèges ,

R. Non, le Code ne l'a déterminé qu'à l'égard de certains privilèges?

D. Tous les privilèges sur les meubles peuvent-ils concourir ensemble?

R. Non, il en est plusieurs qui ne peuvent concourir avec aucun autre (1); tels sont ceux du créancier engagiste, de l'aubergiste, du voiturier; tels sont aussi ceux sur les fonds du cautionnement des fonctionnaires publics.

D. Dans quel ordre doivent s'exercer les privilèges qui s'étendent sur tous les biens?

R. Ils doivent toujours s'exercer de préférence à tous les autres, et dans l'ordre établi par le Code.

---

a donné lieu à de longues et nombreuses discussions entre les auteurs. La plupart d'entr'eux y ont consacré beaucoup de pages ; le cadre resserré de cet ouvrage, ne nous permettait pas de retracer leurs diverses opinions ; nous présentons seulement celle de M. *Delvincourt*; c'est de l'ouvrage de cet estimable auteur que nous avons extrait cette section. On pourra consulter M. *Persil*, tome 1.er, sur les divers articles qui traitent des privilèges sur les meubles, et pour les privilèges sur les immeubles, sur l'article 2111, page 250 et suivantes; M *Battur*, tome 1.er, page 13 et suivantes, n.o 12 à 29; M. *Grenier*, tome 2, aux divers endroits où il traite des privilèges; M. *Pannier*, pages 6 à 14.

(1) *Quid*, à l'égard du privilège des frais faits pour la conservation de la chose ? Il ne doit venir qu'après celui du créancier engagiste, de l'aubergiste, etc.; à moins que celui qui a fait ces frais, ne détienne la chose; auquel cas il n'y a même plus de concours, puisque l'engagiste et l'aubergiste n'ont de privilège qu'autant qu'ils sont saisis. Or, ils ne sont plus saisis, dès que la chose est détenue par un autre.

Quid, à l'égard du privilège du vendeur ? L'aubergiste et l'engagiste doivent lui être préférés. En effet, ce privilège ne subsiste qu'autant que les objets vendus sont encore en la possession de l'acheteur. Or, ici, il y a une sorte de possession transférée à l'engagiste, à l'aubergiste.

D. Après ces privilèges, dans quel ordre doivent s'exercer les autres privilèges sur les meubles?

R. Ils doivent s'exercer dans l'ordre suivant :

1.º Le privilège du locateur (1);

2.º Celui des frais faits pour la conservation de la chose ;

3.º Celui du vendeur (2).

D. Comment doivent être colloqués les privilèges sur les immeubles ?

R. Ils doivent être colloqués ainsi :

1.º Celui des entrepreneurs et ouvriers, pour et sur la plus-value seulement;

2.º Celui du vendeur ;

3.º Celui des créanciers et légataires d'une succession qui ont demandé la séparation des patrimoines;

4.º Celui des cohéritiers.

---

(1) Cependant le privilège pour les frais faits pour la conservation de la chose doit passer avant le privilège du locateur dans deux cas : le premier, lorsque celui qui a fait ces frais, a encore la chose en sa possession ; car alors, il peut la retenir, *quodam pignoris jure* ; le second, lorsque, au moment où la chose est apportée dans la maison ou la ferme, le locateur a connaissance que les dépenses ont été faites pour la conservation de la chose et qu'elles sont encore dues. *Voyez* M. *Delvincourt*, tome 3, page 150, note 5.

(2) On ne doit placer ce privilège qu'après celui des frais faits pour la conservation de la chose, parce que c'est à ces frais que la chose doit son existence, et le vendeur, conséquemment, son privilège.

CHAPITRE III.

Des Hypothèques (1).

D. Qu'est-ce que l'hypothèque?

R. L'hypothèque est un droit réel sur les immeubles affectés à l'acquittement d'une obligation. Elle est, de sa nature, indivisible (2), et subsiste en entier sur tous les immeubles affectés sur chacun, et sur chaque portion de ces immeubles (3). Elle les suit, dans quelques mains qu'ils passent (*Art.* 2114).

---

(1) Le mot *hypothèque* vient du mot latin *hypotheca*, emprunté lui-même par les Romains du mot grec ὑποθήκη, composé de ὑπὸ, *sub*, et de τίθημι, *pono*; ὑπολίθεται, *suppono*. *Quasi dicas supposita, subjecta obligationi.*

(2) Mais remarquez que cette indivisibilité n'a que deux effets, dont le premier est d'affecter l'immeuble entier au paiement de la plus petite partie de la dette; et le second, d'affecter chaque portion de l'immeuble au paiement de toute la dette, mais il n'en résulte aucun changement dans la nature de la dette, qui continue toujours d'être divisible si elle l'était dans le principe (M. *Delvincourt*).

(3) C'est ce qu'on exprime par ce brocard de droit: *est tota in toto et tota in quálibet parte.* Si donc deux immeubles sont hypothéqués au paiement d'une dette, et que l'un vienne à périr, celui qui reste, est toujours affecté au paiement de la dette entière. De même si les deux héritages subsistent, et que les sept huitièmes de la dette soient remboursés, ils sont affectés tous deux en entier, au paiement du huitième restant. Enfin, si une pièce de terre est hypothéquée, et que le débiteur vienne à mourir, laissant trois héritiers, qui prennent chacun un tiers de la pièce, le créancier peut agir hypothécairement contre chacun d'eux, pour la totalité de la dette; mais si l'un des héritiers assignés, délaisse, il ne pourra plus lui demander que son tiers.

D. Quand est-ce que l'hypothèque a lieu ?

R. L'hypothèque n'a lieu que dans les cas et suivant les formes autorisées par la loi (*Art.* 2115).

D. Combien distingue-t-on de sortes d'hypothèques ?

R. On en distingue trois : l'hypothèque est, ou légale, ou judiciaire, ou conventionnelle (*Art.* 2116).

D. Qu'est-ce que l'hypothèque légale ?

R. L'hypothèque légale est celle qui résulte de la loi (*Art.* 2117).

D. Qu'est-ce que l'hypothèque judiciaire ?

R. L'hypothèque judiciaire est celle qui résulte des jugemens ou actes judiciaires (*Art.* 2117).

D. Qu'est-ce que l'hypothèque conventionnelle ?

R. L'hypothèque conventionnelle est celle qui dépend des conventions, et de la forme extérieure des actes et des contrats (*Art.* 2117).

D. Quels sont les biens susceptibles d'être hypothéqués ?

R. Les seuls biens susceptibles d'être hypothéqués sont :

1.º Les biens immobiliers qui sont dans le commerce, et leurs accessoires (1) réputés immeubles ;

---

(1) Ces accessoires étant meubles par leur nature, il en résulte que des meubles peuvent être hypothéqués, mais seulement comme accessoires de l'immeuble auquel ils sont joints, et autant que cet immeuble est lui-même hypothéqué (M. *Delvincourt*, et M. *Tarrible*, au mot *Hypothèque*, Répertoire de Jurisprudence de M. *Merlin*).

Quid, à l'égard des fruits ? Lorsqu'on a hypothéqué une terre, les fruits qu'elle produit sont nécessairement compris dans cette affectation tant qu'ils sont sur pied ; mais cela n'empêche pas que le débiteur ne puisse les récolter et les vendre. Toutefois, s'il s'agissait de coupes extraordinaires, comme de

2.º L'usufruit (1) des mêmes biens et accessoires pendant le temps de sa durée (2) (*Art.* 2118).

D. L'hypothèque donne-t-elle le droit de suite à l'égard des meubles ?

R. Non, les meubles n'ont pas de suite par hypothèque (3) (*Art.* 2119); du reste, il n'est point dérogé

---

l'exploitation des bois de haute futaie non mis en coupe réglée , ce serait une anticipation sur la propriété , une diminution du gage , qui donnerait aux créanciers le droit d'en saisir le produit (M. *Persil*).

(1) Alors le droit du créancier hypothécaire s'éteint par la cessation de l'usufruit , à moins qu'elle ne soit survenue par l'effet d'une convention entre le propriétaire et l'usufruitier (M. *Persil*); mais si l'usufruitier acquiert la nue propriété , l'hypothèque n'étendra point son assiette ; elle demeurera sur l'usufruit (M. *Grenier*).

(2) Peut-on hypothéquer des servitudes ? Non , elles ne peuvent l'être seules ; elles ne peuvent être affectées par hypothèque que conjointement avec le fonds auquel elles sont dues , parce que , considérées isolément , elles ne peuvent présenter de garantie , et qu'elles n'ont de valeur , d'existence même , que pour le propriétaire du fonds dominant. Cependant on peut avoir l'action hypothécaire relativement à une servitude (M. *Persil* , tome 1.ᵉʳ, page 276; M. *Delvincourt*, tome 3 , page 151 , note 6.

(3) La construction grammaticale de cet article pourrait peut-être faire croire que les meubles sont susceptibles d'hypothèque , mais que l'effet de cette affectation se borne à ne pas les suivre entre les mains des tiers. Cependant ce n'est pas là le sens que le Législateur y a attaché. L'article veut dire que les meubles qui sont immeubles par destination , sont bien sujets à l'hypothèque , tant qu'ils sont joints à l'immeuble dont ils sont l'accessoire; mais que s'ils ont été détachés de l'immeuble , et vendus séparément, les créanciers ne peuvent les saisir dans la main des tiers et les revendiquer , ni agir hypothécairement contre les tiers , sauf le cas de fraude(MM. *Persil* , *Delvincourt* , *Tarrible*).

par le Code Civil aux dispositions des lois maritimes concernant les navires et bâtimens de mer (1) (*Art.* 2120).

SECTION PREMIÈRE.

Des Hypothèques légales.

D. Quels sont les droits et créances auxquels l'hypothèque légale est attribuée ?

R. Les droits et créances auxquels l'hypothèque légale est attribuée, sont :

Ceux des femmes mariées, sur les biens de leur mari (2) ;

Ceux des mineurs et interdits, sur les biens de leur tuteur (3) ;

---

(1) *Voyez* le Code de Commerce, article 190 et suivans.

(2) Cette hypothèque frappe-t-elle sur les conquêts ? Plusieurs arrêts ont jugé l'affirmative, et M. *Grenier*, tome 1.er, page 533, est du même avis ; mais M. *Delvincourt*, tome 3, page 159, note 9, *in medio*, et M. *Persil*, tome 1.er, page 296, pensent que la femme n'a pas d'hypothèque légale sur les conquêts faits pendant la communauté, mais aliénés, soit avant, soit après la dissolution. *Voyez* aussi M. *Persil*, dans ses *Questions sur les Priviléges et Hypothèques*, tome 1.er, page 233.

Remarquez que la femme mariée sous le régime de communauté, ou sous tout autre régime qui lui permet de disposer de ses biens avec l'autorisation de son mari, peut renoncer à son hypothèque légale en faveur des tiers ou céder ses droits. Ainsi, en s'obligeant solidairement avec son mari, elle donne par cela même au créancier, le droit de priorité qui pourrait lui appartenir (MM. *Delvincourt*, *Grenier*, *Persil*).

(3) Cette hypothèque frappe aussi les biens du protuteur ; ceux du mari de la mère remariée, ceux du tuteur officieux. Mais il n'y a point d'hypothèque légale sur les biens des subrogés tuteurs, quoiqu'ils puissent momentanément gérer la tutelle,

Ceux de l'État, des communes et des établissemens publics, sur les biens des receveurs et administrateurs comptables (1) (*Art.* 2121).

Ceux de la masse des créanciers du failli, sur les immeubles de ce dernier (2) (Code de Commerce, *art.* 500).

D. Quels sont les biens sur lesquels le créancier qui a une hypothèque légale, peut exercer son droit ?

R. Le créancier qui a une hypothèque légale, peut exercer son droit sur tous les immeubles appartenant à son débiteur, et sur ceux qui pourront lui appartenir dans la suite, toutefois sous quelques modifications (3) (*Art.* 2122).

SECTION II.

Des Hypothèques judiciaires.

D. D'où résulte l'hypothèque judiciaire (4) ?

---

contre les curateurs, contre le père administrateur pendant le mariage des biens de ses enfans (M. *Grenier* et M. *Delvincourt*). M. *Persil* n'admet pas toutes ces opinions.

(1) Ainsi, il ne suffit pas d'être administrateur ; il faut, en outre, être comptable, c'est-à-dire, toucher les deniers. Ceux qui ne font que surveiller les recettes, ne sont pas comptables, ni conséquemment sujets à l'hypothèque légale (M. *Delvincourt*).

(2) Cette hypothèque pourrait être regardée comme judiciaire, puisqu'elle résulte du jugement de déclaration de faillite ; cependant, comme ce jugement ne porte aucune condamnation, il est plus naturel de dire que l'hypothèque est donnée par la loi seule.

(3) Les modifications dont parle cet article, consistent en ce qu'il est des cas où l'hypothèque de la femme, des mineurs et des interdits, peut être restreinte à certains biens (M. *Persil*).

(4) Cette hypothèque est fondée sur ce que l'on a cru devoir assurer autant que possible l'exécution des jugemens.

R. L'hypothèque judiciaire résulte des jugemens (1), soit contradictoires, soit par défaut, définitifs ou provisoires, en faveur de celui qui les a obtenus (2). Elle résulte aussi des reconnaissances ou vérifications faites en jugement (3), des signatures apposées à un acte obligatoire sous seing privé (*Art.* 2123).

D. Peut-on toujours prendre inscription en vertu des jugemens de reconnaissance ?

R. Non ; si les jugemens de reconnaissance ont été rendus avant l'échéance ou l'exigibilité de la dette, il ne peut, à moins de stipulation contraire, être pris

---

(1) De première instance ou d'appel, et même des condamnations et contraintes émanées des administrations, dans les cas et pour les matières de leur compétence (Avis du Conseil d'État, du 24 mars 1812, Bulletin n.º 7899).

(2) Ici il faut remarquer, 1.º Que l'inscription peut être prise en vertu du jugement, nonobstant appel ou opposition. C'est l'avis de M. *Grenier* et de M. *Delvincourt*; et plusieurs arrêts ont jugé dans le même sens. 2.º Que pour prendre inscription il faut que le jugement soit levé et enregistré (M. *Grenier*, tome 1.ᵉʳ, page 411). Cependant on a jugé le contraire, et M *Persil*, tom. 1.ᵉʳ, page 356, pense que l'inscription est valable, quoique l'expédition ne soit pas délivrée. 3.º Que si le jugement est infirmé en entier, l'hypothèque cesse d'exister, mais que l'arrêt infirmatif doit prononcer la radiation de l'inscription qui, autrement, ne peut avoir lieu qu'autant qu'elle a été prononcée par un nouveau jugement (M. *Delvincourt* et M. *Persil*). 4.º Que si le jugement n'est infirmé qu'en partie, l'hypothèque subsiste pour la partie conservée (MM. *Delvincourt*, *Persil*, *Maleville*).

(3) Mais observez que ces reconnaissances, pour produire leur effet, doivent être faites devant les tribunaux, et que celles qui auraient lieu en conciliation ne sauraient produire hypothèque. Il en serait autrement, si ces reconnaissances étaient faites devant un juge de paix, siégeant non comme conciliateur, mais comme juge des parties (M. *Battur*). Tous les auteurs s'accordent sur ces points.

aucune inscription hypothécaire en vertu desdits jugemens, qu'autant que la dette ne serait pas acquittée au
moment de son échéance ou de son exigibilité (1)
(*Art.* 1er. de la Loi du 3 septembre 1807).

D. Les décisions arbitrales emportent-elles hypothèque ?

R. Elles n'emportent hypothèque qu'autant qu'elles
sont revêtues de l'ordonnance judiciaire d'exécution (2)
(*Art* 2113).

D. L'hypothèque peut-elle résulter des jugemens
rendus en pays étranger ?

R. L'hypothèque ne peut pareillement résulter des
jugemens rendus en pays étrangers (3), qu'autant qu'ils
ont été déclarés exécutoires par un tribunal Français (4), sans préjudice des dispositions contraires qui

---

(1) Autrement c'eût été renverser tout le système hypothécaire,
puisqu'avec un simple billet, on pouvait se procurer non seulement une hypothèque, malgré le débiteur, mais encore une hypothèque plus étendue, que par un acte notarié quelconque, puisque
l'hypothèque conventionnelle ne peut jamais frapper que les biens
présens et spécialement désignés; tandis que le jugement de reconnaissance aurait frappé tous les biens présens et à venir du débiteur
(M. *Delvincourt*).

(2) Sans cette formalité, les décisions arbitrales ne sont pas
exécutoires, et n'ont pas ce caractère d'authenticité qui distingue
ordinairement les actes qui emportent hypothèque. Si donc l'inscription était prise avant l'obtention de l'ordonnance, quoiqu'après
le dépôt et l'enregistrement de la sentence, la nullité devrait en
être prononcée (M. *Persil*, etc. Arrêt de Cassation).

(3) Il faut néanmoins en excepter les jugemens rendus en pays
étrangers par les Consuls Français, qui emportent hypothèque.
A la vérité, l'on peut dire que l'hôtel du Consul est censé territoire Français.

(4) Mais quel est le mode à suivre pour rendre ces jugemens exécutoires en France ? Les tribunaux Français doivent-ils simplement

peuvent être dans les lois politiques ou dans les traités (*Art.* 2123).

D. Quels sont les biens sur lesquels peut s'exercer l'hypothèque judiciaire ?

R. Elle peut s'exercer sur les immeubles actuels du débiteur et sur ceux qu'il pourra acquérir, sauf quelques modifications (1) (*Art.* 2123).

SECTION III.

Des Hypothèques conventionnelles.

D. Comment peut-on définir l'hypothèque conventionnelle ?

R. On peut définir l'hypothèque conventionnelle, un contrat accessoire (2) et solennel ; par lequel une

---

donner une ordonnance de *pareatis*, ou une nouvelle discussion du fond de l'affaire doit-elle avoir lieu devant eux ? Enfin est-elle toujours nécessaire, même lorsque le jugement a été rendu entre étrangers ? Il faut résoudre toutes ces questions par l'affirmative, telle est du moins l'opinion de M. *Grenier*, tome 1.er ; page 436 et suivantes ; de M. *Persil*, tome 1.er, page 342 ; de M. *Baltur*, tome 2, page 281 ; et la Cour de Cassation a deux fois jugé de même.

(1) Ces modifications sont relatives au cas de restriction.

(2) Dès que c'est un contrat accessoire, on doit conclure qu'il ne peut y avoir d'hypothèque, qu'autant qu'il existe une obligation principale ; pour sûreté de laquelle l'hypothèque est établie. Si, par exemple, Pierre a constitué une hypothèque à Paul, pour sûreté d'une somme que Paul a promis de lui prêter, l'hypothèque est dite, dans ce cas, *prépostère*; et comme telle, elle est nulle. Tel est le principe général, cependant il faut admettre la distinction suivante. Pour que l'hypothèque soit regardée comme *prépostère*, et soit conséquemment nulle, il faut, non-seulement qu'elle précède l'obligation principale, mais encore que celui qui l'a constituée, soit maître de devenir débiteur ou non. Si, au contraire, il ne dépend pas de celui qui a constitué l'hypothèque de

personne ayant capacité d'aliéner, affecte un ou plusieurs immeubles, spécialement désignés, à l'acquittement d'une obligation (M. *Delvincourt*).

D. Que faut-il pour pouvoir consentir des hypothèques conventionnelles ?

R. Il faut avoir la capacité d'aliéner les immeubles qu'on y soumet (1) (*Art.* 2124). Ceux qui n'ont sur l'immeuble qu'un droit suspendu par une condition, ou résoluble dans certains cas, ou sujet à rescision, ne peuvent consentir qu'une hypothèque soumise aux mêmes conditions ou à la même rescision (2) (*Art.* 2125).

---

devenir débiteur ou non, alors la constitution est valable (*Voyez* ci-après page 328, note (5).

Cependant voici l'espèce qui s'est présentée. Un banquier avait ouvert un crédit de 100,000 fr. à un particulier, qui, pour sûreté des sommes à payer en vertu de ce crédit, avait consenti, au profit de ce banquier, une hypothèque sur un immeuble jusqu'à concurrence de la même somme de 100,000 fr.; la validité de l'hypothèque a été contestée, la Cour de Caen l'a déclarée valable et le pourvoi en Cassation a été rejeté. M. *Delvincourt* regarde ces arrêts comme contraires aux principes et les combat par des raisons que beaucoup de jurisconsultes adoptent; cependant M. *Persil*, *Questions sur les Priviléges et Hypothèques*, regarde l'hypothèque comme valable. M. *Merlin*, *Questions de Droit*, au mot *Hypothèque*, § 3, la regarde également comme valable; mais il pense qu'elle ne prend rang, à l'égard des tiers, que du jour de la numération des deniers. M. *Persil* est, sur ce dernier point, d'opinion contraire. Du reste ces auteurs n'en reconnaissent pas moins les principes rapportés au commencement de cette note sur l'hypothèque *prépostère*.

(1) Cependant les mineurs commerçans, légalement autorisés, peuvent hypothéquer leurs immeubles; mais c'est parce qu'ils peuvent aussi les aliéner, à la vérité, avec certaines formalités (*Voyez* Code de commerce, art. 6).

(2) Il faut excepter les cas dans lesquels la loi a décidé, d'une

3.   21

D. Les biens des mineurs, des interdits et des absens, peuvent-ils être hypothéqués ?

R. Les biens des mineurs, ceux des interdits, et ceux des absens tant que la possession n'en est déférée que provisoirement, ne peuvent être hypothéqués que pour les causes et dans les formes établies par la loi, ou en vertu de jugemens (1) (*Art.* 2126).

D. Comment l'hypothèque conventionnelle doit-elle être consentie ?

R. L'hypothèque conventionnelle ne peut être consentie que par acte passé en forme authentique devant

---

manière expresse, que la résolution ou la rescision ne préjudicie-rait point aux tiers, comme dans le cas de révocation des donations pour cause d'ingratitude, de retour d'un absent après l'envoi définitif, etc. (M. *Delvincourt*).

(1) Mais la constitution d'hypothèque par des incapables n'est pas frappée d'une nullité absolue ; la nullité n'est que relative, et il faut que les incapables l'invoquent dans le délai fixé par le Code. De même, s'ils ratifient étant devenus capables, leur ratification fait valoir l'hypothèque, comme accessoire de l'obligation (M. *Persil* et M. *Grenier*). Mais la ratification des incapables peut-elle nuire aux créanciers qui ont acquis des droits auparavant ? Par rapport aux mineurs, il faut distinguer : oui, si le mineur n'a pas été lésé ; non, dans le cas contraire (*Voy.* M. *Delvincourt*, tom. 3, pag. 533, et M. *Grenier*). Quant aux femmes, les actes existaient ; ils pouvaient seulement être annulés ; les créanciers ne peuvent se plaindre qu'ils ne soient pas attaqués (M. *Merlin*, Questions de Droit, tom. 3, pag. 420; M. *Toullier*, tom. 7, n.º 571). Cependant M. *Grenier* est d'avis contraire, tom. 1.er, page 84, à la note ; et MM. *Toullier* et *Merlin* avaient d'abord pensé comme lui, M. *Toullier*, tom. 2, n.º 68, et M. *Merlin*, dans son Répertoire de Jurisprudence, aux mots *Autorisation maritale*, section 9 ; mais ils se sont l'un et l'autre rétractés.

deux notaires, ou devant un notaire et deux témoins (1)
(*Art.* 2127).

D. Les contrats passés en pays étranger peuvent-ils
donner hypothèque sur les biens situés en France?

R. Non; les contrats passés en pays étranger ne peuvent donner d'hypothèque sur les biens de France (2),
s'il n'y a des dispositions contraires à ce principe dans
les lois politiques ou dans les traités (3) (*Art.* 2128).

D. Peut-on consentir valablement une hypothèque
sur tous ses biens?

R. Non (4); il n'y a d'hypothèque conventionnelle

---

(1) Les formalités que cet article prescrit pour la stipulation de
l'hypothèque , ont pour but d'écarter la fraude et d'assurer le
conservateur de la vérité de l'acte en vertu duquel on requiert
une inscription (M. *Pannier*). Cependant un mandataire qui n'a
qu'une procuration sous seing privé, peut, selon MM. *Grenier* et
Persil , consentir une hypothèque par acte devant notaires.

(2) Si des Français se marient en pays étranger ; la femme
aura-t-elle une hypothèque légale sur les biens de France? Oui ,
disent M. *Persil* , tom. 1.er , pag. 290, et M. *Battur*, tom. 2,
pag. 308, parce que cette espèce d'hypothèque résulte de la
qualité de femme et non du contrat. Mais la question est susceptible de controverse , et notre système hypothécaire étant
entièrement fondé sur la publicité , il faut au moins supposer
préalablement que le contrat de mariage ait été transcrit en
France sur le registre public des mariages.

(3) Il y a cette différence entre les lois politiques et les traités ,
que pour les lois politiques il ne faut que la volonté du Gouverne-
ment qui les rend ; pour le traité, il faut le concours des volontés
des deux Gouvernemens (M. *Delvincourt*).

(4) Le Législateur, en rejetant l'hypothèque générale du cercle
des stipulations conventionnelles a eu pour but : 1.º de prévenir le
débiteur contre la facilité avec laquelle il se serait prêté à consentir des hypothèques générales , sans considérer qu'une semblable
hypothèque nuirait essentiellement à son crédit et à l'intérêt gé -

21.

valable que celle qui, soit dans le titre authentique constitutif de la créance, soit dans un acte authentique postérieur, déclare spécialement la nature (1) et la situation (2) de chacun des immeubles actuellement appartenant au débiteur, sur lesquels il consent l'hypothèque de la créance. Mais chacun de tous ses biens présens peut être nominativement soumis à l'hypothèque (*Art.* 2129).

D. Le débiteur peut-il hypothéquer ses biens à venir?

R. Non; les biens à venir ne peuvent pas être hypothéqués (*Art.* 2129). Néanmoins si les biens présens et libres du débiteur sont insuffisans (3) pour la sûreté de

---

néral qui consiste à favoriser les transmissions; 2.º de prévenir la cumulation de plusieurs hypothèques sur le même immeuble, et par suite les inconvéniens d'une discussion difficile et dangereuse; 3.º de seconder les effets salutaires de la publicité qui se manifeste bien mieux, lorsque les registres désignent tout à la fois et la personne du débiteur, et l'immeuble taxativement soumis à l'hypothèque, qu'elle ne pourrait le faire si la désignation de l'hypothèque errait vaguement sur tous les biens présens et à venir du débiteur (M. *Tarrible*, Répertoire de Jurisprudence, au mot *Hypothèque*).

(1) Ce n'est pas une désignation de chaque partie de l'immeuble affecté, de chaque pièce de terre, que cet article exige, mais une énonciation sommaire du corps de l'immeuble et de son espèce (M. *Persil*).

(2) L'article ne prescrit rien de sacramentel; ce n'est pas le nom de la commune, de l'arrondissement, du département qu'il exige (quoique ces dénominations fussent plus propres que toutes les autres à faire distinguer l'immeuble hypothéqué), il s'en rapporte pour cela à la sagesse des tribunaux. Ce sera toujours à eux à voir si le contrat remplit le but de la loi, et si les tiers ont pu connaître, par ses énonciations, la véritable situation du bien hypothéqué (M. *Persil*).

(3) Il n'est pas nécessaire que cette insuffisance soit constatée;

la créance, il peut, en exprimant cette insuffisance, consentir que chacun des biens qu'il acquerra par la suite, y demeure affecté (1) à mesure des acquisitions (2) (*Art.* 2130).

D. Si l'immeuble où les immeubles présens, assujettis à l'hypothèque, périssent ou éprouvent des dégradations, de manière qu'ils deviennent insuffisans (3) pour la sûreté du créancier, quels droits ce créancier peut-il exercer?

R. Il peut, ou poursuivre dès l'instant son remboursement, ou obtenir un supplément d'hypothèque (4) (*Art.* 2131).

---

la loi s'en rapporte à la déclaration de celui qui s'oblige (M. *Tarrible et* M. *Delvincourt*); et le débiteur lui-même ne serait pas reçu à venir dire postérieurement que les biens présens qu'il avait affectés étaient suffisans (M. *Maleville*).

(1) Le débiteur n'aura pas besoin à chaque acquisition de faire une nouvelle constitution d'hypothèque sur l'immeuble acquis; mais le créancier devra prendre inscription à mesure des acquisitions, parce qu'il n'a qu'une hypothèque spéciale, et que l'inscription qu'il a prise, ne peut frapper que les biens présens (MM. *Tarrible, Delvincourt, Grenier, Persil*).

(2) Le débiteur qui ne possède aucun immeuble, peut-il donner une hypothèque sur ceux qu'il acquerra? Non, suivant M. *Delvincourt*, tome 3, page 157, note 6 *in fine*, et M. *Persil*, tome 1.er, page 402; oui, suivant M. *Pannier*, et M. *Grenier*, tome 1.er, page 135. Il y a des arrêts pour et contre.

(3) La question de savoir s'il y a insuffisance ou non, pour la sûreté du créancier, doit dépendre d'une expertise, à moins qu'en comparant le montant de la créance avec l'état survenu par le dépérissement, l'insuffisance ne devienne évidente (M. *Grenier*).

(4) L'article paraît ne pas distinguer entre le cas où les dégradations proviennent du fait du débiteur, et celui où elles n'en proviennent pas. Mais cependant ce n'est pas ainsi qu'il doit être entendu. Dans le premier cas, le créancier peut exiger son rem-

D, Peut-on consentir une hypothèque pour une somme indéterminée et incertaine ?

R. Non ; l'hypothèque conventionnelle n'est valable qu'autant que la somme, pour laquelle elle est consentie, est certaine et déterminée par l'acte : si la créance résultant de l'obligation est conditionnelle pour son existence, ou indéterminée dans sa valeur, le créancier ne pourra requérir l'inscription, que jusqu'à concurrence d'une valeur estimative par lui déclarée expressément (1), et que le débiteur aura droit de faire réduire, s'il y a lieu (*Art.* 2132).

D. L'hypothèque s'étend-elle aux améliorations qui surviennent ?

R. Oui ; l'hypothèque acquise s'étend à toutes les améliorations survenues à l'immeuble hypothéqué (2) (*Art.* 2133).

---

boursement ; dans le second, le débiteur a le droit de ne lui donner qu'un supplément d'hypothèque (M. *Delvincourt*, et M. *Persil*).

(1) C'est dans l'intérêt du crédit à conserver au débiteur. On trouve à emprunter sur un bien grevé d'hypothèque pour une somme déterminée, il n'en serait pas de même si cette somme ne l'était pas.

(2) Cet article s'étend généralement à toute espèce d'amélioration. Telle est l'augmentation survenue au fonds par alluvion. Mais il n'en serait pas de même d'un fonds libre que le propriétaire joindrait ou ferait clore avec un fonds antérieurement hypothéqué (M. *Persil*). Du reste, cet article, quoique placé sous la rubrique des *Hypothèques Conventionnelles*, doit être appliqué à toutes les espèces d'hypothèques.

SECTION IV.

Du rang que les Hypothèques ont entre elles.

D. Qu'est-ce qui fixe, entre les créanciers, le rang de l'hypothèque ?

R. Entre les créanciers (1), l'hypothèque, soit légale, soit judiciaire, soit conventionnelle, n'a de rang que du jour de l'inscription prise par le créancier sur les registres du conservateur, dans la forme et de la manière prescrites par la loi (*Art.* 2134).

D. N'y a-t-il pas, cependant, quelques hypothèques qui subsistent indépendamment de l'inscription ?

---

(1) *Entre les créanciers.* Cela doit-il s'entendre *entre tous les créanciers* ou seulement *entre les créanciers hypothécaires* ; ou, en d'autres termes, le créancier hypothécaire, mais non inscrit, quoique primé par tous les hypothécaires inscrits, primera-t-il au moins les chirographaires, ou ne viendra-t-il que par contribution avec eux ? M. *Pigeau*, dans sa Procédure Civile, pense que le créancier hypothécaire, quoique non inscrit, doit venir avant les chirographaires ; mais cette opinion ne doit pas être adoptée. M. *Delvincourt*, tome 3, page 159, note 1.re ; M. *Grenier*, tome 1.er, page 125 ; M. *Persil*, tome 1.er, page 421 ; M. *Tarrible*, Répertoire de Jurisprudence, au mot *Inscription*, §. 2, sont d'avis contraire.

Il faut remarquer que depuis la loi de Brumaire an VII, le mot *chirographaire* ne se prend plus dans la même acception qu'auparavant. Il vient des deux mots grecs χείρ, *main*, et γράφω, *j'écris* ; *écrit de la main*, sous-entendu *du débiteur.* Comme anciennement tous les actes notariés emportaient hypothèque de droit, il n'y avait de créanciers chirographaires que ceux dont les titres n'étaient pas passés devant notaires. Aujourd'hui que l'authenticité de l'acte ne suffit pas pour conférer l'hypothèque, l'on appelle *créanciers chirographaires*, non-seulement ceux qui n'ont que des actes sous-seing privé, mais même les créanciers en vertu de titres notariés, mais qui ne contiennent pas constitution d'hypothèque.

R. L'hypothèque existe, indépendamment de toute inscription,

1.º Au profit des mineurs et interdits, sur les immeubles appartenant à leur tuteur, à raison de sa gestion (1), du jour de l'acceptation de la tutelle (2);

2.º Au profit des femmes, pour raison de leur dot et conventions matrimoniales (3), sur les immeubles de leur mari (4), et à compter du jour du mariage (5) (*Art.* 2135).

---

(1) Cette hypothèque existe aussi, pour ce que le tuteur doit au mineur ou à l'interdit, mais seulement pour les créances exigibles pendant la tutelle : *tutor debuit à se ipso exigere.*

(2) Mais à quel jour remonte l'acceptation de la tutelle ? Si le tuteur ne propose pas d'excuses, ou qu'elles soient rejetées, l'acceptation de la tutelle date du jour de la nomination, si le tuteur y était présent ; s'il n'y était pas présent, du jour de la notification prescrite par l'article 882 du Code de Procédure. Si les excuses sont admises, il n'y a jamais eu d'hypothèque. Quant au tuteur légitime ou testamentaire, l'acceptation date du moment où il a eu connaissance de l'événement qui donne lieu à la tutelle.

(3) On entend ici par conventions matrimoniales, le douaire conventionnel, le préciput, les pensions viagères, les gains de survie (M. *Grenier* et M. *Persil*).

(4) Les créances extradotales, telles que celles que le mari a reçues pour sa femme séparée de biens, ou qui s'est réservé des biens paraphernaux, soit qu'il ait reçu ces sommes en vertu d'un mandat, ou sans mandat, doivent-elles être dispensées de l'inscription ? L'affirmative est soutenue par M. *Delvincourt,* tome 3, page 159, note 14; et par M. *Grenier,* tome 1.er, page 482; la négative par M. *Tarrible ;* de nombreux arrêts ont été rendus dans les deux sens.

(5) C'est-à-dire, du jour de la célébration, et cela à quelqu'époque que la dot ait été touchée, parce qu'il n'est pas au pouvoir du mari de ne pas la recevoir, (L. 1, D. *Qui potiores*). Le mari étant obligé, l'hypothèque n'est pas prépostère. *Voyez* ci-dessus page 320, note (2).

D. De quel jour la femme a-t-elle hypothèque pour les sommes dotales qui lui adviennent pendant le mariage, pour ses indemnités et le remploi de ses propres aliénés ?

R. La femme n'a hypothèque pour les sommes dotales qui proviennent de successions à elle échues, ou de donations à elle faites pendant le mariage, qu'à compter de l'ouverture des successions, ou du jour que les donations ont eu leur effet (1). Elle n'a hypothèque pour l'indemnité des dettes qu'elle a contractées avec son mari, et pour le remploi de ses propres alié-

---

(1) Par conséquent, du jour de l'acceptation, si elle a lieu par acte séparé. Mais, dira-t-on, cela contredit les principes relatifs à l'hypothèque prépostère ; car il ne dépend pas du mari de toucher ou de ne pas toucher les sommes provenant des successions échues à sa femme, ou des donations qui lui sont faites. L'hypothèque devrait donc remonter au jour où il a contracté l'obligation de les recevoir, c'est-à-dire, au jour de la célébration du mariage. Il faut répondre que l'objection est juste ; mais que si l'on n'avait dérogé au principe, l'on aurait mis les maris dans une espèce d'état d'interdiction. Comment connaître, en effet, le montant des successions qu'une femme pourra recueillir ? Si on lui eût donné hypothèque du jour du mariage, les biens du mari eussent été grevés d'une manière indéfinie, et il n'y eût eu aucune sûreté à traiter avec lui. A la vérité, il en est bien ainsi pour le tuteur ; l'hypothèque sur ses biens date toujours du moment de l'acceptation de la tutelle, sans distinction, et sans aucun égard au moment où il a pu toucher les différentes sommes qui échoient à son mineur. Mais l'inconvénient est bien moins grave ; car la tutelle a un terme fixe, et le mariage n'en a pas, et il y a beaucoup moins de tuteurs que de maris. Il y a ensuite un autre motif ; la femme qui s'aperçoit que son mari est un dissipateur peut demander la séparation de biens, le mineur n'a pas la même ressource (*Voyez* M. *Delvincourt*, tome 3, page 159, note 11.

nés, qu'à compter du jour de l'obligation ou de la vente (1) (*Art.* 2135).

D. Ces hypothèques ne doivent-elles pas, malgré cela, être rendues publiques ?

R. Oui, les maris et les tuteurs sont tenus de rendre publiques les hypothèques dont leurs biens sont grevés ; et, à cet effet, de requérir eux-mêmes, sans aucun délai, inscription aux bureaux à ce établis, sur les immeubles à eux appartenant, et sur ceux qui pourront leur appartenir par la suite (2) (*Art.* 2136).

D. Quelle est la peine contre les maris et les tuteurs qui, n'ayant pas fait faire les inscriptions ordonnées, consentent des hypothèques sur leurs immeubles, sans les déclarer grevés d'hypothèques légales ?

R. Les maris et tuteurs qui, ayant manqué de requérir et de faire faire les inscriptions ordonnées par la loi, auraient consenti ou laissé prendre des privilèges (3) ou des hypothèques sur leurs immeubles, sans

---

(1) C'est ici une véritable conséquence des principes relatifs à l'hypothèque prépostère. Il dépend du mari et de la femme que l'aliénation ait lieu ou non, que l'obligation ait ou n'ait pas lieu.

(2) S'il était juste de protéger la faiblesse des mineurs et des femmes, en leur donnant une hypothèque indépendante de toute inscription, il n'était pas moins convenable, moins nécessaire de pourvoir à ce que des tiers ne fussent pas trompés. Or, l'on ne pouvait guère parvenir à ce but qu'en rétablissant, autant que cela se pouvait, le système de publicité, en prescrivant aux maris et tuteurs de faire faire une inscription sur eux-mêmes (*Exposé des Motifs*).

(3) Le propre du privilège est de primer toutes les hypothèques ; on ne voit donc pas comment un privilège pourrait donner lieu au stellionat. MM. *Tarrible*, *Delvincourt*, *Paillet* et *Battur* regardent le mot *privilèges* comme sans aucune valeur.

déclarer expressément (1) que lesdits immeubles étaient affectés à l'hypothèque légale des femmes ou des mineurs, seraient réputés stellionataires, et, comme tels, contraignables par corps (2) (*Art.* 2136).

D. N'y a-t-il que les maris et tuteurs qui soient chargés de faire faire ces inscriptions ou qui puissent les requérir ?

R. Les subrogés tuteurs sont tenus, sous leur responsabilité personnelle, et sous peine de tous dommages et intérêts, de veiller à ce que ces inscriptions soient prises sans délai sur les biens du tuteur, pour raison de sa gestion ; même de faire faire lesdites inscriptions (*Art.* 2137). A défaut par les maris, tuteurs, subrogés tuteurs, de faire faire ces inscriptions, elles seront requises par le Procureur du Roi près le tribunal civil du domicile des maris et tuteurs, ou du lieu de la situation des biens (*Art.* 2138). Enfin les parens, soit du mari, soit de la femme, et les parens du mineur, ou, à défaut de parens, ses amis (3) peuvent requérir lesdites inscriptions (4), qui peuvent aussi

---

(1) Ainsi, il ne suffirait pas qu'ils eussent pris dans l'acte la qualité de tuteur ou de mari, quoique l'énonciation de cette qualité pût faire présumer l'hypothèque légale ; il faut une déclaration expresse (M. *Delvincourt* et M. *Persil*).

(2) Mais une fois l'inscription prise, les tuteurs et maris ne sont plus obligés à faire la déclaration, à moins qu'ils n'aient laissé prescrire cette inscription (M. *Delvincourt* et M. *Grenier*).

(3) Les amis de la femme pourraient-ils prendre inscription ? Non, selon M. *Tarrible* et M. *Persil*, parce que leurs bons offices seraient quelquefois mal interprétés.

(4) Ce n'est pas tant une obligation que la loi impose aux parens et amis, qu'un service qu'elle paraît désirer ; aussi ne leur inflige-t-on aucune peine dans le cas d'omission ; et si l'on parle d'eux, ce n'est que pour écarter les doutes qu'on aurait pu élever sur leur capacité à requérir l'inscription (M. *Persil*).

être requises par la femme et par les mineurs (*Art.* 2139).

D. Peut-on convenir, dans le contrat de mariage, qu'il ne sera pris d'inscription que sur un ou certains immeubles du mari ?

R. Oui ; et lorsque, dans le contrat de mariage, les parties majeures (1) seront convenues qu'il ne sera pris d'inscription que sur un ou certains immeubles du mari, les immeubles qui ne sont pas indiqués pour l'inscription restent libres (2) et affranchis de l'hypothèque pour la dot de la femme et pour ses reprises et conventions matrimoniales. Mais il ne pourra pas être convenu qu'il ne sera pris aucune inscription (3) (*Art.* 2140).

---

(1) Quoique l'article dise *les parties majeures*, il est évident qu'il suffit que la femme soit majeure et qu'il est fort inutile que le mari le soit ; la stipulation est toute dans son intérêt (M. *Delvincourt*). Mais une fille mineure ne peut pas convenir d'une restriction d'hypothèque dans son contrat de mariage, quoique assistée de ses parens (M. *Grenier*, tome 1.er, page 597 ; M. *Persil*, tome 1.er, page 451) M. *Delvincourt*, tome 3, page 156, note 7, a embrassé l'opinion contraire et rapporte un arrêt conforme.

(2) Mais si tout ou partie des immeubles désignés vient à périr, la femme pourra-t-elle demander un supplément d'hypothèque ? Oui (M. *Delvincourt* et M. *Persil*). Mais son hypothèque ne datera sur ce supplément que du jour de l'inscription qu'elle sera obligée de prendre ; autrement les tiers pourraient être trompés ; car, en voyant le contrat de mariage, ils seraient fondés à croire que les immeubles qui n'y sont pas indiqués sont libres (M. *Delvincourt*). M. *Persil*, tome 1.er, page 454, est d'opinion contraire ; il pense que les tiers peuvent connaître le supplément d'hypothèque par le jugement qui l'a accordé.

(3) Cette disposition est insignifiante ; car il est possible que l'immeuble sur lequel il sera permis de prendre inscription, soit d'une valeur tellement modique, relativement aux reprises de

D. Peut-il en être de même pour les immeubles du tuteur ?

R. Oui, il en est de même pour les immeubles du tuteur lorsque les parens, en conseil de famille, ont été d'avis qu'il 'ne fût pris d'inscription que sur certains immeubles (1) (*Art.* 2141). Dans tous les cas où cette restriction d'hypothèque a lieu, le mari, le tuteur et le subrogé tuteur, ne sont tenus de requérir l'inscription que sur les immeubles indiqués (*Art.* 2142).

D. Lorsque l'hypothèque n'aura pas été restreinte par l'acte de nomination du tuteur, pourra-t-il demander postérieurement qu'elle le soit ?

R. Oui ; si l'hypothèque n'a pas été restreinte dans l'acte de nomination (2), et que l'hypothèque générale sur ses immeubles excède notoirement les sûretés suffisantes pour sa gestion, le tuteur pourra demander que cette hypothèque soit restreinte aux immeubles suffisans pour opérer une pleine garantie en faveur du mineur (3) (*Art.* 2143).

D. Contre qui sera formée cette demande ?

---

la femme, qu'il ne présente, pour ainsi dire, aucune sûreté (M. *Delvincourt*).

(1) Mais ils ne peuvent pas convenir qu'il ne sera pris aucune inscription. Cela résulte de la lettre de l'article : *il en est de même*, et de la discussion au Conseil d'État.

(2) Il paraît, d'après ce texte, que si l'hypothèque avait été restreinte dans l'acte de nomination du tuteur, elle ne serait plus susceptible de l'être. Cependant M. *Delvincourt* pense que, si la fortune du mineur venait à diminuer considérablement par des événemens imprévus, les tribunaux pourraient restreindre encore l'hypothèque légale.

(3) Mais si postérieurement la fortune du mineur venait à augmenter, le subrogé tuteur pourrait réclamer un supplément d'hypothèque (M. *Persil*).

R. Elle sera formée contre le subrogé tuteur (1), et elle devra être précédée d'un avis de famille (*Art.* 2143).

D. Le mari pourra-t-il former une demande semblable?

R. Le mari pourra pareillement (2), du consentement de sa femme (3), et après avoir pris l'avis des quatre plus proches parens (4) d'icelle, réunis en assemblée de famille, demander que l'hypothèque générale sur tous ses immeubles, pour raison de la dot, des reprises et conventions matrimoniales, soit restreinte aux immeubles suffisans pour la conservation entière des droits de la femme (*Art.* 2144).

D. Quelles sont les formalités particulières à observer pour les jugemens sur ces demandes?

R. Les jugemens sur les demandes des maris et des

---

(1) Mais devant quel juge doit-elle être portée? M. *Delvincourt* pense que c'est devant le juge du domicile du subrogé tuteur; M. *Persil*, devant le juge du domicile du mineur.

(2) Pour que le mari puisse obtenir la réduction, il faut que l'hypothèque générale n'ait pas été restreinte par le contrat de mariage. C'est ce que signifient ces mots : *le mari pourra pareillement*. En se référant à l'article précédent, ils équivalent à cette phrase, *lorsque l'hypothèque n'aura pas été restreinte* (*Voyez* M. *Persil*, et l'Exposé des Motifs).

(3) *Du consentement de sa femme*, majeure (Argument de l'article 2140). Ici l'assistance des parens ne peut suppléer la majorité; il ne s'agit pas d'une convention matrimoniale (M. *Delvincourt*). Cependant M. *Persil*, tome 1.er, page 463, est d'opinion contraire.

(4) Les plus proches parens qui se trouvent dans un certain rayon, comme celui dans lequel on prend ceux des mineurs (M. *Maleville* et M. *Persil*).

tuteurs, ne seront rendus qu'après avoir entendu le Procureur du Roi, et contradictoirement avec lui.

Dans le cas où le tribunal prononcera la réduction de l'hypothèque à certains immeubles, les inscriptions prises sur tous les autres seront rayées (*Art.* 2145).

CHAPITRE IV.

Du Mode de l'Inscription des Privilèges et Hypothèques.

D. Où se font les inscriptions des privilèges et hypothèques?

R. Elles se font au bureau de la conservation des hypothèques, dans l'arrondissement duquel sont situés les biens soumis au privilège ou à l'hypothèque (1) (*Art.* 2146).

D. Dans quel ordre viennent les créanciers inscrits le même jour?

R. Ils exercent tous, en concurrence, une hypothèque de la même date, sans distinction entre l'inscription du matin et celle du soir, quand cette différence serait marquée par le conservateur (2) (*Art.* 2147).

---

(1) Il y a un bureau de conservation des hypothèques dans chaque arrondissement de tribunal de première instance; il est placé dans la commune où siège le tribunal.

(2) Comme les registres du conservateur ne sont clos que le soir de chaque jour, il eût été le maître, en inscrivant une hypothèque avant l'autre, de lui donner la priorité. Pour éviter cet inconvénient, on les fait concourir. De même, les conservateurs ne peuvent, quand même ils y consentiraient, tenir leurs bureaux ouverts, ni recevoir aucune inscription, les jours de dimanches ou de fêtes légales (Décision du Grand-Juge et du Ministre des Finances, du 22 décembre 1807).

D. Quelles sont les formes à suivre pour prendre l'inscription ?

R. Il faut distinguer si l'hypothèque est conventionnelle ou judiciaire, ou si elle est légale.

D. Quelles sont les formes à suivre lorsque l'hypothèque est conventionnelle ou judiciaire?

R. Le créancier présente (1), soit par lui-même, soit par un tiers, au conservateur des hypothèques, l'original (2) ou une expédition authentique du jugement ou de l'acte qui donne naissance au privilège ou à l'hypothèque.

Il y joint deux bordereaux (3) écrits sur papier tim-

---

(1) Comme la loi ne dit pas que la présentation du titre sera constatée, il faut en conclure que c'est une précaution prise dans l'intérêt du conservateur, et que s'il veut inscrire le bordereau, sans observer cette précaution, il en est libre (M. *Tarrible* et M. *Persil*).

(2) L'article dit : *l'original en brevet* ; cela supposerait qu'on ne peut jamais prendre inscription qu'en vertu d'un acte notarié ; ce qui serait faux : en effet, en matière de privilège, on peut prendre inscription en vertu d'actes non notariés ; tels sont le vendeur, le copartageant, le créancier chirographaire qui a demandé la séparation des patrimoines (M. *Delvincourt*).

Si la créance a été cédée, on doit joindre à l'acte de cession le titre originaire. On peut se borner à présenter ce dernier ; mais il est prudent d'exhiber les deux actes afin que le conservateur ait connaissance de la cession, et qu'il ne fasse pas la radiation de l'inscription sur le seul consentement du cédant qui pourrait agir de mauvaise foi.

(3) Un bordereau reste au conservateur, afin qu'il puisse prouver, si l'inscription n'est pas bien faite, qu'elle est conforme à ce bordereau ; l'autre bordereau reste au créancier, pour qu'en cas d'erreur de la part du conservateur, il puisse la prouver et avoir son recours contre lui. Du reste, les bordereaux peuvent être irréguliers et l'inscription valable, si elle contient toutes les énonciations nécessaires, *et vice versâ*.

bré, dont l'un peut être porté sur l'expédition du titre (*Art.* 2148).

D. Que doivent contenir ces bordereaux ?

R. Ces bordereaux doivent contenir :

1.º Les nom (1), prénom (2), domicile (3) du créancier, sa profession (4) s'il en a une, et l'élection d'un domicile (5) pour lui dans un lieu quelconque de l'arrondissement du bureau (6);

---

(1) L'erreur sur le nom est une cause de nullité de l'inscription.

(2) L'erreur dans les prénoms ne fait point annuller l'inscription si, d'ailleurs, le créancier est suffisamment connu.

(3) Le défaut d'énonciation du domicile réel du créancier vicie-t-elle radicalement l'inscription ? Il y a, pour et contre, un égal nombre d'arrêts. *Voyez* ci-après page 339, note (4).

(4) L'omission de la profession ne fait pas tomber l'inscription ; il en est de même de l'erreur dans l'énonciation (M. *Grenier* et M. *Persil*). Deux arrêts ont bien jugé le contraire ; mais ils ne feront pas jurisprudence.

(5) Cette formalité est substantielle, son omission ferait donc annuller l'inscription; quoique le créancier eût fait connaître son domicile réel (M *Grenier* et M. *Persil*). Cependant M. *Persil* pense que si le créancier demeure dans l'arrondissement et que son domicile réel soit indiqué, le défaut d'élection ne doit pas faire annuller l'inscription.

(6) Mais au nom de qui l'inscription peut-elle être prise ? Elle peut l'être :

1.º Au nom d'une succession, pourvu qu'on désigne suffisamment le défunt. *Voyez* M. *Merlin*, Répertoire de Jurisprudence au mot *Inscription* ;

2.º Au nom du créancier décédé, sans faire mention de son décès (M. *Persil*, Questions sur les Privilèges et Hypothèques, tome 1.ᵉʳ, page 366);

3.º Au nom d'héritiers collectifs sans les dénommer ; il suffit de désigner celui qu'ils représentent (M. *Grenier et* M. *Delvincourt*).

4.º Au nom d'une maison de commerce, sans désigner les pré-

3.

2.º Les nom , prénom , domicile du débiteur , sa profession , s'il en a une connue , ou une désignation individuelle et spéciale , telle , que le conservateur puisse reconnaître et distinguer, dans tous les cas, l'individu grevé d'hypothèque (1) ;

3.º La date (2) et la nature (3) du titre ;

4.º Le montant du capital des créances exprimées dans le titre, ou évaluées par l'inscrivant, pour les rentes et prestations, ou pour les droits éventuels, conditionnels ou indéterminés, dans les cas où cette évaluation est ordonnée ; comme aussi le montant des

---

noms des associés (M. *Delvincourt*). *Voyez* M. *Persil*, *Questions sur les Privilèges et Hypothèques*, tome 1.ᵉʳ , page 366 ;

5.º Au nom du cédant, sans faire mention du transport, quoiqu'il soit signifié (MM. *Persil*, *Grenier*, *Delvincourt*) ;

6.º Au nom du cessionnaire, même avant la signification de l'acte, et quoiqu'il soit sous seing privé (M. *Delvincourt*). Ainsi jugé par plusieurs arrêts.

(1) Le nom du débiteur est une formalité substantielle ; ainsi une erreur sur ce nom est une cause de nullité. Quant aux autres énonciations, leur omission, ou l'erreur commise en les énonçant, n'emporterait pas nullité, si le débiteur était suffisamment connu par les autres désignations.

Mais sur quel débiteur doit-on s'inscrire ? C'est sur le débiteur originaire, sur le débiteur personnel, et non sur le débiteur hypothécaire (M. *Grenier* et M. *Delvincourt*).

(2) D'après le dernier état de la jurisprudence et l'opinion de M. *Grenier*, tome 1.ᵉʳ , page 158, et tome 2, page 236, l'omission de la date, ou une erreur dans son énonciation, n'entraîne pas nullité. Cependant on avait d'abord prononcé pour cela des nullités, et M. *Persil*, tome 2, page 45, pense qu'il en doit toujours être ainsi.

(3) L'erreur ou l'omission entraîne-t-elle nullité? La Cour de Cassation qui s'était décidée d'abord contre la nullité, a abandonné cette opinion, puis y est ensuite revenue (M. *Grenier*, tome 1.ᵉʳ , page 158, tome 2, page 237).

accessoires de ces capitaux, et l'époque de l'exigibilité (1) ;

5.° L'indication de l'espèce (2) et de la situation (3) des biens sur lesquels il entend conserver son privilège ou son hypothèque (4) (*Art.* 2148).

D. Le créancier peut-il changer, sur le registre des hypothèques, le domicile par lui élu ?

---

(1) L'inscription est valable, si elle énonce que la créance est exigible, quoiqu'elle n'indique pas l'époque de l'exigibilité, pourvu que la créance soit réellement exigible au moment de l'inscription. En disant qu'une créance est exigible, c'est suffisamment dire qu'il n'y a pas de terme (M. *Grenier*).

L'erreur dans l'époque de l'exigibilité peut être une cause de nullité, si elle est dommageable aux tiers, par exemple, si elle a été indiquée comme plus éloignée que celle portée au contrat (M. *Persil*); mais si l'époque déclarée dans l'inscription était plus rapprochée, les créanciers n'auraient aucun sujet de se plaindre (M. *Grenier*).

(2) Ainsi, il faudra dire si l'immeuble hypothéqué est un bois, une prairie, une ferme.

(3) *Voyez* ci-dessus page 324, note (2).

(4) En parcourant les diverses formalités requises par l'article 2148, nous avons noté celles dont l'omission, ou l'énonciation vicieuse, devait, ou non, entraîner la nullité de l'inscription. L'on peut voir sur ce sujet, une dissertation assez étendue, dans M. *Delvincourt*, tome 3, page 161, note 16. On avait produit deux systèmes : le premier était de regarder toutes les formalités de l'article 2148 comme sacramentelles et comme irritantes : c'est ainsi qu'on a jugé que le défaut de mention de la profession du créancier emportait nullité. Ce système ne pouvait se soutenir. Le second système consistait à distinguer les formalités en substantielles et accidentelles, et à ne prononcer la nullité que pour l'omission des premières. Mais cela ne faisait qu'éloigner la difficulté ; la question était de savoir quelles formalités devaient être considérées comme substantielles ?

M. *Delvincourt* observe d'abord, qu'il est rigoureux de priver

22..

R. Oui, il est loisible à celui qui a requis une inscription, ainsi qu'à ses représentans, ou cessionnaires par acte authentique (1), de changer sur le registre des hypothèques le domicile par lui élu, à la charge d'en choisir et indiquer un autre dans le même arrondissement (*Art.* 2152).

D. Comment peut-on prendre les inscriptions sur les biens d'une personne décédée?

R. Elles peuvent être faites sur la simple désignation du défunt (2), comme s'il était vivant (3) (*Art.* 2149).

---

de ses droits un créancier légitime, parce que son inscription n'est pas parfaitement en règle; il en conclut que c'est le cas d'appliquer la maxime *odia restringenda*. Il remarque ensuite que la Loi n'a nulle part prononcé la peine de nullité; qu'elle ne s'est même pas servie d'expressions d'où l'on puisse la présumer. D'après cela, il pense que l'on ne doit porter atteinte à l'inscription, qu'autant que l'omission ou l'erreur a effectivement préjudicié à quelqu'un, et seulement jusqu'à concurrence du dommage qu'elle a causé.

(1) Pourquoi exige-t-on l'authenticité? C'est que l'on veut être sûr que le demandeur est effectivement cessionnaire du créancier; sans cette précaution, il pourrait arriver qu'un tiers, de concert avec le débiteur, ou avec un créancier postérieur, présentât un prétendu acte de cession paraissant signé par un créancier inscrit. En vertu de cet acte, un changement de domicile aurait lieu : l'on ferait au nouveau domicile toutes les procédures nécessaires pour la radiation de l'hypothèque, qui serait obtenue et effectuée, sans que le créancier au profit duquel l'hypothèque était établie, en eût aucune connaissance.

(2) On peut ne pas connaître les héritiers d'un débiteur ou n'en connaître que quelques-uns : dans ce cas, on ne pourrait s'inscrire sur eux.

(3) Il n'est pas besoin de faire mention du décès du débiteur : on peut faire l'inscription comme s'il était vivant (Répertoire de Jurisprudence, au mot *Inscription*).

D. Le créancier inscrit pour un capital produisant intérêt ou arrérages, peut-il se faire colloquer, pour les intérêts, au même rang d'hypothèque que pour son capital ?

R. Il a droit d'être colloqué pour deux années seulement (1), et pour l'année courante (2), au même rang d'hypothèque que pour son capital (3); sans préjudice des inscriptions particulières à prendre, portant hypothèque à compter de leur date, pour les arrérages autres que ceux conservés par la première inscription (4) (*Art.* 2151).

D. Lorsqu'on prend inscription pour une hypothèque judiciaire, est-il nécessaire d'indiquer dans les bordereaux, l'espèce et la situation des biens ?

R. Non, cela n'est pas nécessaire dans le cas des hypothèques légales ou judiciaires : à défaut de convention, une seule inscription, pour ces hypothèques, frappe tous les immeubles compris dans l'arrondissement du bureau (*Art.* 2148).

D. Quelles sont les formes à suivre pour l'inscription de l'hypothèque légale ?

---

(1) Quelles sont ces deux années ? sont-ce les premières, les dernières ? On peut prendre les deux années indifféremment (Arrêt de Cassation).

(2) Par année courante, il faut entendre l'année dans laquelle l'ordre s'ouvre (M. *Grenier* et M. *Delvincourt*).

(3) Si le créancier a inscrit pour deux années et pour la courante, en même temps qu'il l'a fait pour le capital, on ne pourra pas prétendre qu'il n'a conservé que les trois années qui ont suivi son inscription ; il pourra encore prendre deux autres années indifféremment et l'année courante (Arrêt de Cassation).

(4) Remarquez que cet article n'est pas applicable : 1.° aux hypothèques légales non sujettes à l'inscription ; elles en sont dispensées pour les intérêts comme pour le principal (MM. *Grenier,*

R. Les droits d'hypothèque purement légale (1) de l'état, des communes et des établissemens publics sur les biens des comptables, ceux des mineurs ou interdits sur les tuteurs, des femmes mariées sur leurs époux, sont inscrits sur la représentation de deux bordereaux (2), contenant seulement :

1.º Les nom, prénom, profession et domicile réel du créancier, et le domicile qui sera par lui, ou pour lui, élu dans l'arrondissement ;

_____

Persil, Battur); 2.º aux créanciers et légataires qui ont demandé la séparation des patrimoines et se sont inscrits dans le délai : ils ont sur les biens de la succession un droit exclusif pour tout ce qui leur est dû en capital, intérêts et frais (M. *Persil* et M. *Grenier*); 3.º au vendeur, dont le privilège s'étend aux intérêts à quelque somme qu'ils puissent monter (M. *Grenier*, tome 2, page 219); plusieurs arrêts de Cassation ont jugé dans ce sens. Cependant M. *Delvincourt*, tome 3, page 161, note 13, et M. *Persil*, tome 2, page 75, sont d'avis contraire.

(1) *Purement légale.* Quel est le motif de ces expressions ? C'est qu'une hypothèque qui, dans le principe et de sa nature, aurait été légale, et par conséquent générale, a pu dans la suite être restreinte sur certains immeubles particuliers (Art. 2140, 2141, 2142, 2143, 2144 et 2145). Cette restriction étant ainsi faite, l'hypothèque reçoit l'application des principes relatifs à l'hypothèque spéciale, et dès-lors, c'est le cas de désigner les immeubles spécialement affectés, comme pour l'hypothèque conventionnelle (M. *Grenier*).

(2) Ainsi, il n'est pas nécessaire de présenter de titre. Comme cette inscription peut être prise par toute personne, parente ou amie du créancier, on n'a pas dû exiger qu'ils représentent de titre; et d'ailleurs, il peut fort bien ne pas en exister. Quel est, en effet, le titre en vertu duquel l'hypothèque a lieu sur les biens du tuteur légitime ? Et quel avantage pourraient retirer les tiers, de la connaissance d'un titre qui ne leur fournirait aucun renseignement sur le montant des répétitions à exercer par la femme ou par le mineur (M. *Delvincourt*).

2.º Les nom, prénom, profession, domicile, ou désignation précise du débiteur ;

3.º La nature des droits à conserver, et le montant de leur valeur quant aux objets déterminés, sans être tenu de le fixer quant à ceux qui sont conditionnels, éventuels ou indéterminés (*Art.* 2153).

D. Dans tous les cas, que fait le conservateur quand on lui a remis les pièces ?

R. Il fait mention, sur son registre, du contenu aux bordereaux (1), et remet au requérant, tant le titre ou l'expédition du titre, que l'un des bordereaux, au pied duquel il certifie avoir fait l'inscription (*Art.* 2150).

D. A la charge de qui sont les frais des inscriptions ?

R. Les frais des inscriptions sont à la charge du débiteur, s'il n'y a stipulation contraire ; l'avance en est faite par l'inscrivant, si ce n'est quant aux hypothèques légales, pour l'inscription desquelles le conservateur a son recours contre le débiteur. Les frais de la transcription, qui peut être requise par le vendeur, sont à la charge de l'acquéreur (*Art.* 2155).

D. Quel est l'effet des inscriptions valablement prises ?

R. C'est de conserver l'hypothèque et le privilège pendant dix années, à compter du jour de leur date : leur effet cesse, si ces inscriptions n'ont été renouvelées avant l'expiration de ce délai (2) (*Art.* 2154).

_____

(1) Et, s'il y a quelque différence, il en est responsable (Art. 2197).

(2) Une inscription a été prise le 15 décembre 1814 ; est-elle renouvelée dans le délai, si on la renouvelle le 15 décembre 1824 ? Oui (Arrêt de Paris, MM. *Grenier*, *Delvincourt*, *Persil*). Peut-elle être encore valablement renouvelée le 16 ? Le même arrêt

D. N'est-il pas cependant quelques cas où l'hypothèque, quoique inscrite, n'a aucun effet?

R. Les inscriptions ne produisent aucun effet si elles sont prises dans le délai pendant lequel les actes faits avant l'ouverture des faillites sont déclarés nuls (1). Il en est de même entre les créanciers (2) d'une succession, si l'inscription n'a été faite par l'un d'eux que depuis l'ouverture, et dans le cas où la succession n'est acceptée que sous bénéfice d'inventaire (3) (*Art.* 2146).

D. Où doivent être portées les actions auxquelles les

---

décide l'affirmative, et c'est aussi l'avis de M. *Delvincourt*, tome 3, page 162 note 6; mais M. *Grenier*, tome 1.er, page 211, *in fine*, est d'opinion contraire, et rapporte deux arrêts qui ont jugé dans son sens.

(1) C'est-à-dire, dans les dix jours qui ont précédé la faillite; et cela quand même le titre en vertu duquel l'inscription aurait été prise serait antérieur aux dix jours. Cette disposition est rigoureuse, car l'ancienneté du titre doit faire disparaître toute présomption de fraude. Mais la Loi ne veut pas qu'un créancier puisse dans les dix jours faire sa condition meilleure que celle des autres.

(2) Ce n'est qu'entre les créanciers de la succession que les inscriptions ne produisent aucun effet; les créanciers des héritiers ne peuvent les critiquer. Il est bon même d'inscrire par rapport à eux, pour le cas où l'héritier viendrait à être déchu du bénéfice d'inventaire; cela peut encore être utile à l'égard des acquéreurs, parce que l'héritier pourrait vendre à l'insu des créanciers (MM. *Delvincourt, Persil, Grenier*).

(3) La loi ne distingue pas si c'est par des majeurs, ou si c'est par des mineurs, que la succession est acceptée sous bénéfice d'inventaire (M. *Tarrible* et M. *Delvincourt*, tome 3, page 163, note 1.re); cependant la présomption qui existe dans le premier cas n'a pas lieu dans le second. Aussi M. *Grenier*, tome 1.er, page 253, montre des doutes.

inscriptions peuvent donner lieu contre les créanciers,
et où doivent leur être remis les exploits?

R. Les actions auxquelles les inscriptions peuvent
donner lieu contre les créanciers, doivent être intentées
devant le tribunal compétent (1), par exploits faits à
leur personne, ou au dernier des domiciles élus sur
le registre (2) ; et ce, nonobstant le décès, soit des
créanciers, soit de ceux chez lesquels ils ont fait
élection de domicile (*Art.* 2156).

CHAPITRE V.

De la Radiation et Réduction des Inscriptions.

D. Que faut-il pour qu'une inscription soit rayée?

R. Il faut le consentement des parties intéressées et
ayant capacité à cet effet (3), ou un jugement en der-

---

(1) Quel est ce tribunal compétent? C'est celui de l'arrondissement du bureau de la conservation des hypothèques où l'inscription a été prise (M. *Delvincourt* et M. *Grenier*). Mais si l'on
demande la nullité de l'acte constitutif de l'hypothèque, pour
faire tomber l'inscription par voie de conséquence, il faut porter l'action au tribunal du créancier, parce qu'alors c'est une
action personnelle (M. *Grenier*).

(2) Ainsi, il paraît que l'assignation donnée, même au domicile réel du créancier, serait nulle, si elle n'était pas donnée
à sa personne. Et en effet, il pourrait se faire que le créancier,
comptant sur la vigilance de celui chez lequel il a élu domicile,
s'absentât pendant quelque temps de son domicile réel, et que
l'on profitât de ce temps pour obtenir contre lui des jugemens
qui préjudicieraient à ses intérêts (M. *Delvincourt*).

(3) C'est-à-dire, ayant capacité de disposer de l'objet pour sûreté duquel l'hypothèque a été stipulée (M. *Delvincourt*).

nier ressort (1) ou passé en force de chose jugée (2) (*Art.* 2157).

D. Dans l'un et l'autre cas, que doivent faire ceux qui requièrent la radiation ?

R. Ils doivent déposer, au bureau du conservateur, l'expédition de l'acte authentique portant consentement, ou celle du jugement (*Art.* 2158).

D. A quel tribunal doit être demandée la radiation non consentie ?

R. La radiation non consentie doit être demandée au tribunal dans le ressort duquel l'inscription a été faite, si ce n'est lorsque cette inscription a eu lieu pour sûreté d'une condamnation éventuelle ou indéterminée, sur l'exécution ou liquidation de laquelle le débiteur et le créancier prétendu sont en instance ou doivent être jugés dans un autre tribunal ; auquel cas, la demande en radiation doit y être portée ou renvoyée (3) (*Art.* 2159).

D. Le créancier et le débiteur peuvent-ils convenir,

(1) Le jugement est en dernier ressort, quand l'affaire ne peut plus être soumise à un autre tribunal. Il ne faut pas y comprendre la Cour de Cassation ; elle est hors les degrés de juridictions.

(2) *Voyez* sur ce point de longs développement dans M. *Toullier*, tome 10, page 93. Le jugement n'est pas passé en force de chose jugée tant qu'il est susceptible d'appel (M. *Delvincourt*, tome 3, page 176, note 6).

(3) Il en doit être de même, quoique la créance soit déterminée, toutes les fois que la radiation est demandée incidemment à une contestation élevée sur le fond même de la créance (M. *Delvincourt*). Ces circonstances demandées par l'article, que la créance soit éventuelle ou indéterminée, sont parfaitement indifférentes. Il faut s'en tenir aux règles ordinaires d'après lesquelles les causes sont renvoyées pour connexité.

en cas de contestation, de porter la demande à un autre tribunal désigné ?

R. Oui ; cette convention est permise, et quand elle a eu lieu, elle doit être exécutée entre eux (1) (*Art.* 2159).

D. Quand est-ce que les tribunaux doivent ordonner la radiation ?

R. La radiation doit être ordonnée par les tribunaux, lorsque l'inscription a été faite sans être fondée ni sur la loi, ni sur un titre, ou lorsqu'elle l'a été en vertu d'un titre soit irrégulier, soit éteint ou soldé, ou lorsque les droits de privilège ou d'hypothèque sont effacés par les voies légales (2) (*Art.* 2160).

D. Lorsque les inscriptions prises par un créancier qui, d'après la loi, aurait droit d'en prendre sur les biens présens ou sur les biens à venir d'un débiteur (3), sans limitation convenue, sont portées sur

_____

(1) Mais cette convention ne lie que le créancier et le débiteur, et jamais les tiers. Si donc un tiers acquéreur demandait la radiation, il est hors de doute qu'il pourrait porter sa demande devant les juges de la situation de l'immeuble hypothéqué (M. *Persil*).

(2) On entend ici par *voies légales*, les divers modes prescrits, tant pour purger les hypothèques que pour obtenir leur extinction.

Remarquez qu'il ne suffit pas, pour faire faire la radiation, de prouver au conservateur l'extinction du titre qui produisait l'hypothèque ; il faut, en outre, qu'elle soit consentie par les parties intéressées, ou qu'il y ait un jugement en dernier ressort, ou passé en force de chose jugée.

(3) C'est-à-dire, en vertu d'une hypothèque légale ou judiciaire (M. *Deloincourt*). M. *Tarrible* pense qu'il en doit être de même, lorsque, conformément à l'article 2130, le débiteur reconnaissant l'insuffisance de ses biens présens et libres, consent que chacun des biens qu'il acquerra par la suite, demeure affecté à l'hypothèque, à mesure des acquisitions. Mais il faut observer que l'ar-

plus de domaines différens (1) qu'il n'est nécessaire à la sûreté des créances, que peut faire le débiteur ?

R. Il peut (2) intenter une action en restriction (3) des inscriptions (4), ou en radiation d'une partie, en

---

ticle excepte positivement de sa disposition, les hypothèques conventionnelles sans distinction.

(1) *Quid*, si l'inscription ne frappe qu'un domaine, mais d'une valeur bien supérieure au montant de l'inscription : pourra-t-on demander la restriction ? Il faut distinguer : si ce domaine présente un tout indivisible, la demande n'est pas recevable. En effet, à quoi servirait la restriction ? L'immeuble ne pouvant, dans l'hypothèse, être aliéné divisément, le débiteur n'a pas d'intérêt à demander la restriction. Mais si le domaine était divisible et susceptible d'être aliéné par partie, le débiteur pourrait demander que l'hypothèque fût restreinte à une partie seulement (*Delvincourt*). C'est aussi l'opinion de M. *Tarrible*; cependant M. *Persil*, tom. 2, page 157, est d'opinion contraire.

(2) *Le débiteur*. Ce droit n'appartient qu'à lui seul et non à ses acquéreurs, ni à ses créanciers (M. *Tarrible*).

(3) Le Code dit *réduction*, mais c'est *restriction* qu'il faut lire. Il y a cette différence entre la restriction et la réduction, 1.º que, lorsqu'il y a restriction, l'on ne diminue point la somme pour laquelle l'inscription est prise, mais seulement l'on ordonne que cette inscription sera restreinte aux immeubles suffisans pour répondre de la somme due : au contraire, lorsqu'il y a réduction, le juge diminue la somme pour laquelle l'inscription a été prise, mais la laisse subsister ainsi diminuée, sur tous les immeubles affectés primitivement à la créance ; 2.º que la restriction ne peut s'appliquer qu'à l'hypothèque légale ou judiciaire, qui, par leur nature, frappent sur tous les immeubles présens et à venir du débiteur, tandis que la réduction frappe sur toutes les hypothèques, quelles qu'elles soient, même conventionnelles, lorsque la créance est indéterminée, et que l'évaluation faite par le créancier dans l'inscription, est jugée excessive (M. *Delvincourt*).

(4) Comme le Code n'a point d'effet rétroactif, les hypothèques générales, soit conventionnelles, soit judiciaires, antérieures à sa publication, ne peuvent être réduites (M. *Grenier* et M. *Persil*).

ce qui excède la proportion convenable (1). Mais cette disposition ne s'applique point aux hypothèques conventionnelles (*Art.* 2161).

D. Quelles sont les inscriptions qui sont réputées excessives ?

R. Ce sont les inscriptions qui frappent sur plusieurs domaines (2), lorsque la valeur d'un seul ou de quelques-uns d'entre eux excède de plus d'un tiers (3) en fonds libres le montant des créances en capital et accessoires légaux (*Art.* 2162).

D. Ne peut-on pas également faire réduire comme excessives d'autres inscriptions ?

R. On peut aussi faire réduire comme excessives, les inscriptions prises d'après l'évaluation faite par le créancier, des créances qui, en ce qui concerne l'hypothèque à établir pour leur sûreté, n'ont pas été réglées par la convention, et qui, par leur nature, sont conditionnelles, éventuelles ou indéterminées (*Art.* 2163).

D. Dans ce cas, comment l'excès est-il arbitré ?

---

(1) A quel tribunal devra être portée cette action ? Si les différens domaines sont situés dans divers arrondissemens, faudra-t-il obtenir autant de jugemens qu'il y a de biens situés dans différens arrondissemens? C'est l'avis de M. *Persil*, tom. 2, pag. 159. M. *Delvincourt*, tom. 3, pag. 155, note 2, pense qu'il faut plutôt assimiler ce cas à celui où il y a plusieurs défendeurs, et que le demandeur peut assigner devant celui des tribunaux qu'il veut choisir.

(2) Que faut-il entendre ici par le mot *domaine?* Une terre composée de plusieurs métairies ne formerait-elle qu'un seul domaine ? Non ; le Législateur a voulu désigner sous le nom de domaine, chacune des métairies, des vignes, etc., qui forment une propriété désignée sous un nom collectif (M. *Tarrible*).

(3) On met un tiers de plus à cause des évènemens qui peuvent diminuer la valeur de l'immeuble (M. *Delvincourt*).

R. L'excès est arbitré par les juges, d'après les circonstances, les probabilités des chances et les présomptions de fait, de manière à concilier les droits vraisemblables du créancier avec l'intérêt du crédit raisonnable à conserver au débiteur ; sans préjudice des nouvelles inscriptions à prendre avec hypothèque du jour de leur date, lorsque l'évènement aura porté les créances indéterminées à une somme plus forte (*Art.* 2164).

D. Comment se détermine la valeur des immeubles, pour savoir si les inscriptions qui les frappent sont excessives ?

R. La valeur des immeubles dont la comparaison est à faire avec celle des créances et le tiers en sus, est déterminée par quinze fois la valeur du revenu déclaré par la matrice du rôle de la contribution foncière, ou indiqué par la cote de contribution sur le rôle, selon la proportion qui existe dans les communes de la situation entre cette matrice ou cette cote et le revenu, pour les immeubles non sujets à dépérissement, et dix fois cette valeur pour ceux qui y sont sujets (1). Les juges peuvent, néanmoins, s'aider, en outre, des éclaircissemens qui peuvent résulter des baux non suspects, des procès-verbaux d'estimation qui ont pu être dressés précédemment à des époques rapprochées, et autres actes semblables, et évaluer le revenu au taux moyen

---

(1) C'est-à-dire, que si l'immeuble est imposé à 1,200 fr., et qu'en général, dans la commune, les biens de la même nature soient imposés au cinquième, le fonds sera censé être d'un revenu de 6,000 fr., et valoir en capital 60,000 fr. ou 90,000 fr., suivant qu'il sera sujet ou non à dépérissement.

entre les résultats de ces divers renseignemens (1)
(*Art.* 2165).

CHAPITRE VI.

De l'effet des Privilèges et Hypothèques contre les Tiers détenteurs.

D. Quel est le droit que donne au créancier l'hypothèque ou le privilège inscrit sur un immeuble?

R. Le privilège ou hypothèque inscrit (2) sur un immeuble, donne au créancier le droit de suivre cet immeuble, en quelques mains qu'il passe, pour être colloqué et payé suivant l'ordre de sa créance ou de son inscription (*Art.* 2166).

D. Le tiers détenteur est-il obligé à toutes les dettes hypothécaires?

R. Oui; si le tiers détenteur ne remplit pas les formalités établies pour purger sa propriété, il demeure, par l'effet seul des inscriptions, obligé, comme détenteur, à toutes les dettes hypothécaires, mais il jouit des termes et délais accordés au débiteur originaire (3) (*Art.* 2167).

---

(1) Le Législateur a éloigné en cette circonstance la voie de l'expertise, parce qu'elle est quelquefois lente, et toujours dispendieuse. Du reste, cet article est moins une loi qu'un conseil donné aux juges.

(2) Ou qu'il fait inscrire dans la quinzaine de la transcription du contrat de vente (Code de Procédure, article 834). Il faut ajouter que les créanciers dispensés de l'inscription ont toujours le même droit.

(3) *Quid*, si le débiteur originaire vient à déchoir du terme, par exemple, s'il tombe en faillite? La dette devient exigible à l'égard du tiers détenteur.

D. Dans ce cas, de quoi est tenu le détenteur?

R. Le détenteur est tenu, ou de payer tous les intérêts et capitaux exigibles, à quelque somme qu'ils
puissent monter, ou de délaisser l'immeuble hypothéqué, sans aucune réserve (1) (*Art.* 2168).

D. Faute par le tiers détenteur de satisfaire plei-
nement à l'une de ces obligations, quel est le droit de
chaque créancier hypothécaire?

R. Chaque créancier hypothécaire a droit de faire
vendre sur lui l'immeuble hypothéqué, trente jours
après commandement fait au débiteur originaire, et
sommation faite au tiers détenteur (2) de payer la dette
exigible (3) ou de laisser l'héritage (*Art.* 2169).

D. Le détenteur n'a-t-il pas, cependant, un moyen
d'empêcher la vente, au moins temporairement?

R. Oui; c'est d'opposer l'exception de discussion.

D. Qu'est-ce que *l'exception de discussion?*

R. C'est la faculté accordée à tout détenteur, qui
n'est pas personnellement obligé à la dette, de requérir la discussion préalable des autres immeubles
hypothéqués à la même dette, qui sont restés dans la

---

(1) Remarquez que c'est le délaissement qui est *in obligatione*,
et que le paiement des dettes hypothécaires est seulement *in fa-
cultate solutionis*; et ce qui le prouve, c'est que, si l'acquéreur ne
paie, ni ne délaisse, les créanciers n'ont point le droit de poursuivre leur paiement contre lui, mais seulement de l'exproprier
de l'immeuble (M. *Delvincourt*).

(2) Quoique, d'après la construction de l'article, il paraisse
que c'est le commandement qui doit précéder la sommation, c'est
ce dernier acte qui doit être fait le premier (M. *Persil* et M. *Grenier*).

(3) Si la dette n'est pas exigible, le créancier n'a rien à demander;
quant aux moyens d'empêcher, dans ce cas, la prescription de
l'hypothèque, *voyez* ci-après, page 361, note (2).

possession du principal ou des principaux obligés (1).
Pendant cette discussion, qui doit être faite dans la
forme réglée au titre *du Cautionnement* (2), il est sursis
à la vente de l'héritage hypothéqué (*Art.* 2170).

D. L'exception de discussion peut-elle être opposée
à tout créancier ?

R. Non, elle ne peut être opposée au créancier
privilégié ou ayant hypothèque spéciale sur l'immeuble (3) (*Art.* 2171).

D. Que faut-il pour que le tiers détenteur puisse
faire le délaissement par hypothèque ?

R. Il faut qu'il ne soit pas personnellement obligé à
la dette (4), et qu'il ait la capacité d'aliéner (*Art.* 2172).

D. Le délaissement peut-il être fait, après que le
détenteur a reconnu l'obligation ou subi condamnation ?

R. Oui ; le tiers détenteur peut encore délaisser,

---

(1) Ainsi, pour que l'exception de discussion puisse être opposée,
il faut qu'il existe d'autres immeubles hypothéqués à la même
dette, et qu'ils existent dans la main du débiteur.

(2) Par conséquent l'exception doit être proposée *in limine litis*
(M. *Delvincourt*, et M. *Persil*). Le détenteur doit indiquer des
immeubles non litigieux, et qui ne soient pas situés hors du ressort de la Cour Royale, où le paiement doit être fait; il doit
avancer les frais, etc. (*Voyez* articles 2022, 2023, 2024).

(3) Lorsque l'hypothèque est spéciale, l'immeuble grevé devient
le gage direct et exclusif du créancier. Vouloir ensuite arrêter
l'exercice de son droit, pour le transporter sur un autre objet,
ce serait anéantir la convention des parties, enlever au créancier
le gage sans lequel il n'aurait pas prêté (M *Persil*).

(4) Ainsi, l'héritier assigné pour le total, par l'action hypothécaire, peut, en offrant de payer la part pour laquelle il est personnellement tenu comme héritier, délaisser l'immeuble hypothéqué, pour se décharger du surplus. Car, quant à ce sujet, il
n'est obligé que comme détenteur (M. *Delvincourt*).

3.   23

après avoir reconnu l'obligation, ou avoir subi condamnation, pourvu que ce soit seulement en qualité de détenteur (1) (*Art.* 2173).

D. Le tiers détenteur qui a délaissé l'immeuble peut-il le reprendre postérieurement ?

R. Oui, le délaissement n'empêche pas que, jusqu'à l'adjudication, le tiers détenteur ne puisse reprendre l'immeuble en payant toute la dette et les frais (2) (*Art.* 2173).

D. Où se fait le délaissement par hypothèque ?

R. Le délaissement par hypothèque se fait au greffe du tribunal de la situation des biens, et il en est donné acte par ce tribunal (*Art.* 2174).

D. Dans le cas où le délaissement a lieu, contre qui se poursuit la vente de l'immeuble ?

R. Après le délaissement, il est créé à l'immeuble délaissé, sur la pétition du plus diligent des intéressés,

---

(1) Il faut bien faire attention aux termes de cet article ; après que le tiers détenteur a reconnu l'obligation, ou subi condamnation *en cette qualité seulement*, c'est-à-dire, comme tiers détenteur ; car s'il s'était obligé personnellement au paiement de la dette, alors il ne pourrait plus délaisser (M. *Maleville*).

Le tiers détenteur peut-il délaisser après que l'immeuble a été saisi sur lui ? Non, il ne peut plus délaisser (M. *Delvincourt* et M. *Persil*). Il ne doit pas dépendre de lui d'entraver la marche de la procédure, par la nécessité où l'on serait de faire nommer un curateur.

(2) Le délaissement est, de la part du détenteur, une abdication de la possession seulement, avec consentement à ce que l'immeuble soit vendu à la requête et pour le paiement des créanciers. La propriété continue à résider sur sa tête jusqu'à l'adjudication définitive. Si l'immeuble périt après le délaissement, mais avant cette adjudication, il périt pour le tiers détenteur : *res perit domino* (M. *Delvincourt*).

un curateur contre lequel la vente est poursuivie dans les formes prescrites pour les expropriations (1) (*Art.* 2174).

D. Le tiers détenteur répond-il des détériorations qui procèdent de son fait?

R. Oui ; les détériorations qui procèdent du fait ou de la négligence du tiers détenteur au préjudice des créanciers hypothécaires ou privilégiés, donnent lieu contre lui, à une action en indemnité (2) (*Art.* 2175).

D. Peut-il répéter les impenses et améliorations qu'il a faites?

R. Oui , mais seulement jusqu'à concurrence de la plus-value (3) résultant de l'amélioration (4) (*Art.* 2175).

---

(1) Ce n'est pas que le tiers détenteur ne soit toujours propriétaire , comme on vient de le voir ; mais comme le délaissement a pour principal motif de lui épargner le désagrément d'une expropriation poursuivie contre lui , il a bien fallu désigner un individu contre lequel la procédure serait faite (M. *Delvincourt*).

(2) Cette disposition , contraire au Droit Romain et à l'ancienne Jurisprudence , est bien rigoureuse : on peut dire en faveur du tiers détenteur que *rem quasi suam neglexit*. Mais comme aujourd'hui l'hypothèque est publique , c'est aux acquéreurs à savoir qu'il en existe sur l'immeuble et à ne se permettre aucune dégradation (*Voyez* M. *Delvincourt*, tome 3 , page 174, note 6). Quoique ce droit de réclamer une indemnité pour les dégradations , ne semble exister qu'en cas de délaissement de la part de l'acquéreur , comme il y a les mêmes raisons de décider lorsqu'il est exproprié , il faudrait appliquer la même disposition (M. *Persil*).

(3) Si la plus-value est moindre que les dépenses , il ne pourra les répéter que jusqu'à concurrence de cette plus-value. Mais si les dépenses étaient inférieures à l'augmentation de valeur , le tiers détenteur ne pourrait réclamer que la somme qu'il aurait employée : la loi n'a pour but que de l'indemniser (M. *Persil*).

(4) Il faut excepter les dépenses nécessaires , à l'égard desquelles on doit faire une distinction. Si elles étaient d'entretien , le tiers

23..

D. De quel jour les fruits de l'immeuble hypothéqué sont-ils dus par le tiers détenteur ?

R. Ils ne sont dus (1) qu'à compter du jour de la sommation de payer ou de délaisser, et, si les poursuites commencées ont été abandonnées pendant trois ans, à compter de la nouvelle sommation qui sera faite (*Art.* 2176).

D. Quel est l'effet du délaissement ou de l'adjudication faite sur le tiers détenteur, relativement aux servitudes et droits réels qu'il avait sur l'immeuble, avant sa possession ?

R. Les servitudes et droits réels renaissent après le délaissement ou l'adjudication (2) (*Art.* 2177).

D. A quel rang les créanciers personnels du tiers détenteur, qui ont hypothèque sur le bien délaissé ou adjugé, peuvent-ils l'exercer ?

---

détenteur n'a rien à répéter ; elles étaient charges des fruits. Quant à celles qui sont réputées grosses réparations, il peut répéter *omni modo*, quand même la valeur de l'immeuble ne s'en trouverait pas augmentée (Argument de l'article 862) (M. *Delvincourt*).

Le tiers détenteur a-t-il le droit de retenir le fonds pour la plus value produite par les impenses ? Oui, selon M. *Tarrible* et M. *Battur*; non, selon M. *Grenier* et M. *Persil*; M. *Persil* et M. *Delvincourt* pensent qu'il a un privilège sur le prix de l'adjudication, et qu'il peut agir par voie de distraction.

(1) A qui sont-ils dus ? Aux créanciers hypothécaires, à qui ils doivent être distribués avec le prix de l'immeuble, par ordre d'hypothèques (M. *Delvincourt* et M. *Grenier*).

(2) Si le tiers détenteur était créancier hypothécaire du vendeur, qu'il eût gardé tout ou partie du prix de la vente pour se payer, et qu'il n'eût pas renouvellé son inscription, son droit revivrait-il par le délaissement ? L'affirmative a été jugée par un arrêt de Grenoble (*Sirey*, tome 23, part. 2, page 27.); cependant M. *Grenier,* tome 2, page 445, semble d'opinion contraire.

R. Ils exercent leur hypothèque à leur rang (1), après tous ceux qui sont inscrits sur les précédens propriétaires (2) (*Art.* 2177).

D. Le tiers détenteur qui a payé la dette hypothécaire, ou délaissé l'immeuble hypothéqué, ou subi l'expropriation de cet immeuble, n'a-t-il pas un recours ?

R. Il a un recours en garantie, tel que de droit (3), contre le débiteur principal (4) (*Art.* 2178).

---

(1) Ainsi, l'on commence par payer les créanciers hypothécaires du vendeur; si le prix de l'immeuble excède ces créances, les créanciers du tiers détenteur viennent par ordre d'hypothèques sur le restant; enfin, si ces créanciers payés, il reste encore un résidu, il doit être distribué par contribution entre les créanciers chirographaires du tiers détenteur; les créanciers chirographaires du vendeur n'ont aucun droit sur ce prix.

(2) Mais l'acquéreur qui profite, soit par lui-même, soit par ses créanciers, de l'excédant du prix, supporterait-il la différence qui existerait en moins entre son prix d'acquisition et la revente ? S'il s'agissait d'une folle enchère, il devrait payer la différence : il aurait occasionné la revente, il devrait en supporter les suites. Mais il n'en est pas ainsi en cas de délaissement ou d'expropriation : comme il n'a pas tenu à lui que la première vente eût son exécution, il ne doit pas supporter les suites d'un évènement qu'il ne pouvait empêcher (M. *Persil*).

(3) Les expressions : *tel que de droit*, n'ont pas été employées sans dessein; elles ont pour but d'indiquer les diverses nuances que la garantie peut prendre selon la nature du titre qui a transféré l'immeuble au tiers détenteur. Si le titre est onéreux, comme une vente ou un échange, la garantie peut être exercée dans toute sa plénitude; car, il y a éviction causée par le fait du vendeur ou du copermutant. Si le titre est lucratif, la garantie a moins d'étendue (M. *Tarrible*).

(4) Quand l'immeuble a été transmis au tiers détenteur à titre lucratif, que la garantie ait été promise ou non, le donataire peut répéter les sommes effectives qu'il a employées au paiement des

CHAPITRE VII.

De l'Extinction des Privilèges et Hypothèques.

D. Comment s'éteignent les privilèges et hypo-thèques ?

R. Les privilèges et hypothèques s'éteignent :

1.º Par l'extinction de l'obligation principale (1) ;

2.º Par la renonciation du créancier à l'hypo-thèque (2) ;

---

dettes hypothécaires ; il a libéré le donateur de ces dettes (M. *Del-vincourt* et M. *Grenier*). Mais si le donateur n'était pas tenu personnellement des dettes hypothécaires, le donataire n'aurait aucun recours contre lui ; il n'en aurait que contre le débiteur personnel de cette dette, en vertu de la subrogation (M. *Delvincourt. Voyez* L. 18 , § 3 , D. *de Donat*).

(1) Suivant l'article 1245, les obligations s'éteignent : par le paiement, par la novation, par la remise volontaire, par la compensation ; par la confusion, par la perte de la chose, par la nullité ou la rescision, par l'effet de la condition résolutoire, et par la prescription. L'hypothèque n'étant qu'un accessoire, ne peut plus exister dès qu'il n'y a plus d'obligation principale.

Quid si l'obligation principale venait à revivre ? Par exemple, si un créancier hypothécaire auquel le débiteur aurait donné en paiement l'immeuble affecté, était évincé, son hypothèque revi-vrait-elle ? Elle revivrait ; mais si l'inscription était rayée ou périmée, elle n'aurait rang qu'à la date de la nouvelle inscription qui devrait être prise (MM. *Grenier*, *Delvincourt*, *Persil*).

(2) Cette renonciation peut être expresse ou tacite. On présume qu'il y a renonciation tacite lorsque le créancier assiste comme notaire, ou comme témoin, à un acte dans lequel le bien est déclaré franc d'hypothèque ; lorsqu'il consent à ce que ce bien soit affecté à une nouvelle hypothèque. Mais dans ces cas la renonciation ne vaut qu'à l'égard de ceux qui ont été parties dans l'acte, c'est-à-dire que, lorsqu'un créancier re-

3.º Par l'accomplissement des formalités et conditions prescrites aux tiers détenteurs pour purger les biens par eux acquis (1) ;

4.º Par la prescription (*Art.* 2180) ;

5.º Par la perte totale (2), ou la mise hors du commerce de la chose hypothéquée, sauf, dans ce dernier cas, le recours du créancier sur le prix ;

6.º Par la confusion, lorsque le créancier acquiert en totalité (3) la chose hypothéquée ;

7.º Par la résolution du droit de celui qui a constitué le privilège ou l'hypothèque ;

8.º Enfin, par la restriction légalement et définitivement ordonnée (M. *Delvincourt*).

D. Quand est-ce que la prescription est acquise au débiteur ?

R. Il faut distinguer entre les biens qui sont dans les mains du débiteur, et ceux qui sont dans la main d'un tiers détenteur.

---

nonce à son hypothèque, en faveur d'une autre personne, il se fait seulement entr'eux un échange de rang (*Voyez* M. *Delvincourt*, tome 3, page 175, note 4). La renonciation tacite s'induit encore du consentement donné par le créancier à la vente, à l'échange ou à la donation de l'immeuble hypothéqué, parce que le débiteur n'ayant pas besoin de ce consentement pour vendre, cet acte ne peut avoir d'autre but que la renonciation à l'hypothèque. (*Voyez* MM. *Delvincourt*, *Grenier*, *Persil et Battur*).

(1) *Voyez* art. 2181 et suivans, ci-après page 362.

(2) Si en effet, il reste quelque chose, ce qui reste est toujours hypothéqué à toute la dette, d'après la règle : *tota in toto et tota in quâlibet parte.* Si donc l'hypothèque est sur une maison, et qu'elle vienne à brûler, l'hypothèque subsiste sur le terrain (M. *Delvincourt*).

(3) S'il ne l'acquiert qu'en partie, l'hypothèque subsiste en entier sur la partie qu'il n'a pas acquise : *tota in toto,* etc.

Quant aux biens qui sont dans ses mains, la prescription est acquise au débiteur, par le temps fixé pour
la prescription des actions qui donnent l'hypothèque
ou le privilège (1).

Quant aux biens qui sont dans la main (2) d'un tiers
détenteur (3), elle lui est acquise (4) par le temps
réglé pour la prescription de la propriété à son profit (5) : toutefois, dans le cas où la prescription sup-

---

(1) C'est-à-dire, par trente ans, cinq ans, un an, six mois.
Autrefois dans plusieurs provinces, quand l'hypothèque était
conventionnelle, et que la dette principale était de nature à ne se
prescrire que par trente ans, il fallait dix ans de plus pour prescrire l'action hypothécaire, à l'égard des biens restés en la possession du débiteur.

(2) N'importe que la propriété en ait été transférée par le propriétaire, ou par tout autre qui n'avait aucun droit sur cette propriété (M. *Delvincourt*).

(3) Dans la pratique hypothécaire, on appelle tiers détenteur
celui qui possède un héritage grevé de l'hypothèque d'une dette
à laquelle il n'est pas personnellement obligé (M. *Pannier*).

(4) Au tiers détenteur. Cette prescription ne peut être opposée
que par lui. Si donc ce détenteur, poursuivi par d'autres créanciers dont l'hypothèque n'est pas prescrite, vient à délaisser,
cette prescription n'a plus lieu, puisqu'il n'y a plus personne qui
puisse l'opposer (M. *Delvincourt*).

(5) Il est bon de remarquer que l'on peut cependant prescrire
la propriété sans prescrire l'hypothèque. *Espèce* : un tiers détenteur a acquis, *à non domino*, avec titre et bonne foi, un immeuble hypothéqué par ce même vendeur ; le véritable propriétaire est présent, le créancier hypothécaire est absent, (c'est-à-
dire, que le premier a son domicile dans le ressort de la Cour
Royale, et le second, hors de ce ressort, *art.* 2265) ; le tiers détenteur prescrira la propriété par dix ans, il ne prescrira l'hypothèque que par vingt ans (M. *Delvincourt*, tome 3, page 276,
note 2, *in medio* ; M. *Grenier*, tome 2, page 456 ; M. *Persil*, tome 2,
page 236).

La Loi n'a pas entendu subordonner la prescription de l'hypo-

pose un titre , elle ne commence à courir que du jour où il a été transcrit sur les registres du conservateur (1) (*Art.* 2180).

D. Les inscriptions prises par le créancier interrompent-elles le cours de la prescription établie par la loi en faveur du débiteur ou du tiers détenteur?

R. Non , les inscriptions que prend le créancier n'interrompent point le cours de la prescription (2) (*Art.* 2180).

---

thèque à celle de la propriété , elle a voulu seulement que ces deux sortes de prescriptions fussent soumises, sous le rapport de leur durée , au même laps de temps...... A l'exemple du droit de propriété, la loi veut que le droit hypothécaire se prescrive par trente ans, lorsqu'il n'y a pas de titre ou que le titre est vicieux , et par dix ans entre présens ou vingt ans entre absens , lorsque le possesseur a juste titre et bonne foi (M. *Grenier* et M. *Persil*).

(1) On exige ici la transcription , afin que le créancier hypothécaire puisse savoir si l'immeuble a changé de maître ; souvent il n'y a pas d'autre moyen pour lui de s'en assurer.

(2) Comment pourra-t-on donc interrompre la prescription? Il résulte de l'article 2244 que le créancier peut interrompre la prescription , à l'égard de l'acquéreur de l'immeuble , par un commandement ou une saisie qu'il lui ferait signifier ; mais cette voie ne peut être employée que lorsque le droit est ouvert et que la créance est exigible. Autrefois , il pouvait l'interrompre également en assignant l'acquéreur en *déclaration d'hypothèque* , en sorte que le jugement qui déclarait l'hypothèque sur le fonds vendu , empêchait la prescription de dix et vingt ans , et prorogeait l'action à trente ans , à compter du jugement (M. *Persil*). On pourrait encore agir ainsi aujourd'hui ; et en effet, lorsque la dette n'est pas exigible , il ne reste pas d'autre moyen à prendre au créancier. Il assignera donc le détenteur pour voir dire que l'immeuble qu'il détient, sera et demeurera affecté à son hypothèque. Il obtiendra un jugement conforme à ses conclusions , d'où résultera une action qui durera trente ans. C'est cette ac-

CHAPITRE VIII.

Du Mode de purger les propriétés des Privilèges et Hypothèques.

D. Les formalités pour purger les hypothèques sont-elles toujours les mêmes?

R. Non, elles varient suivant que les hypothèques à purger sont, ou non, assujetties à l'inscription.

D. Que doivent faire d'abord les tiers détenteurs qui veulent purger des immeubles des privilèges et hypothèques assujettis à l'inscription?

R. Les tiers détenteurs qui veulent purger de ces privilèges et hypothèques des immeubles ou droits réels immobiliers, doivent d'abord faire transcrire (1) en entier, par le conservateur des hypothèques, dans l'arrondissement duquel les biens sont situés, les con-

---

tion que l'on appelait anciennement *action en interruption* ou *action en déclaration d'hypothèque* (M. *Delvincourt*). Presque tous les jurisconsultes adoptent cette opinion.

(1) Dans quel délai ? La Loi n'en fixe aucun et cela était inutile ; car tant que le tiers détenteur n'a pas purgé, il peut être poursuivi hypothécairement ; et si, dans le mois, à compter de la première sommation qui lui est faite, il n'a pas transcrit, et notifié sa transcription aux créanciers, avec les formalités requises par l'article 2183, il est déchu de la faculté de purger, et en conséquence forcé de payer toutes les créances inscrites, ou de délaisser. D'ailleurs, comme l'on peut maintenant prendre inscription pendant la quinzaine qui suit la transcription, pourvu que l'hypothèque soit antérieure à l'aliénation, l'acquéreur a intérêt de transcrire, afin d'arrêter le cours des inscriptions (M. *Delvincourt*).

trats (1) translatifs (2) de la propriété de ces immeubles ou droits réels immobiliers (*Art.* 2181).

D. Où doit se faire cette transcription ?

R. Cette transcription doit se faire sur un registre à ce destiné, et dont le conservateur est tenu de donner connaissance au requérant (*Art.* 2181).

D. La simple transcription des titres translatifs de propriété sur le registre du conservateur, suffit-elle pour purger les hypothèques et privilèges établis sur l'immeuble ?

R. Non ; le vendeur ne transmet à l'acquéreur que la propriété et les droits qu'il avait lui-même sur la chose vendue (3) : il les transmet sous l'affectation des

_____

(1) L'adjudicataire sur expropriation forcée est-il tenu de faire transcrire, non pas, à la vérité, pour procéder au purgement, mais au moins pour arrêter le cours des inscriptions ? Cette question est très-controversée ; *Voyez*, pour l'affirmative, M. *Delvincourt*, tome 3, page 167, note 1.re ; et pour la négative, M. *Persil*, tome 2, page 287.

(2) Lorsqu'il y a eu plusieurs ventes successives du même immeuble, qui n'ont pas été transcrites, celui qui veut purger doit-il les purger toutes, c'est-à-dire, faire transcrire tous les contrats, ou suffit-il qu'il fasse transcrire le contrat qui lui a transféré la propriété ? Il doit faire transcrire toutes les ventes (M. *Tarrible*, Répertoire de Jurisprudence, au mot *Transcription*, § 3, n.o 2 ; M. *Grenier*, tome 2, page 165 ; M. *Persil*, tome 2, page 276 ; M. *Delvincourt*, tome 3, page 167, note 2). M. *Grenier* et M. *Persil* pensent cependant que la transcription du dernier contrat suffit, lorsqu'il rappelle les précédens.

(3) Donc, si le vendeur n'est plus propriétaire au moment de la seconde vente, *putà*, s'il avait déjà vendu, il ne transfère aucun droit au second acquéreur. Peu importe que le premier ait transcrit ou non ; la transcription n'a aucun effet relativement à la propriété (M. *Delvincourt*). Il en était autrement sous la Loi de brumaire an 7 ; dans le même cas, la propriété aurait

mêmes privilèges et hypothèques dont il était chargé (*Art.* 2182).

D. Que doit donc faire le nouveau propriétaire qui veut se garantir des poursuites des créanciers hypothécaires ?

R. Il est tenu, soit avant les poursuites, soit dans le mois, au plus tard, à compter de la première sommation qui lui est faite, de notifier (1) aux créanciers (2), aux domiciles par eux élus (3), dans leurs inscriptions :

1.º Extrait de son titre ;

2.º Extrait de la transcription de l'acte translatif de propriété (4) ;

3.º Un tableau sur trois colonnes, dont la première

été transférée à celui des deux acquéreurs qui aurait fait transcrire le premier.

(1) La notification forme un contrat entre le nouveau propriétaire et les créanciers ; le premier, en déclarant qu'il est prêt à acquitter sur-le-champ les dettes et charges hypothécaires, jusqu'à concurrence de son prix, s'oblige envers les créanciers à payer ce prix et renonce à délaisser ; les créanciers, en ne requérant pas dans le délai la mise de l'immeuble aux enchères, acceptent ce prix. Ce contrat ne peut être rétracté que du consentement de toutes les parties (M. *Grenier* et M. *Persil*).

(2) Si le débiteur omet de notifier à un créancier inscrit, ce créancier conserve tous ses droits ; s'il n'y avait point eu d'enchère, il pourrait enchérir, il pourrait aussi faire annuller tout ce qui aurait été fait sans sa participation (M. *Grenier*).

(3) Quoique l'article dise de notifier aux domiciles élus, néanmoins, on peut faire les notifications aux domiciles réels ; l'élection de domicile n'a lieu, dans ce cas, que dans l'intérêt du débiteur et des tiers (M. *Persil* et M. *Grenier*).

(4) L'article dit : *de l'acte de vente* ; mais il est évident que cela est inexact, puisqu'aux termes de l'article 2181, tout acte translatif de propriété, à titre gratuit ou onéreux, doit être transcrit, quand l'acquéreur veut purger (M. *Delvincourt*).

contiendra la date des hypothèques et celle des inscriptions; la seconde, le nom des créanciers; la troisième,
le montant des créances inscrites (*Art.* 2183). De plus
l'acquéreur ou le donataire doit déclarer, dans le même
acte, qu'il est prêt à acquitter, sur le champ (1), les
dettes et charges hypothécaires, jusqu'à concurrence
seulement du prix (2), sans distinction des dettes exigibles ou non exigibles (3) (*Art.* 2184).

D. Que doit contenir l'extrait du titre?

R. Il doit contenir seulement la date et la qualité
de l'acte, le nom et la désignation précise du vendeur
ou du donateur; la nature et la situation de la chose
vendue ou donnée; et, s'il s'agit d'un corps de biens,
la dénomination générale seulement du domaine et des
arrondissemens dans lesquels il est situé, le prix et les
charges faisant partie du prix de la vente, ou l'éva-

---

(1) Et cela, quand même il aurait par le contrat de vente terme
et délai pour le paiement du prix. S'il veut jouir du terme, il n'a
qu'à ne pas purger.

(2) Si la vente était faite moyennant une rente viagère, il faudrait évaluer cette rente et offrir le montant de l'évaluation
(M. *Persil* et M. *Grenier*).

(3) Cette mesure est dans l'intérêt des créanciers, même de
ceux dont les créances sont exigibles. Voici, en effet, l'inconvénient qui résulterait de la disposition contraire. Soit un créancier d'une rente, ayant hypothèque sur trois maisons; si l'acquéreur n'est pas obligé de rembourser le capital de la rente, il
en gardera le fonds entre ses mains. Si une deuxième maison est
vendue, l'acquéreur gardera également le fonds, à cause de l'indivisibilité de l'hypothèque. Il en sera de même pour la troisième :
de sorte que voilà trois fonds de la même rente, qui seront retenus par les acquéreurs, au préjudice des créanciers dont les
créances sont exigibles, et qui, si la rente eût été remboursée
par le premier acquéreur, auraient été colloqués sur les fonds
que les deux derniers acquéreurs ont retenus (M. *Delvincourt*

luation de la chose, si elle a été donnée (1) (*Art.* 2183).

D. Lorsque le nouveau propriétaire a fait cette notification dans le délai fixé, que peuvent faire les créanciers?

R. Lorsque le nouveau propriétaire a fait cette notification dans le délai fixé, tout créancier, dont le titre est inscrit (2), peut requérir la mise de l'immeuble aux enchères et adjudications publiques, à la charge:

1.º Que cette réquisition sera signifiée au nouveau propriétaire dans quarante jours, au plus tard, de la notification faite à la requête de ce dernier, en y ajoutant deux jours par cinq myriamètres de distance entre le domicile élu et le domicile réel de chaque créancier requérant;

2.º Qu'elle contiendra soumission du requérant, de porter ou faire porter le prix à un dixième en sus de celui qui aura été stipulé dans le contrat, ou déclaré par le nouveau propriétaire;

3.º Que la même signification sera faite dans le même délai, au précédent propriétaire, débiteur principal;

4.º Que l'original et les copies de ces exploits seront signés par le créancier requérant, ou par son fondé de procuration expresse, lequel, en ce cas, est tenu de donner copie de sa procuration;

5.º Qu'il offrira de donner caution (3) jusqu'à concurrence du prix et des charges;

─────────────

(1) Ou si le prix est indéterminé, s'il consiste, par exemple, en une rente viagère.

(2) Quand même l'inscription n'aurait eu lieu que postérieurement à la transcription de la vente, pourvu toutefois que ce soit dans la quinzaine.

(3) Le créancier peut-il présenter plusieurs personnes pour

Le tout à peine de nullité (*Art.* 2185).

D. Si les créanciers n'ont pas requis la mise aux enchères dans le délai et les formes prescrits, qu'est-ce
qu'il en résulte ?

R. La valeur de l'immeuble demeure définitivement
fixée au prix stipulé dans le contrat, ou déclaré par le
nouveau propriétaire, lequel est, en conséquence,
libéré de tout privilège et hypothèque, en payant ledit
prix aux créanciers qui seront en ordre de recevoir,
ou en le consignant (*Art.* 2186).

D. En cas de revente sur enchère, comment doit-
elle avoir lieu ?

R. Elle doit avoir lieu suivant les formes établies
pour les expropriations forcées, à la diligence, soit du
créancier qui l'aura requise, soit du nouveau propriétaire. Le poursuivant énoncera dans les affiches le prix
stipulé dans le contrat, ou déclaré, et la somme en
sus à laquelle le créancier s'est obligé de le porter ou
faire porter (*Art.* 2187).

D. L'adjudicataire n'est-il pas tenu de quelque
charge au-delà du prix de son adjudication ?

R. Oui, l'adjudicataire est tenu, au-delà du prix de
son adjudication, de restituer à l'acquéreur ou au donataire dépossédé les frais et loyaux coûts de son contrat, ceux de la transcription sur les registres du con-

---

cautions ? M. *Persil*, tome 2, page 331, décide l'affirmative ;
M. *Grenier*, tome 2, page 327, est d'opinion contraire ; il se
fonde sur ce que les poursuites à diriger contre plusieurs personnes sont plus embarrassantes que contre une seule.

Du reste, au lieu d'une caution, le créancier peut offrir une
consignation, un gage (M. *Grenier* et M. *Persil*).

servateur , ceux de notification , et ceux faits par lui pour parvenir à la revente (1) (*Art.* 2188).

D. L'acquéreur ou le donataire qui conserve l'immeuble mis aux enchères , en se rendant dernier enchérisseur , est-il tenu de faire transcrire le jugement d'adjudication ?

R. Non , il en est dispensé (*Art.* 2189).

D. Le créancier qui a requis la mise aux enchères , peut-il ensuite se désister ?

R. Oui ; mais ce désistement ne peut, même quand le créancier paierait le montant de la soumission , empêcher l'adjudication publique , si ce n'est du consentement exprès de tous les autres créanciers hypothécaires (2) (*Art.* 2190).

D. Quel est le recours qu'a l'acquéreur qui s'est rendu adjudicataire ?

R. Il a son recours tel que de droit contre le vendeur , pour le remboursement de ce qui excède le prix stipulé par son titre , et pour l'intérêt de cet excédant , à compter du jour de chaque paiement (*Art.* 2191).

D. Dans le cas où le titre du nouveau propriétaire comprend des immeubles et des meubles, ou différens

---

(1) *Quid*, à l'égard des améliorations qu'il a pu faire sur la chose, des frais faits pour la conservation? Je pense qu'il doit en être remboursé ; savoir, des frais pour la conservation , *omni modo* ; et des autres *quatenùs res pretiosior facta est* (M. *Maleville*).

Quant aux détériorations , il devra en tenir compte , conformément à l'article 2175.

(2) Les autres créanciers qui ont vu que le bien était surenchéri , n'ont pas cru devoir eux-mêmes surenchérir ; c'est donc le créancier premier surenchérisseur , qui les a , en quelque sorte , empêchés d'user de leur droit ; il ne peut donc se désister à leur préjudice (M. *Delvincourt*).

immeubles , les uns hypothéqués , les autres non
hyp othéqués , suffit-il de déclarer le prix total , et le
c réancier surenchérisseur est-il obligé d'étendre sa
soumission sur tous les biens compris dans le contrat ?

R. Non; dans le cas où le titre du nouveau propriétaire comprendrait des immeubles et des meubles , ou
plusieurs immeubles , les uns hypothéqués , les autres
non hypothéqués , situés dans le même ou dans divers
arrondissemens (1) de bureaux , aliénés pour un seul
et même prix , ou pour des prix distincts et séparés ,
soumis ou non à la même exploitation , le prix de
chaque immeuble frappé d'inscriptions particulières et
séparées sera déclaré dans la notification du nouveau
propriétaire , par ventilation , s'il y a lieu , du prix total
exprimé dans le titre (2).

Le créancier surenchérisseur ne pourra , en aucun
cas , être contraint (3) d'étendre sa soumission ni sur le
mobilier , ni sur d'autres immeubles que ceux qui sont

---

(1) Si les immeubles hypothéqués particulièrement à la même
créance sont situés dans deux arrondissemens , une ventilation
doit distinguer le prix de ceux situés dans chaque arrondissement , parce que le créancier peut borner sa surenchère aux
immeubles situés dans un seul (M. *Tarrible* et M. *Delvincourt*).

(2) Cette ventilation n'aura lieu , qu'autant que la totalité des
objets aura été vendue pour un seul prix. Elle pourra être contestée par les créanciers , soit hypothécaires , soit chirographaires , suivant les circonstances : par les créanciers hypothécaires ,
si le prix a été porté trop bas , relativement au prix du surplus ;
par les créanciers chirographaires , si la ventilation donnait une
trop grande valeur aux immeubles hypothéqués (*Voyez* M. *Delvincourt*, tome 3 , page 169 , note 4).

(3) Par conséquent , s'il le juge convenable , il pourra faire
porter sa surenchère sur la totalité des objets compris dans l'acte
d'aliénation.

3. 24

hypothéqués à sa créance et situés dans le même arrondissement; sauf le recours du nouveau propriétaire contre ses auteurs, pour l'indemnité du dommage qu'il éprouverait, soit de la division des objets de son acquisition, soit de celle des exploitations (1) (*Art.* 2192).

CHAPITRE IX.

Du Mode de purger les Hypothèques, quand il n'existe pas d'inscription sur les biens des Maris et des Tuteurs.

D. Comment les acquéreurs d'immeubles, appartenant à des maris ou à des tuteurs, peuvent-ils, lorsqu'il n'existe pas d'inscription (2) sur lesdits immeubles à raison de la gestion du tuteur, ou des dot, reprises et conventions matrimoniales de la femme, purger les hypothèques qui existeraient sur les biens par eux acquis ?

----

(1) Il pourra même, dans ce cas, et suivant les circonstances, demander la résiliation du contrat pour le tout (*Voyez* art. 1636).

(2) Lorsque les hypothèques légales des femmes et des mineurs sont inscrites, il faut suivre les formalités ordinaires pour les purger, c'est-à-dire, notifier aux maris et aux tuteurs, comme aux autres créanciers. Alors l'article 2194 devient sans application (M. *Tarrible*).

Le purgement de ces hypothèques a lieu encore que les droits des femmes, des mineurs et des interdits ne soient pas ouverts; la Loi ne fait pas de distinction; mais on doit observer ce que prescrit l'article 2195, où l'on voit que si les hypothèques légales viennent au premier rang, le purgement ne produit d'autre effet que de faire déterminer les sommes qui peuvent être dues aux femmes ou aux mineurs, puisque l'acquéreur doit garder ces sommes en ses mains, et laisser subsister les inscriptions comme auparavant. Ainsi jugé en Cassation.

R. Pour purger les hypothèques légales qui ne sont pas assujetties à la formalité de l'inscription, et qui ne sont pas inscrites, il faut (1) :

1.º Déposer au greffe du tribunal civil du lieu de la situation des biens, une copie dûment collationnée de l'acte translatif de propriété ;

2.º Certifier ce dépôt par acte signifié, tant à la femme ou au subrogé tuteur, qu'au Procureur du Roi près le tribunal ;

3.º Extrait du contrat translatif de propriété, contenant sa date, les noms, prénoms, professions et domiciles des contractans, la désignation de la nature et de la situation des biens, le prix et les autres charges de la vente (2), doit être et rester affiché pendant deux mois dans l'auditoire du tribunal.

Pendant ces deux mois, les femmes (3), maris, tuteurs, subrogés tuteurs, mineurs, interdits, leurs parens ou amis, et le Procureur du Roi, sont reçus à requérir, s'il y a lieu, et à faire prendre au bureau des hypothèques, des inscriptions sur l'immeuble aliéné. Ces inscriptions ont le même effet que si elles avaient été prises le jour même que l'hypothèque a été acquise (4) :

---

(1) L'expropriation forcée purge aussi ces hypothèques, parce que la publicité des actes par lesquels on y parvient est aussi propre à instruire la femme, ou les mineurs, du danger que court leur hypothèque légale, que les formalités prescrites par l'article 2194. Arrêt de Cassation ; M. *Grenier*, tome 2, page 224.

(2) Remarquez que l'article ne parle pas de la transcription ; si l'on ne veut purger que les hypothèques légales, il n'est pas nécessaire de faire transcrire (MM. *Delvincourt*, *Grenier*, *Persil*).

(3) Même non autorisées.

(4) L'article dit : *le jour du contrat de mariage*, mais il est évident qu'il y a inexactitude de rédaction, ou que par ces mots

le tout sans préjudice des poursuites extraordinaires qui pourraient avoir lieu contre les maris et les tuteurs qui auraient consenti des hypothèques, sans déclarer les hypothèques légales dont leurs immeubles étaient déjà grevés, en raison du mariage ou de la tutelle (*Art.* 2193 *et* 2194).

D. Si la femme, ou ceux qui la représentent, ou le subrogé tuteur ne sont pas connus de l'acquéreur, comment doit être suppléée la notification qui doit leur être faite du dépôt fait au greffe de l'acte translatif de propriété ?

R. Il suffit de déclarer dans la notification faite au Procureur du Roi, que ces personnes n'étant pas connues, la notification sera publiée conformément à l'article 685 du Code de Procédure, c'est-à-dire, par insertion aux Journaux. S'il n'y a pas de Journal dans le département, le fait est certifié à la diligence de l'acquéreur, par le Procureur du Roi, et le délai de deux mois ne commence à courir que du jour de l'insertion aux Journaux, ou du jour de la délivrance du certificat (Avis du Conseil d'Etat, approuvé le 1.er juin 1807, Bulletin, n.º 2451).

D. Que doit faire l'acquéreur après l'expiration des deux mois ?

---

contrat de mariage, il faut entendre la déclaration du consentement des époux devant l'officier de l'état civil, c'est-à-dire, la célébration du mariage. L'article 2135 est formel sur ce point ; et d'ailleurs, cette interprétation rentre dans l'esprit général du Code, qui veut, autant que possible, prévenir les surprises qui pourraient être faites aux tiers. Or, quand un homme est marié, ceux qui traitent avec lui, doivent le savoir : *omnis gnarus esse debet conditionis ejus cum quo contrahit.* Mais quand il est célibataire, comment deviner qu'il a souscrit un contrat de mariage (M. *Delvincourt*)? *Voyez* l'article 2135.

R. Il faut distinguer trois cas :

Si, dans le cours des deux mois de l'exposition du contrat, il n'a pas été fait d'inscription du chef des femmes, mineurs ou interdits, sur les immeubles vendus, ils passent à l'acquéreur sans aucune charge (1), à raison des dot, reprises et conventions matrimoniales de la femme, ou de la gestion du tuteur, et sauf le recours, s'il y a lieu, contre le mari et le tuteur (2).

S'il a été pris des inscriptions du chef des femmes, des mineurs, ou des interdits, et s'il existe des créanciers antérieurs qui absorbent le prix en totalité ou en partie, l'acquéreur est libéré du prix ou de la portion du prix par lui payée aux créanciers placés en ordre utile ; et les inscriptions du chef des femmes, mineurs ou interdits, sont rayées (3), ou en totalité, ou jusqu'à due concurrence.

_____

(1) Mais, dans ce cas, si la femme, le mineur ou l'interdit se présentait pour exercer ses droits dans l'ordre, avant qu'il ne fût clos, les autres créanciers auraient-ils le droit de s'y opposer ? Non, le purgement des hypothèques légales n'a été établi que dans l'intérêt des acquéreurs. A l'égard des créanciers, les femmes ou les mineurs n'ont pas besoin d'inscription. Si donc l'acquéreur a payé son prix, il ne peut être inquiété ; mais s'il l'a encore entre les mains, il n'a point d'intérêt, puisqu'il lui est indifférent de le payer à l'un ou l'autre ; et dans ce cas, les créanciers du mari ou du tuteur ne peuvent s'opposer à la collocation de la femme ou du mineur (M. *Delvincourt*, tome 3, page 172, note 1.re ; M. *Persil*, tome 2, page 392). M. *Grenier* avait embrassé la même opinion, tome 1.er, page 540, mais il l'a retractée dans son 2.me volume, page 427.

(2) Ou subrogé tuteur.

(3) *Seront rayées*, comment doit-on entendre ces mots ? M. *Delvincourt* pense qu'il faut les interpréter comme s'il y avait, *seront comme non avenues à l'égard de l'acquéreur, en totalité ou*

Si les inscriptions du chef des femmes, mineurs ou interdits sont les plus anciennes, l'acquéreur ne pourra faire aucun paiement du prix au préjudice desdites inscriptions, qui auront toujours la date du contrat de mariage ou de l'entrée en gestion du tuteur ; et, dans ce cas, les inscriptions des autres créanciers qui ne viennent pas en ordre utile, seront rayées (*Art.* 2195).

CHAPITRE X.

De la Publicité des Registres, et de la Responsabilité des Conservateurs.

D. Comment doivent être les registres des conservateurs des hypothèques ?

R. Tous les registres des conservateurs doivent être en papier timbré (1), cotés et paraphés à chaque page par première et dernière, par l'un des juges du tribunal dans le ressort duquel le bureau est établi. Ces registres doivent être arrêtés tous les jours comme ceux d'enregistrement des actes (*Art.* 2201).

jusqu'à due concurrence, etc. Il me semble, en effet, dit-il, que les inscriptions doivent subsister jusqu'après la liquidation des droits de la femme. Elles n'auront pas, à la vérité, effet contre l'acquéreur, mais elles pourront avoir effet entre les créanciers mêmes. Il est possible que les droits de la femme s'évanouissent, et alors, comment constater le droit et le rang des divers créanciers, si les inscriptions sont rayées ? *Voyez* cet auteur, tome 3, page 172, note 4.

(1) Si, en contravention à cet article, un conservateur avait tenu ses registres en papier libre et non timbré, ses opérations ne seraient pas nulles ; mais il encourrait personnellement une amende (M. *Persil*).

D. Ces registres sont-ils publics ?

R. Oui, et les conservateurs des hypothèques sont tenus de délivrer à tous ceux qui le requièrent, copie des actes transcrits sur leurs registres, et celle des inscriptions subsistantes, ou certificat qu'il n'en existe aucune (1) (*Art.* 2196).

D. Les conservateurs peuvent-ils refuser ou retarder de faire les transcriptions qu'on leur demande ?

R. Non, dans aucun cas (2), les conservateurs ne peuvent refuser ni retarder la transcription des droits de mutation, l'inscription des droits hypothécaires, ni la délivrance des certificats requis, sous peine des dommages et intérêts des parties (*Art.* 2199).

D. En cas de refus ou de retard de leur part, comment doit-on le constater ?

R. Il doit être dressé sur-le-champ, à la diligence des requérans, procès-verbal des refus ou retardemens, soit par un juge de paix, soit par un huissier audiencier du tribunal, soit par un autre huissier ou un notaire assisté de deux témoins (*Art.* 2199).

---

(1) Le conservateur qui vend un immeuble à lui appartenant ne peut pas délivrer le certificat attestant qu'il n'existe pas d'inscriptions sur cet immeuble. Dans ce cas, le certificat doit être délivré par un vérificateur ou un inspecteur (MM. *Persil, Delvincourt, Grenier*). Mais un conservateur peut recevoir une inscription prise sur lui-même : l'on peut témoigner contre soi, mais non en sa faveur. *Voyez* M. *Delvincourt*, tome 3, page 164, note 2.

(2) Quand même on leur présenterait des bordereaux nuls dans leur contexture, comme, par exemple, s'ils ne désignaient pas la nature et la situation des biens, s'ils n'énonçaient pas l'époque de l'exigibilité, etc. Le conservateur ne pourrait pas se refuser à effectuer l'inscription (M. *Persil*). Il n'est pas juge de la valeur de ces bordereaux.

D. Il paraît cependant difficile que les conservateurs puissent porter, au moment même de la remise, tous les actes de mutation ou tous les bordereaux sur leurs registres ordinaires; comment évite-t-on cet inconvénient?

R. Pour éviter cet inconvénient, il est enjoint aux conservateurs d'avoir un registre particulier sur lequel ils inscrivent, jour par jour, et par ordre de numéros, les remises qui leur sont faites, d'actes de mutation ou de bordereaux; ils donnent au requérant une reconnaissance sur papier timbré, qui rappelle le numéro du registre sur lequel la remise a été inscrite; et ils ne peuvent transcrire les actes de mutation, ni inscrire les bordereaux sur les registres à ce destinés, qu'à la date et dans l'ordre des remises qui leur en ont été faites (*Art.* 2200).

D. Le conservateur peut-il laisser des blancs sur ses registres, entre les différentes inscriptions ou transcriptions?

R. Non; les mentions de dépôt, les inscriptions et transcriptions, doivent être faites sur les registres, de suite, sans aucun blanc ni interligne, à peine, contre le conservateur, de mille à deux mille francs d'amende, et des dommages et intérêts des parties, payables par préférence à l'amende (*Art.* 2203).

D. De quel préjudice les conservateurs sont-ils principalement responsables?

R. Les conservateurs sont principalement responsables:

1.º De l'omission sur leurs registres, des transcriptions d'actes de mutation, et des inscriptions requises en leurs bureaux;

2.º Du défaut de mention dans leurs certificats, d'une

ou de plusieurs des inscriptions existantes, à moins, dans ce dernier cas, que l'erreur ne provînt de désignations insuffisantes qui ne pourraient leur être imputées (*Art.* 2197).

D. Si les conservateurs ont commis sur leurs registres quelques erreurs ou quelques irrégularités, comment peuvent-ils les rectifier pour l'avenir?

R. Ils n'ont qu'un moyen : c'est de porter sur leurs registres, et seulement à la date courante, une nouvelle inscription, ou une seconde transcription, conforme aux actes ou aux bordereaux. En même temps, pour obvier à tout double emploi, la seconde inscription ou transcription doit être accompagnée d'une note relative à celle qu'elle a pour but de rectifier; et il doit être donné aux parties requérantes, extrait, tant de la première que de la seconde inscription ou transcription (Avis du Conseil d'Etat, du 26 décembre 1810, Bulletin , n.° 6306).

D. Quel est l'effet de l'omission faite par le conservateur dans ses certificats d'une ou de plusieurs des charges inscrites sur un immeuble, à l'égard de cet immeuble ?

R. L'immeuble à l'égard duquel le conservateur aurait omis dans ses certificats une ou plusieurs charges inscrites, en demeure, sauf la responsabilité du conservateur, affranchi dans les mains du nouveau possesseur (1), pourvu qu'il ait requis le certificat quinze

---

(1) C'est une conséquence du système qui fait préférer l'acquéreur au créancier. L'on veut que celui qui a rempli toutes les formalités voulues par la loi, soit assuré, même au préjudice des créanciers, et quoiqu'il n'y ait aucune négligence à imputer à ceux-ci, de la possession libre et tranquille du bien qu'il a acquis.

jours au moins après la transcription (1) de son titre ; sans préjudice néanmoins du droit des créanciers de se faire colloquer suivant l'ordre qui leur appartient, tant que le prix n'a pas été payé par l'acquéreur, ou tant que l'ordre fait entre les créanciers n'a pas été homologué (2) (*Art.* 2198).

D. Quelle est la sanction générale des dispositions de ce chapitre ?

R. Les conservateurs sont tenus de se conformer, dans l'exercice de leurs fonctions, à toutes les dispositions du présent chapitre, à peine d'une amende de deux cents francs à mille francs pour la première contravention, et de destitution pour la seconde ; sans préjudice des dommages et intérêts des parties (3), qui doivent être payés avant l'amende (*Art.* 2202).

---

(1) L'article dit simplement *depuis la transcription de son titre.* Mais comme, aux termes de l'article 834 du Code de Procédure, on peut s'inscrire pendant la quinzaine qui suit la transcription, pourvu que le titre constitutif de l'hypothèque soit antérieur à l'aliénation, il est plus exact de dire *quinze jours au moins après, etc.* (M. *Delvincourt*).

(2) *Quid*, si l'ordre est clos? Le créancier omis ne pourra être colloqué, sauf son recours contre le conservateur, qui aura lui-même un recours contre le débiteur.

(3) Observez que le conservateur n'est responsable que jusqu'à concurrence de ce que la faute qu'il a commise fait perdre au créancier. Si donc le créancier, en supposant l'inscription valable, ne fût point venu en ordre utile, ou ne fût venu que pour une partie de sa créance, il n'a point d'action contre le conservateur dans le premier cas ; et, dans le second, il n'a d'action que jusqu'à concurrence de la somme qu'il eût touchée par l'effet de sa collocation. Ainsi jugé, avec raison, à Bordeaux, le 24 juin 1813 (*Sirey*, 1815, part. 2, page 116).

TITRE XIX.

De l'Expropriation forcée, et des Ordres entre les Créanciers.

D. Qu'est-ce qu'on entend par expropriation forcée ?

R. On appelle expropriation forcée, la vente des biens immobiliers d'un débiteur, faite en justice, à la requête de ses créanciers (1) (M. *Delvincourt*).

D. Quels sont les biens qu'on peut exproprier ?

R. Le créancier (2) peut poursuivre l'expropriation, 1.º des biens immobiliers et de leurs accessoires réputés immeubles (3), appartenant en propriété à son débiteur ; 2.º de l'usufruit appartenant au débiteur sur les biens de même nature (4). (*Art.* 2204).

D. Les créanciers personnels d'un cohéritier peuvent-ils mettre en vente sa part indivise dans les im-

---

(1) *Voyez* au Répertoire de Jurisprudence, l'article *Saisie immobilière*, par M. *Tarrible*.

(2) Il ne s'agit pas seulement ici du créancier hypothécaire ou privilégié, mais du créancier quelconque, parce que, suivant l'article 2092, quiconque s'est obligé personnellement, est tenu de remplir son engagement sur tous ses biens (M. *Malcville*).

(3) Mais ils ne peuvent être saisis immobilièrement qu'avec l'immeuble dont ils sont l'accessoire.

(4) Peut-on exproprier des servitudes, des actions immobilières ? Quant aux servitudes, il est clair qu'elles ne peuvent être saisies directement, mais seulement comme accessoires du fond saisi. Quant aux actions immobilières, la question pouvait faire plus de difficulté ; mais la Cour de Cassation a jugé la négative ; et c'est aussi l'opinion de M. *Delvincourt*, tome 3, page 85, note 6, et de M. *Persil*, *Questions sur les Privilèges et Hypothèques*, tome 2, page 279.

meubles de la succession, avant le partage ou la licitation?

R. Non; ils ne peuvent le faire avant le partage ou la licitation, qu'ils peuvent seulement provoquer, s'ils le jugent convenable, ou dans lesquels ils ont le droit d'intervenir (1) (*Art.* 2205).

D. Peut-on exproprier les immeubles d'un mineur?

R. Oui (2), mais les immeubles d'un mineur, même émancipé, ou d'un interdit, ne peuvent être mis en vente (3) avant la discussion du mobilier (*Art.* 2206).

D. La discussion du mobilier est-elle requise avant l'expropriation des immeubles possédés par indivis entre un majeur et un mineur ou un interdit?

R. Non, elle n'est pas requise si la dette leur est commune, ni dans le cas où les poursuites ont été commencées contre un majeur, ou avant l'interdiction (*Art.* 2207).

D. Contre qui se poursuit l'expropriation des immeubles qui font partie de la communauté?

R. Elle se poursuit contre le mari débiteur, seul, quoique la femme soit obligée à la dette (*Art.* 2208).

(1) Conformément à l'article 882, au titre *des Successions.*

(2) Mais, dans ce cas, le créancier doit-il suivre les formalités de la saisie immobilière ou celles prescrites pour la vente des biens des mineurs? Il peut suivre à son gré l'une ou l'autre de ces manières de procéder (M. *Persil, Questions*, tome 2, page 365).

(3) Cet article interdit seulement la mise en vente des biens des mineurs avant la discussion du mobilier, mais rien n'empêche que le créancier ne fasse un commandement en expropriation forcée, avant cette discussion (M. *Tarrible*, Répertoire de Jurisprudence, au mot *Saisie immobilière*, § 3, n.º 3). Il peut même faire saisir les immeubles dont la vente seulement demeurera suspendue pendant la discussion du mobilier (*Voyez* M. *Persil, Questions*, tome 2, page 268).

D. Contre qui se poursuit l'expropriation des im-meubles de la femme, qui ne sont pas entrés en com-munauté ?

R. Elle se poursuit contre le mari et la femme ; si le mari refuse de procéder avec la femme, ou s'il est mineur, la femme peut être autorisée en justice. En cas de minorité du mari et de la femme, ou de mino-rité de la femme seule, si son mari majeur refuse de procéder avec elle, il est nommé par le tribunal, à la femme, un curateur (1) contre lequel la poursuite est exercée (*Art.* 2208).

D. Le créancier peut-il poursuivre la vente des im-meubles qui ne lui sont pas hypothéqués ?

R. Oui ; mais il ne peut le faire qu'en cas d'insuffi-sance des biens qui lui sont hypothéqués (2) (*Art.* 2209).

D. Peut-on provoquer en même temps la vente for-cée des biens situés dans différens arrondissemens ?

R. Non ; elle ne peut être provoquée que successi-vement, à moins que les biens situés dans les différens

---

(1) L'article dit *un tuteur ;* mais c'est *un curateur* qu'il faut lire : dans le Droit actuel, il n'y a point de tuteur après l'émancipation. C'est un reste de l'ancien Droit sous lequel on donnait au mineur émancipé un tuteur aux actions immobilières (M. *Delvincourt*).

(2) Mais la justice et l'intérêt commun des débiteurs et des créan-ciers se réunissent pour autoriser les tribunaux à permettre l'ex-tension de l'expropriation à des immeubles non hypothéqués sans attendre la vente separée et préalable des immeubles hypothéqués, lorsque, par l'aperçu des valeurs et des charges, il leur apparait qu'ils seront insuffisans pour acquitter la dette du créancier pour-suivant. L'article 2165 peut fournir le moyen de connaître la valeur approximative (M. *Tarrible*). C'est aussi l'avis de M. *Del-vincourt* et de M. *Battur.*

arrondissemens, ne fassent partie d'une seule et même exploitation (*Art.* 2210).

D. Dans ce cas, devant quel tribunal est suivie cette expropriation ?

R. Elle est suivie devant le tribunal dans le ressort duquel se trouve le chef-lieu de l'exploitation, ou, à défaut de chef-lieu, la partie de biens qui présente le plus grand revenu, d'après la matrice du rôle (*Art.* 2210).

D. Si des biens non hypothéqués, ou situés dans divers arrondissemens, font partie d'une seule et même exploitation avec les biens hypothéqués au créancier, le débiteur n'a-t-il pas le droit de requérir que la vente des uns et des autres soit poursuivie ensemble ?

R. Oui, le débiteur a le droit de requérir la vente totale (1), et, dans ce cas, il se fait ventilation du prix, s'il y a lieu (2) (*Art.* 2211).

D. Le débiteur dont on poursuit l'expropriation, ne peut-il pas quelquefois faire suspendre la poursuite ?

R. Si le débiteur justifie, par baux authentiques, que le revenu net et libre de ses immeubles pendant une année, suffit pour le paiement de la dette en capital, intérêts et frais, et s'il en offre la délégation au créancier, la poursuite peut (3) être suspendue par

---

(1) Le créancier a aussi le même droit (M. *Delvincourt*).

(2) Cette ventilation est nécessaire, pour le cas où l'on a vendu ensemble des biens hypothéqués, et d'autres qui ne l'étaient pas, attendu que le prix des uns se distribue par ordre, et celui des autres par contribution. Elle est encore nécessaire lorsqu'il existe des hypothèques différentes sur chaque espèce de biens, parce qu'alors il faut introduire deux ordres différens (M. *Delvincourt*).

(3) *Peut;* cela est laissé à l'arbitrage du juge, qui peut ne pas suspendre, s'il voit qu'il y a de la mauvaise volonté de la part du débiteur, qui pourrait payer s'il le voulait.

les juges, sauf à être reprise (1) s'il survient quelque opposition ou obstacle au paiement (2) (*Art.* 2212).

D. En quelle forme faut-il que soit le titre du créancier, pour qu'il puisse poursuivre la vente forcée des immeubles de son débiteur ?

R. La vente forcée des immeubles ne peut être poursuivie qu'en vertu d'un titre authentique et exécutoire, et pour une dette certaine et liquide. Cependant si la dette est certaine, mais non liquide, il peut être procédé à la saisie seulement; et il est sursis à toutes poursuites ultérieures, jusqu'après la liquidation ou l'appréciation, si la dette n'est pas en espèces (*Art.* 2213; et Code de Procédure, *art.* 551).

D. Le cessionnaire d'un titre exécutoire peut-il poursuivre de suite l'expropriation du débiteur ?

R. Non, il ne peut poursuivre l'expropriation qu'après que la signification du transport a été faite au débiteur (*Art.* 2214).

D. Peut-on poursuivre l'expropriation en vertu de tout jugement ?

R. Il faut distinguer : la poursuite peut avoir lieu en vertu d'un jugement provisoire ou définitif, exécutoire par provision, nonobstant appel (3); mais l'adjudi-

---

(1) D'après les derniers erremens, et sans qu'on puisse opposer l'expiration des délais.

(2) *Quid,* si l'obstacle provient d'un cas fortuit, par exemple, de la grêle, de la gelée, etc...? Il n'est pas douteux que les risques ne soient pour le débiteur; mais les juges pourraient prolonger la suspension.

(3) Si l'exécution provisoire n'a pas été ordonnée, pourra-t-on saisir avant l'expiration du délai de l'appel? Oui, mais seulement après la huitaine de la signification (Code de Procédure, art. 450). Quant au pourvoi en Cassation, en matière civile il n'est jamais suspensif.

cation ne peut se faire qu'après un jugement définitif en dernier ressort, ou passé en force de chose jugée. Si le jugement est par défaut, la poursuite même ne peut s'exercer durant le délai de l'opposition (*Art.* 2215).

D. Quelle est la formalité qui doit précéder toute poursuite en expropriation ?

R. Toute poursuite en expropriation d'immeubles doit être précédée d'un commandement de payer, fait à la diligence et requête du créancier, à la personne du débiteur ou à son domicile, par le ministère d'un huissier (1) (*Art.* 2217).

D. Quelles sont les formes du commandement, celles de la poursuite sur l'expropriation, et la manière de procéder à l'ordre et à la distribution du prix des immeubles ?

R. Elles sont réglées par le Code de Procédure (2) (*Art.* 2217 *et* 2218).

D. La poursuite peut-elle être annullée sous prétexte que le créancier l'a commencée pour une somme plus forte que celle qui lui est due ?

R. Non, la poursuite ne peut être annullée (*Art.* 2216); mais le débiteur a le droit de former une demande en réduction.

---

(1) La saisie ne peut être faite que trente jours après ce commandement (Code de Procédure, art. 674).

(2) *Voyez* Code de Procédure, article 673 et suivans.

TITRE XX.

De la Prescription.

CHAPITRE PREMIER.

Dispositions générales.

D. Qu'est-ce que la prescription ?

R. La prescription est un moyen d'acquérir ou de se libérer par un certain laps de temps, et sous les conditions déterminées par la loi (*Art.* 2219).

D. Peut-on renoncer d'avance à la prescription ?

R. Non ; on ne peut renoncer d'avance à la prescription (1) ; mais on peut renoncer à la prescription acquise (*Art.* 2220), et les juges ne peuvent pas suppléer d'office le moyen résultant de la prescription (2) (*Art.* 2223).

---

(1) Ainsi, le débiteur ne pourrait pas, lors de son obligation, se soumettre à ne jamais opposer la prescription ; autrement la prescription, établie pour venir au secours d'un débiteur qui, après une longue suite d'années, a perdu la preuve de sa libération, deviendrait illusoire, parce que les créanciers ne manqueraient jamais de faire stipuler cette renonciation (M. *Pigeau*).

(2) A moins que celui qui ne l'oppose pas, ne fût incapable d'aliéner. Celui qui renonce à la prescription, peut être entraîné par les remords de sa conscience, dont le juge ne doit pas entraver l'action (M. *Maleville*).

S'il s'agissait d'une fin de non-recevoir établie par la loi, comme l'expiration des dix ans déterminés par la loi pour les demandes en rescision, le juge pourrait-il suppléer d'office le moyen de la prescription ? Il paraît qu'il en était ainsi avant le Code ; aujourd'hui, M. *Vazeille, Traité des Prescriptions*, n.º 341, édition de 1824,

3. 25

D. Quelles sont les personnes qui peuvent renoncer à la prescription acquise ?

R. Il n'y a que celles qui peuvent aliéner (*Art.* 2222); dans tous les cas, les créanciers, ou toute autre personne ayant intérêt à ce que la prescription soit acquise, peuvent l'opposer (1), encore que le débiteur ou le propriétaire y renonce (*Art.* 2225).

D. De combien de manières peut-on renoncer à la prescription ?

R. On peut y renoncer expressément ou tacitement. La renonciation tacite est celle qui résulte d'un fait qui suppose l'abandon du droit acquis (*Art.* 2221).

D. La prescription peut-elle être opposée en tout état de cause ?

R. Oui (2); la prescription peut être opposée en tout état de cause (3), même devant la Cour

---

regarde cette opinion comme certainement inadmissible. M. *Ma-leville*, tome 4, page 310, est du même avis; M. *Delvincourt*, tome 2, page 192, note 2, pense que l'ancien Droit pourrait encore être suivi en faisant quelques distinctions.

(1) Tel qu'un usufruitier, celui qui a un droit de servitude. Mais toutes ces personnes ne peuvent opposer la prescription que dans leur intérêt. Si donc celui en faveur de qui la renonciation a été faite, consent à payer le créancier, ou à laisser jouir l'usufruitier ou celui auquel la servitude est due, la renonciation doit avoir son effet (M. *Delvincourt*).

(2) Le Législateur n'a pas soumis la prescription à la condition des autres exceptions qui doivent être proposées *in limine litis*, par la raison qu'elle est d'une plus grande importance, qu'elle est décisive, et que cependant un sentiment de délicatesse porte souvent à chercher d'autres voies de succès (M. *Vazeille*).

(3) « Le silence à cet égard, pendant une partie du procès, peut avoir été déterminé par l'opinion que les autres moyens étaient suffisans; et le droit acquis par la prescription n'en conserve pa

Royale (1), à moins que la partie qui n'aurait pas opposé le moyen de la prescription ne doive, par les
circonstances, être présumée y avoir renoncé (2) (*Art.*
2224).

D. Peut-on prescrire les choses qui ne sont point
dans le commerce ?

R. Non, on ne peut point prescrire le domaine des
choses qui ne sont pas dans le commerce (*Art.* 2226).

---

moins toute sa force, jusqu'à ce que l'autorité de la chose jugée
par la Cour d'appel ait irrévocablement fixé le sort des parties. »

» Néanmoins, cette règle doit se concilier avec celle qui admet
la renonciation, même tacite, à la prescription acquise. Cette
renonciation résulte de faits qui supposent l'abandon du droit.
Ainsi, quoique le silence de celui qui, avant le jugement définitif,
n'a pas fait valoir le moyen de la prescription, ne puisse seul lui
être opposé, les juges auront à examiner si les circonstances ne
sont point telles que l'on doive en induire la renonciation tacite
au droit acquis (*Exposé des Motifs*) ».

(1) Mais elle ne peut pas être invoquée en Cassation, si elle ne
l'a pas été auparavant. On ne peut casser un arrêt parce qu'il n'a
pas statué sur un moyen qui n'a pas été opposé, et qui ne pouvait
être suppléé par le juge. Ainsi jugé en Cassation.

(2) La défense au fonds emporte-t-elle renonciation à la prescription ? Il faut distinguer : si la défense est péremptoire, c'est-
à-dire, de nature à détruire entièrement l'effet de l'action, on
ne peut en faire résulter la renonciation à la prescription ; comme
si, par exemple, l'on a opposé l'exception du dol, de la violence, etc. En effet, j'ai, ou je crois avoir plusieurs moyens
pour paralyser l'effet de l'action intentée contre moi. Je répugne
à employer le moyen de la prescription ; en conséquence, je le
néglige dans l'espérance que les autres seront suffisans. Je perds
mon procès en première instance ; et sur l'appel, j'excipe de la
prescription, je ne pense pas que l'on puisse m'opposer de fin de
non-recevoir. *Secùs*, si la défense avait été seulement dilatoire :
par exemple, si je m'étais borné à demander un délai, à prétendre
que la créance n'est pas exigible (M. *Delvincourt*).

25..

Mais, la nation, les établissemens publics et les communes sont soumis aux mêmes prescriptions que les particuliers, et peuvent également les opposer (*Art.* 2227).

CHAPITRE II.

De la Possession.

D. Qu'est-ce que la possession ?

R. La possession est la détention ou la jouissance d'une chose ou d'un droit que nous tenons ou que nous exerçons par nous-mêmes, ou par un autre qui la tient ou qui l'exerce en notre nom (*Art.* 2228).

D. Quelles sont les qualités que doit avoir la possession pour donner à celui qui en jouit le droit de prescrire ?

R. La possession, pour pouvoir donner à celui qui en jouit le droit de prescrire, doit être paisible, continue et non interrompue (1), publique (2), non

---

(1) *Continue et non interrompue.* Ces deux expressions paraissent d'abord rendre la même idée, et n'être employées ensemble que pour la rendre plus clairement et avec plus de force. Une action continue n'est, au demeurant, qu'une action non interrompue. Ces mots ont le même sens absolu ; mais il se peut que le Législateur ait voulu donner à chacun d'eux une signification relative. Il y a lieu de croire que la continuité regarde la jouissance du possesseur, à laquelle un fait isolé ne pourrait donner le caractère convenable, et qui doit comprendre une suite de faits en rapport entr'eux ; tandis que l'interruption indique le trouble que le possesseur reçoit par le fait d'une autre personne, propre à produire l'interruption naturelle ou civile, définie par les articles 2244 et 2245 (M. *Vazeille*).

(2) La possession doit être publique pour qu'elle puisse être

équivoque (1) et à titre de propriétaire (*Art.* 2229).

D. Quand est-ce qu'on est présumé posséder à titre de propriétaire?

R. On est toujours présumé posséder pour soi, et à titre de propriétaire, s'il n'est prouvé qu'on a commencé à posséder pour un autre (*Art.* 2230). Mais quand on a commencé à posséder pour autrui, on est toujours présumé posséder au même titre, s'il n'y a preuve du contraire (*Art.* 2231).

D. Les actes de pure faculté et ceux de simple tolérance, peuvent-ils servir de fondement à la prescription?

R. Non, les actes de pure faculté et ceux de simple tolérance ne peuvent fonder ni possession, ni prescription (*Art.* 2232). Les actes de violence ne peuvent fonder non plus une possession capable d'opérer la prescription (2); la possession utile ne commence que lorsque la violence a cessé (3) (*Art.* 2233).

---

connue de ceux qui ont intérêt à la contester, et qu'on soit fondé à leur imputer de ne l'avoir pas contredite. Il n'est pas nécessaire que les personnes intéressées soient particulièrement informées de la possession qui a lieu à leur préjudice; il suffit qu'elle ne leur soit pas cachée, et qu'en veillant ou faisant veiller à leurs droits, elles aient pu être instruites de son existence (M. *Vazeille*).

(1) La possession est équivoque, lorsqu'elle laisse dans le doute de savoir si on l'a exercée pour soi, comme maître; ou pour autrui, comme administrateur, en qualité de mari, père, tuteur, mandataire; ou comme usufruitier, engagiste, dépositaire, fermier (M. *Vazeille*).

(2) N'importe que la violence ait été exercée contre le propriétaire ou contre tout autre possesseur.

(3) Suivant le Droit Romain, les choses usurpées par violence étaient imprescriptibles, et ne redevenaient capables d'être prescrites, qu'après avoir été remises au propriétaire. Mais on a jugé

D. La possesseur actuel qui prouve avoir possédé anciennement, est-il tenu de justifier qu'il a également possédé dans le temps intermédiaire ?

R. Non ; le possesseur actuel qui prouve avoir possédé anciennement, est présumé avoir possédé dans le temps intermédiaire, sauf la preuve contraire (*Art.* 2234).

D. L'héritier peut-il, pour opposer la prescription, invoquer la possession de son auteur ?

R. Oui, l'on peut, pour compléter la prescription, joindre à sa possession celle de son auteur, de quelque manière qu'on lui ait succédé, soit à titre universel ou particulier, soit à titre lucratif ou onéreux (*Art.* 2235).

CHAPITRE III.

Des Causes qui empêchent la Prescription.

D. Ceux qui ne possèdent pas à titre de proprié-

que cette jurisprudence ne pouvait se concilier avec le système général de la prescription (M. *Maleville*). Le Code ne fait pas produire à un seul acte, à celui qui a commencé la possession, l'effet de la rendre perpétuellement vicieuse. Dans son esprit et d'après sa lettre, il faut des actes répétés de violence, pour entretenir le vice de son origine. Dès le moment que la possession cesse d'être violente, elle devient utile (M. *Vazeille*, n.° 64). Cependant M. *Delvincourt*, tome 2, page 201, note 4, interprète cet article d'une autre manière ; il pense que c'est le principe de la possession qu'il faut considérer pour déterminer son caractère ; et que la possession une fois acquise par violence, continue d'avoir le même caractère, quand même elle deviendrait paisible et tranquille par la suite. Il croit d'après cela, qu'il faut entendre la cessation de la violence, du cas seulement où celui qui a acquis la possession par violence, a acquis une nouvelle possession du même objet, à un nouveau titre. Cette opinion est contraire aux *Motifs*.

taire, peuvent-ils invoquer la prescription contre celui pour qui ils possèdent ?

R. Non ; ceux qui possèdent pour autrui ne prescrivent jamais, par quelque laps de temps que ce soit.
Ainsi le fermier, le dépositaire, l'usufruitier, et, en
général, tous ceux qui détiennent précairement la
chose d'autrui, de même que leurs héritiers, ne peuvent la prescrire (*Art.* 2236 *et* 2237.) Néanmoins ils
peuvent prescrire si le titre de leur possession se trouve
interverti, soit par une cause venant d'un tiers (1),
soit par la contradiction qu'ils ont opposée au droit
du propriétaire (2) (*Art.* 2238).

D. Ceux à qui les fermiers, dépositaires et autres
détenteurs précaires ont transmis la chose, peuvent-
ils la prescrire ?

R. Oui, ils peuvent la prescrire si elle leur a été
transmise par un titre translatif de propriété (*Art.*
2239).

D. Peut-on prescrire contre son titre ?

R. On ne peut pas prescrire contre son titre, en ce
sens que l'on ne peut pas se changer à soi-même la
cause et le principe de sa possession (*Art.* 2240);
mais on peut prescrire contre son titre, en ce sens
que l'on prescrit la libération de l'obligation qu'on a
contractée (*Art.* 2241).

---

(1) J'ai pris un fonds à bail de Paul. Tant que les choses restent
dans cet état, je ne puis prescrire; mais Jacques se présente
comme étant propriétaire du même fonds, n'importe à quel titre.
Il me le vend, je puis prescrire contre Paul, à dater du jour de
la vente qui m'a été faite par Jacques; pourvu toutefois qu'il n'y
ait pas eu collusion (M. *Delvincourt*).

(2) Ainsi, un fermier assigné en paiement des fermages, a refusé,
se prétendant propriétaire ; il a interverti, et peut, dès-lors, prescrire, si le propriétaire ne fait aucune poursuite ultérieure.

CHAPITRE IV.

Des Causes qui interrompent ou qui suspendent le cours de la Prescription (1).

SECTION I.re

Des Causes qui interrompent la Prescription.

D. De combien de manières la prescription peut-elle être interrompue ?

R. La prescription peut être interrompue ou naturellement ou civilement (*Art.* 2242).

D. Quand est-ce qu'il y a interruption naturelle ?

R. Il y a interruption naturelle, lorsque le possesseur est privé (2), pendant plus d'un an (3), de la jouissance de la chose, soit par l'ancien propriétaire, soit même par un tiers (*Art.* 2243). Il y a encore interruption naturelle, lorsque le débiteur ou le posses-

---

(1) Il y a cette différence entre l'interruption et la suspension de la prescription, que les années de possession écoulées avant l'interruption, ne se comptent pas, et qu'il faut recommencer à prescrire tout de nouveau ; au lieu que lorsque la prescription est seulement suspendue, les années antérieures comptent (M. *Maleville*).

(2) *Quid*, si celui qui prescrivait a été dépouillé par violence ? S'il a cessé de posséder pendant plus d'un an, la prescription n'en est pas moins interrompue. C'était à lui à intenter la réintégrande, et alors il serait censé n'avoir jamais cessé de posséder (M. *Delvincourt*).

(3) Ainsi, nul ne peut être dépouillé du titre de possesseur que par la possession d'une autre personne pendant un an ; et par la même raison, la possession qui n'a point été d'un an, n'a pas l'effet d'interrompre la prescription (*Exposé des Motifs*).

seur reconnaît le droit de celui contre lequel il prescrivait (1) (*Art.* 2248).

D. Qu'est-ce que l'interruption civile ?

R. L'interruption civile est celle qui s'opère par
l'interpellation judiciaire. Ainsi une citation en justice, lors même qu'elle est donnée devant un juge
incompétent (*Art.* 2246), un commandement ou une
saisie, signifiés à celui qu'on veut empêcher de prescrire, forment l'interruption civile (2) (*Art.* 2244).

D. La citation en conciliation devant le bureau de
paix, a-t-elle le même effet ?

R. Oui ; elle interrompt la prescription du jour de
sa date, mais seulement lorsqu'elle est suivie d'une
assignation en justice donnée dans le mois (3) (*Art.*
2245, et Code de Procédure, *art.* 57).

_____

(1) Par exemple, s'il est prouvé que le fermier qui avait interverti le titre de sa possession, a depuis payé le fermage.

(2) Remarquez qu'à la différence de l'interruption naturelle,
qui peut servir à toutes personnes, l'interruption civile n'opère
qu'entre celle qui agit, et celle qui est recherchée. *Dunod* en
donne la raison. « L'interruption, dit-il, ne se faisant que par une
espèce de fiction, n'empêche pas la continuation de la possession
sur laquelle la prescription est fondée ; ce n'est qu'un acte civil,
or, les actes de cette espèce ne profitent qu'à ceux qui les font ». Il
aurait dû dire aussi qu'ils ne nuisent qu'à ceux auxquels ils sont
adressés (M. *Vazeille*).

(3) La citation au bureau de paix, ayant pour but de prévenir
les procès, doit être vue avec faveur. Si elle est donnée dans des
circonstances où elle n'était point exigée, elle doit également
compter pour l'interruption de la prescription : l'équité le demande et la loi ne le défend pas. La loi dispense souvent du préliminaire de la conciliation, mais elle ne le prohibe jamais ; et
elle déclare, d'une manière générale, que la citation en conciliation interrompt la prescription (M. *Vazeille*).

D. L'interruption civile peut-elle toujours arrêter le cours de la prescription ?

R. Non, elle est regardée comme non avenue, si l'assignation est nulle par défaut de forme (1); si le demandeur se désiste de sa demande (2) ; s'il laisse périmer l'instance (3), ou si la demande est rejetée (*Art.* 2247).

D. Quel est l'effet de l'interpellation judiciaire faite à l'un des débiteurs solidaires, ou de sa reconnaissance du droit de celui contre lequel il prescrivait ?

R. L'interpellation faite à l'un des débiteurs solidaires, ou sa reconnaissance, interrompt la prescription contre tous les autres codébiteurs, même contre leurs héritiers (*Art.* 2249).

D. En est-il de même de l'interpellation faite à l'un des héritiers d'un débiteur solidaire, ou de la reconnaissance de cet héritier ?

R. Non, cette interpellation ou cette reconnaissance n'interrompt pas la prescription à l'égard des autres cohéritiers, quand même la créance serait hypothécaire, à moins que l'obligation ne soit indivisible. A

---

(1) Elle est alors comme n'existant pas ; or, *quod nullum est, nullum producit effectum;* et, d'ailleurs, dans ce cas, le juge n'a plus la preuve légale que le défendeur a été judiciairement mis en demeure.

(2) Il est censé par là reconnaître qu'elle est mal fondée.

(3) Une instance est périmée, quand les poursuites ont été discontinuées pendant trois ans. Or, comme aux termes de l'article 401 du Code de Procédure, la péremption emporte extinction de la procédure, sans qu'on puisse, dans aucun cas, opposer aucun des actes de la procédure éteinte, ni s'en prévaloir, il en résulte que l'assignation périmée ne peut produire aucun effet, ni par conséquent interrompre la prescription (M. *Delvincourt*).

l'égard des autres codébiteurs, elle n'interrompt la prescription que pour la part dont cet héritier est tenu. Pour interrompre la prescription pour le tout à l'égard des autres codébiteurs, il faut l'interpellation faite à tous les héritiers du débiteur décédé, ou la reconnaissance de tous ces héritiers (1) (*Art.* 2249).

D. La caution peut-elle prescrire, malgré l'interpellation faite au débiteur principal ou sa reconnaissance ?

R. Non, cette interpellation ou cette reconnaissance interrompt la prescription contre la caution (*Art.* 2250).

SECTION II.

Des Causes qui suspendent le cours de la Prescription.

D. Peut-on prescrire contre toutes personnes ?

R. Oui, la prescription court contre toutes personnes, à moins qu'elles ne soient dans les cas d'exception établis par la loi (*Art* 2251).

D. Quelles sont les personnes en faveur desquelles sont établies ces exceptions ?

R. Ce sont les mineurs et les interdits, contre lesquels la prescription ne court que dans des cas particuliers que la loi détermine (*Art.* 2252) ; et les époux entre lesquels la prescription est également suspendue, à l'égard des actions qu'ils pourraient avoir à exercer l'un contre l'autre (*Art.* 2253).

D. La prescription court-elle en faveur des tiers contre la femme mariée ?

---

(1) Cet article n'est qu'une conséquence des principes posés au titre *des Obligations.*

R. Elle court, contre la femme mariée, même sous le régime de la communauté, à l'égard des biens dont le mari a l'administration, sauf le recours de la femme contre son mari (*Art.* 2254).

D. La prescription n'est-elle cependant pas, dans certains cas, suspendue pendant le mariage, en faveur de la femme ?

R. La prescription ne court point, pendant le mariage, à l'égard de l'aliénation du fonds dotal (1) (*Art.* 2255).

Elle est pareillement suspendue pendant le mariage :

1.º Dans le cas où l'action de la femme ne pourrait être exercée qu'après une option à faire sur l'acceptation ou la renonciation à la communauté (2) ;

2.º Dans le cas où le mari ayant vendu le bien propre de la femme sans son consentement, est garant de la vente, et dans tous les autres cas où l'action de la femme réfléchirait contre le mari (3) (*Art.* 2256).

D. La prescription court-elle lorsque la demande ne peut être formée ?

R. Non, la prescription ne peut courir que lorsqu'il y a lieu à former la demande. Ainsi, elle ne court

---

(1) *Voyez* au titre *du Mariage*, page 90 ci-dessus.

(2) Il est bien évident que la femme ne pouvant opter tant que la communauté dure, elle est aussi dans l'impuissance d'agir toutes les fois que son action dépend de l'option (M. *Maleville*).

(3) L'intérêt public et celui des mœurs ont également fait considérer la femme comme étant dans l'impuissance d'agir, dès qu'elle ne pourrait le faire sans que son action réfléchît contre son mari (M. *Maleville*). On présume que, dans ce cas, la puissance maritale a empêché la femme d'agir ; et d'ailleurs, on a voulu éviter tout ce qui pourrait troubler la tranquillité du ménage (M. *Delvincourt*).

point à l'égard d'une créance qui dépend d'une condition , jusqu'à ce que la condition arrive (1) ; à l'égard
d'une action en garantie, jusqu'à ce que l'éviction ait
lieu ; à l'égard d'une créance à jour fixe , jusqu'à ce
que ce jour soit arrivé (2) (*Art.* 2257).

D. La prescription peut-elle courir contre l'héritier bénéficiaire ?

R. Non : la prescription ne court point contre l'héritier bénéficiaire , à l'égard des créances qu'il a contre
la succession (*Art.* 2258).

D. La prescription court-elle contre une succession
vacante ?

R. Oui , la prescription court contre une succession
vacante , lors même que cette succession n'est pas
pourvue de curateur (*Art.* 2258). Elle court également
pendant les trois mois pour faire inventaire, et les
quarante jours pour délibérer (*Art.* 2259).

_____

(1) Mais cette disposition ne doit avoir d'effet qu'entre le créancier et le débiteur conditionnels, et nullement à l'égard des tiers ;
ainsi, elle ne s'appliquerait point à la prescription de l'hypothèque
en faveur du tiers détenteur. Quand même la créance à laquelle
l'immeuble est affecté, serait à terme ou conditionnelle, la prescription n'en courrait pas moins du jour de la transcription
du titre d'acquisition (art. 2180), ou du jour de l'entrée en
possession, s'il n'y avait pas de titre (M. *Delvincourt*, tome 3,
page 196, note 2). M. *Maleville*, tome 4, page 333, en reconnaissant que tel était l'ancien Droit, doute fort que cette jurisprudence puisse encore être suivie. M. *Vazeille*, n.° 301, est d'opinion contraire à M. *Delvincourt*; il pense que la disposition de
l'article est générale.

(2) *Quid*, si la dette est payable en plusieurs termes, par
exemple, par quart, d'année en année? L'on peut dire qu'il y a
autant de dettes différentes que de termes, et que chacune se prescrit à compter du jour de son échéance.

CHAPITRE V.

Du Temps requis pour prescrire.

SECTION PREMIÈRE.

Dispositions générales.

D. Comment faut-il compter le temps de la prescription?

R. La prescription se compte par jours et non par heures (1)(*Art.* 2260); elle n'est acquise que lorsque le dernier jour du terme est accompli (2) (*Art.* 2261).

SECTION II.

De la Prescription trentenaire.

D. Par quel espace de temps se prescrivent les actions tant réelles que personnelles?

R. Toutes les actions, tant réelles que personnelles, sont prescrites par trente ans, sans que celui qui allègue

---

(1) Ainsi, quoique j'aie acquis le 10 janvier 1815, avant midi, la prescription de dix ans ne sera accomplie que le 10 janvier 1825 à minuit; jusqu'à cette heure, elle pourra être interrompue.

(2) Dans la première édition du Code Civil, on trouvait sous le n.º 2261 un article ainsi conçu : » Dans les prescriptions qui s'accomplissent par un certain nombre de jours, les jours complémentaires sont comptés. Dans celles qui s'accomplissent par mois, celui de Fructidor comprend les jours complémentaires ». Cet article, entièrement relatif au Calendrier Républicain, a été retranché; mais on doit en induire, que Février doit compter pour un mois, qu'il ait vingt-huit ou vingt-neuf jours. On peut encore l'inférer d'un arrêt de Cassation qui a jugé que les délais qui se composent de plusieurs mois, doivent se compter par l'échéance des mois, date pour date, et non par jours.

cette prescription soit obligé d'en rapporter un titre, ou qu'on puisse lui opposer l'exception déduite de la mauvaise foi (1) (*Art.* 2262).

D. Lorsque la dette est d'une rente, en cas de paiement exact des arrérages, il peut arriver qu'il s'écoule un très-long espace de temps, sans qu'il y ait d'autres preuves de la prestation que les quittances, qui doivent naturellement rester entre les mains du débiteur ; comment peut-on empêcher ce débiteur d'opposer la prescription après trente ans ?

R. Pour prévenir cet inconvénient (2), le Code oblige le débiteur à fournir à ses frais, tous les vingt-huit ans, un titre nouvel au créancier (*Art.* 2263).

D. N'y a-t-il pas d'autres règles pour la prescription sur d'autres objets ?

R. Les règles de la prescription sur d'autres objets sont expliquées sous les titres qui leur sont propres (*Art.* 2264).

---

(1) Après un intervalle de trente ans écoulés sans poursuites, on peut raisonnablement présumer qu'une créance est acquittée ou remise ; c'est là un des motifs de la prescription trentenaire. Mais cette prescription est, en outre et principalement, regardée comme une peine infligée à la négligence du créancier qui a laissé passer un temps aussi considérable sans demander son paiement.

(2) Un débiteur aurait payé exactement les arrérages pendant trente ans : il n'y aurait donc eu aucune poursuite pendant ce temps. Son héritier aurait pu supprimer les quittances, et prétendre que la créance était prescrite, attendu le défaut de paiement des arrérages pendant trente ans ; le créancier n'aurait eu aucun moyen de prouver le contraire (M. *Delvincourt*).

SECTION III.

De la Prescription par dix et vingt ans.

D. Par quel temps le possesseur d'un immeuble peut · il en prescrire la propriété ?

R. Celui qui acquiert de bonne foi (1), et par juste titre (2), un immeuble, en prescrit la propriété par dix ·ans, si le véritable propriétaire habite (3) dans le res- sort de la Cour Royale, dans l'étendue duquel l'immeu-

---

(1) La *bonne foi* est la juste opinion où est le possesseur, qu'il a acquis la propriété de la chose qu'il possède (M. *Delvincourt*).

(2) *Juste titre.* On n'entend pas par cette expression un titre pro- venant du légitime propriétaire ; car alors l'acquéreur n'aurait pas besoin de la prescription, mais : 1.º un titre capable de trans- férer la propriété, comme un contrat de vente ou de donation, et non un titre de ferme ou d'engagement ; 2.º un titre fait dans les formes légitimes des contrats, et non un acte qui serait nul par quelque défaut de formalité.

L'héritier qui trouve dans la succession une chose qui n'appar- tenait pas au défunt, mais que cet héritier croit appartenir à la succession, la prescrit par dix et vingt ans comme le ferait celui qui l'aurait achetée *a non domino* ; car le titre d'héritier est aussi légitime et capable d'opérer la prescription (M. *Maleville*).

(3) De ce mot, M. *Delvincourt* conclut que ce n'est que la rési- dence, et non le domicile, que l'on considère. Et effectivement, cela est plus conséquent. On veut que le propriétaire ait été à portée de voir que son immeuble était possedé par un autre. Or, cela lui est bien plus facile, quand l'immeuble est voisin de sa résidence. Cependant M. *Vazeille*, n.º 504 et suivans, est d'opinion contraire : la loi, dit-il, ne considère pas la présence ou l'absence réelle de la personne dans le ressort ou hors du ressort de la Cour Royale. C'est le domicile qu'elle envisage plutôt que la demeure dans un lieu ou dans un autre. On peut résider long-temps en divers endroits ou dans un même endroit, et avoir son domicile dans tout autre lieu.

ble est situé ; et par vingt ans, s'il est domicilié hors dudit ressort (*Art.* 2265).

D. Comment se détermine le temps requis pour la prescription, dans le cas où le véritable propriétaire a eu son domicile, en différens temps, dans le ressort et hors du ressort?

R. Si le véritable propriétaire a eu son domicile, en différens temps, dans le ressort et hors du ressort, il faut, pour compléter la prescription, ajouter à ce qui manque aux dix ans de présence, un nombre d'années d'absence, double de celui qui manque pour compléter les dix ans de présence (1) (*Art.* 2266).

D. Un titre nul par défaut de forme peut-il servir de base à la prescription d'un immeuble?

R. Non, il ne peut servir de base à la prescription de dix et vingt ans (*Art.* 2267). La prescription, fondée sur un pareil titre, ne peut s'acquérir que par trente ans.

D. Est-il nécessaire que celui qui invoque la prescription, ait été de bonne foi pendant tout le temps de sa possession?

R. Non ; il suffit que la bonne foi ait existé au moment de l'acquisition (*Art.* 2269).

D. La mauvaise foi se présume-t-elle?

R. Non ; la bonne foi est toujours présumée, et c'est à celui qui allègue la mauvaise foi à la prouver (*Art.* 2268).

D. Après combien de temps, les architectes et en-

---

(1) Si donc le propriétaire a demeuré, par exemple, six ans dans le ressort, il manque quatre ans aux dix années de présence; il faudra ajouter le double de ce temps, c'est-à-dire, huit ans. Il faudra donc quatorze ans pour prescrire l'immeuble.

3.   26

trepreneurs sont-ils déchargés de la garantie des gros ouvrages qu'ils ont faits ou dirigés ? . . . .

R. Ils en sont déchargés après dix ans (*Art.* 2270).

SECTION IV.

De quelques Prescriptions particulières.

D. N'y a-t-il pas des prescriptions particulières, sujettes à des délais plus courts que ceux de trente, de dix ou de vingt ans ?

R. Il y a des prescriptions qui s'acquièrent par des délais plus courts ; ces prescriptions sont de six mois, d'un an, de deux ans et de cinq ans.

D. Quelles sont les actions qui se prescrivent par six mois ?

R. L'action des maîtres et instituteurs des sciences et arts, pour les leçons qu'ils donnent au mois ; celles des hôteliers et traiteurs, pour les frais du logement et de la nourriture qu'ils fournissent ; enfin, celle des ouvriers et gens de travail, pour le paiement de leurs journées, fournitures et salaires, se prescrivent par six mois (1) (*Art.* 2271).

D. Quelles sont les actions qui se prescrivent par un an ?

R. Se prescrivent par un an :

L'action des médecins, chirurgiens et apothicaires, pour leurs visites, opérations et médicamens ; . . . . .

---

(1) Ces prescriptions, ainsi que celles de l'article suivant (article 2272), sont fondées sur l'usage où l'on est de payer promptement les services ou fournitures qui en sont l'objet, communément même sans en prendre de quittance, et sur le danger qu'il y aurait, surtout pour les héritiers, d'être obligés de les payer deux fois, si la loi ne les déclarait pas prescrits (M. *Maleville*).

Celle des huissiers, pour le salaire des actes qu'ils signifient ;

Celle des marchands, pour les marchandises qu'ils vendent aux particuliers non marchands (1) ;

Celle des maîtres de pension, pour le prix de la pension de leurs élèves; et celle des autres maîtres, pour le prix de l'apprentissage (2) ;

Enfin, celle des domestiques qui se louent à l'année, pour le paiement de leurs salaires (*Art.* 2272).

D. Quelles sont les actions qui se prescrivent par deux ans ?

R. L'action des avoués, pour le paiement de leurs frais et salaires, dans les affaires terminées, ou dans celles dans lesquelles il ont cessé d'occuper, se prescrit par deux ans à compter du jour du jugement du pro-

---

(1) Cet article soumet l'action des marchands à la prescription d'un an ; l'article précédent soumet à la prescription de six mois l'action des ouvriers et gens de travail pour le paiement de leur salaires et fournitures : mais comment distinguer ces ouvriers de ces marchands? Tous les artisans sont gens de travail et marchands en même temps? Il faut, lorsque la même personne peut être envisagée sous deux qualités différentes, rechercher quelle est la qualité qui est dominante, soit habituellement, soit dans la circonstance donnée, et décider d'après cette qualité (*Voyez* M. *Vazeille*, n.° 699 et suivans).

(2) L'article 2272 ne soumet les maîtres de pension et les maîtres qui ont des apprentis qu'à la prescription d'un an, tandis que l'article 2271 soumet à la prescription de six mois l'action des maîtres et instituteurs des sciences et arts, pour les leçons qu'ils donnent au mois. Cette différence est fondée en raison. Le maître qui ne donne que des leçons au mois ne fait pas une aussi grande spéculation, et ordinairement il est plus pressé d'obtenir son paiement ; que celui qui tient pension, ou qui se charge d'un apprentissage (M. *Vazeille*).

cès ou de la conciliation des parties, ou de la révocation de l'avoué (*Art.* 2273). L'action en restitution
des pièces contre les huissiers se prescrit par deux ans,
à compter du jour de l'exécution de la commission, ou
de la signification des actes dont ils étaient chargés
(*Art.* 2276).

D. Quels sont les droits qui se prescrivent par cinq
ans ?

R. Les arrérages des rentes perpétuelles et viagères;
ceux des pensions alimentaires ; les loyers des maisons,
et le prix de ferme des biens ruraux ; les intérêts des
sommes prêtées, et généralement tout ce qui est payable par année, ou à des termes périodiques plus courts,
se prescrivent par cinq ans (*Art.* 2277).

Enfin, les juges et avoués sont déchargés des pièces,
cinq ans après le jugement des procès (*Art.* 2276); et
les avoués ne peuvent, même dans les affaires non terminées, demander des frais et salaires, qui remonte-
raient à plus de cinq ans (*Art.* 2273).

D. Ces diverses prescriptions courent-elles contre
toutes personnes ?

R. Oui; elles courent contre toutes personnes,
même contre les mineurs et les interdits, sauf leur recours contre leurs tuteurs (*Art.* 2278).

D. Les prescriptions de six mois, d'un an et de deux
ans, ont-elles lieu, quoiqu'il y ait eu continuation de
fournitures, livraisons, services et travaux?

R. Oui; elles ne cessent de courir que lorsqu'il y a
eu compte arrêté, cédule ou obligation, ou citation en
justice non périmée (1) (*Art.* 2274).

_____

(1) On entend ici par *cédule,* un acte sous seing privé ; par
obligation, un acte devant notaire ; et par *arrêté de compte,* une

D. Ceux contre lesquels ces prescriptions sont invo-
quées, ne peuvent-ils pas opposer l'exception déduite
de la mauvaise foi ?

R. Ils peuvent déférer le serment à ceux qui oppo-
sent ces prescriptions, sur la question de savoir, si la
chose a été réellement payée. Ce serment peut même
être déféré, soit aux veuves, soit aux héritiers du débiteur, soit aux tuteurs de ces derniers, s'ils sont mineurs, pour qu'ils aient à déclarer s'ils ne savent pas
que la chose soit encore due (1) (*Art.* 2275).

D. Peut-on revendiquer les meubles dont on a perdu la possession ?

R. Non ; en fait de meubles (2), la possession vaut
titre (3) ; néanmoins, celui qui a perdu ou auquel il a

---

reconnaissance de la dette au bas du mémoire des fournitures.
Dans tous ces cas, l'action ne se prescrirait que par trente ans,
sauf l'exécution des lois relatives à la prescription en matière de
commerce (M. *Delvincourt*).

(1) *Quid*, si les héritiers offrent d'affirmer et que la veuve refuse, ou *vice versâ ?* L'action est prescrite à l'égard de ceux qui
offrent d'affirmer, et pour leur part seulement. Il en doit être de
même entre les héritiers, si les uns offrent d'affirmer, et que les
autres refusent.

(2) Il faut remarquer qu'il ne s'agit ici que de meubles particuliers, et non d'une universalité ou cote de meubles, telles
qu'elles échoient à un héritier, par exemple ; car alors l'action
pour les réclamer ne se prescrit que par d'autres délais (M. *Maleville*).

(3) Cela ne veut pas dire seulement que celui qui possède un
meuble, en est réputé propriétaire, jusqu'à preuve contraire ; car
cela est vrai, même à l'égard des immeubles, au moins quand il
y a possession d'an et jour. Mais cela signifie que celui qui possède
un meuble, en est reputé tellement propriétaire, qu'à l'exception
des deux cas de perte ou de vol, personne ne peut agir en revendication contre lui. C'est une disposition particulière, fondée sur

été volé une chose, peut la revendiquer (1) pendant
trois ans, à compter du jour de la perte ou du vol ;
contre celui dans les mains duquel il la trouve, sauf à
celui-ci son recours contre celui duquel il la tient
(*Art.* 2279).

D. Le propriétaire originaire de la chose perdue ou
volée, peut-il toujours exercer ce droit?

R. Oui ; mais lorsque le possesseur actuel de cette
chose l'a achetée dans une foire ou dans un marché,
ou dans une vente publique, ou d'un marchand vendant des choses pareilles (2), le propriétaire originaire
ne peut se la faire rendre qu'en remboursant au possesseur le prix qu'elle lui a coûté (*Art.* 2280).

D. Comment se règlent les prescriptions commencées à l'époque de la publication du titre *des Prescriptions* (3) ?

---

la circulation rapide des biens meubles, et sur les entraves que le
commerce éprouverait, si, quand on achète un meuble, il fallait
absolument, sous peine de courir le risque d'être évincé, s'assurer
que le vendeur est propriétaire (M. *Delvincourt*).

(1) Cependant quels sont les cas, autres que ceux de perte ou
de vol, auxquels on puisse appliquer la règle : *en fait de meubles
possession vaut titre?* C'est, par exemple, si l'on a acheté une chose
déposée ou prêtée, du dépositaire ou de l'emprunteur ; si l'on a
acheté de l'héritier une chose qu'il croyait faussement appartenir
au défunt, et autres cas semblables.

(2) Ces exceptions ont été introduites en faveur du commerce.
Autrement, qui voudrait acheter? Au surplus, la disposition de
l'article 2279 prouve qu'il n'est pas sûr d'acheter des objets mobiliers, de personnes que l'on ne connaît pas, et qui ne font pas
le commerce de choses semblables. Car si ces objets se trouvaient
perdus ou volés, on se trouverait obligé de les restituer sans indemnité.

(3) Le titre de la prescription a été décrété le 24 Ventose, an XII,

R. Elles sont réglées conformément aux lois anciennes ; néanmoins, les prescriptions alors commencées, et pour lesquelles il faudrait encore, suivant les anciennes lois, plus de trente ans, à compter de la même époque (1), seront accomplies par ce laps de trente ans (2) (*Art.* 2281).

---

et promulgué le 4 Germinal suivant ; le 4 Germinal, an XII, correspond au 25 mars 1804.

(1) Il y avait dans l'ancien Droit, des prescriptions de trente, de quarante, de cent ans ; des Publicistes et des Jurisconsultes ont cru qu'il devait y avoir une prescription immémoriale. Ici, le Législateur a eu principalement en vue l'action hypothécaire, qui, jointe à l'action personnelle, ne se prescrivait, en général, que par quarante ans.

(2) Si l'on veut profiter du temps écoulé avant le Code, il faut alors, pour acquérir la prescription, tout le temps requis par les anciennes lois. Mais si l'on ne compte le délai que depuis le Code, il suffit que le délai requis par le Code soit expiré, pour que la prescription soit acquise. *Voyez* un arrêt de Cassation, du 6 juillet 1812 : Jurisprudence du Code civil, tome 19, page 233.

F I N.

TABLE DES MATIÈRES.

DEUXIÈME PARTIE.

TITRE VI.

De la Vente.

TITRE VII.

TITRE VIII.

Du Contrat de louage.

TITRE XII.

TITRE XIII.

Du Mandat.

TITRE XIV.

Du Cautionnement.

TITRE XIX.

De l'Expropriation forcée, et des Ordres entre les Créanciers.

TITRE XX.

De la Prescription.

FIN DE LA TABLE.

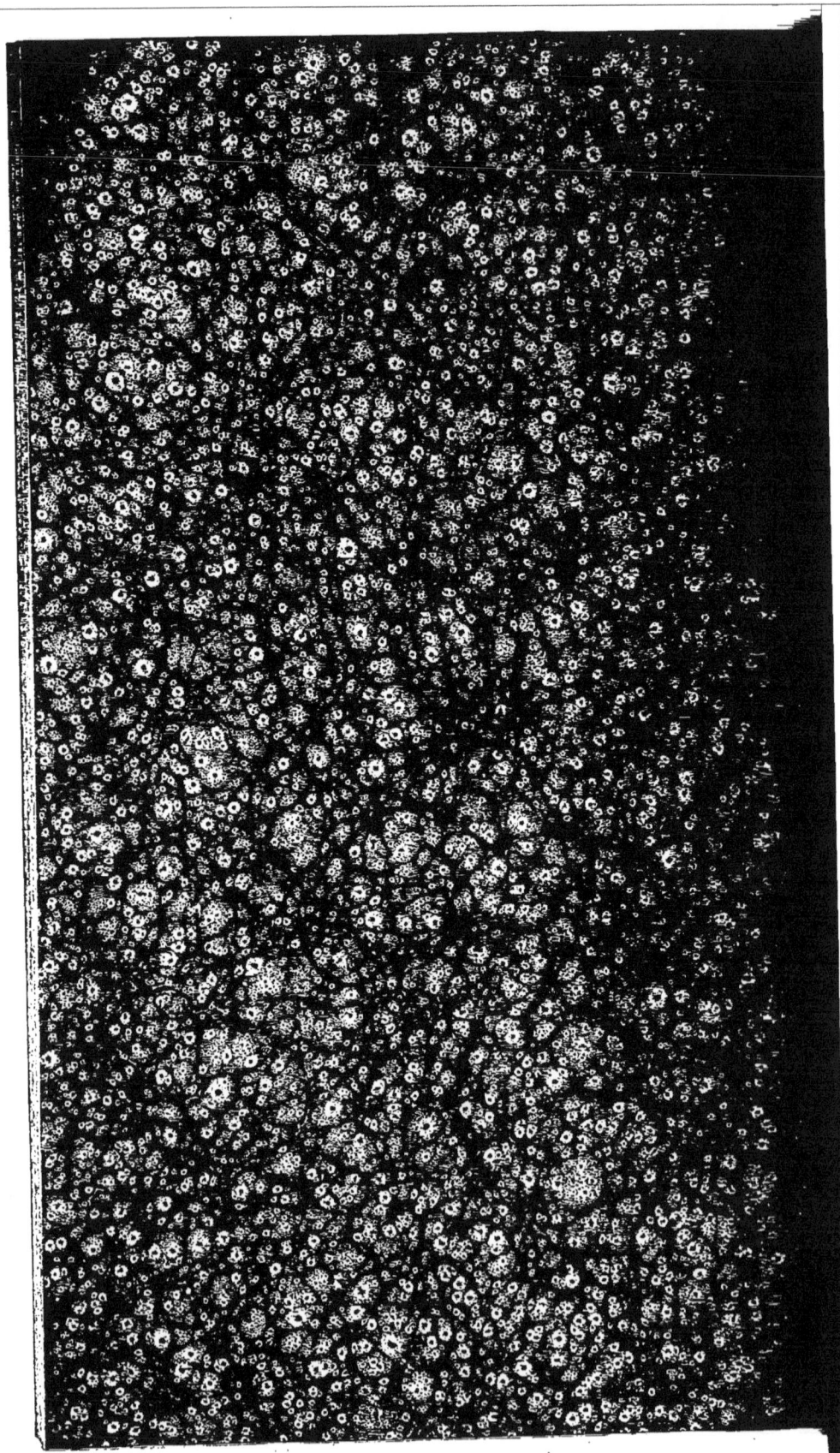

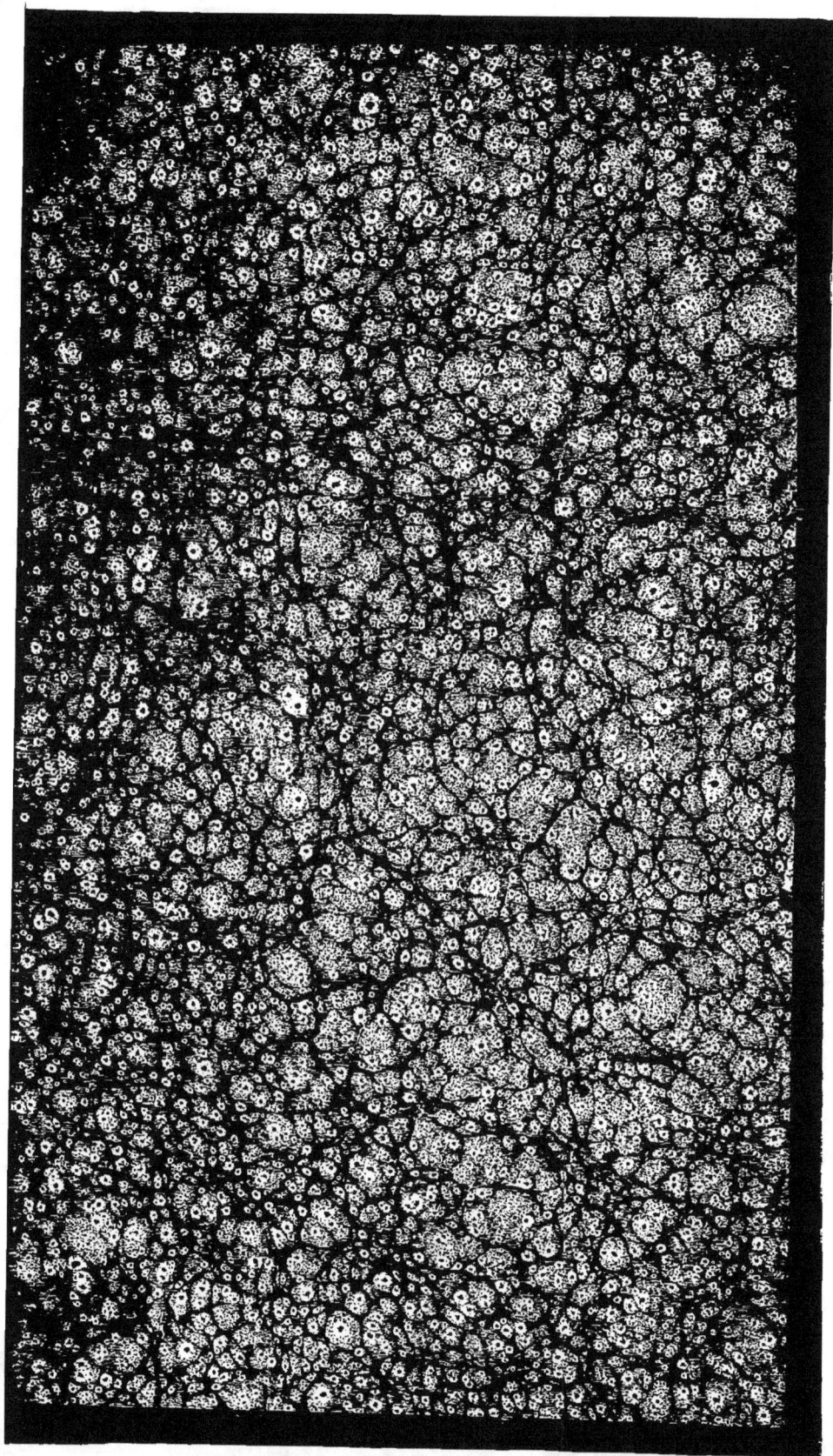

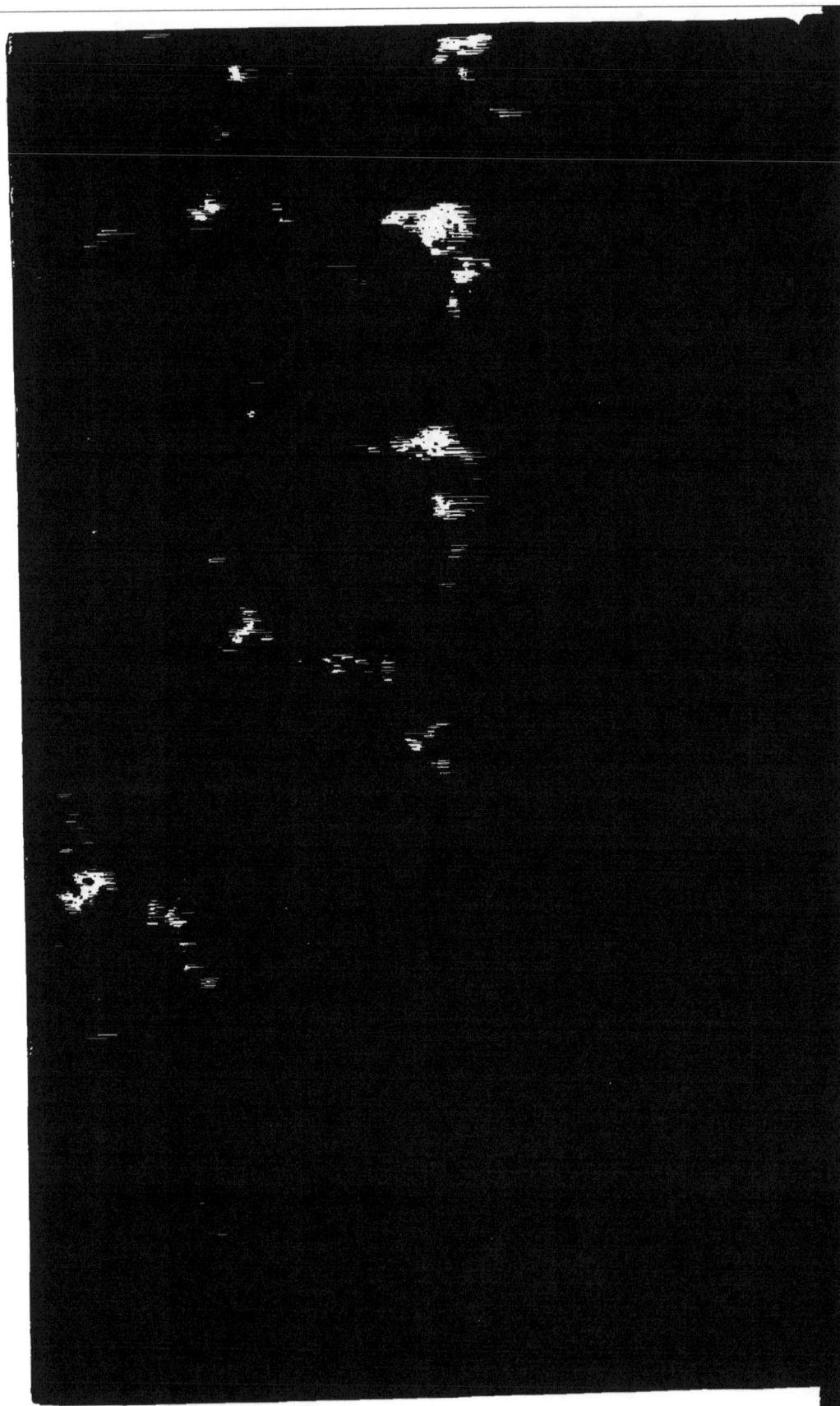